PARTIR

AUTOUR DU MONDE

PARTIR
AUTOUR DU MONDE

ABM
AVENTURE DU BOUT DU MONDE

Coordination éditorale
DIDIER JÉHANNO

Du même auteur
Voyager avec des enfants, 2002, Asa éditions.

Conception graphique / Mise en page / Imagerie et cartographie
KARINE MEUZARD
www.karinemeuzard.com

A collaboré à ce guide
MICHEL PUYSSEGUR

Merci à tous les voyageurs d'ABM qui ont enrichi ces pages de leurs expériences :

Philippe Abadie, Bénédicte et Charles Bazaille, Mikael et Aude Beck, Arnaud Boschat, Michel Boge et Agnès Morancho, Gérard Bour, Françoise Bochereau, André Brunsperger, Gwénaëlle Bron, Famille Charpentier, Roger Col, Xavier Champagne, Guy Colombet, Stéphane Clément, Christian Clot, Denise et Jean Clerfeuille, Évelyne Cloix, Claude Desaintjan, Marie-Line et Fabrice Dupuis, Carine Fillon, Bernard et Sylvie Frachet, Damien Galanaud, Alain Gaultier, Sophie Gouhot, Jacqueline et Jean-Pierre Grouard, E. Joyeux et Ch. Homer, Hervé Leduc, Sylvie Le Lan, Stéphane Marais et Annie Haize, Anne-Sophie Mauffré, Marina et William Maurel Brigitte et Nicolas Mercat, Fabien Maurice, Michèle Mauvieux, Judith Meaudre, Karine Meuzard, Manuel Morin, Jean Naud, Alexandra Ory et Ludovic Juignet, Sandrine Payan, Sophie du Peloux, Catherine Perron, Franck Portefaix et Jennifer Bondon, Nathalie et Robin Renard, Claire Rouault et Reno Marca, Pascal Sarfati, Florence Taupignon, Aurélie Taupin, Michèle et Didier Trousseau, Géraldine et Yann Woerner, Robert et Martine Zanelli.

La liste des contibuteurs-photo est à consulter p. 407

ISBN : 978-2-9520566-7-0

11, rue de Coulmiers
75014 Paris
Tel : +33 (0)1 45 45 29 29 - Fax : +33 (0)1 45 45 20 30

www.abm.fr

Partir

Tout commence par un rêve, une idée qui fait sa petite place au fond de vos pensées : vous aimeriez partir loin, longtemps, aller voir ce qu'il y a ailleurs… pourquoi pas, faire le tour du monde !
Au fil des ans, l'idée suit son chemin. Vous partez déjà de courtes périodes. Un jour, ces aller-retour vous laissent sur votre faim.

Aujourd'hui, l'envie de partir longtemps vous pique et imprègne vos réflexions dans votre travail, dans les discussions avec les amis. Vos voyages courts vous ont un peu préparé. Vous voilà prêt à franchir un cap : faire du rêve un projet !
Mais que de questions ! Comment se passe un voyage au long cours ? Comment assurer financièrement tout ce temps ailleurs ? Quels problèmes rencontre-t-on ? Comment penser à tout ?
L'idée du départ devient concrète. Mais où trouver des solutions adaptées à votre situation, et des réponses précises ? Et vers qui se tourner ? Les guides ne valent pas l'expérience de celui qui est déjà parti…
Ces questions, tous ceux qui partent se les posent. C'est pourquoi nous avons concentré dans ce guide pratique les expériences vécues et les conseils d'un réseau unique de voyageurs indépendants, celui de l'association ABM (Aventure du Bout du Monde). *Partir autour du monde* vous répond et vous oriente pour vous préparer, pour éviter les erreurs pendant le voyage et pour vous réadapter au retour.

Vous percevez déjà la rumeur d'un marché aux confins de l'Orient ? Vous voyez des montagnes se découper à l'horizon ? Vous sentez ces tissus chatoyants ? Alors, l'idée ne vous a pas quitté… Attrapez-la au vol, votre rêve est à portée de main !

Signification des icônes

- Témoignages
- Attention / Conseil
- Formalités / Lois
- Adresses utiles
- Web à consulter
- Points échanges
- Guides / Livres
- Bons plans
- Éthique
- Infos destinations
- Infos transports
- Climat

1) Introduction 9

2) Les préparatifs 47

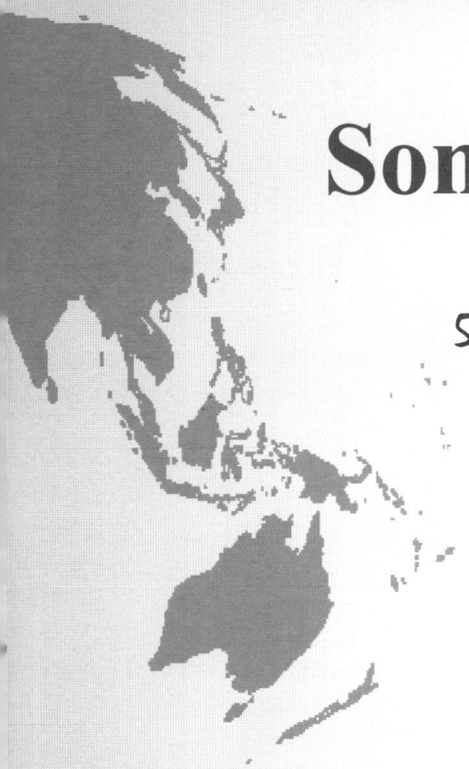

Sommaire

3) L'équipement 163

4) Conseils divers 199

5) Les transports 241

6) L'hébergement 363

7) Le retour 383

“Lorsque le désir résiste aux premières atteintes du bon sens, on lui cherche des raisons. Et on en trouve qui ne valent rien. La vérité, c’est qu’on ne sait comment nommer ce qui vous pousse. Quelque chose en vous grandit et détache les amarres, jusqu’au jour où, pas trop sûr de soi, on s’en va pour de bon.”

Nicolas Bouvier, *L’usage du monde,*
éd. Gallimard Quarto.

1 - Introduction

Danseur Matachines aux pieds légers, État du Chihuahua au Mexique !

Tenter l'aventure !

Partir faire le tour du monde, voyager pendant de longs mois à sa guise, sans stress et sans retour précipité, prendre son temps : le rêve de beaucoup de voyageurs.
Partir n'a jamais été aussi facile que de nos jours. Prendre le temps de faire une coupure afin de profiter de la richesse extraordinaire qui nous entoure, voyager près des hommes et de la nature sans arrière-pensée, sans précipitation, voilà une expérience inoubliable !
Dans la société actuelle, chacun vit dans son coin sans regarder ou prendre le temps de rencontrer son propre voisin, l'œil rivé sur la montre, l'oreille au portable, comme un automate. Alors, pour ceux qui veulent vivre autre chose, prendre un bon bol d'air, pour ceux qui ont du ciel bleu dans leur passeport, une escapade de quelques mois est vivement conseillée. Les frontières s'ouvrent, les tarifs aériens n'ont jamais été aussi bon marché, pourquoi ne pas tenter l'aventure ?
Ce livre aborde de façon éclairée le voyage au long cours, avec ses aspects pratiques. Il est là pour vous aider dans votre démarche, mais également pour vous encourager à franchir le pas, le pas vers la liberté et la rencontre : alors allons-y !

PARTIR LONGTEMPS, POUR QUOI FAIRE ?

Chacun peut trouver ses propres raisons pour partir. Dans la majeure partie des cas, ce n'est pas forcément une fuite en avant mais une façon de faire le point sur pas mal de choses, et surtout de s'accorder un moment pour retrouver le temps de vivre une aventure personnelle hors du commun. Il est parfois frustrant de devoir rentrer à la maison après un séjour de quelques semaines dans un pays que l'on a apprécié. Le voyage au long cours permet donc de pallier cette frustration, de se sentir bien et, surtout, de prendre le voyage comme un plaisir à déguster lentement. On peut aussi trouver un thème à son périple (culturel, humanitaire, sportif).

Attention à l'influence de certaines personnes qui vont penser que vous partez parce que "vous n'allez pas bien". C'est l'image qu'ont certains ! En France, le voyage au long cours n'est pas monnaie courante et a quelque chose de marginal qui fait peur. On doit prendre l'initiative de partir voyager. Dans les pays anglo-saxons (Angleterre, Irlande, Australie…) ne pas partir voyager un an, après ses études, semble marginal ! Et aux jaloux qui vous diront "tu as de la chance, toi", répondez qu'il ne tient qu'à eux de provoquer les événements et de partir à leur tour.

Avoir un but !

"Parce que je n'avais pas envie de partir sur les routes sans but, j'ai choisi d'allier mon travail de journaliste à un intérêt personnel et fort pour la préservation de notre planète. C'est vers l'eau que mon choix s'est porté. Parce que l'eau c'est la vie, et que sans elle, nous ne sommes plus rien.

Le fil conducteur de l'eau m'a conduit pendant vingt mois d'un désert à un puits, d'une cascade à un lac volcanique, d'un champ irrigué à un barrage… En route, j'ai croisé beaucoup de gens pour qui l'eau ne coule pas du robinet, qui doivent faire des kilomètres pour en chercher… On m'a parlé de techniques pour obtenir de l'eau lorsqu'il y en a peu et on m'a montré qu'elles fonctionnent. En route encore, j'ai rencontré des femmes et des hommes qui vénèrent cette ressource vitale, d'autres qui se battent pour défendre leurs terres…"

GWENALLE BRON
Extrait de *Sur la route de l'or bleu*

Oui, pourquoi longtemps ?

"Justement pour échapper à toutes ces frustrations. Nous avons découvert les vertus de la lenteur, des itinéraires et calendriers relâchés, détendus, adaptables, ouverts aux opportunités qui "tombent du ciel", ces conseils de locaux qui nous ont conduits hors des sentiers battus, loin des hordes de touristes, là où les gens ne voient pas dans le voyageur un porte-monnaie ambulant, mais un homme ou une femme curieux de les connaître.

Nous avons découvert que, pour nous, le vrai luxe, c'est le temps. Le temps d'aller lentement, de s'arrêter quelques jours ou quelques semaines. Nous réduisons désormais nos ambitions pour laisser davantage de place à l'imprévu. Autrefois, rien ne nous avait plus frustrés que de devoir quitter cette famille ou cette tribu alors que nous sentions bien et qu'en quelques jours supplémentaires, d'autres liens auraient pu se tisser.

À l'inverse, rien ne nous a autant gratifiés que ces regards brillants, comme celui de Leïla, chamane du pays same, expert mondialement reconnu en cuisine et culture sames, que nous venions de rejoindre en canoë en suivant la route de l'unique ferry quotidien, qui ne fonctionnait pas depuis plusieurs jours à cause de vents trop violents.
– Comment ferez-vous pour repartir s'il y a du vent ? nous demanda-t-elle.
– Et bien, nous attendrons, avions-nous simplement répondu.
– C'est bien, nous dit-elle avec un regard soudain plus intense.

Nous avions obtenu un rendez-vous d'une journée. Leïla nous a gardés une semaine. Elle nous a transmis de jolies recettes, comme la soupe de lichen… Et elle nous a invités à participer à un événement unique dans l'année, rarement ouvert aux "étrangers", aux non-Sames : le marquage des bébés rennes !

Une autre fois, nous déambulions au Sultanat d'Oman, photographiant mosquées et portes sculptées. Hamed, la cinquantaine, fonctionnaire, nous aborde et nous invite chez lui.

Après le café de bienvenue, et une fois la glace rompue, nous comprenons à demi-mot qu'il souhaite savoir si nous serions encore par ici dans une semaine. "Bien sûr !", répondons-nous, changeant immédiatement nos plans, sans trop savoir pour quoi !

Quelques jours plus tard, nous participions, ébahis, à un "double" mariage traditionnel sur 3 jours, mêlés aux 300 autres invités. Double, car l'une étant avec les femmes et l'autre avec les hommes, nous n'avions pas assisté aux mêmes cérémonies. Passionnant débriefing chaque soir sur l'oreiller !

S'il y avait UN SEUL et unique message que nous aimerions partager avec des "tour-du-mondistes" en devenir, ce serait : Soyons fous : donnons-nous le temps !"

ROBERT ET MARTINE ZANELLI

► **www.kookynet.net**

© Karine MEUZARD

LE CONGÉ SABBATIQUE

Tout d'abord, sachez qu'il existe une loi, "le congé sabbatique", qui permet à tout salarié de partir pour convenances personnelles. Pour obtenir un congé sabbatique, il faut adresser à l'employeur une demande par lettre recommandée avec accusé de réception au moins 3 mois avant le départ en précisant la date de celui-ci et la durée souhaitée du congé.

L'employeur doit répondre au salarié par courrier dans les 30 jours suivants ; au-delà de ce délai, l'accord est considéré comme acquis.

Dans les faits, l'employeur peut reporter le congé de 9 mois maximum et, pour les entreprises de moins de 200 salariés, le refuser en cas de conséquences préjudiciables à la marche de l'entreprise. Le refus peut être contesté par le salarié devant les Prud'hommes dans les 15 jours après réception de la lettre de l'employeur.

À l'extrême, ou pour des durées supérieures à 11 mois, on peut aussi démissionner. Si l'on a alors tout le temps devant soi, on ne peut espérer par contre d'indemnités et le retour risque d'être d'autant plus difficile.

À l'occasion, surtout lorsque les conditions d'obtention d'un congé sabbatique ne sont pas réunies, certains arrivent à obtenir un accord tacite de leur employeur. Dans ce cas, il faut bien être conscient que, devant la loi, les droits de réintégration et de rémunération ne sont aucunement garantis au retour.

LE CONGÉ SABBATIQUE

Pour en bénéficier, il faut avoir 3 ans (consécutifs ou non) d'ancienneté dans l'entreprise ou le groupe plus, en tout, 6 ans d'activité professionnelle derrière soi. On ne doit pas avoir pris de congé d'une durée de 6 mois ou plus au cours des 6 années précédant la demande. Le congé sabbatique autorisé est au maximum de 11 mois, plus éventuellement les congés payés en cours, et au minimum de 6 mois. **À l'issue du congé,** l'employeur doit reprendre le salarié dans un emploi similaire avec une rémunération équivalente à celle d'avant le départ.

► www.travail-solidarite.gouv.fr/

Congé sabbatique ou démission ?

"Partir, dans quelles conditions ? Année sabbatique, démission ? Notre choix s'est vite porté sur la deuxième solution qui nous laissait toute liberté. Nous avons aussi rendu notre appartement et entreposé nos affaires chez la famille et les amis. Nous ne voulions pas que ce voyage soit une simple parenthèse dans notre vie et que tout reparte comme avant au retour. Nous le considérions comme une étape clé qui nous mènerait vers de nouveaux horizons. L'inconvénient, c'est une situation moins confortable en rentrant, mais le jeu en vaut la chandelle !"

YAN ET GÉRALDINE

Un an en Afrique avec les transports locaux

► **http://yanetdge.blog.com**

INTRODUCTION

LA MOTIVATION

Peut-être l'élément principal à "un bon tour du monde". En effet, sans la motivation, l'aventure que représente un tel projet risque fort de tourner court, ou de vite se transformer en une succession de galères aussi bien avant, pendant, qu'après le voyage.
On parle souvent de "fuite", mais pour la plupart des gens c'est d'abord — et heureusement — l'envie d'aller à la découverte de soi et des autres, ou de faire une parenthèse dans sa vie qui prédomine. Une période charnière de son existence que l'on a envie d'ouvrir et une occasion qui ne se représentera peut-être pas de sitôt.
Autant alors saisir celle-ci pour essayer d'en revenir plus riche de nouvelles expériences, et, souvent aussi, d'une autre vision des choses et du monde qui nous entourent.
Et tant pis si l'entourage a parfois du mal à comprendre, à accepter que l'on quitte tout ou presque, maison, boulot, etc..., alors que la "société est en crise". Si l'envie est forte, il faut y aller, sous peine de devoir le regretter ensuite.

Mais à l'opposé, si la motivation essentielle se résume à une fuite, l'espoir qu'ailleurs "ça sera mieux", alors là, pas la peine de partir. Changer de cadre ne changera pas forcément ce que l'on a dans la tête. Au contraire, certaines difficultés du voyage ne feront qu'amplifier les choses ou accroître les perceptions négatives de soi-même et de l'environnement. Dans ce cas, mieux vaudra attendre encore un peu le bon moment.

Peurs et angoisses

Petite peur ou grande angoisse de partir en tour du monde (ou même simplement pour quelques jours), un sentiment que ressentent nombre de candidats au voyage.
Même si beaucoup ne l'expriment pas (consciemment ou inconsciemment), il est assez courant qu'à l'approche d'un départ — ou lorsqu'on a envie de partir — s'expriment certaines craintes face à l'inconnu, la distance, etc. Au point même que, chez certains, cela peut se traduire par des débuts de maladies, insomnies et autres désagréments, voire même par le renoncement au voyage.
Pourtant, tout est normal ou presque, et l'on pourrait qualifier cela du "trac du voyageur". Un trac qui généralement disparaît au moment du départ ou dans les jours qui suivent ; rares sont en effet ceux qui rentrent après simplement quelques jours de route.

© Karine MEUZARD

Quant au meilleur remède, en plus d'en discuter avec son entourage (à plus forte raison si on part à plusieurs), c'est finalement de penser à tous les bons moments et expériences uniques que l'on va vivre lors de son voyage...

PARTIR SEUL OU À PLUSIEURS

Avantages et inconvénients du voyage en solitaire

Bien entendu, selon les destinations, les cultures rencontrées, le type et la durée du voyage envisagé, mais aussi l'expérience, le caractère, voire le sexe de chacun, voyager en solitaire n'a pas la même signification. Seul point commun pour tous, c'est le plus souvent à la tombée de la nuit que l'impression de solitude est la plus forte. En attendant, mieux vaut ne pas aller trop à l'encontre de sa "nature" pour choisir de partir seul ou accompagné. Tout en sachant que des compromis existent et qu'il est possible de partir à plusieurs en se ménageant en cours de route des moments, voire des périodes de plusieurs jours, où l'on voyagera en solitaire. Les inconditionnels du voyage en solitaire vous diront qu'être seul représente la liberté absolue, celle de voyager à son rythme, changer son itinéraire et faire ce que l'on veut quand on veut. Et être seul pousse à aller vers les autres en multipliant les rencontres même si, hormis en Europe ou en Amérique du Nord, il est parfois difficile de rester isolé tant la "curiosité" des locaux peut être importante. À l'opposé, voyager à plusieurs réduit cette envie de contacts en incitant, même inconsciemment, les gens à rester entre eux au détriment des autres voyageurs et populations locales. Dans un autre domaine, voyager seul peut permettre à certains de mieux se connaître, se dépasser, prendre confiance et agir parfois en ce sens comme une thérapie.

Le routard solitaire aura plus que tout autre intérêt à emporter de bons bouquins, sa musique et autres passe-temps agréables qui combleront les moments sans rencontres. Moments que certains mettront à profit pour tenir un journal de voyage.
Mais voyager seul présente aussi des inconvénients. Pour une fille seule, certains pays ou régions (certains pays musulmans, l'Amazonie...) ne sont pas forcément recommandés. Pour le voyageur débutant, partir avec d'autres personnes ou quelqu'un d'un peu expérimenté évitera pas mal d'erreurs, notamment pour des périples difficiles ou des pays très différents de ce qu'il connaît déjà. Sans parler de ceux qui au niveau langues maîtrisent avant tout... le français. Dans ce cas, certains auront en effet tendance à ne rechercher que le contact d'autres francophones, ce qui dans les faits limitera quand même pas mal les possibilités de rencontres.

Être seul revient aussi plus cher, ne serait-ce qu'au niveau de l'hébergement, que l'on payera proportionnellement plus qu'à plusieurs, avec souvent la certitude de récolter la plus mauvaise chambre, ou la pire des tables s'il s'agit du resto. En matière d'hébergement justement, si vous souhaitez partager votre chambre pour faire des économies (ou des rencontres), le plus simple après avoir choisi celle-ci est d'attendre à la réception l'arrivée d'un(e) autre solitaire pour lui proposer le partage (vous pouvez aussi laisser un message en ce sens à l'accueil) ; ça marchera neuf fois sur dix.

De même, si l'on campe, que l'on fait sa cuisine, ou si l'on est assez chargé, personne ne sera là pour porter une partie du matériel. En parallèle, on ne trouvera pas toujours le moyen de faire garder ses affaires pendant que l'on cherchera par exemple un hôtel, et nul ne partagera les longues attentes à faire la queue pour un billet de train. Et puis il faudra assumer seul toutes les tâches habituelles du voyage (change, réservations, etc.).

Mais surtout, que faire en cas de problèmes ou face à un niveau élevé de risques ? Évitez de partir seul s'il y a trop de risques. Partout, les voleurs préfèrent s'attaquer aux personnes seules. Sans oublier qu'il est peu réjouissant d'être malade sans personne avec soi ou quand on subit "le stress du voyage et le choc des cultures".
Enfin, à force de vivre seul son voyage, ou seulement avec des gens de rencontre, un sentiment de frustration peut à la longue s'installer. L'impression d'avoir vu et vécu plein de choses que finalement on ne peut partager avec aucun de ses proches.

Trouver et choisir des coéquipiers

Avec au choix la possibilité de trouver ses compagnons avant ou pendant le voyage. Ceux qui redoutent particulièrement la solitude auront cependant intérêt à les chercher avant plutôt que d'espérer en trouver, pour un même itinéraire et une même durée, en cours de route. Toutefois, surtout dans le cadre d'un long périple, n'oubliez pas que le but et les envies de chacun (budget, centres d'intérêt, activités, notion de confort, etc.) doivent converger un minimum pour espérer réussir un voyage. Si vous cherchez en cours de route, au-delà du hasard, n'hésitez pas à laisser des messages dans le hall des hôtels (et pas que les vôtres) en privilégiant d'ailleurs au niveau hébergement les lieux disposant de salle TV, terrasses, jardins, etc., qui facilitent la rencontre avec d'autres voyageurs. Profitez également des transports en commun, qui laissent du temps pour les rencontres, favorisez les meilleures adresses mentionnées dans le Guide du Routard (elles sont toujours citées en premier) si vous cherchez des francophones, des Let's Go pour des Américains et des Lonely Planet (et éventuellement Rough Guide) pour avant tout des voyageurs anglophones. Et puis bien sûr, allez vers les autres sans vous poser trop de (fausses) questions du style "comment vais-je

> **! Voyager à plusieurs**
>
> Dans le cadre d'un long périple, n'oubliez pas que le but et les envies de chacun (activités, budget, centre d'intérêts, notion de confort, etc.) doivent converger avec ceux des autres !

Conseil ABM !

Pour rédiger une annonce, donnez les détails sur qui vous êtes et ce que vous attendez du voyage envisagé.

les aborder ?". Le cas échéant, n'hésitez pas à dire que vous en avez marre de voyager seul(e) ; les refus seront rares. Attention de ne pas apparaître par la suite comme un fardeau ou une contrainte pour vos nouveaux coéquipiers. Pour trouver des coéquipiers avant le départ, le plus commode reste la petite annonce. De façon générale, soyez précis dans votre texte, n'hésitez pas à détailler qui vous êtes, ce que vous attendez et le type de voyage envisagé. Pour éviter les déceptions, prenez vos précautions en cherchant tôt. Choisissez des équipiers (plusieurs si vous redoutez les tête-à-tête) qui partagent les mêmes intérêts et la même façon de voyager que vous. Discutez et testez-vous avant, y compris dans les conditions du voyage à venir s'il s'agit d'un trek, d'un périple à vélo et surtout en bateau.

Dans le cas de figure "coéquipier cherche coéquipière" (ou l'inverse), au-delà de l'aspect purement voyage, des considérations plus personnelles risquent tôt ou tard d'entrer en ligne de compte, notamment s'il s'agit de longues durées. Autant en être conscient et ne pas éluder la question vis à vis de soi-même et de l'autre, le voyage en pâtirait.

En attendant, si vous ne trouvez personne (ce qui serait étonnant), plutôt que de rester à la maison, partez en organisé ; certains tour-opérateurs proposent des voyages de groupe ressemblant fort à de l'individuel. Dans tous les cas, il en va du voyage à plusieurs comme de la vie de couple : pour que ça marche, à chacun d'y mettre du sien.

Seule à deux !

"Nous sommes parties à deux, mais au cours du voyage, il nous est arrivé de faire chacune notre route, soit pendant quelques jours, soit pendant plusieurs semaines, pour mieux nous retrouver ensuite. J'ai donc vécu les deux expériences, enrichissantes l'une comme l'autre. Seule, j'allais peut-être plus vers les autres ; tout du moins, j'attirais plus la curiosité des locaux ou la sympathie des autres voyageurs. Bien sûr, il y a aussi des moments où la solitude vous gagne au bout du monde et où l'on se demande ce qu'on fait là ! Mais, dans l'ensemble, je dirai que si l'on ne veut pas être seul, on ne l'est jamais en voyage. À deux, le plaisir est bien entendu de partager avec l'autre les émotions et les découvertes. Aujourd'hui, il n'y a qu'avec Peggy, ma compagne de route, que je peux partager autant, et c'est formidable de pouvoir le faire !"

GUENAËLLE BRON
▶ www.orbleu.net

TROUVER DES ÉQUIPIERS

ABM permet à ses adhérents de rencontrer des équipiers.

- Soirée Équipiers à la Case ABM.

Case ABM, 11, rue de Coulmiers, 75014 Paris.

- Annonces dans le magazine *Globe-Trotters.*

Bimestriel en kiosque ou sur abonnement.
Contacter ABM : +33 (0)1 45 45 29 29.

- Rencontres possibles lors des activités de l'association.

PARTIR AVEC SES ENFANTS

La plupart des parents rechignent à entreprendre un voyage au long cours, pour éviter un retard éventuel dans la scolarité. Mais les enfants peuvent également suivre des cours par correspondance et avoir des instituteurs particuliers le temps de leur voyage. Et quelle satisfaction pour eux d'accompagner leurs parents sur les routes du bout du monde, sur les routes de la vie. La complicité née de tous les jours est un fabuleux atout pour toute la famille et restera longtemps ancrée dans les cœurs.

La scolarité

Il faut simplement consacrer quelques heures par jour à un travail scolaire. Mieux vaut faire appel à des organismes extérieurs qui proposent des travaux scolaires pour chaque niveau. En France, un seul établissement public dispense un enseignement à distance : le CNED. La scolarité étant obligatoire entre 6 et 16 ans, le choix d'un enseignement à distance doit se faire avec l'aval de l'inspecteur d'académie. En choisissant le CNED, l'enfant est, a priori, dispensé de l'examen à son retour en établissement scolaire. Il n'y a aucun établissement privé dispensant un enseignement à distance qui ait un agrément ministériel.

© Didier JÉHANNO

Les langues

Les enfants qui voyagent longtemps ont plus de facilité que les autres à s'exprimer, que ce soit dans leur langue maternelle ou dans une langue acquise au contact des populations. Ils n'hésitent pas à aller vers les autres. Un enfant est un formidable passeport pour voyager, mais aussi pour se faire des amis !

Un an autour du monde, en famille, avec 3 enfants

Sur le plan scolaire, renseignements pris auprès de l'inspection académique, nous ne sommes pas obligés de passer par le CNED, sous réserve que la principale du collège où les enfants devraient effectuer leur sixième et leur quatrième après le voyage accepte de leur faire passer un examen à notre retour pour valider leur passage dans la classe supérieure (et accepte déjà tout simplement de les prendre dans son établissement). Nous avons donc "mis la pression" aux deux aînés en leur disant qu'il fallait absolument qu'ils aient d'excellents résultats cette année.
Sinon, il nous faudra nous trimballer les cours du CNED dans les sacs à dos. Difficilement imaginable…Sans compter les réceptions échelonnées en poste restante et les envois de devoirs à faire régulièrement.
Leurs résultats du premier trimestre sont excellents. Ouf !
Samedi 10 janvier : rendez-vous avec la principale du collège (jusque-là, les enfants n'avaient pas le droit de parler du tour du monde à leurs copains et c'était dur !). Elle a trouvé que nous avions un beau projet et accepte que nous n'utilisions pas les cours du CNED. Les enfants passeront un examen de passage dans la classe supérieure à notre retour en juin.
L'inscription de Marianne au collège pose un problème, car cela doit se faire à Pâques. Il sera considéré qu'elle vient d'une école privée non agréée, ce qui permet de court-circuiter les démarches habituelles.
Le 19 janvier, j'ai rencontré la directrice de son école. Elle a été enthousiasmée et m'a dit que les enfants apprendront tellement de choses pendant cette année qu'il ne faut pas s'en faire pour leur scolarité. Pour Marianne, un livre de français et un livre de mathématiques, associés à de la lecture, suffiront. Ça, c'est une bonne nouvelle !
J'ai revu les 2 chefs d'établissement et la maîtresse de Marianne mi-mai afin d'avoir les programmes et les manuels scolaires, ainsi que des titres de logiciels d'exercices. On trouve aussi pas mal d'évaluations sur Internet.

Pour Johanna, pas de problème pour son inscription en grande section de maternelle à notre retour (c'est un "bébé 2000" et les classes sont combles...), la directrice la garde dans ses fichiers. Elle sera simplement "fantôme" l'année prochaine.
Pour que les enfants gardent le contact avec leurs copains, nous communiquerons par Internet.
Au niveau du collège, la documentaliste et le professeur d'éducation physique, qui est accompagnateur de voyages, vont instaurer un lien avec les élèves par l'intermédiaire des meilleurs amis de Vincent. Notre périple servira peut-être de document en histoire-géo et en anglais.
Pour les langues, ils auront l'occasion de pratiquer ! Même en allemand, avec les autres voyageurs.

CÉCILE ET FRÉDÉRIC CHARPENTIER,
AVEC VINCENT, MARIANNE ET JOHANNA
► **http://famille.charpentier.club.fr**

© Karine MEUZARD

© Witold KUBEK

INFOS SCOLARITÉ

► **CNED (Centre national de l'enseignement à distance).** Vous recevez les documents pédagogiques régulièrement et vous les retournez une fois complétés. Un éducateur suit votre dossier et vos devoirs. Le prix pour la version papier est de 105 € pour l'année, pour le cours primaire, **si vous avez l'autorisation de l'académie pour pouvoir faire les cours vous mêmes.**
BP 60200, 86960 Futuroscope Cedex.
Tél. : 05 49 49 94 94. Fax 05 49 49 96 96.
www.cned.fr

► **Écoles Francaises (cours).** Si vous restez quelques semaines dans un pays, vous pouvez suivre des cours dans une école française. Coordonnées des écoles françaises dans le monde :
Agence pour l'enseignement du français à l'étranger,
19-21, rue du Colonel Pierre Avia - 75015 Paris - +33 (0)1 53 69 30 90
www.aefe.diplomatie.fr

La rentrée en voyage

"C'est la rentrée pour nous aussi. Les cours du CNED de Lola sont arrivés à l'ambassade de France à Helsinki et elle a même envoyé sa première évaluation. Les cours de Louise se sont égarés. En attendant, elle a travaillé sur les livres de CE 1 donnés par Sylvie, la maîtresse actuelle de ses copines. Les cours du CNED sont très ludiques et les filles aiment beaucoup la sorcière Frisapla, le chat Teigne et la chauve-souris Gus. Les cahiers de vacances (Nathan) ont été vite finis. Les filles ont encore plein de petites revues que récupère leur mamy chez son kiné. Elles peuvent lire, faire des jeux et apprendre plein de choses. Elles commencent les mots croisés force 0. Le soir, elles passent leur temps sur l'ordinateur bien qu'elles se couchent de plus en plus tôt.
Léo est toujours avec elles et apprécie beaucoup. Quand nous roulons, activité dessin, découpage-collage… Les visites des églises nous ont obligés à aborder le sujet de la religion. Louise est très curieuse de tout et veut tout comprendre. Sa curiosité n'est pas un vilain défaut. La lecture des plans des villes n'a plus de secret pour elle. Nous passerons à la lecture des cartes routières bientôt. Et elles font de la géographie en vrai, elles essaient de se rappeler le nom de tous les pays traversés, les capitales, les lettres des voitures, les drapeaux, les particularités. Les enfants adorent les bibliothèques, où ils trouvent plein de jeux, de puzzles… Les activités sportives ne sont pas oubliées : jeux de plein air, longues promenades, plage… Leur emploi du temps est bien rempli !"

ANNIE HAIZE ET STÉPHANE MARAIS
► **www.periple.fr.st**

► ***Périple vert*** *(4 ans autour du monde).*

Les aides

Vous trouverez quelques solutions pour pouvoir voyager en bénéficiant d'aides ou de prestations qui vous assureront des revenus supplémentaires.

Le congé parental d'éducation
Ce congé est accordé pour 1 an et peut être renouvelé deux fois (ce qui porte sa durée à 3 ans maximum). Il faut avoir

travaillé au moins 1 an dans l'entreprise. Les parents peuvent prendre ce congé sans solde ensemble ou non, ou bien l'un après l'autre, à temps partiel ou à temps plein. À l'issue de ce congé le (ou la) salarié(e) retrouvera son emploi ou un emploi similaire. Il est obligatoire de prendre ce congé parental d'éducation avant le troisième anniversaire de l'enfant.
La mère ou le père devra prévenir son employeur de son intention de prendre ce congé par lettre recommandée avec accusé de réception, et ce au moins un mois avant l'expiration du congé de maternité (deux mois si le congé parental ne suit pas le congé de maternité).

▶ **http://www.travail.gouv.fr/**

Les prestations familiales

L'allocation parentale d'éducation

Cette allocation est versée à l'un des parents qui s'arrête de travailler complètement ou à temps partiel à la naissance du deuxième enfant. Il faut justifier de 2 années d'activité dans les 5 années précédant la deuxième naissance (les périodes de chômage indemnisées étant assimilées à une activité), ou de 2 ans d'activité sur 10 ans s'il s'agit du troisième enfant. Cette allocation est versée jusqu'au troisième anniversaire de l'enfant. Attention, si les deux parents quittent leur travail, il ne sera attribué qu'une indemnité par famille.
Montant : 536,03 €. par mois pour une cessation d'activité totale.
L'allocation parentale d'éducation ne peut pas se cumuler avec une allocation pour le jeune enfant, sauf en cas de nouvelle grossesse.

Allocation pour le jeune enfant

Cette allocation est versée avec conditions de ressources du quatrième mois de l'enfant jusqu'à son troisième anniversaire. Une seule allocation est versée par famille même si elle compte plusieurs enfants de moins de 3 ans. La mère et l'enfant doivent passer des examens médicaux, sous peine de réduction de l'allocation.
Le montant est de 172,77 € par famille par mois.
Pour y avoir droit, le revenu net imposable ne doit pas dépasser les sommes suivantes au 1er juillet de l'année:
- Couple avec un enfant : 32 328 €
- Couple avec deux enfants : 38 794 €
- Couple avec trois enfants : 46 553 €

La sécurité sociale

Votre enfant sera mis sur le dossier du père ou de la mère, vous avez droit à 4 années de couverture sociale après l'arrêt de votre travail. Certaines caisses remboursent les frais sur place (consultation de médecin, dentiste, etc.) sur présentation des factures et seulement à votre retour du voyage. Le mieux est de prendre une assurance assistance, qui prendra les frais médicaux à sa charge.

PRESTATIONS FAMILIALES

▶ CAF (Caisse d'allocations familiales)
www.caf.fr

▶ SÉCURITÉ SOCIALE
http://www.ameli.fr/

À cinq autour de la terre

“Marie et Joanne ont fêté leurs 2 ans et 5 ans en Amérique latine. Avec l’idée que nos fillettes pourraient se révéler de formidables ambassadrices, nous sommes partis en famille au mois d’août 2001. Loin d’être un obstacle à notre projet, elles ont magnifié ce voyage, d’abord maritime sur un voilier aux Antilles, puis itinérant à Cuba, au Mexique, au Chili, en Bolivie, en Argentine, et en Nouvelle-Calédonie. Ces onze mois d’aventure ont constitué un formidable rêve devenu réalité, et resteront à jamais un souvenir à partager.

De sa préparation à sa réalisation, le voyage avec des enfants présente des particularités que nous avons essayé de synthétiser par thèmes ci-dessous. Avant même le départ, si la préparation du voyage n’est pas très différente de celle d’un tour du monde sans enfant, il s’y ajoute toutefois une pression de la famille et de l’entourage, qui murmure notre inconscience de partir avec des enfants si petits… La motivation doit être forte pour expliquer et rassurer, alors que nous-mêmes avons nos interrogations légitimes.

Une expérience familiale unique :
Qui peut prétendre avoir passé toute une année 24 h sur 24 avec ses enfants ? Peu de parents connaissent cette aventure incroyable que représente un voyage de longue durée avec ses enfants. Il génère un vécu familial commun unique, et tisse des liens très forts dans la cellule familiale et dans la fratrie ; ce voyage a probablement joué un rôle dans la complicité qui unit Joanne et Marie. Partager le voyage avec ses enfants, partager ses découvertes, ses joies, ses moments plus difficiles, ses rencontres… est une formidable expérience pour eux et pour nous.

Les conditions matérielles, la nourriture, les couches, les maladies :
Nous avions choisi de voyager léger, en utilisant uniquement les transports en commun.

>>

>> Nos affaires étaient regroupées dans 2 sacs à dos de 15 kg chacun, et nous avions également une poussette ultralégère et très compacte. Au cours du voyage, nous avons renouvelé régulièrement les vêtements et les chaussures de nos filles qui grandissaient. Les vêtements subissaient une usure précipitée, car ils étaient lavés à la main tous les soirs ; en effet, pour voyager léger, pas de secret, il faut laver ses vêtements très fréquemment.

Sur des conseils trouvés dans des récits de voyageurs, nous avions emporté au départ des couches lavables, par crainte de ne pas trouver de couches jetables dans certains pays pauvres comme à Cuba ou en Bolivie ; au poids des bagages s'ajoutait alors celui des couches sales ou des couches qui n'avaient pas eu le temps de sécher à la dernière escale… En constatant que nous pouvions trouver des couches jetables même à Cuba, nous nous sommes alors rapidement délestés de quelques kilos de couches en coton, qui ont fait le bonheur d'une maman cubaine pour qui le prix des couches jetables était prohibitif.

Nous transportions également une trousse de pharmacie bien garnie, constituée avec l'aide de notre médecin de famille. Heureusement, les médicaments ont très peu servi, car nous avons été peu malades. Les enfants ont été moins malades durant onze mois de voyage que durant l'hiver précédant le voyage, en France ; il faut dire que nous avions bien choisi les saisons de visite des pays que nous traversions, et que nos filles ne fréquentaient pas de collectivité. Nous avons consulté des médecins deux fois seulement, au Chili et en Argentine, pour une angine et une otite, les maladies de prédilection de nos enfants à l'époque. Nous mangions le plus souvent dans des petits restaurants sans prétention. En général, les enfants ne sont pas attirés par les spécialités locales, d'autant moins lorsqu'elles sont épicées ; ainsi, leurs repas se composaient souvent de poulet, de pommes de terre (sous toutes les formes, mais avec une préférence pour les frites), de pâtes, de pizzas ou d'omelettes au jambon, quel que soit le pays visité. Nous prenions notre petit-déjeuner dans notre chambre (en le prévoyant la veille), et nous utilisions du lait et du chocolat en poudre pour les biberons, pris à température ambiante, sans aucun souci d'approvisionnement. >>

>> **La vie des enfants en voyage :**

Avant de partir, il faut être convaincu qu'on ne voyage pas de la même manière seul qu'avec des enfants. Il vaut mieux avoir fait quelques petits voyages avec ses enfants avant de se lancer dans un tour du monde. Le rythme du voyage doit en effet s'adapter à leur rythme des enfants.
Parmi ces adaptations, citons par exemple la nécessité de manger à des heures à peu près régulières, l'impossibilité des sorties nocturnes en couple, le rythme des visites beaucoup plus lent, et surtout la nécessité de ménager du temps pour les enfants, pour jouer avec eux ou les laisser jouer, courir, leur raconter des histoires, faire des travaux manuels…
Malgré toutes ces contraintes, le bonheur de voir ses enfants grandir, d'être acteur de leur éveil au monde en leur faisant découvrir une partie de cette vaste planète est une expérience unique. C'est pour nous le plus beau cadeau qu'on peut faire à ses enfants.
Les enfants s'adaptent beaucoup plus vite que nous aux changements de lieux, pourvu que leurs parents soient présents, qu'ils puissent manger, dormir et jouer. En voyage les enfants ont des repères différents de ceux d'une vie sédentaire (maison, chambre, école, maîtresse). Le principal repère en voyage est les parents, auxquels s'ajoutent quelques objets comme la poussette, un doudou, un petit sac de jouets.

Les rencontres avec d'autres enfants sont toujours un plaisir pour les enfants en voyage. Ces rencontres se font naturellement, et très rapidement des jeux se mettent en place. Quel plaisir pour nos filles (et pour nous) lorsqu'il y avait des enfants dans la pension où nous logions ! C'est arrivé assez souvent à Cuba, où le système de logement chez l'habitant est la norme, et également au Mexique.
Le choix de pays de langue espagnole était délibéré pour que nos enfants puissent avec le temps apprendre quelques mots et échanger avec les autres enfants.

La participation à des activités pour les enfants, telles que jouer dans les jardins d'enfants, aller voir des spectacles de théâtre, des films au cinéma… est aussi une manière de découvrir >>

© Famille CHARPENTIER

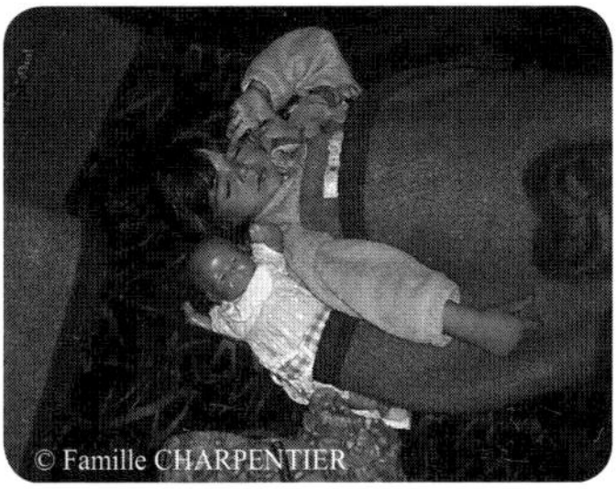
© Famille CHARPENTIER

© Karine MEUZARD

>>

les pays visités. À Cuba, par exemple, les spectacles pour enfants sont courants dans toutes les villes et sont souvent de bonne qualité, à des prix volontairement abordables pour tous ; les artistes sont rémunérés par l'État. Au Mexique, les spectacles de cirque ne sont pas du tout accessibles à tout le monde, mais réservés à la classe supérieure en raison du tarif. En Bolivie, où les enfants travaillent très jeunes, il est difficile de trouver des activités spécifiques pour les enfants. Il est intéressant de constater quelle attention est apportée aux enfants dans les différents pays, et ainsi toucher du doigt les différences sociétales."

MARINA ET WILLIAM MAUREL

© Karine MEUZARD

Sites web de voyages en famille

▶ http://5-bicyclettons.over-blog.com/
Un tour du monde en vélo pour cette famille avec leurs trois enfants de mai 2008 à décembre 2009.
▶ http://tourdumonde.charlet.free.fr/
De juillet 2008 à août 2011, Bruno, Véronique et leur fils Jonathan sont partis en land rover autour du monde.
▶ http://www.enfants-autour-du-monde.fr/
Un tour du monde de septembre 2008 à juin 2009, pour cette famille qui a décidé d'utiliser les transports locaux.
▶ http://lautreetlailleurs.petitfute.com
Philippe et Nassera ont voyagé pendant trois ans en famille avec leur camion Iveco, essentiellement en Amérique du Sud.

Et pleins d'autres sites sur :
▶ http://www.abm.fr

QUAND PARTIR ?

Ou, plus exactement, à quelle période de sa vie partir en tour du monde ? C'est une question que se posent nombre de candidats au départ : à quel âge, à quelle période de sa vie professionnelle ou de sa vie personnelle ?

Dans les faits

Au niveau de l'âge :

Dans la pratique, on constate quand même qu'au niveau de l'âge, une grande majorité de voyageurs au long cours est jeune. Beaucoup de moins de 30 ans, qui, pour la plupart, ont fini leurs études sans être encore réellement entrés dans "la vie active", partent en tour du monde. Au-delà du fait qu'il n'y a pas de contrainte professionnelle, certains pensent aussi (à notre avis, à tort) qu'il vaut mieux être "jeune" pour effectuer un tel périple, surtout en routard.

À l'opposé, on note depuis maintenant plusieurs années de plus en plus de retraités qui partent en voyage longue durée, notamment en camping-car. Même si finalement, assez peu font réellement un tour du monde, ils sont très nombreux à s'en aller régulièrement pour plusieurs mois. Y compris dans le simple but de passer l'hiver ailleurs, par exemple au Maroc — un pays qui accueille chaque année hors-saison des dizaines de milliers de camping-caristes européens retraités.

© David DUCOIN

Au niveau de l'activité professionnelle :
Plus que l'âge c'est généralement l'activité — ou la non-activité — professionnelle qui détermine dans de nombreux cas l'envie de partir. Si, bien sûr, les jeunes et les retraités ont plus de facilités à ce niveau, on note cependant que de plus en plus d'actifs font un break dans leur carrière. Soit qu'ils envisagent un changement à ce niveau et profitent alors de cette période charnière pour voyager, soit, plus simplement, qu'ils optent pour l'opportunité d'une année sabbatique tel que prévu par la Loi.
D'autres, enfin, essayent d'allier travail et voyage, soit parce qu'ils œuvrent dans des secteurs saisonniers, intérimaires, en manque permanent de personnel (milieu hospitalier par exemple), soit, pour quelques-uns, parce qu'ils sont en période de chômage.

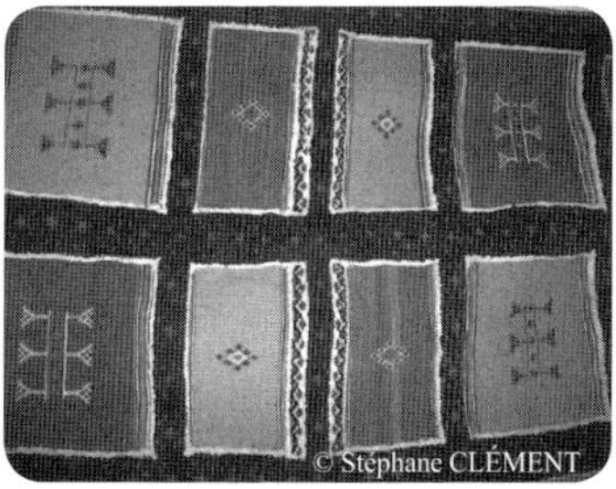
© Stéphane CLÉMENT

Au niveau de la vie personnelle :
Dernier point qui peut influer : la situation personnelle. Plus que pour le reste, ce sont d'abord ses envies (avec les avantages et inconvénients que l'on y associe) qui dictent le choix. Ainsi, certains préféreront effectuer un tour du monde tant qu'ils sont "célibataires", alors qu'au contraire, d'autres préféreront le faire en couple, avec ou sans les enfants.
Enfin, quelques-uns considèrent le tour du monde comme le "rêve de leur vie" et le concrétisent à la retraite, une fois dégagés (en principe) des "contraintes" professionnelles, familiales, financières, etc.

© David DUCOIN

Conclusion

A priori, on ne peut pas donner de réponse tranchée, tant les cas de figure sont nombreux et les avantages et inconvénients de chaque période présents. Sinon, peut-être, qu'à partir du moment où l'envie devient trop pressante, autant se lancer, quitte à avoir ensuite des souvenirs plutôt que des regrets...

▶ Quand partir ?

LE CODE DE CONDUITE DU VOYAGEUR

Le voyage est symbole avant tout de découverte, de rencontre et d'échange avec d'autres populations aux confessions, croyances et mœurs différentes. Aussi inévitable soit-elle, la confrontation des valeurs doit demeurer la plus anecdotique possible. C'est pourquoi nous avons réalisé ce "code de conduite". Simple et concis, il vous aidera à voyager dans le respect d'autrui et des traditions des autres pays.

Le rapport à l'habitant

- **Du calme, que diable !** Crier pour un train en retard ne sert à rien. Le contrôle de soi et l'humilité sont les deux vertus du voyageur respectueux. Ne jamais oublier que nous sommes en vacances. Ne pas courir pour tout voir, la découverte de la population et de son mode de vie recèle autant de trésors que les plus fabuleuses pyramides.
- **La mode occidentale** n'a de succès qu'en Occident. Les épaules nues, les petites jupes moulantes ou les shorts mi-cuisses permettent probablement un bronzage sans défaut, mais ils heurtent la sensibilité de nombre de personnes. Une tenue correcte est donc exigée durant tout le séjour. De même que des gestes d'affection en public (toucher la tête d'un enfant, s'embrasser dans la rue) peuvent être mal perçus par la population qui vous entoure.
- **Apprécier, ce n'est pas singer.** Il n'est pas utile de s'habiller comme les locaux pour montrer qu'on aime le pays. Ce mimétisme vestimentaire est d'autant plus ridicule qu'il est souvent décalé.
- **Voyager, ce n'est pas comparer.** Les jugements à l'emporte-pièce et les solutions à l'occidentale ne sont pas forcément applicables partout. Les problèmes économiques et sociaux des pays traversés sont souvent beaucoup plus complexes qu'on ne l'imagine.
- **Pittoresque et pauvreté.** Le pittoresque d'une scène de marché bolivien est, aussi, synonyme de pauvreté de certaines populations. Le voyeurisme gratuit est insupportable.
- **Les us et coutumes** découlent de l'histoire d'un pays. Les jugements hâtifs ne sont révélateurs que de l'ignorance de leur auteur.
- **Le tourisme sexuel.** Le tourisme sexuel est intolérable. Depuis quelques années, des lois permettent d'engager des poursuites judiciaires contre ceux qui profitent de leur aisance financière pour abuser sexuellement des mineurs. Il est impératif de boycotter toutes les structures hôtelières et touristiques favorisant ce type de pratiques et de les signaler auprès des autorités compétentes, ou des ONG, associations humanitaires (ECPAT), etc.
- **Le développement durable** et le commerce équitable. L'usage des moyens de transport locaux et les achats dans les petits commerces sont les meilleurs moyens

d'aider la population locale. De même, il est préférable de fréquenter les petits hôtels plutôt que des chaînes internationales. Évitez autant que faire se peut de séjourner dans des grands pôles touristiques où le milieu naturel ou architectural est dégradé au profit d'une politique touristique tous azimuts.

- **Voyager dans un pays en gardant son sens critique.** Il faut bannir de son circuit les étapes où l'on met en péril ou discrédite la personne humaine. Le folklore à touristes et les pratiques dites traditionnelles qui renaissent grâce à la manne touristique sont à dénoncer et à fuir au plus vite.
- **Respecter les normes sanitaires** afin de ne pas introduire de nouvelles pathologies ou d'en renforcer certaines présentes (en surdosant les prescriptions antipaludéennes par exemple).
- **Les passe-droits** ou le favoritisme sous prétexte que vous êtes étrangers sont à éviter. Touristes comme locaux doivent faire la queue aux différents guichets des trains, bus, etc. Soyez particulièrement humbles dans votre comportement, vous n'êtes pas en pays conquis.

La prise de photographies

L'image n'est pas une finalité. Un appareil photographique est très souvent perçu comme un objet hostile. La photographie est parfois considérée comme un vol de la personnalité. Aussi, pour éviter toute ambiguïté, il est nécessaire d'observer quelques règles.
Qu'il soit professionnel ou amateur, le photographe ne doit avoir qu'une chose à l'esprit : aucune image ne vaut vraiment la peine de heurter la sensibilité de quelqu'un.
Il est TOUJOURS nécessaire de demander l'autorisation de prendre une personne en photo, ET obligatoire de se soumettre à la réponse, même négative.
L'offre d'envoyer une photo à la personne quand vous serez rentré reste la meilleure des solutions si vous ne possédez pas de polaroïd. Ce "contrat" tacite entre le photographe et son sujet doit être respecté. Mieux vaut ne rien promettre que de ne pas assurer.
Proposer d'échanger un objet personnel sans valeur contre la prise d'une photo peut aussi se concevoir, mais en aucun cas il n'est admissible de donner de l'argent pour prendre une photo.

Le rapport à l'argent

Toute chose a un coût et un prix. Il est dangereux de payer plus cher que sa valeur une prestation ou un produit. Cela risque d'engendrer une inflation ainsi qu'un second marché destiné principalement aux touristes. Avant de partir, il est nécessaire de se renseigner sur les tarifs habituellement pratiqués.

Les dons doivent rimer avec modération. Il est bien sûr normal de remercier de la peine et de la charge financière engendrées par un séjour chez l'habitant, mais le dédommagement doit être en rapport avec le niveau financier du pays.

• Le comportement

Le rapport financier entre visiteur et visité est sans équivoque à l'avantage du touriste. Votre budget voyage mensuel est parfois équivalent à plusieurs années de travail de l'ouvrier moyen. Il est donc malvenu d'étaler sa richesse par le port excessif de bijoux de valeur. Les caméscopes, appareils photos ou autres représentent parfois plusieurs années de salaire ; montrez que vous en prenez soin et que vous ne les traitez pas comme quantités négligeables.

Très fréquemment, un échange de sourires ou une discussion se termine par une invitation à manger. Ne pas oublier qu'inviter un étranger à manger peut être une source de joie pour l'hôte mais aussi un surcoût difficilement supportable. Il est donc bien venu de laisser quelque chose en retour (nourriture, biens de première nécessité). Il faut bien faire attention de ne pas choquer en offrant de l'argent et rester dans des sommes en rapport avec le niveau de vie du pays.

Conseil ABM !

Le dédommagement doit être en rapport avec le niveau de vie du pays.

• Le marchandage

Le marchandage fait partie de la règle du jeu. Ne pas y participer dénature les règles du commerce local. Il ne faut pas oublier de garder une échelle de valeur.

LA MENDICITÉ

La mendicité pose au voyageur deux problèmes principaux : donner, oui, mais quoi et à qui ? Le fait de donner n'est pas sans conséquences et même peut entraîner des problèmes délicats auxquels n'étaient pas confrontées les populations rencontrées (bonbons et caries, argent et déstructuration du noyau familial où les enfants gagnent plus en mendiant que le père). Aussi privilégiez les dons aux hôpitaux et organismes reconnus, comme les églises, les pensionnats et orphelinats, les associations caritatives internationales ou locales, etc.). Les dons aux personnes doivent être proportionnés au niveau de vie sur place. Lors de votre départ, vous pouvez offrir vos médicaments, mais uniquement à des personnes ou à des structures compétentes (médecins, infirmiers...).

La sauvegarde du milieu naturel

• Les souvenirs

Qu'ils soient décoratifs ou alimentaires, boycottez les produits réalisés à partir d'espèces animales protégées. Ne favorisez pas le braconnage, ni les produits de contrebande et les contrefaçons.

Don et mendicité

“Au Pérou, j’ai croisé un couple de voyageurs dans une zone très peu fréquentée par les Occidentaux. Au moment où nous rejoignions un hameau où nous avions laissé nos affaires, je les vois sortir un paquet de sucreries de leur sac et appeler les gamins qui n’avaient rien demandé. Ils jettent les bonbons par poignées aux enfants qui les prennent par jeu, mais sans comprendre ce que c’est et, sûrs de leur beau geste, ils leur montrent que ça se mange. J’étais abasourdi et je sais ce que les enfants demanderont aux prochains étrangers qu’ils verront !

Quelques semaines plus tard, je croise un homme qui travaille aux Salinas près d’Urubamba et qui a emmené avec lui sa fille âgée de 4-5 ans pour apitoyer les touristes et leur soutirer quelque monnaie. Un groupe arrive, et plusieurs y vont de leur dollar à la fillette pour prendre des photos. Le geste peut sembler naturel, mais comment imaginer que le père acceptera de la laisser aller à l’école quand elle sera en âge de le faire si elle gagne plus que lui simplement en tendant la main ? Et quand elle sera trop âgée pour mendier efficacement, il sera trop tard pour étudier.

Au fil des voyages, j’en suis arrivé au constat qu’il n’est pas acceptable de donner de l’argent pour des photos. De façon générale, donner quoi que ce soit à ceux qui mendient favorise une économie parallèle où on gagne plus d’argent en tendant la main aux touristes qu’en travaillant ce qui est nuisible aux populations sur la durée.

Il m’apparaît pertinent d’exclure les dons aux mendiants pour privilégier les organismes locaux ou les personnes compétentes (instituteur, responsable de la communauté… à voir au cas par cas). J’y inclus les bonbons (qui provoquent des caries pour des populations qui ne bénéficient pas de dentistes et se lavent pas ou mal les dents), stylos, cahiers, médicaments et consorts (souvent revendus).

Et, pour les mêmes raisons, si on veut vraiment donner, ça doit rester proportionnel au coût de la vie local, et non à celui de l’Europe.”

Xavier Champagne

► Code de conduite du voyageur

• **L'alimentation**

L'approvisionnement en nourriture est parfois difficile dans certaines régions, aussi n'aggravez pas les manques. Plus particulièrement lors d'un trek, chaque voyageur doit avoir une autonomie alimentaire afin de pas se servir dans les réserves des populations locales.

• **Le gaspillage**

Si lors d'un repas vous ne parvenez pas à finir votre part, ne la jetez pas devant la population locale ; le gâchis a toutes les chances de choquer ceux qui ont à subir des restrictions alimentaires.

L'EAU

L'eau potable demeure une denrée rare dans nombre de régions du monde. Soyez attentif à ne pas la gaspiller, et par exemple boycottez les parcours de golf, certes des oasis de verdure mais grands consommateurs d'eau d'arrosage, au détriment des populations locales.

• **La propreté**

La propreté doit être votre leitmotiv. Aucune trace ne doit révéler votre présence après votre départ. Même s'ils sont biodégradables, vos déchets doivent être jetés dans des poubelles.

En cas d'absence de structures de récupération, les piles et autres accumulateurs doivent être conservés afin d'être jetés à votre retour en France.

• **Respectez les sites visités**

Ne détériorez pas les monuments et n'encouragez pas les petits vendeurs de chefs-d'œuvre volés sur les sites. Les cailloux restent près de la rivière, les fleurs dans les champs, les papillons dans le ciel. De même que le feu du bivouac ne se fait qu'avec du bois mort.

• **La plongée sous-marine**

Adoptez un comportement et un matériel qui ne nuit ni à la faune, ni à la flore marine (petites palmes, bouées de mouillage, ne pas nourrir les poissons, économie d'eau de rinçage). Pour plus de renseignements, une charte internationale du plongeur responsable est disponible sur ▶ **www.longitude181.**

© Xavier CHAMPAGNE

Touriste et consommateur

Pas de surprise, le tourisme et les voyages sont un produit de consommation comme les autres (et même parmi les premiers). Le passage aux 35 heures a, de plus, augmenté cette envie pour les voyages, puisque 40 % des personnes entendent consacrer ce nouvel espace de liberté à de nouveaux périples. Logique donc que ce secteur subisse ses modes et ses engouements, tant dans le domaine des comportements que des destinations.

Des demandes multiples

Victime (?) de notre société de consommation et de ses chimères, le vacancier apparaît donc comme un individu tiraillé par les modèles qu'on lui propose et

des envies personnelles parfois antagonistes.
Ainsi, dans notre monde du "toujours plus vite", il recherchera a priori pour son temps libre un autre rythme moins speed et surtout plus personnel dans son aménagement, et, à la clé en matière de formules de voyages, celles privilégiant des périodes de liberté à organiser (journées libres dans les circuits, locations, simple achat de quelques prestations).
Autre opposition, celle d'un monde uniformisé et des envies personnelles de nouveautés, voire de surprises. Encore peu prise en compte par les professionnels du tourisme, cette demande aboutit toutefois à la commercialisation de circuits tournés vers "l'authentique" (destinations lointaines et nouvelles) ou de produits mixtes associant une activité thématique, si possible innovante, à un voyage.
En parallèle, le touriste actuel, quoique encore individualiste, veut également se soucier de son environnement, et même du respect d'autrui, au travers d'un tourisme "responsable". D'où un choix de destinations et de prestataires responsabilisés face au tourisme sexuel, la préservation des milieux naturels, ou encore l'éthique du voyage. D'ailleurs, sur ce dernier point, 35 % des vacanciers seraient prêts à payer plus cher pour des voyages conçus en harmonie avec les populations et le milieu naturel.
Dans un souci d'exigence un peu similaire, il veut aussi en avoir pour son argent, sur place, bien sûr (accueil, animation, prestations), mais aussi dès son arrivée dans l'agence de voyages, à qui il demande de plus en plus de compétences et de conseils.
Enfin, sans réelle surprise là aussi, l'amateur de voyages, s'il est séduit par l'aventure et parfois même l'extrême, n'en demeure pas moins quelqu'un qui a besoin d'être pris en charge et surtout sécurisé. D'ailleurs, 41 % des vacanciers français estiment que les risques liés à un voyage (catastrophes naturelles, terrorisme, maladies...) sont très nombreux. Dès lors, exit déjà les pays (et même malheureusement parfois leurs voisins éloignés) un peu trop sous le feu de l'actualité (troubles politiques, épidémies...). Et une demande d'information préalable accrue, des lois et des réglementations protectrices, des assurances en tous genres, de même qu'une exigence de mise en confiance vis-à-vis des transports, de l'alimentation, de l'environnement et de sa qualité, etc., que le visiteur sera amené à pratiquer lors de son périple.
Bref, à partir de ces quelques constatations, on peut en déduire que le touriste de notre époque recherche d'abord son bien-être physique et moral dans un environnement actif sans cesse renouvelé, mais aussi largement sécurisé.

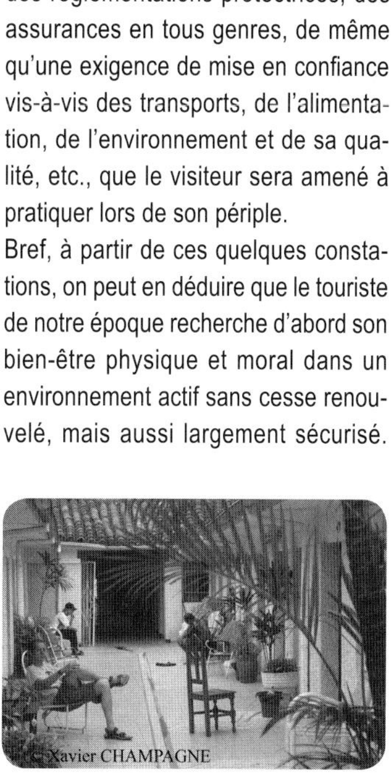
© Xavier CHAMPAGNE

▶ Code de conduite du voyageur

Tourisme responsable

Pour une autre forme de voyage. Le tourisme évolue et a de plus en plus d'impacts sur les territoires et les populations, le nombre de voyageurs allant doubler d'ici 2020. Il est donc important de s'interroger sur notre manière de voyager.

TOURISME RESPONSABLE, DÉFINITIONS

- **Le tourisme durable :**
Il consiste, selon l'Organisation mondiale du Tourisme, "à répondre aux besoins des touristes et à ceux des communautés d'accueil tout en protégeant l'environnement et en développant des opportunités pour le futur".

- **Le tourisme "intégré" :**
Il fut à l'origine expérimenté en Casamance au Sénégal. Il repose sur l'intégration des activités touristiques à la vie locale et au service du développement. Précurseur du tourisme durable, il s'oppose au tourisme enclavé.

- **Le tourisme équitable :**
C'est un concept récent qui se réfère à celui du commerce équitable. Il propose une rémunération correcte de l'hôte du pays d'accueil et réduit les aléas du commerce entre régions consommatrices riches et les régions productrices pauvres.

- **Le tourisme alternatif :**
Il met en avant tous les éléments qui constituent l'identité d'un pays. Il suppose que les activités soient gérées majoritairement par les populations locales.

- **L'écotourisme :**
C'est un concept créé pour décrire un voyage de découverte dans une nature préservée, avec la visite de milieux naturels relativement intacts. L'une des bases de l'écotourisme est la conservation du milieu naturel, assortie d'une aide financière.

- **Le tourisme citoyen :**
Il se définit par certaines associations militantes qui n'hésitent pas à boycotter des pays ou des régions qu'ils jugent politiquement incorrects.

Le partage naturel

"Nous avons bien aimé la formule des parcs nationaux australiens : "ne prenez que des photos, ne laissez que des empreintes".

En ce qui concerne la notion de partage lors de rencontres avec les autochtones, nous l'avons fait souvent très simplement, par exemple en chantant des chansons de notre pays. Nous avons failli faire mourir de rire la seule famille vivant dans l'oasis de Sefsaf au Sud Maroc en leur chantant, à la veillée, "Savez-vous planter les choux ?", gestes à l'appui. Succès garanti, même chez ceux qui parlent peu ou pas du tout le français !
D'autres fois, nous avons cuisiné pour nos hôtes avec un certain succès, en particulier chez les Australiens : fondue au comté, bœuf bourguignon (à défaut de bœuf et de Bourgogne, la recette a été adaptée, et ce fut finalement un kangourou au vin rouge très apprécié).
Les crêpes aussi, ont eu du succès. Aux Émirats Arabes, notre hôte, drapé dans sa dishdash blanche immaculée nous lance un compliment qui nous laisse perplexes : "il est bon votre pain" !

Souvent, nous sortons quelques photos de nos familles, mariages et cérémonies ou encore des cartes postales de notre pays. Encore que les monuments célèbres de Paris soient souvent vite surclassés par les "hooooo !" et les "haaaaa !" provoqués en plein désert par les photos d'un fleuve aux berges vertes, ou ceux motivés en terres continentales par la vision de nos côtes bretonnes aux rochers découpés, ou bien encore, sous les tropiques, par des clichés de pics et glaces alpins. Nos églises, nos villages, avec leurs marchés et petits commerces, notre quotidien français surprennent, charment, font rêver.

En remerciement pour l'accueil chaleureux qui est si souvent réservé aux voyageurs, ces contributions, aussi modestes soient-elles, sont toujours très appréciées."

ROBERT ET MARTINE ZANELLI
► http://www.kookynet.net

► Code de conduite du voyageur

Sites web sur le tourisme responsable

▶ http://www.ethisme.com
"Jamais, depuis que l'homme existe, il ne s'est autant préoccupé de la planète qu'il habite". C'est à partir de ce constat qu'est né le site Ethisme, le site pratique des vacances durables.

▶ http://www.ecotourisme.info
Diffuser le concept d'écotourisme, en faire la promotion auprès des professionnels et du grand public, et accompagner le développement de projets ou la mise en place de stratégies de territoire liées au tourisme durable.

▶ http://www.voyageons-autrement.com
Les recettes pour devenir un voyageur responsable et avisé, comprendre les enjeux d'une telle démarche, et même choisir au mieux sa future destination avec l'hébergement et les voyagistes qui vont avec. Tels sont les objectifs de ce site portail.

▶ http://www.coalition-tourisme-responsable.org
Le CITRR regroupe 335 ONG dans 88 pays engagées pour un tourisme responsable, ainsi qu'un comité scientifique d'experts travaillant sur le développement durable. But : sensibiliser, informer, dénoncer, convaincre et alimenter le débat autour de l'intérêt de la pratique d'un tourisme responsable.

▶ http://www.voyageur-responsable.com
Le site de voyagesncf.com, qui donne la parole à tous les projets dans la thématique du tourisme durable.

© Philippe JACQ - www.chacunsaroute.com

© Karine MEUZARD

Festival Partir autrement

▶ http://www.abm.fr
Le festival "Partir autrement" sur le voyage solidaire et responsable, qui a lieu chaque année à Paris au mois d'avril, avec au programme : projections, débats, stands et rencontres de nombreuses personnalités, organisé par l'association ABM.

Pour que voyage ne rime plus avec pillage

"Vous ne seriez pas le premier à devenir trafiquant sans le savoir."

Lancée dans toute l'Union européenne, cette campagne du WWF vise à informer les touristes et les professionnels du voyage des nouvelles dispositions réglementaires qui s'appliquent aux animaux et plantes sauvages menacés.

Au-delà de la simple information, cette campagne met aussi en évidence l'impact négatif du commerce illicite sur la sauvegarde des espèces en dissuadant les voyageurs d'acheter et d'importer des souvenirs fabriqués à partir d'animaux et de plantes en voie d'extinction. Car lorsque le voyage s'achève, le désir de prolonger le rêve en rapportant quelques souvenirs est toujours tentant.

Ce commerce est également une infraction qui peut être sévèrement sanctionnée par une amende et la confiscation de l'objet prohibé. L'importation de plus de 800 espèces d'animaux et de végétaux est donc désormais interdite, et plus de 20 000 autres espèces sont contrôlées, conformément à la législation européenne.

Premier importateur mondial de félins et de perroquets vivants, deuxième de primates, de boas et de pythons, troisième de tortues et de plantes, l'Union européenne occupe une place prépondérante en matière de commerce international de la faune et de la flore sauvages. Or, celui-ci représente un chiffre d'affaires annuel de près de 15 milliards d'euros, d'où la valeur exemplaire que doit prendre la réglementation européenne dans ce domaine.

WWF

► **http://www.wwf.fr**

WWF — Fond mondial pour la Nature : Le WWF est la plus grande association privée de protection de la nature dans le monde : 5 millions de membres, 29 organisations nationales, plus de 3 500 permanents, 11 000 programmes de conservation, une présence effective dans plus de 100 pays.

WWF France : 1, carrefour de Longchamp 75116 PARIS. Tél. : 01 55 25 84 84.

Quelques exemples

Lors d'un séjour à l'étranger, réfléchissez bien avant d'acheter... de l'ivoire d'éléphant : bien que le commerce international de l'ivoire soit interdit depuis 1990, on trouve encore des objets sculptés en ivoire en vente sur les marchés africains et asiatiques.

... des objets en écaille de tortues marines : les objets fabriqués à partir de tortues marines, y compris les carapaces entières, les animaux naturalisés, les bijoux, les peignes et les lunettes de soleil ne peuvent être introduits à l'intérieur de l'Union européenne. Ces objets peuvent être saisis.

... des coraux : les récifs coralliens constituent des écosystèmes fragiles dont dépendent une multitude d'espèces marines. Bon nombre de pays interdisent la récolte, la vente et l'exportation des coraux. Avant de ramener dans l'Union européenne ces trésors marins, renseignez-vous sur les autorisations requises.

... des espèces végétales : le commerce des orchidées, des cycas, des cactées et d'un certain nombre d'autres plantes est strictement réglementé. Seuls les spécimens reproduits en milieu artificiel peuvent être importés dans l'Union européenne.

... des animaux sauvages vivants : les perroquets et autres oiseaux vivants, les singes, les serpents et les caméléons sont couramment vendus sur les marchés pour touristes. Réfléchissez bien avant de ramener un animal vivant à la maison. Le commerce de certaines espèces est interdit et, pour d'autres, vous devez disposer d'une autorisation. Renseignez-vous avant de partir.

Lutter contre l'industrialisation du tourisme

Le tourisme est en passe de devenir la première industrie mondiale. Ce sont les pays les plus riches qui déterminent la nature de l'activité touristique dont les dégâts humains, sociaux ou écologiques — parfois considérables — sont subis par les pays d'accueil, et surtout par leurs peuples indigènes minoritaires. Ceux-ci se trouvent particulièrement exposés : peuples pastoraux du Kenya ou de Tanzanie expropriés pour faire place à des réserves naturelles ; terrain de golf construit sur les sites funéraires des Mohawks du Canada ; réfugiées Karen présentées comme des "femmes girafes" dans un zoo humain de Thaïlande... Ces situations, parmi **tant d'autres, sont inadmissibles. Le** tourisme dans les territoires habités ou utilisés par des peuples indigènes ne devrait pas être possible sans leur consentement libre et informé.

Survival s'attaque à promouvoir un "tourisme responsable" et appelle les organisateurs de voyages et les touristes à bannir toute forme d'exploitation, de paternalisme et d'humiliation à l'encontre des peuples indigènes.

Soyez vigilants, les peuples indigènes ne sont pas des objets exotiques faisant partie du paysage.

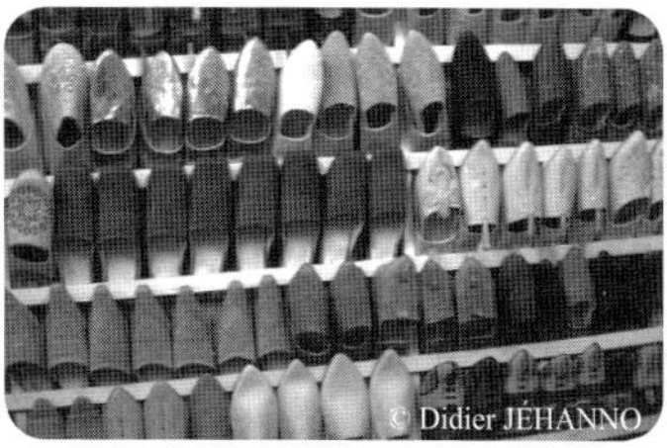

© Didier JÉHANNO

SURVIVAL INTERNATIONAL

Survival est une organisation mondiale de soutien aux peuples indigènes. Elle défend leur volonté de décider de leur propre avenir et les aide à garantir leur vie, leurs terres et leurs droits fondamentaux.

Survival International :
45 rue du Faubourg du Temple, 75010 Paris.
► www.survival-international.org

Contre le tourisme sexuel

En France ou à l'étranger, vous pouvez être confrontés à quelqu'un recherchant des contacts avec des enfants lors de ses voyages...

ECPAT

End Child Prostitution And Trafficking (ECPAT)
L'ECPAT a pour objectif de lutter par tous les moyens légaux contre l'exploitation sexuelle dont sont victimes les enfants, notamment dans les pays du Tiers-Monde.
ECPAT France :
c/o Groupe Développement, Bât 106, BP 07, 93352 Le Bourget.
Tél. : 01 49 34 83 13.
▶ www.ecpat-france.org

Les sex tourists, qui sont-ils ?

D'après une étude ECPAT, 7 % ont moins de 30 ans, 18 % entre 30 et 40 ans, 33 % entre 40 et 50 ans, 24 % entre 50 et 60 ans, 18 % plus de 60 ans.
Ce sont majoritairement des hommes issus de toutes les classes sociales. À la fois des pédophiles occasionnels de passage, des pédophiles habituels fréquentant des pays où le marché des enfants est facilement accessible, des pédophiles pervers, sadiques, violents auxquels les enfants ne peuvent opposer aucune résistance, "Monsieur Tout le Monde" : touristes, hommes d'affaires, etc., qui, loin des contraintes morales de leur pays, s'adonnent à des relations sexuelles avec des enfants, comme attirés par cette nouvelle "expérience".
Ils viennent principalement d'Europe, du Japon, d'Australie, du Moyen-Orient, des États-Unis, du Canada.

Les victimes

D'après l'Unicef, dans le monde, plus de 2 millions d'enfants de moins de 16 ans sont victimes chaque année d'exploitation sexuelle dans un cadre commercial. Filles et garçons, exploités par des réseaux de prostitution, ils sont âgés de 3 à 16-17 ans. Ces enfants sont le plus souvent issus de familles très pauvres et vivent dans les pays du Tiers-Monde, essentiellement touristiques.

En Amérique Latine et dans les Caraïbes, le tourisme sexuel augmente, notamment au Brésil, en République Dominicaine et à Cuba. En Afrique, si la prostitution existe déjà dans certains pays, le développement du tourisme international peut faire craindre un accroissement de l'exploitation, notamment au Kenya. En Europe de l'Est, avec le développement des maffias, de plus en plus d'enfants rejoignent les réseaux de prostitution. Enfin, en Asie, l'Unicef estime qu'un million d'enfants sont victimes du commerce sexuel. Les flux de touristes se déplacent de la Thaïlande, des Philippines, de l'Inde vers de nouveaux pays, comme le Cambodge ou le Viêtnam.
Quant aux causes de la prostitution enfantine, celles-ci sont multiples. La pauvreté est un facteur récurrent de la prostitution des enfants. Le chômage pousse les familles à placer leurs enfants entre les mains de recruteurs qui proposent un

"travail" à ceux-ci et versent à leurs parents une avance en argent. Le manque d'instruction, l'absence de formation à un métier particulier favorisent également l'exclusion des enfants et leur entrée dans le circuit de la prostitution. Idem pour l'attrait pour les biens de consommation, aussi bien pour les parents que les enfants. Quant à la corruption, elle permet aux responsables de réseaux de prostitution de s'affranchir des lois qui pourraient les condamner, mais également aux Occidentaux arrêtés de se dédouaner. De plus, les réseaux mafieux sont souvent les organisateurs au niveau national, régional et international. Enfin, dernières raisons, la banalisation des rapports sexuels entre adultes et enfants, plus la demande, sans qui le marché n'existerait pas.

En parallèle, on peut aussi souligner que le développement du tourisme sexuel a parfois pu se faire de façon délibérée, certains pays n'hésitant pas à favoriser cette activité afin de remédier à leurs problèmes économiques. La prostitution comme moyen de publicité ou d'attraction relayé à l'occasion par des agences de voyages occidentales ou des magazines spécialisés dans ce type de tourisme.

Les résolutions et les lois

Au niveau mondial, l'ECPAT lutte contre le tourisme sexuel. À l'origine de la campagne "Informez les touristes" réalisée ces dernières années sur le sujet, ils agissent aussi et surtout pour que les lois déjà existantes, tant dans les pays occidentaux, notamment au niveau de l'Union européenne, que sur place, soient appliquées. De même, ils continuent leur campagne auprès des médias et des professionnels du tourisme afin de sensibiliser au mieux l'opinion. Ils soutiennent également les actions menées sur place par les organismes locaux et internationaux. Enfin, à travers la mise en œuvre de divers projets de terrain — y compris, pour certains, en direction des parents des enfants prostitués — ils souhaitent arriver à développer une prévention à tous niveaux.

Au niveau législatif, de nombreux pays à travers le monde, tant occidentaux qu'en voie de développement, ont renforcé leur législation incluant, par exemple, au niveau de l'Union européenne, des clauses d'extraterritorialité. Les peines encourues en cas d'abus sexuel sur enfant à l'étranger vont ainsi selon les pays de l'emprisonnement à la peine de mort. Au niveau français, la loi du 1er février 1994 permet de juger en France tout citoyen ayant commis un abus sexuel sur un enfant dans n'importe quel pays. Cette procédure a été appliquée la première fois en octobre 1997 contre sept "touristes sexuels", avec des condamnations allant jusqu'à 15 ans de prison.

En conclusion

Le problème de la prostitution enfantine est une urgence à traiter, conjointement avec des actions de fond politiques, économiques et sociales, pour favoriser sur le long terme un développement harmonieux des pays et des relations internationales, dont les plus pauvres des pauvres ne peuvent être impunément exclus.

Face aux dures réalités économiques de certains pays, le tourisme peut être considéré comme une opportunité de croissance et une source de richesses. Son développement durable sur le plan commercial sera forcément conditionné par le respect des pays hôtes et de leur environnement.

C'est au carrefour de cette quête d'humanité et d'un "sens commercial" bien compris que nous avons rendez-vous pour relever les défis d'un tourisme porteur de développement. Cette richesse partagée passe par un nécessaire respect des traditions, du patrimoine, de l'environnement de ces pays, et surtout des hommes, des femmes et des enfants qui y habitent.

Livres tourisme durable

- *TOURISME DURABLE* Guide du Routard, Hachette.
- *LE TOURISME AUTREMENT*, Hors Série alternatives économiques
- *PARTIR POUR ÊTRE SOLIDAIRE*, Ritimo, **www.ritimo.org**

L'action humanitaire

Partir avec une ONG

Tout d'abord, avant de partir, il faut :

- **Se renseigner sur les besoins réels**, en contactant des associations qui œuvrent dans ces pays et qui sont présentes en France, ou alors par le biais de l'ambassade du pays en France, qui vous mettra en relation directe avec des ONG présentes sur son territoire.
- **Bien étudier les possibilités de recrutement,** sachant qu'en voyage vous entrerez en contact avec des associations qui auront besoin de vous, si vous êtes disponible et motivé.
- **Ne pas croire que les missions sont faciles,** il faut être prêt à apprendre mais aussi à donner de son temps.
- **Mais vous pouvez aussi agir au quotidien:** en vous engageant dans une association, en achetant de préférence des produits issus du commerce équitable, en prêtant la main à des actions de sensibilisation, en participant à des campagnes d'opinion, etc.

Partir travailler pour une organisation internationale

Dans la plupart des cas, travailler dans une organisation signifie vivre à l'étranger. Or s'expatrier c'est, par définition, choisir de vivre éloigné de ses racines familiales, culturelles, géographiques, dans des conditions matérielles parfois précaires lorsque le poste occupé est situé en zone difficile.

La décision de servir une organisation internationale doit être prise en considération de tous ces aspects. Lors de l'entretien précédant votre embauche, il y a de fortes chances pour que l'on teste votre clairvoyance afin de s'assurer que vous ne rencontrerez pas de difficultés d'adaptation une fois sur place.

© Witold KUBEK

WEB SUR L'HUMANITAIRE

Infos et propositions de postes à pourvoir sur le site du MINISTÈRE DES AFFAIRES ÉTRANGÈRES
► www.diplomatie.gouv.fr/fr/

© Karine MEUZARD

Tourisme et respect

À plusieurs reprises nous avons été surpris par l'impact qu'a le tourisme sur les habitants du pays : conservation des traditions pour satisfaire le touriste en quête d'originalité, ou abandon de certaines activités (cultures, élevage) au profit d'autres plus lucratives, guide pour touristes, ou mendiants de touristes ! Sans porter un jugement trop rapide sur les méfaits du tourisme, deux exemples qui font réfléchir.

Pour attirer les touristes, les habitants de l'île de Taquilé (lac Titicaca) conservent leurs traditions et costumes. Ces hommes en chemise blanche, gilet et bonnet, ces femmes en robes colorées et voile noir nous ont charmés. De même quel dépaysement de dormir chez l'habitant, dans des maisons en adobe, sans électricité, ni sanitaire : c'est "typique" !
Mais la discussion le soir avec notre hôte nous a gênés. Il nous a dit que si les femmes ne portent pas de chaussures (uniquement des sandales en caoutchouc), >>

>>
c'est parce que le règlement de l'île l'interdit. Ainsi, malgré le froid mordant (à 4 100 m d'altitude) et les pierres des chemins, l'habit "traditionnel" ne comporte ni chaussures ni chaussettes ! Certains penseront qu'elles ont l'habitude du froid. Certes, mais chez elles, elles portent chaussettes et chaussures ! Le comité de l'île veille à l'application du règlement de la communauté de Taquilé, qui vise à conserver le coté traditionnel de cette île et donc son attrait pour le tourisme, principale source de revenu pour ses habitants. C'est une chose louable, mais transformer une communauté en "zoo humain", en rejetant la modernité, ne risque-t-il pas de nuire à long terme à ses habitants ?

L'exemple du Machu Picchu
Voir le Machu Picchu, nous en rêvions, et surtout de l'atteindre par le chemin des Incas, un trek mythique de 4 jours pour arriver sur le majestueux site. Ce rêve nous n'avons pu le réaliser !
En effet, dénoncé depuis plusieurs années par l'UNESCO, le Trek de l'Inca s'est dégradé à cause des touristes laissant derrière eux papiers et plastiques, et abîmant les ruines du parcours. Le gouvernement péruvien oblige maintenant les touristes à passer par un tour-opérateur. Impossible donc de le faire sans guide. Bien sûr les prix ont grimpé, le gouvernement a ajouté des taxes. Résultat, les tarifs ont été multipliés par trois !
Certes la sauvegarde de ce site est essentielle. Mais la solution adoptée est-elle la bonne ? Les dégradations étaient-elles dues aux seuls randonneurs indépendants ? Les tour-opérateurs et les guides respecteront-ils ce patrimoine naturel alors qu'ils ne respectent déjà pas les porteurs qu'ils exploitent ?
Et les randonneurs actuels n'auront-ils pas tendance à se dire "vu ce que je paye, ils peuvent bien nettoyer derrière moi" ? Les personnes rencontrées sur ce trek ne nous ont pas rassurés !
Autre moyen de visiter le Machu Picchu, le train. Mais avec le prix élevé du billet, plus le bus pour monter au Machu Picchu et l'entrée du site, vous vous sentez sacrément allégé à la fin de la journée. Bref, le Machu Picchu est une étape incontournable, mais on se sent otage et contraint de délier sa bourse !
Et pour les Péruviens, ce patrimoine est quasi inaccessible !"

FABIEN MAURICE, *deux tours du monde à vélo avec enfants.*

Machu Pichu © David DUCOIN

Avant Tanouchert © Hervé HÉRODET

2- Les préparatifs

Petit matin au cœur du Haut-Atlas marocain avec bébé

Penser à tout !

Préparer son voyage, c'est déjà partir un peu. Faites mûrir votre projet quelques mois avant le départ et passez en revue toutes les tâches qu'il vous reste à accomplir afin de préparer sereinement votre départ. Il faut respecter vos envies. En cours de route, vous pouvez ressentir une nostalgie de notre bonne vieille France. Tout ne sera pas toujours rose mais si un jour le moral est bas, le lendemain tout redeviendra normal. Pas la peine non plus de vouloir battre des records pour le nombre de pays visités, car si chez soi les choses semblent faciles, en voyage tout ne se passe pas toujours comme prévu.

La préparation, une étape essentielle

"La préparation est très importante pour bien vivre un long voyage. Il faut prendre les problèmes un par un et ne pas oublier de penser aux premiers mois du retour. C'est parfois beaucoup de travail, mais c'est passionnant."

KARINE MEUZARD

CHOISIR L'ITINÉRAIRE

Là aussi, faites marcher vos motivations personnelles et essayez de définir des étapes ou des endroits que vous aimeriez visiter : en effet si on préfère les randonnées, on prendra des itinéraires différents de ceux qui préfèrent les vieilles pierres ou les plages de cocotiers. Pas question non plus de figer un itinéraire car sur place les avis peuvent changer. Certains, par exemple, prévoient de rester 5 mois en Inde et finalement passent 5 mois en Indonésie à la place… Il ne faut pas hésiter à rester dans les endroits qui vous marquent le plus.

- **Le temps**

Chaque voyageur adopte son propre rythme, mais il vaut mieux en voir moins et prendre son temps. Lorsqu'on dispose de plusieurs mois, il est tentant de prévoir un itinéraire ambitieux en traversant une grande variété de pays de long en large. Or, en voyage, tenir une telle cadence est difficile. D'abord parce que l'on adopte souvent naturellement un rythme plus lent, ensuite parce qu'il faut s'occuper de la logistique sur place (billets, logement…), et enfin parce qu'on s'essouffle à presser le pas, à changer de chambre, à transporter son sac, à passer du temps dans les transports, à courir de lieu en lieu…

- **La liste**

Vous pouvez commencer par lister les destinations qui vous intéressent en trois catégories : celles que vous voulez voir, celles que vous ne voulez pas voir, et celles sur lesquelles vous êtes indécis. Ajoutez à cela les endroits où le cas échéant vous souhaitez réaliser une activité spécifique (trek, plongée, location de voiture), assister à une fête ou un événement. Cette liste reflétera d'abord vos envies et pourra évoluer au gré de vos rencontres avec d'autres voyageurs, de vos lectures ou autres. Ensuite ajoutez à cette liste une estimation des durées de séjour et des déplacements longue distance (utile par rapport aux validités des visas ou au budget quotidien à prévoir). Selon les réalités financières, les modes de transports possibles et autres difficultés, votre liste continuera à s'affiner avec le temps jusqu'à dessiner au moment du départ la trame et la durée du voyage.

- **Les difficultés**

Si vous n'avez pas trop l'habitude de voyager, commencez votre périple par des destinations “faciles”. De plus, il n'est pas forcément judicieux d'enchaîner trop longtemps des pays “difficiles”. Au-delà de créer un contraste qui fera tour à tour apprécier les uns et les autres, c'est surtout en cas de problèmes de santé, de fatigue ou simplement de blues prolongé qu'il faudra faire escale dans des pays occidentalisés. Le fait de retrouver ses repères et une meilleure infrastructure permet toujours de mieux recharger les batteries. Et dernier conseil : évitez les régions à risques. Si en cours de route, vous rencontrez des personnes qui vous déconseillent d'aller dans un endroit, ne tentez pas le diable et écoutez la population locale qui vit sur place.

• Liberté

De façon générale, gardez toujours en tête une certaine souplesse dans votre trajet afin de pouvoir modifier celui-ci en fonction des événements, des rencontres et de vos envies. Choisissez votre parcours par vous-même sans vous sentir obligé de collectionner les pays ou à l'opposé de passer des semaines dans un endroit parce que tout le monde le fait (ou inversement). On peut aller où personne ne veut se rendre. Si vous souhaitez faire un zapping du monde ou simplement effleurer certains pays, pourquoi pas : c'est votre voyage, même s'il est vrai que c'est avec le temps que l'on découvre le mieux les choses.

Stress du voyage et choc des cultures

Diminuer les effets

Voyager doit être un plaisir. Et pour que ce plaisir demeure, autant faire en sorte que tout se passe pour le mieux, y compris sur le plan psychologique.

Donc, sachez déjà où vous allez mettre les pieds et quelles difficultés vous allez rencontrer. Déterminez clairement vos envies et acceptez vos limites ; vous n'êtes pas là pour prouver quelque chose au monde. Car même si tout cela ressemble à des évidences, combien de voyageurs sont rentrés écœurés d'un voyage simplement parce qu'il s'étaient "trompés" de destination et étaient partis vers quelque chose de trop difficile pour eux ? Comme le reste, voyager s'apprend. Alors plutôt que de s'en aller seul un an à l'autre bout du monde, ne vaut-il pas mieux se tester et débuter sur des pays proches et des durées moins longues, surtout si l'on n'est jamais sorti d'Europe plus de trois semaines ou que l'on est toujours parti en organisé ?

Conseil ABM !

Si vous n'avez pas trop l'habitude de voyager, commencez par des pays "faciles".

En voyageant on change ses habitudes, on perd peu à peu ses repères et certaines cultures sont tellement différentes de la nôtre. Alors allez-y prudemment et n'essayez pas systématiquement de voir et comprendre les choses à la manière occidentale. Relativisez, prenez si nécessaire vos distances, et dans les pays très pauvres pas d'apitoiement inutile, vous ne changerez pas le monde. Ou alors restez pour aider.

Quant à la perception négative des choses en voyage, elle dépend d'abord des repères habituels que l'on a en soi. Des choses "extraordinaires" ou totalement inconnues passeront mieux car on ne possède aucun élément de comparaison, alors que le transport, le confort d'un hébergement, l'attente, seront automatiquement comparés (même inconsciemment) à ce que l'on connaît ou pratique chez soi. Bref, un repas attendu une heure ou une averse prise sur la figure dans un véhicule seront moins bien vécus que la traversée d'une rivière en crue trempé jusqu'aux os.

Tant que vous n'oublierez pas ces repères et ces réflexes (et bien d'autres, notamment au niveau relationnel), il vous sera impossible de bien voyager dans des pays difficiles ou de cultures et traditions différentes.

Pour le stress, voire l'angoisse, que l'on peut parfois éprouver en voyage, diminuez-les en adaptant votre rythme à votre état. Et tant pis si le programme que vous vous étiez fixé n'est pas respecté. Là aussi, il peut être utile de ne pas réagir toujours en occidental, notamment pour tout ce qui concerne les questions d'horaires et le confort. Encore une fois, relativisez et essayez de voir les choses de manière positive ; après tout, vous êtes en vacances.

Et puis pour ceux qui voyagent en solitaire, si le poids de la solitude s'ajoute au "choc des cultures", cherchez des coéquipiers en cours de route.

Enfin, pour de longs voyages ou entre deux difficultés, prévoyez des haltes de quelques jours dans des endroits que vous trouvez sympa. Et à l'occasion, n'hésitez pas à vous faire le bon resto ou le super hôtel. Même si vous avez l'impression de ne rien faire ou de gaspiller votre argent, vous rechargerez au moins vos batteries et continuerez d'un bon pied la suite du voyage.

© Stéphane CLÉMENT

D'ailleurs, pour un voyageur peu expérimenté ou un début de périple, mieux vaudra souvent privilégier le plus simple. Attention aux projets conçus comme ambitieux, le fait d'enchaîner trop ou trop longtemps des pays difficiles, ou même simplement dits du tiers-monde, peut s'avérer difficile à vivre. Préférez une alternance avec des pays "tranquilles", vous apprécierez plus sereinement aussi bien les uns que les autres. Cette remarque vaut surtout en cas de problèmes de santé, de fatigue ou de moral. Une halte dans un pays plus occidentalisé permet, en retrouvant des repères et de meilleures infrastructures, de mieux recharger les batteries.

Cette solution sera aussi plus commode si vous comptez faire venir votre famille ou vos amis en cours de route.

Le temps du voyage

Adaptez votre rythme à votre état, aux aléas et aux imprévus. Gardez de la souplesse dans votre programme. Le voyage est aussi une bonne école pour être à l'écoute de soi et des choses qui nous entourent. Ça ne se passe pas comme vous aviez imaginé ? C'est tant mieux, vous allez peut-être découvrir quelque chose que vous n'imaginiez pas !

NIVEAU DE DIFFICULTÉ PAR DESTINATION

Voici quelques pistes qui vous aideront à faire votre choix parmi les destinations en fonction de vos expériences antérieures.

VOYAGEUR DÉBUTANT

Europe : Allemagne, Andorre, Autriche, Baléares, Belgique, Chypre, Crète, Danemark, Espagne, Estonie, Féroé, Finlande, France, Grande-Bretagne, Grèce (et ses îles), Hongrie, îles anglo-normandes, Irlande, Italie, Lettonie, Lichtenstein, Lituanie, Luxembourg, Malte, Norvège, Pays-Bas, Pologne, Portugal, République Tchèque, Slovaquie, Slovénie, Suède, Suisse, Turquie (Ouest).
Amérique(s) : Alaska (l'été), Antilles néerlandaises, Antilles anglophones, Argentine, Bahamas, Bermudes, Canada (l'été), Chili, Costa Rica, Galapagos, Guadeloupe, Guyane, Jamaïque, Martinique, Paraguay, Porto Rico, Québec (l'été), Saint-Domingue, Trinidad et Tobago, Uruguay, USA.
Pacifique : Australie, Fidji, Hawaii, Île de Pâques, Nouvelle-Calédonie, Nouvelle-Zélande, “petites îles” du Pacifique, Polynésie française.
Asie : Indonésie (Bali), Malaisie (Ouest), Maldives, Hongkong, Macao, Singapour, Thaïlande.
Moyen-Orient : Jordanie.
Afrique : Açores, Canaries, Cap-Vert, Madère, Maroc, Maurice, Mayotte, Réunion, Seychelles, Tunisie.

VOYAGEUR DÉBUTANT / UN PEU EXPÉRIMENTÉ

Europe : Biélorussie, Bulgarie, Croatie, Islande, Moldavie, Roumanie, Russie (Ouest), Ukraine.
Amérique(s) : Canada (l'hiver), Cuba, Bolivie, Équateur, Groenland (l'été), Guatemala, Honduras, Mexique, Panama, Québec (l'hiver).
Asie : Corée du Sud, Indonésie, Japon, Népal, Philippines, Sri Lanka, Taiwan.
Moyen-Orient/Asie Centrale : Bahrein/Émirats Arabes Unis/ Qatar, Koweït, Israël, Oman, Syrie.
Afrique : Afrique du Sud, Bénin, Botswana, Burkina Faso, Cameroun, Côte-d'Ivoire, Égypte, Gabon, Gambie, Ghana, Kenya, Lesotho, Namibie, Sao Tomé, Sénégal, Swaziland, Tanzanie, Togo, Zambie, Zimbabwe.

VOYAGEUR ASSEZ EXPÉRIMENTÉ

Europe : Bosnie, Irlande du Nord.
Amérique(s) : Alaska (l'hiver), Belize, Brésil, Nicaragua, Pérou, Venezuela.
Asie : Bhoutan, Chine (Est), Inde, Viêt-Nam.
Moyen-Orient/Asie Centrale : Liban, Palestine, Yémen.
Afrique : Comores, Libye, Madagascar, Malawi, Mali, Mauritanie, Mozambique, Niger, Sahara Occidental.

>>

>> **NIVEAU DE DIFFICULTÉ PAR DESTINATION**

VOYAGEUR EXPÉRIMENTÉ/VOYAGEUR CONFIRMÉ
Amérique(s) : Groenland (l'hiver), Haïti, Salvador, Surinam.
Asie : Bangladesh, Birmanie, Brunei, Cambodge, Chine (Ouest), Laos, Malaisie (Est), Mongolie, Pakistan, Russie (partie Asie), Papouasie Nouvelle-Guinée, Tibet.
Moyen-Orient/Asie centrale : Arabie Saoudite, Arménie, Azerbaïdjan, Géorgie, Iran, Kazakhstan, Kirghizstan, Ouzbékistan, Turkménistan, Turquie (Est).
Afrique : Angola, Centrafrique, Guinée, Guinée-Équatoriale, Ouganda.

VOYAGEUR CONFIRMÉ / OU PARFOIS DESTINATIONS À ÉVITER
Europe : Albanie, Serbie et Monténégro.
Afrique : Algérie, Burundi, Congo, Congo Démocratique, Djibouti, Érythrée, Éthiopie, Guinée-Bissau, Libéria, Nigeria, Rwanda, Sierra Leone, Somalie, Soudan, Tchad.
Asie : Afghanistan, Irak, Tadjikistan.
Amérique(s) : Arctique, Colombie, Guyana.

CHOISIR SA DESTINATION

Fréquentation touristique

De plus en plus de touristes

Le tourisme demeure parmi les premières activités économiques mondiales. Selon l'OMT (Organisation Mondiale du Tourisme), il est devenu la deuxième source de revenus de 46 des 49 pays les plus pauvres au monde.

En 2008, le tourisme international a atteint les 900 millions d'arrivées, et les voyageurs ont dépensé à l'étranger plus de 700 milliards de dollars. L'augmentation annuelle de ce secteur se situe désormais à environ 4 % par an ; un taux qui, d'après l'OMT, devrait continuer à ce rythme jusqu'en 2020, date à laquelle il est prévu plus de 1,6 milliard de touristes.

Parmi les nouveaux acteurs du tourisme, en ce début de XXIe siècle, la Chine a fait son apparition. Si l'industrie touristique chinoise poursuit sa croissance actuelle, le pays sera la première destination touristique mondiale en 2020. De plus, les Chinois, qui sont les Asiatiques les plus nombreux à sortir de leurs frontières (30 millions), pourraient devenir également les plus nombreux à voyager au niveau mondial.

@ ORG. MONDIALE DU TOURISME

OMT, site en français
▶/www.unwto.org/index_f.php

Nombre de visiteurs étrangers/an par pays

Officiellement, il y a eu 900 millions de voyageurs internationaux en 2008, et plus de 1,6 milliard en 2020.

Reste à savoir aussi comment ceux-ci se répartissent au niveau des destinations. Car si, bien sûr, les chiffres existent, selon les sources, ceux-ci divergent parfois quelque peu pour un même pays.

Globalement, trois sources principales sont à disposition : l'OMT, les Offices de Tourisme des pays et, accessoirement, leurs gouvernements.

En attendant, sont souvent comptabilisés comme "visiteurs étrangers" un peu tout et n'importe quoi. À savoir : un passager étranger en simple transit dans un aéroport sera ainsi généralement compté comme visiteur du pays. Idem lorsqu'un touriste ne fait que traverser au plus vite un pays pour se rendre dans un autre. Sont également pris en compte les travailleurs frontaliers, les émigrés rentrant "au pays" pour les vacances, ou encore des visiteurs à but autre que touristique comme en Arabie Saoudite (pèlerinage). Sans parler du cas du Tibet, de Hong-Kong ou de Macao, appartenant officiellement à la Chine, mais pour lesquels les visiteurs chinois sont comptabilisés comme "visiteurs étrangers" par les autorités (95 % des entrées déclarées au Tibet).

Donc, il n'est pas toujours évident de s'y retrouver, surtout quand on sait que rares sont les pays qui aiment reconnaître une baisse de fréquentation d'une année sur l'autre...

Bref, ce que l'on vous propose ici est avant tout un ordre d'idée basé sur les chiffres déclarés de l'OMT et des O.T. Tout en sachant aussi que, dans nombre de destinations, les flux touristiques peuvent être limités à quelques périodes et/ou endroits précis du pays.

Pays les plus fréquentés

Niveau mondial :
1) France ; 2) Espagne ; 3) États-Unis ; 4) Chine ; 5) Italie.

Europe : France.
Moyen-Orient : Arabie Saoudite.
Asie : Chine.
Pacifique : Australie.
Amérique du Nord : États-Unis.
Amérique Centrale : Guatemala.
Caraïbes : Porto-Rico.
Amérique du Sud : Brésil.

Régime politique

De la démocratie à la dictature d'un individu, d'un parti ou d'un système, la nature du régime du pays visité.

Méthodologie

Basée sur les rapports d'Amnesty International et de Reporters sans Frontières, la "répartition" des pays selon la nature de leur régime.

Nous avons notamment essayé de prendre en considération pour chacun la situation des Droits de l'Homme, la liberté de la presse et le droit d'opinion, le multipartisme, l'existence d'élections libres (ou non truquées), la position vis-à-vis de la peine de mort. Le tout en nuançant légèrement selon les "difficultés" que peuvent rencontrer certains pays.

Classement par régime politique

Situation actuelle :
Pour quelques pays, des évènements récents ou en cours peuvent laisser envisager un changement possible, aussi bien d'ailleurs dans un sens que l'autre.

Démocratie	Afrique du Sud — Allemagne — Andorre — Argentine — Australie — Autriche — Belgique — Belize — Bénin — Bosnie — Botswana — Brésil — Bulgarie — Canada — Cap-Vert - Chili — Chypre — Costa-Rica — Croatie — Danemark — Espagne — Estonie — Finlande — France — Grande-Bretagne — Grèce — Hongrie — Irlande — Islande — Italie — Japon — Lettonie — Liechtenstein — Lituanie — Luxembourg — Malte — Maurice — Norvège — Nouvelle-Zélande — Panama — Paraguay — Pays-Bas — Portugal — Rép. Tchèque — Salvador — Slovaquie — Slovénie — Suède — Suisse — Trinité-et-Tobago — Uruguay
/.../	Albanie — Bolivie — Burkina Faso — Corée du Sud — Équateur — États-Unis — Guatemala — Honduras — Inde — Indonésie — Jamaïque — Liban — Macédoine — Madagascar — Maroc — Mexique — Mongolie — Monténégro — Mozambique — Namibie — Nicaragua — Pérou — Pologne — Rép. Dominicaine — Sénégal — Serbie — Taïwan — Turquie — Ukraine

Démovratie autoritaire	Algérie — Cambodge — Colombie — Comores — Gabon — Géorgie — Guyana — Israël — Jordanie — Kazakhstan — Malaisie — Malawi — Thaïlande — Venezuela
/.../	Azerbaïdjan — Bhoutan — Égypte — Gambie — Ouganda
Régime autoritaire	Émirats Arabes Unis — Éthiopie — Oman — Singapour — Tunisie — Yémen
/.../	Bangladesh - Brunei — Guinée Équatoriale — Laos — Libye — Maldives — Nigeria — Pakistan — Russie — Soudan — Vietnam
Dictature	Arabie Saoudite — Biélorussie — Birmanie — Chine — Corée du Nord — Cuba — Érythrée — Iran — Ouzbékistan — Syrie — Tadjikistan — Turkménistan — Zimbabwe
Situation particulière	Afghanistan — Irak — Somalie

CLIMATS DU MONDE

Pour ceux qui voyagent, le temps peut être un élément essentiel à la réussite d'un séjour à l'étranger. Et si la visite d'un pays à telle époque est propice à certaines activités, elle ne l'est pas forcément pour d'autres. D'où les deux questions que l'on peut être conduit à se poser : "Où partir ? Quand partir ?"

► Climats du monde

Penser un pays d'avance

“Pour nous, qui voyageons en 4x4 et ne faisons que du bivouac, itinéraire et climats sont étroitement liés. L’état des routes, et surtout des pistes, les températures extrêmes sont des contraintes fortes.
Les aléas rencontrés nous ont conduits à “rater” malgré nous des saisons, nous avons donc eu quelques fois assez froid et d’autres fois très, très chaud.
Une bonne préparation — équipement personnel et véhicule — donne bien évidemment un peu plus de liberté, mais la technologie ne nous rend pas invincibles, aussi la prudence et le conseil des locaux ou d’autres grands voyageurs sont-ils irremplaçables.

D’autres contraintes d’itinéraire sont pour nous la situation sanitaire, politique ou géopolitique. Nous évitons soigneusement les pays où les armes sont portées librement, en particulier les armes automatiques.
Il faut toutefois relativiser, car une région troublée ne signifie pas que le reste du pays doive être évité pour autant.
Plus que les médias ou certains forums, les informations récentes recueillies auprès d’autres grands voyageurs ou des routiers sont nos sources préférées. Il nous est ainsi arrivé plusieurs fois de changer assez radicalement d’itinéraire.

En effet, quand on voyage avec son véhicule personnel, il vaut mieux penser “avec un pays d’avance” pour éviter de se retrouver à devoir rebrousser chemin et de toute façon, avoir au moins un “plan B”, idéalement avec deux voies de sortie d’un pays. Faute de l’avoir prévu, nous avons dû rester deux mois de plus dans un pays, en attente du visa pour le pays voisin. Heureusement pour nous, la situation qui s’était tendue vis-à-vis des Occidentaux s’est finalement calmée. Nous avons eu de la chance…”

ROBERT ET MARTINE ZANELLI
► **www.kookynet.net**

► Climats du monde

Activités et périodes

• Aux environs de Noël

Soleil, mer et plage

L'Afrique de l'Ouest (Sénégal, Gambie, Côte-d'Ivoire), l'Amérique centrale, la côte ouest de l'Inde, la Thaïlande.

Voyage et découverte

Les régions sahariennes (Mali, Niger, Burkina, etc.). Mais aussi la Floride, l'Amérique centrale, la Terre de Feu et la Patagonie, l'Asie du Sud-Est (Inde, Népal, Thaïlande, Philippines), le Yémen.

Ski : essentiellement les Alpes du Nord, en Suisse et en Autriche.

• En février-mars

Soleil, mer et plage

Les mêmes destinations qu'à Noël, plus les Antilles, Rio et le bas de l'Amérique du Sud, l'Afrique du Sud, les côtes d'Australie, le Sri Lanka et le sud de l'Inde.

Voyage et découverte

Tout le nord de l'Afrique, du Sénégal au Soudan par l'Égypte et le Kenya. L'Inde, la Thaïlande et le Viet-Nam, le sud de l'Australie et la Nouvelle-Zélande.

Ski : vous skierez dans toute l'Europe, malgré les basses températures.

• En avril-mai

Soleil, mer et plage

Les côtes de l'Afrique de l'Ouest sont encore agréables dans cette période de l'année, de même que la Floride, la Malaisie et les Philippines.

Voyage et découverte

Le sud de l'Espagne et l'Afrique du Nord, les réserves animalières de l'Afrique de l'Ouest, Madagascar, le sud des USA, le centre de l'Argentine et du Chili, le Proche-Orient (Israël, Jordanie), la Chine, le Japon et le cœur de l'Australie.

Ski

Il vous reste encore quelques possibilités dans les Alpes du Nord, mais on skie surtout en Scandinavie.

• De juin à début septembre

Soleil, mer et plage

Le soleil est en principe au rendez-vous sur tout le pourtour méditerranéen et les côtes de l'Atlantique en France et au Portugal. Plus loin, la Tanzanie et le Kenya, les îles de l'Océan Indien, la Californie, l'Indonésie, le nord de l'Australie, Hawaii et Tahiti.

Voyage et découverte

L'Europe du Nord et centrale, le sud de l'Afrique, l'ouest des USA, le Canada, l'Amazonie, l'Équateur, le Pérou, la Bolivie, l'Indonésie, le Tibet.

Ski

Il faut aller loin, en Argentine, au Chili, en Australie et en Nouvelle-Zélande.

• En automne

Soleil, mer et plage

Visez le nord du Brésil et les Guyanes, l'Océan Indien, la Nouvelle-Calédonie.

Voyage et découverte

La côte est de l'Amérique du Sud, le sud de la Chine et Hongkong, Israël, l'Égypte, l'Afrique du Sud.

Ski

Des possibilités dans l'hémisphère Sud.

► Climats du monde

Records de températures

Températures maximales enregistrées : 50 °C en Asie à Bagdad ; 51 °C en Europe à Séville ; 57 °C en Amérique à Death Valley (Californie) ; 57,7 °C en Afrique (record du monde) en Libye.
Record mondial de durée de chaleur : 43 jours consécutifs à 48 °C de moyenne à Death Valley (Californie).
L'endroit le plus sec au monde : Calama (Chili), dans le désert d'Atacama, où il n'a jamais plu.
Record du monde de température minimum enregistrée : - 89,6 °C à la base de Vostok, dans l'Antarctique.
Records mondiaux d'amplitude thermique journalière dans le Sahara (50 °C), et annuelle en Sibérie (67 °C).

Sites météo

- www.meteofrance.com
- http://fr.weather.com

Ces deux sites sont précieux pour être au courant des températures dans toutes les villes du monde. Et en prime, un planisphère interactif.

Le temps

"Il m'est souvent arrivé d'être "au mauvais endroit au mauvais moment", c'est à dire dans une contrée à la mauvaise période climatique.
Pourtant, être à 4000 mètres en Himalaya en hiver, quand il fait -25°C, ou dans le désert en été permet de voir la vie qui s'organise chez ceux qui y vivent à l'année, regarder ce qu'ils font quand il fait trop froid, trop chaud, trop pluvieux.
Et puis souvent, on se retrouve seul dans ces endroits, ce qui permet de nouer d'autres liens.
Il y a des endroits où le climat devient un phénomène à observer comme en Patagonie, où il change très rapidement.
Le temps qu'il fait, en voyage, peut faire varier notre parcours, nos décisions. Il devient un compagnon de tous les jours, contrairement à ce qu'on vit chez soi, où finalement il influence peu notre existence."

Karine Meuzard
- www.karinemeuzard.com

Conseil ABM !

Lors d'un long périple, évaluez à quelle saison vous serez à tel ou tel endroit.

Visitez les climats

À lire pour tout savoir sur les différents climats de la planète, on ne saurait trop conseiller le livre *Saisons et climats, Où partir* de Jean-Noël Darde, aux éditions Hachette, qui demeure le seul ouvrage complet en la matière, de plus tout à fait adapté aux voyageurs. Tous les pays du monde y sont traités au niveau climatique, santé, bestioles que l'on peut rencontrer ou vêtements qu'il est bon d'emporter. À chaque destination, des tableaux indiquant les températures moyennes mensuelles, ainsi que l'ensoleillement et les précipitations relevés dans plusieurs villes complètent les informations. Également, des adresses et de nombreux conseils sur la santé sont répertoriés en fin d'ouvrage.

► ***Saisons et climats, où partir* de Jean-Noël Darde, éditions Hachette, 460 pages.**

Saisons et destinations

Randonnées au Sahara
Octobre est un bon mois pour visiter le plus grand désert du monde. Il y fait encore un peu chaud pendant la journée, mais les nuits sont douces, et c'est la période de la récolte des dattes dans les palmeraies. Attention quand même aux crues soudaines des oueds. Les mois d'hiver, la chaleur est agréable le jour, mais les nuits sont plutôt froides. Par contre, il y a peu de vent.

Trek au Népal
Mi-octobre à mi-mars, c'est la meilleure époque, le ciel est dégagé, les températures pendant la journée sont très propices à la marche.

L'Amazonie
De juin à octobre pour la partie sud, afin d'éviter les orages.

Descente du fleuve Niger
Si l'on veut effectuer la totalité du trajet sur les gros bateaux de la Compagnie Malienne de Navigation, la période adéquate est entre juillet et fin novembre.

Les réserves d'animaux
Au Kenya, janvier et février, à la fin de la saison sèche, semblent la période idéale. En Inde, entre janvier et mai selon les réserves.

Les baleines
Au Québec, les meilleures observations se font entre fin août et fin septembre, tandis qu'au sud de l'Argentine c'est entre juillet et novembre, et toute l'année à Kaikoura en Nouvelle-Zélande.

► Climats du monde

SE DOCUMENTER

Rencontrer des voyageurs

Pour bien préparer votre périple, il est intéressant de fréquenter d'autres globe-trotters qui vous feront profiter de leur expérience.

Club de voyageurs

L'association Aventure du Bout du Monde

Une adresse unique pour rencontrer d'autres voyageurs qui pourront vous faire partager leurs expériences et vous donner des conseils précieux. Pour bénéficier des services de l'association, il faut être adhérent, ce qui vous permet de recevoir le magazine *Globe-Trotters* tous les deux mois et de rencontrer des voyageurs tout au long de l'année. Un centre de documentation ouvert aux adhérents vous permet de consulter des fiches pratiques par pays remplis par les adhérents. L'adhésion annuelle est de 35 €, ou 45 € pour un couple. Elle comprend l'abonnement aux six numéros par an de *Globe-Trotters*.

L'association dispose de nombreux points de rencontres en province, avec des animations régulières.

ABM existe depuis plus de 20 ans et regroupe plus de 4 000 adhérents.

Comme en voyage, la source d'informations est le bouche à oreille avec des voyageurs de rencontre… et si ce n'est pas la seule disponible, cela reste la meilleure (plus de détails et bulletin d'adhésion en fin d'ouvrage).

L'association ABM est active en province grâce à ses antennes à Avignon, Caen, Le Mans, Lyon, Marseille, Nantes, Orléans et Rennes.

ABM

AVENTURE
DU BOUT DU MONDE

- Un lieu de rencontres, de documentation et d'activités.
- Le magazine *Globe-Trotters* tous les deux mois.
- Des festivals de voyage ont lieu tous les ans à Paris, Avignon, Rouen, Nantes, Rennes, Le Mans , Orléans, Lyon, Marseille, Caen...
- **11 rue de Coulmiers, 75014 Paris. Tél. : 01 45 45 29 29, fax : 01 45 45 20 30. Web : www.abm.fr**

Adhérent à ABM

J'ai découvert ABM en 2000 lorsque je préparais mon Tour du Monde.
Le site www.abm.fr est complet et la case des Globe-Trotters met à votre disposition des guides et des fiches pratiques.
Mais l'association est avant tout un merveilleux vecteur pour rencontrer d'autres baroudeurs.

Sophie Gouhot

L'association Cyclo Camping International
25, rue Ramus, 75020 Paris.
Tél. : 01 47 97 62 18, www.cci.asso.fr
Pour les passionnés de voyage à vélo, elle organise des réunions, un festival et des rencontres entre voyageurs à vélo. Bons plans pour ceux et celles qui veulent partir faire le tour du monde à vélo, avec de nombreux conseils.

La Guilde européenne du Raid
11, rue de Vaugirard, 75006 Paris.
Tél. : 01 43 26 97 52, www.la-guilde.org
Elle organise un festival à Dijon et propose quelques bourses pour des projets sportifs.

Transboréal
23, rue Berthollet, 75005 Paris.
Tél. : 01 55 43 00 37, www.transboreal.fr
Un éditeur de livres de voyages, qui organise chaque jeudi des conférences avec des voyageurs et baroudeurs.

D'autres clubs de voyageurs en Europe

DZG : Deutsche Zentrale für Globe-Trotters, une association allemande qui publie la revue *Der Trotters.*
www.dzg.com

Wegwijzer
Beenhouwersstraat 9, 8000 Brugge
Tél. : 050 33 75 88, www.wegwijzer
Ce club de voyageurs à Bruges est un des plus grands en Europe, avec un festival annuel et un impressionnant centre de documentation.

Traveller Club Austria
www.travelclub.org
Un club de voyageurs autrichien, fameux dans toute l'Europe.

The Globetrotters Club
www.globetrotters.co.uk
BCM/Roving London WC1N 3XX, United Kingdom.
Une association qui a plus de 50 ans d'existence, avec des membres au quatre coins du globe.

South American Explorer Club
126 Indian Creek Rd Ithaca NY 14850.
Tél. : 607 277 0488, fax : 607 277 6122.
www.samexplo.org
Un club de New York spécialisé sur l'Amérique du Sud, avec des club house à Quito, Lima et Cuzco, idéal pour ceux qui veulent des infos sur ce continent.

CIGV, Club International des Grands Voyageurs
26, avenue Bouguiba,
2013 Ben Arous, Tunisie.
Tél. : 216 1 383 266, www.cigv.com
Pour ceux qui collectionnent les pays, avec un minimum de 30 pays visités.

Pour rencontrer d'autres voyageurs

Zango Bar
15, rue du Cygne, 75001 Paris.
Tél. : 01 40 26 27 27.
Restaurant spécialisé dans les voyages, il organise des expos photos et, tous les premiers mardis de chaque mois, propose le Café de l'Aventure au 1er étage à 21 h.

Librairie Ulysse
26, rue St-Louis-en-l'Île, 75004 Paris.
Tél. : 01 43 25 17 35, www.ulysse.fr
Chaque premier mercredi du mois, elle organise à 18 h 30 des rencontres pour les fanas du voyage en cargo. Amener son apéro et un grignotage à partager, la réunion a lieu devant la boutique.

► Se documenter

La Cité des Voyages
55, rue Sainte-Anne, 75005 Paris
Tél. : 0 892 23 56 56, www.vdm.com
Elle organise les lundis ou mardis à 19 h des dîners-conférences dans son restaurant, à Paris et en province, sur différents pays. Comptez 30 € par personne.

@ Voyageurs sur le Web

► **www.VirtualTourist.com**
Avec plus de 200 000 membres à travers le monde (!), ce site californien est de très, très loin ce que l'on fait de mieux en la matière, et bien sûr le plus complet au niveau contacts et échanges d'informations entre voyageurs via Internet.

► **www.Worldtravelclub.org**
Basé en Suisse du Sud, dans la région de langue italienne (mais les contacts se font en diverses langues, dont le français), ce site regroupe les passionnés de voyages là aussi dans un but de partage d'infos et de contacts entre ses membres (et les autres).

► **www.Voyageforum.com**
En collaboration avec le site québécois VoyageForum (VF), ABM vous propose une quarantaine d'espaces de discussions. Très faciles à utiliser, ils offrent en plus de nombreuses fonctionnalités, recherche de messages, réponses privées, ou un bottin des membres, etc.

► **www.abm.fr**
Le site français pour les voyageurs individuels.

Autres lieux où se documenter

CIDJ
101, quai Branly, 75740 Paris Cedex 15 (Métro Bir-Hakeim). Tél. : 01 44 49 12 00.
Site Internet : www.cidj.asso.fr
Ce Centre d'informations et de documentation Jeunesse propose aux visiteurs informations, dossiers et fiches thématiques sur de nombreux pays. Consultation de CDRom et sites Internet. Ouvert de 9 h 30 à 18 h du lundi au vendredi, et le samedi de 9 h 30 à 13 h.
Vous trouverez par ailleurs de nombreux Centres d'information et de documentation Jeunesse en province.

Maison des Français de l'étranger
244 Boulevard Saint Germain
75303 Paris 07 SP 01 43 17 60 79
de 10h à 13h du lundi au vendredi.
Ouverte de 14 h à 17 h du lundi au vendredi, **www.mfe.org** elle propose des informations pour les Français qui souhaitent s'installer à l'étranger. Vous pourrez y consulter des dossiers par pays fort intéressants sur leur situation politique du moment, et y poser des questions à des spécialistes. Sur le site Internet, de nombreux renseignements pratiques (coordonnées des ambassades dans le monde, etc.) sont également à votre disposition.

Bibliothèque Trocadéro
6, rue du Commandant-Schoelsing, 75016 Paris (Métro Trocadéro).
Tél. : 01 47 27 26 47.
Un fond tourisme unique à Paris où vous trouverez une foule de guides et de documents. Inscription obligatoire.

Librairies spécialisées

Souvent animées par des passionnés. Grand choix de guides, cartes et livres !

Des librairies de voyage à Paris

. La Cité des voyages
55 rue Ste Anne, 75002 Paris. Tél : 01 42 86 17 38.
La librairie du voyagiste Voyageur du Monde pour des ouvrages courants (guides, littérature...) en matière de voyages.

. Chemin en pages
121 av. Ledru-Rollin, 75011 Paris. Tél : 01 43 38 15 77.
Des guides touristiques des beaux livres, des récits de voyage, des méthodes de langues et de cuisine,et même un rayon jeunesse.

. L'Harmattan
16 rue des Ecoles, 75005 Paris. Tél : 01 43 26 04 52.
Spécialisée sur les ouvrages concernant l'Afrique, mais aussi l'Asie, le Moyen Orient, l'Amérique Latine et les Sciences Humaines.

. Itinéraires
60 rue St-Honoré, 75001 Paris. Tél : 01 42 36 12 63.
Une librairie qui offre 5% de réduction aux adhérents d'ABM.

. IGN
107 rue de la Boétie, 75008 Paris. Tél : 01 43 98 85 12 (rayon France) ou 01 43 98 85 13 (étranger).
Des ouvrages courants et un bon fond de cartes et de plans.

. Librairie du Musée de l'Homme
Place du Trocadéro, 75016 Paris. Tél : 01 47 55 98 05.
Notamment des publications ethnographiques.

. Michelin
32 av. de l'Opéra, 75001 Paris. Tél : 01 42 68 05 00.
Avant tout la production de Michelin.

. Ulysse
26 rue St Louis en l'Ile, 75004 Paris. Tél : 01 43 25 17 35.
La plus ancienne librairie de voyage de France. Un vaste choix et une spécialisation sur les cartes et les ouvrages épuisés.

. Le Vieux Campeur
48 rue des écoles 75002 Paris. Tél : 01 53 10 48 48.
Des livres sur la randonnée et un bon rayon cartes.

Pour consultation uniquement

. Case Globe-Trotters *(Réservé uniquement aux adhérents ABM.)*
11 rue de Coulmiers 75014 Paris. Tél : 01 45 45 29 29.
Le centre de documentation d'Aventure du Bout du Monde et toutes les collections de guides et de cartes à disposition pour les membres de l'association (pas de ventes ni d'emprunts).

DES LIBRAIRIES DE VOYAGE...

EN PROVINCE

Bordeaux

Latitude Voyage : 13 rue du Parlement St Pierre, 33000 Bordeaux. Tél : 05 56 44 12 48.
Guides, beaux livres, cartographie, littérature associée au voyage.

Brest

Géorama.: 65 rue de Lyon, 29000 Brest. Tél. : 02 98 33 61 72.

Caen

Hémisphères : 15 rue des Croisiers, 14000 Caen. Tél. : 02 31 86 67 26. Une librairie qui offre 5% de réduction aux adhérents d'ABM.

Grenoble

Gaia-store : 6 rue d'Alsace, 38000 Grenoble. Tél. : 04 76 86 86 96. À la fois une librairie et un magasin d'équipements de voyage.

Lille

Librairie Autour du Monde : 15 rue St Jacques, 59000 Lille. Tél./fax : 03 20 78 19 33. (Offre 5% de réduction aux adhérents d'ABM.)

Lyon

Raconte-moi la terre : angle des rues Thomassin et Grolée, 69002 Lyon. Tél. : 04 78 92 60 20. À la fois une librairie consacrée à la découverte du monde et un cybercafé, le tout sur 250 m^2.

Montpellier

Librairie des 5 continents : 20 rue Jacques Coeur, 34000 Montpellier. Tél. : 04 67 66 46 70. Des livres, des guides, des cartes mais aussi la musique, la vidéo et des accessoires de voyages.

Nantes

La Géothèque : 10 place du Pilori, 44000 Nantes. Tél. : 02 40 47 40 68. Réduction de 5% à 10 % sur les guides et cartes aux adhérents ABM.

Nice

Magellan : 3 rue d'Italie, 06000 Nice. Tél. : 04 93 82 31 81.
Une librairie qui offre 5% de réduction aux adhérents d'ABM.

Rennes

Ariane : 20 rue du capitaine Dreyfus, 35000 Rennes.
Tél. : 02 99 79 68 47. Un fond consacré aux voyages, mais aussi à la mer et à la randonnée. Réduction de 5% sur les livres et de 10% sur les cartes aux adhérents ABM.

Toulouse

Bayard voyages : 60 rue Bayard, 31000 Toulouse.
Tél. : 05 61 62 82 10.

Suisse (Genève)

Le Vent des Routes : 50 Rue des Bains, 1205 Genève, Suisse.
Tél. : (00 41) 022 800 33 81. Cartes, guides, récits et romans...

Les offices de tourisme

Sur simple demande, les offices de tourisme représentant les pays suivants à Paris vous adressent de la documentation. Plus ou moins fournie selon les pays, elle constitue une bonne entrée en matière. Si un pays n'a pas d'office de tourisme, vous pouvez vous adresser à son ambassade, qui a un bureau chargé de la communication.

Afrique du Sud
61 rue La Boétie, 75008 Paris
Tél. : 01 45 61 01 97
www.southafricazine.com
Ouvert du mardi au vendredi (9h00-13h00)

Allemagne
21 rue Leblanc, 75015 Paris
Tél. : 01 40 20 01 88
www.allemagne-tourisme.com
Fermé au public.

Andorre
47 av. de l'Opéra, 75002 Paris
Tél. : 01 42 61 50 55
www.tourisme-andorre.net
Ouvert du lundi au vendredi (9h00-17h30)

Antigua et Barbuda
43 av. de Friedland, 75008 Paris
Tél. : 01 53 75 15 71

Australie
Fermé au public
Tél. : 01 41 91 38 61
www.australia.com

Autriche
Fermé au public
Tél. : 01 53 83 95 20
www.austria.info/fr

Bahamas
113-115 rue du Cherche Midi, 75006 Paris
Tél. : 01 45 26 62 62
www.bahamas-tourisme.fr
Accueil du public sur place uniquement sur rendez-vous.

Barbade
c/o Tropic Travel
8 rue St Marc, 75002 Paris
Tél. : 01 42 36 51 18

Belgique (Wallonie)
21 bd des Capucines, 75002 Paris
Tél. : 01 47 42 41 18
www.belgique-tourisme.net
(Lun - Ven : 9h00-17h30)

Benin
c/o Consulat du Benin
Tél. : 01 42 84 36 63

Birmanie
Centre d'information culturel et touristique du Myanmar (association indépendante)
Fermé au public
Tél. : 01 69 40 09 25

Cameroun
26 rue de Longchamps, 75016 Paris
Tél. : 01 45 05 96 48
www.cameroun-infotourisme.com

► Se documenter

Canada
c/o Ambassade du Canada
33 av. Montaigne, 75008 Paris
Tél. : 01 44 43 25 07
www.voyagecanada.ca
Ouvert du lundi au vendredi (10h00-17h00)

Caymans
Tél. : 01 53 42 41 36.

Chine
15 rue de Berry, 75008 Paris
Tél. : 01 56 59 10 10
Ouvert du lundi au vendredi (10h00-12h30 et 14h00-17h00)

Chypre
15 rue de la Paix, 75002 Paris
Tél. : 01 42 61 42 49
www.visitcyprus.org.cy
Ouvert du lundi au vendredi (9h00-17h00)

Corée du Sud
Tour Maine Montparnasse
33 av. du Maine, 75015 Paris
Tél. : 01 45 38 71 23
www.knto.or.kr
Ouvert du lundi au vendredi (9h00-12h30 et 14h00-17h30)

Croatie
48 av. Victor Hugo, 75016 Paris
Tél. : 01 45 00 99 55
www.ot-croatie.com
Ouvert du lundi au vendredi (9h00-13h00 et 14h30-17h00)

Cuba
280 bd Raspail, 75014 Paris
Tél. : 01 45 38 90 10
www.cubatravel.cu
Ouvert du lundi au vendredi (9h30-12h30 et 14h00-17h30)

Danemark
Fermé au public
Tél. : 01 42 56 18 72 (9h00-12h00)
www.visitdenmark.com

Dominique
c/o KPMG
12 rue de Madrid, 75008 Paris
Tél. : 01 53 42 41 15

Dubai
15 bis rue de Marignan, 75008 Paris
Tél. : 01 44 95 85 00
www.dubaitourism.co.ae
Ouvert du lundi au vendredi (9h00-18h00)

Égypte
90 av. des Champs Elysées, 75008 Paris
Tél. : 01 45 62 94 42
www.ot-egypte.com
Ouvert du lundi au vendredi (10h00-16h00)

Équateur
c/o Interface Tourism
11 bis rue Blanche, 75009 Paris
Tél. : 01 53 25 11 12

Espagne
43 rue Decamps, 75016 Paris
Tél. : 01 45 03 82 50
www.espagne.infotourisme.com
Ouvert du lundi au vendredi (11h00-17h00)

Finlande
Fermé au public
Tél. : 01 43 12 56 86
www.finland-tourism.com/fr

Grande-Bretagne
Fermé au public
Tél. : 01 44 51 56 20
www.visitbritain.com/fr

Grèce
3 av. de l'Opéra, 75001 Paris
Tél. : 01 45 03 82 50
www.grece.infotourisme.com
Ouvert du lundi au vendredi (9h00-17h00)

Guadeloupe
23-25 rue du Champ de l'Alouette, 75013 Paris Tél. : 01 40 62 99 07.
www.lesilesdeguadeloupe.com

Guernesey
Fermé au public
Tél. : 0 810 81 07 46
www.guernseytouristboard.com

Guyane
12 rue de Madrid, 75008 Paris
Tél. : 01 53 42 41 39
www.tourisme-guyane.gf

Hong-Kong
Fermé au public
Tél. : 01 42 65 66 64
www.discoverhongkong.com

Hongrie
140 av. Victor Hugo, 75016 Paris
Tél. : 01 53 70 67 17
www.hongrie.org
Ouvert du lundi au vendredi (9h00-12h00)

Inde
13 bd Haussmann, 75009 Paris
Tél. : 01 45 23 30 45
www.tourisminindia.com
Ouvert du lundi au vendredi (9h00-13h00 et 14h00-17h30)

Irlande
33 rue de Miromesnil, 75008 Paris
Tél. : 01 70 20 00 10
www.irlande-tourisme.fr
Ouvert du lundi au vendredi (9h30-17h30)

Israël
Fermé au public
Tél. : 01 42 61 01 97
www.otisrael.com

Italie
23 rue de la Paix, 75002 Paris
Tél. : 01 42 66 66 68
www.enit.it
Ouvert du lundi au vendredi (9h00-13h00 et 14h00-17h00)

Japon
4 rue Ventadour 75001 Paris
Tél. : 01 42 96 20 29
www.jnto.go.jp
Ouvert du lundi au vendredi (9h30-17h30)

Jordanie
32 rue de Ponthieu, 75008 Paris
Tél. : 01 45 61 92 58
www.arabia.com/jordan
Ouvert du lundi au vendredi (10h00-13h00 et 14h00-17h00)

Kenya
c/o Interface Tourism
11 bis rue Blanche, 75009 Paris
Tél. : 01 53 25 12 07
www.magicalkenya.com
Fermé au public mais infos touristiques et envois de brochures sur demande

Kirghizstan
Fermé au public
Tél. : 01 49 29 02 09 (l'après-midi, du lundi au vendredi)
www.kirghizstan.net

Liban
124 rue du Fbg St Honoré, Paris (8e)
Tél. : 01 43 59 10 36
(Lundi -Ven : 9h30-17h00)

Luxembourg
21 bd des Capucines, 75002 Paris
Tél. : 01 47 42 90 56
www.ont.lu
Ouvert du lundi au vendredi (9h00-17h30)

Malaisie
29 rue des Pyramides, 75001 Paris
Tél. : 01 42 97 41 71
www.ontmalaisie.com
Ouvert du lundi au vendredi (9h00-17h00)

Mali
26 rue de la Grande Truanderie, 75001 Paris

Maroc
161 rue Saint-Honoré, 75001 Paris
Tél. : 01 42 60 63 50
www.tourisme-marocain.com
Ouvert du lundi au vendredi (9h00-18h00) et samedi (10h00-16h00)

Martinique
2 rue des Moulins, 75001 Paris
Tél. : 01 44 77 86 00
www.martiniquetourisme.com

Maurice
Fermé au public
Tél. : 01 46 40 37 42

Mayotte
1 av. Foch, 75016 Paris.
Tél. : 01 45 01 28 39
www.mayotte-island.com

Mexique
4 rue N.D. des Victoires, 75002 Paris
Tél. : 01 40 20 07 34
www.office-de-tourisme.net/mexique
Ouvert du lundi au vendredi (9h30-13h00)

Monaco
9 rue de la Paix, 75002 Paris
Tél. : 01 42 96 12 23
www.monaco-tourisme.com
Ouvert du lundi au vendredi (9h30-13h00 et 14h00-18h00)

Norvège
Fermé au public
Tél. : 01 53 23 00 51
www.visitnorway.com

Nouvelle Calédonie
C/o Point Sud, 4 bis rue Ventadour, 75001 Paris. Tél. : 01 47 03 14 74.
www.nouvelle-caledonie-tourisme.nc

Oman
c/o Ambassade d'Oman
50 av. d'Iéna, 75016 Paris
Tél. : 01 47 20 56 06
Ouvert du lundi au vendredi (9h00-15h00)

Ouzbékistan
12 rue de la Chaussée d'Antin, 75009 Paris
Tél. : 01 45 23 28 35

Pays-Bas
9 rue Scribe, 75009 Paris
Tél. : 01 43 12 34 20
Web : www.holland.com
Ouvert du lundi au vendredi (9h30-16h30)

Philippines
c/o Ambassade des Philippines
3 rue du Fbg Saint-Honoré, 75008 Paris
Tél. : 01 42 65 02 34
www.wowphilippines.com.ph
Ouvert du lundi au vendredi (10h00-13h00 et 14h00-17h00)

Pologne
9 rue de la Paix, 75002 Paris
Tél. : 01 42 44 19 00
www.tourisme.pologne.net
Ouvert du lundi au vendredi (9h00-17h00)

Portugal
135 bd Haussmann, 75008 Paris
Tél. : 01 56 88 30 80
Ouvert du lundi au vendredi (9h30-17h30)

Qatar
24-26 place de la Madeleine, 75008 Paris
www.experienceqatar.com

Québec
Fermé au public
Tél. : 0 800 90 77 77
www.bonjourquebec.com

Rép. Tchèque
18 rue Bonaparte, 75006 Paris
Tél. : 01 53 73 00 34
www.visitczechia.cz
Ouvert du lundi au vendredi (12h00 à 18h00)

Réunion
90 rue de la Boétie, 75008 Paris
Tél. : 01 40 75 02 79
www.la-reunion-tourisme.com/

Roumanie
7 rue Gaillon, 75002 Paris
Tél. : 01 40 20 99 33
(Lun-Ven : 9h30-12h30 /14h30-18h30)

Saint Martin
12 rue de Madrid, 75008 Paris
Tél. : 01 53 42 41 33

Saint Domingue
11 rue Boudreau, 75009 Paris
Tél. : 01 43 12 91 91

Sainte Lucie
Fermé au public
Tél. : 01 47 20 39 66

Seychelles
18 rue de Mogador, 75019 Paris
Tél. : 01 44 53 93 20

Slovénie
38 avenue de l'Opéra, 75002 Paris.
Tél. : 01 47 42 85 55

Sri-Lanka
8 rue de Choiseul, 75002 Paris.
Tél : 01 42 60 49 99
www.srilankatourism.org
(Lun-Ven : 9h00-18h00)

Suède
18 bd Malesherbes, 75008 Paris
Tél. : 00 800 30 80 30 80
www.suede-tourisme.com

Suisse
Fermé au public
Tél. : 01 44 51 65 51
www.suissevacances.ch

Taiwan
78 rue de l'Université, 75007 Paris
Tél. : 01 44 39 88 43
Ouvert du lundi au vendredi (9h30-12h30 et 13h30-16h00)

Thailande
90 av. des Champs Elysées, 75008 Paris
Tél. : 01 53 53 47 00
www.tourismethaifr.com
(Lun-Ven : 9h30-17h30)

Tunisie
32 av. de l'Opéra, 75002 Paris
Tél. : 01 47 42 72 67
www.tourismtunisia.com
(Lun-Ven : 9h00-18h00)

Turquie
102 av. des Champs Elysées, 75008 Paris
Tél. : 01 45 62 78 68
www.turquie.infotourisme.com
(Lun au Ven : 9h30-18h30)

USA
c/o Visit USA Commitee
Fermé au public. Toutes les demandes doivent se faire par audiotel (0 899 70 24 70) ou par e-mail.
www.office-tourisme-usa.com

Vietnam
69 rue de la Glacière, 75013 Paris
Tél. : 01 45 88 56 70
www.cap-vietnam.com
Ouvert du lundi au vendredi (9h30-12h30 et 13h30-18h30) et samedi (9h30-13h00)

Les médias

La presse

Très large choix pour celui qui cherche en France une revue de voyage (au sens large) avec aussi bien des magazines généralistes que thématiques, traitant du monde entier ou au contraire d'une région précise (notamment sur l'hexagone), pour des vacances proches ou des périples lointains, qu'il soit adepte d'un type de voyage ou même professionnel du tourisme.

Cela dit, il est à noter que si la quantité est là la qualité est loin d'être toujours au rendez-vous. En effet, on trouvera régulièrement en kiosque des magazines sans intérêt, dont la seule vocation est de distiller un maximum de pubs ou de "publi-rédactionnels" sous l'apparence d'articles ou de dossiers voyages. Heureusement, leur durée de vie est général assez courte...

Vous trouverez des informations intéressantes dans tous les magazines spécialisés voyage *(Geo, Grands Reportages, L'Art de Voyager, Globe-Trotters, Passe-frontières, Carnets d'aventures)*.

Certaines revues spécialisées *(Courrier International, Réussir à l'Étranger, Alternatives Internationales…)* méritent aussi d'être chinées. Leurs articles de fond sont utiles pour la compréhension de la situation politique des pays à parcourir.

La radio

En ondes courtes : RFI.

Les télévisions thématiques

Voyage, Odyssée, Escale, Planète… seront, à l'occasion, précieuses pour la préparation d'un voyage.

Internet

Beaucoup de sites Web proposent des informations pratiques en tout genre.

- **www.abm.fr** est en plus un site de référence pour tous les globe-trotters, avec de nombreux liens et des informations très utiles.
- **www.routard.com** vous donne également des infos pour préparer un voyage autour du monde.

© Famille CHARPENTIER

Les livres de photos

Il existe une pléiade de livres de photos sur tous les pays ou presque, du superbe coffret à plus de 150 € au petit recueil de photos. De belles photos pour rêver, mais vous pouvez aussi les montrer à vos enfants, et c'est une façon de prolonger le voyage.

Les festivals de voyage

Ils permettent l'échange direct d'informations avec des voyageurs, et sont source d'idées. Dans un même lieu au même moment, vous trouverez peut-être les réponses que vous attendez.

▶ Se documenter

Les festivals de voyage ABM

Festivals ABM
Que ce soit à Paris ou en province, ABM organise chaque année plusieurs festivals, devenus désormais des rendez-vous incontournables pour de nombreux voyageurs.
Infos sur : http://www.abm.fr

FESTIVAL DES GLOBE-TROTTERS
ABM dernier week-end de septembre (3 jours) Massy (91)

Trois jours de rêve, d'émotion et de rencontres authentiques sur le thème du voyage et de l'aventure humaine. Le plus grand rassemblement de voyageurs de France. Sur 3 500 m2, plus de 40 films et diaporamas, des débats, des stands sur une centaine de destinations, un concours photo, des buffets, etc.
Première édition : 1989

FESTIVAL DES GLOBE-TROTTERS EN AVIGNON
ABM Avignon
en mars (2 jours) Avignon (84)
Le Festival des Globe-Trotters en Avignon est un rendez-vous désormais incontournable. Des voyageurs de différentes régions viennent nous faire rêver à travers leurs expériences les plus dépaysantes (montages audiovisuels fondus enchaînés, stands pays, expositions photo…).
Première édition : 1998

RENCONTRES DU BOUT DU MONDE
ABM Caen
en novembre (2 jours) Caen (14)
Stands, animations et projections pour ce festival organisé par l'antenne caennaise d'ABM.
Première édition : 2003

FESTIVAL DU VOYAGEUR AMATEUR
ABM Le Mans
en février (2 jours) environs du Mans (72)
Festival organisé conjointement par ABM Le Mans et Adel - diaporama avec, au programme, des stands et des projections.
Première édition : 2000

RENCONTRE DE L'AVENTURE
ABM Nantes
en mars (3 jours) St-Herblain (44)
Stands, animations et projections pour ce festival à thématique annuelle >>

>>

organisé par le centre socio-culturel de Saint-Herblain et ABM Nantes.
Première édition : 2002

FESTIVAL AUTOUR DU VOYAGE
ABM Orléans
en octobre (1 jour) Orléans (45)
Stands, animations et projections pour ce festival organisé par ABM Orléans.
Première édition : 2004

FESTIVAL …
ABM Rennes
en mars (2 jours) Rennes (35)
Festival proposant une thématique différente à chaque édition (tous les 2 ans), organisé par ABM Rennes avec, au programme, des stands et des projections.
Première édition : 2000

FORUM DES VOYAGEURS
ABM Rouen en janvier (2 jours) environs de Rouen (76)
Chaque année depuis 1998, à la fin janvier, nous organisons le "Forum des Voyageurs". Une rencontre ouverte à tous, où se mélangent diaporamas, stands de voyageurs et stands associatifs.
Première édition : 1998

FESTIVAL PARTIR AUTREMENT
Paris, Espace Reuilly en avril
Chaque année, sur le thème du tourisme responsable et du voyage solidaire. Nombreux films et débats. www.abm.fr
Première édition : 2008

© Xavier CHAMPAGNE

► Se documenter

Les festivals de voyage en France

► PLANÈTE COULEURS
Planète Couleurs. Mars. St-Étienne (42). www.planete-couleurs.com
Un des plus anciens festivals de voyageurs, qui se déroule en deux temps. En janvier, la sélection des conférenciers, et en mars la "journée officielle" avec stands, animations et projections publiques.

► LES ÉCRANS DE L'AVENTURE
Guilde Européenne du Raid. Mi-octobre. Dijon (21). www.la-guilde.org
Le festival international du Film d'Aventure de Dijon propose chaque année au public des films, des débats, des rencontres et des expositions autour de l'aventure et de son actualité.

► VOYAGE À VÉLO
CCI. Janvier. Saint-Denis (93). www.cci.asso.fr
Organisé depuis plus de 10 ans par l'association Cyclo-Camping International, c'est le rendez-vous annuel des voyageurs à vélo, avec au programme stands et projections.

► RENCONTRES DES VOYAGES ET DE L'IMAGE
Novembre. Saint-Dié-des-Vosges (88). www.carnetderoute.fr.st
Comme le nom l'indique, des voyages et des reportages, avec diverses animations prévues sur 4 jours.

► AUTOUR DU MONDE
Fin janvier. Blois (41). Contact tél. : 02 54 43 64 19. http://autour.du.monde.free.fr. Organisé sur deux jours.

► NUITS POLAIRES
Grand Nord Grand Large. Février. Paris. www.gngl.com
Consacrés aux régions polaires, 2 jours avec projections et débats.

► PARTANCE
Terres et Peuples. Avril. Toulouse (31). www.terresetpeuples.com/
Un festival d'images, de voyages, d'aventure.

► AUX QUATRE COINS DU MONDE
Février. Chartres-de-Bretagne (35). http://site.voila.fr/aux4coins

► FESTIVAL DU FILM D'EXPLORATION JULES VERNE
Avril. Au grand Rex, à Paris. www.JulesVerneAventures.com
4 journées thématiques, grand show médiatique de l'aventure. >>

>>

► VOYAGE ET AVENTURE
1er WE d'octobre. St-Valery-en-Caux (76). www.festival-saintval.fr.st
Festival qui associe projections, conférences et animations diverses.

► ÉTONNANTS VOYAGEURS
WE Pentecôte à Saint-Malo (35). **www.etonnants-voyageurs.net**
Le livre d'aventure et de voyage en présence d'écrivains du monde entier.

► LE GRAND BIVOUAC
Novembre. Albertville (73). **www.grandbivouac.com**
Conférences, projections, animations, expositions, rencontres et débats sur le thème du voyage et de la découverte.

► BIENNALE DU CARNET DE VOYAGE.
Novembre. Clermont-Ferrand (63). **www.ilfautallervoir.free.fr**
Concours et rencontres autour du Carnet de Voyage.

► FESTIVAL CULTURE-AVENTURE :
Un week-end en fevrier à Paris avec stands, débats, projections...
http://wwwculture-aventure.fr

À L'ÉTRANGER

► RENCONTRES DE L'AVENTURE
Avril. Bulle (Suisse). **www.rencontres-aventure.ch**

► REISMARKT
Février/mars. Bruges (Belgique). **www.wegwijzer.be**
Un week-end complet avec de très nombreux stands et projections.

► FESTIVAL INTERNATIONAL DU FILM D'AVENTURE DE MONTRÉAL (Canada)
www.espaces.qc.ca/fifam/
Aux alentours d'octobre, films et vidéos pour ce festival qui s'intéresse aux multiples facettes de l'aventure, qu'elle soit sportive ou humaine.

► DZG (Deutsche Zentrale für Globetrotter)
Juin. **www.dzg.com** Rencontre annuelle et informelle organisée par les globe-trotters allemands.

► IMMAGIMONDO
www.immagimondo.it
En Italie, dans les environs de Milan, un week-end d'octobre avec stands, débats, conférences et projections de voyageurs.

GUIDES DE VOYAGE ET CARTES

Guides de voyage

Un marché porteur

A priori on peut penser que le marché des voyages se porte bien. Du moins pour les éditeurs de guides, car chaque année ce sont au minimum une ou deux collections et plusieurs centaines de titres nouveaux qui abordent le marché français. Et encore, ne s'agit-il là que d'ouvrages francophones. Depuis une bonne décennie, les chiffres sont à la hausse. Et si pendant longtemps le nombre de nouveautés n'a tourné qu'aux alentours de 200 à 300, actuellement on atteint des sommets avec chaque année 700 à 800 titres nouveaux ou réédités.
L'envie croissante de séjours à l'étranger et surtout en France (plus de 50% de la production) pour une grosse partie de la population en est l'une des raisons. À cela s'ajoutent l'aspect commercial et les bénéfices non négligeables que peut représenter le tourisme pour de nombreux professionnels. En 2005, le secteur des guides de voyages a rapporté 130 millions d'euros aux éditeurs et a encore augmenté de 4% par rapport à l'année précédente. Le voyage en tant que business...
C'est ainsi que nombre d'éditeurs se doivent de posséder quelques ouvrages ou collections de guides pour se positionner sur le marché. Gentille utopie pour certains quand on sait que Hachette et Michelin occupent déjà à eux seuls 60% du marché français avec respectivement 40 et 20% en 2007 (devant Gallimard et le Petit Futé à chacun 8%), ou que le Routard et Lonely Planet trustent la grosse majorité des ventes dans le domaine des guides pratiques. Sur l'ensemble des ventes annuelles, c'est le Guide du Routard qui se vend le mieux (2,6 millions en 2005) devant le Guide Vert, le Petit Futé (1,6 million), Lonely Planet (500 000) et les collections de Gallimard. Au niveau mondial, c'est toujours Lonely Planet qui domine avec plus de 6 millions de ventes annuelles.

Et la qualité ?

Cette tendance pourrait s'avérer intéressante pour le voyageur. On serait en droit d'espérer des choses attractives et nouvelles, sur des destinations peu traitées, des thèmes nouveaux, ou vus sous un angle original. Mais dans l'ensemble c'est loin d'en être toujours le cas. Donc, force est de constater que, si la quantité augmente, la qualité, elle, au contraire stagne, ou en tous cas se trouve grandement noyée dans la masse. Et contrairement à ce que pensent certains, le créneau du voyage et du tourisme n'est pas indéfiniment extensible, tout comme d'ailleurs les rayons des libraires. Alors, encore une fois, plutôt que de louer la quantité, mieux vaudrait peut-être rechercher la qualité ou du moins la vraie nouveauté et cesser de vanter ces guides qui n'en portent simplement que le nom, ces titres soit-disant réactualisés chaque parution, ces ouvrages thématiques plutôt mal fichus, ou ces collections étrangères (plutôt bas de gamme) mal adaptées, sinon parfois même mal traduites.

Dans un autre domaine, il serait peut-être utile de se débarrasser une bonne fois pour toutes de ces anciennes collections à demi-achevées ou non réactualisées depuis des années qui traînent depuis des lustres chez les libraires. Sur la cinquantaine de collections que l'on trouve en France, près de la moitié n'est en fait plus du tout d'actualité. Et s'il est tout à fait compréhensible, et même souhaitable, que l'on garde des titres sur des destinations ou des sujets vraiment peu traités, par contre pour tout ce qui est surreprésenté, ou qui se veut à dominante pratique, autant faire un tri sévère et sans pitié. Il y aurait enfin de la place pour des ouvrages bien plus intéressants.
Par conséquent, depuis déjà quelques années, c'est malheureusement trop souvent le souci de mettre en place des produits purement commerciaux et rapidement rentables (à boycotter sans hésitation) qui prime plutôt que celui d'apporter quelque chose de vraiment nouveau, de qualité, voire même fiable. Heureusement, il reste quand même quelques valeurs sûres...

Guides et nouvelles technologies

En attendant, le développement d'Internet et des nouvelles technologies pourrait bien un de ces jours changer la donne et réduire fortement l'importance actuelle des guides papiers. Et améliorer ainsi la qualité et la mise à jour ? Pas sûr pour autant...

<u>De nouveaux supports</u>

En ce XXIe siècle sont donc apparus de nouveaux supports. À commencer par les guides audio à écouter sur son baladeur, ceux au format pdf à consulter sur son ordinateur, les guides multimédias plus sophistiqués alliant vidéos, photos et audio, pour arriver maintenant à des ouvrages toujours multimédias mais en plus interactifs et personnalisables à visualiser sur son portable ou tout autre support similaire. Et les choses ne devraient pas en rester là...

<u>De nouveaux contenus ?</u>

Reste cependant que si cette évolution technologique représente un plus formidable dans le domaine des guides de voyages, il n'en demeure pas moins qu'au delà du support c'est aussi et surtout le contenu qui doit continuer à prévaloir.
Car au final ne risque-t-on pas de voir apparaître les mêmes travers que ceux que connait le guide papier ? Des contenus survolés ou bâclés, assez peu réactualisés (même si techniquement on peut avoir en théorie un mise à jour continue) et surtout orientés en fonction d'annonceurs potentiels.

<u>Le Web 2.0</u>

Le Web 2.0 appelé aussi Web participatif. C'est finalement peut-être de cet outil que naîtra réellement l'innovation. À savoir, la possibilité donnée à chacun d'apporter un contenu (texte, son, photo, vidéo), une information, une modification en fonction de son vécu ou de son expérience de terrain en tant que voyageur. Le tout afin de faire évoluer (réactualiser) en permanence par son public des guides virtuels diffusables ensuite via les différents canaux.

Mais attention, le Web 2.0 n'est pas lui non plus exempt de tout reproche au niveau de la qualité finale de son contenu. Car à l'évidence, chacun pouvant apporter sa contribution, les erreurs, approximations, voire désinformations, et surtout l'info orientée y trouvent souvent aussi leur place ; même si dans le principe tout peut être (re)corrigé.
C'est pour cela qu'à la contribution de chacun doit - ou devrait - s'ajouter celles de spécialistes - correcteurs - modérateurs chargés de cadrer et trier tout cet apport permanent. Bref, peut-être un nouveau rôle pour les éditeurs de guides qui, au delà de récolter simplement de l'info avant de la diffuser, pourraient un jour devoir d'abord synthétiser et (re)cadrer ce que d'autres seront allés chercher pour eux.

Collections francophones ou traduites

Guide du Routard

La plus célèbre collection française (et celle qui a fait le plus pour le voyageur indépendant) créée en 1973 dépasse maintenant la centaine de titres pour environ 3 millions d'exemplaires vendus chaque année.

© Philippe JACQUEROT

Après les pays lointains, le Routard s'est intéressé à l'Hexagone (un bon tiers des titres disponibles) et à des thématiques voyages originales (expatriation, humanitaire...) ou aux guides de conversation. Bref, le Routard vit son époque... et choisit son créneau délaissant en contrepartie nombre de ses titres destinations lointaines (Inde, Afrique Noire, Amérique Latine...) de plus en plus mal réactualisés au profit des versions françaises de Lonely Planet qui dans l'ensemble répondent beaucoup mieux à l'attente des voyageurs sac à dos.
En attendant, la collection reste pratique et intéressante sur la France, le bassin méditerranéen et quelques autres destinations plutôt grand public. Tout cela est rédigé sur un ton très personnel (il est vrai pas toujours très apprécié de certains lecteurs), et avec une présentation facile et abordable pour tous.
> 48 titres France, 84 Étranger, 13 thématiques ; de 10 à 18 €.
Notre avis
Très bien pour tout ce qui est des thématiques abordées. Pour le reste, le GDR reste à conseiller pour les petits budgets et les autres qui partent en France ou vers les destinations grand public... mais de moins en moins ailleurs ou vraiment hors sentiers battus.

Lonely Planet

Tout le monde le sait, le Routard version australienne s'appelle Lonely Planet. Une collection que d'ailleurs l'on ne présente d'ailleurs plus tant elle a fait ses preuves. Exhaustif, de grande qualité, très précis dans les renseignements et complet au niveau culturel, c'est une valeur sûre, plus que recommandable. Et l'on pense que ça reste LA meilleure collection au monde.

Depuis plusieurs années ils sont adaptés pour les Français passionnés de découvertes individuelles, curieux, actifs, soucieux d'aborder les problèmes de fond, qui partent à la recherche d'un peuple et de sa culture. Avec eux, on entre vraiment dans le voyage. Dur de trouver une question sans réponses. Tout y est, de la préparation initiale aux tarifs, informations et adresses indispensables une fois sur place. Pour beaucoup de destinations on ne peut trouver mieux. Également très bien conçus dans la forme, ils savent allier une présentation agréable et une excellente lisibilité à une grande facilité d'utilisation, chose plus que nécessaire à un guide pratique. Pas évident pourtant, lorsque l'on propose des ouvrages dépassant les 1 000 pages comme cela est le cas pour l'Inde ou la Chine.

La collection française qui depuis peu semble avoir accéléré le nombre de parutions, dépasse désormais les 130 titres et s'est enrichie de quelques ouvrages thématiques (dont des guides de conversation...) et d'une sous-collection, "Citiz", consacrée aux villes.

> 19 titres France, 95 étranger;
17 thématiques ; de 8 à 32 €.

Notre avis

Pour les petits budgets et les autres qui partent à l'étranger, toutes destinations confondues ou hors sentiers battus, et sont exigeants sur l'info pratique sans négliger le culturel. Bref, le must du voyageur individuel !

Géoguide

Une collection créée en 2003 pour les voyageurs indépendants. Particularités : des ouvrages faits par Gallimard en collaboration avec le magazine Géo; le tout dans l'idée de concurrencer le Routard et Lonely Planet. Donc à la clé un contenu très axé pratique, adresses et carto, un peu cependant au détriment (comme les autres de la catégorie d'ailleurs) de l'aspect culture et société des destinations traitées.

Bref, beaucoup de choses intéressantes, voire innovantes, correspondant apparemment à l'attente des voyageurs de notre époque, même s'il est vrai que le routard pur et dur n'y trouvera pas forcément toujours son compte. D'ailleurs, pour l'instant, les titres proposés demeurent avant tout très grand public.

Notre avis

A priori une bonne collection qui satisfera la majorité des voyageurs individuels, qu'ils partent seuls, en couple, en famille ou entre amis.

> 12 titres France, 23 Étranger;
de 10 à 14,50 €.

Voyager Pratique **(Michelin)**

La nouvelle collection de Michelin éditée en remplacement des *Néos* dans le but de concurrencer le Routard et le Lonely Planet. Une approche assez similaire dans une présentation fonctionnelle avec l'argumentaire désormais à la mode de la promotion d'un tourisme respectueux. 3 sous-collections : *France*, *Pays* et *Villes*.

> 2 titres France, 38 titres Étranger;
de 10 à 20 €.

Notre avis

Une bonne collection faite pour les voyageurs individuels.

Petit Futé

Lorsque l'envie de détrôner le Guide du Routard tourne à l'obsession... on obtient le Petit Futé. Seul problème, ce n'est pas qu'avec le marketing que l'on arrive pour autant à faire une collection de qualité - sinon même d'intérêt - pour voyageur individuel. Bref, une pléthore de titres et de sous-collections reprenant les principes et l'approche du GDR pour un résultat souvent bâclé ou superficiel, et aux limites parfois de la crédibilité pour ce qui est de l'indépendance en matière de contenu ou d'adresses citées... Seul intérêt, des titres sur des destinations où il n'existe rien d'autre en français.

> *Plus d'une centaine de titres France ou Étranger; de 7 à 23 €.*

Notre avis

À éviter dès lors que l'on trouve autre chose ailleurs

Footprint

Une autre référence mondiale en matière de guides pour voyageurs individuels disponible désormais en français pour encore assez peu de titres (et malheureusement de nouveautés) tout aussi bons d'ailleurs que leur version d'origine. Dans une présentation claire, ils proposent énormément d'infos pratiques, bien détaillées, sans négliger pour autant l'approche histoire-société-culture du pays. Donc, de quoi contenter toute la gamme des voyageurs.

> *19 titres Étranger ; de 18 à 30 €.*

Notre avis

Très bonne collection que les francophones pourront toujours utiliser en parallèle au GDR ou au Lonely Planet. D'ailleurs, quitte à changer, c'est le Footprint que l'on conseille.

Let's Go

Une autre collection anglophone (c'est le Routard américain en plus âgé puisque les premiers datent de 1961) autrefois connue des voyageurs individuels dans sa version d'origine et qui est disponible en français ; du moins pour ce qui concerne une bonne vingtaine de titres axés d'abord États-Unis et Europe.

Fidèles à leurs origines les Let's Go continuent à fournir de bonnes infos pratiques et culturelles à ses lecteurs afin que ceux-ci puissent voyager intelligemment sans se ruiner. Et comme ses rédacteurs voyagent sac au dos avec un budget serré ils savent de quoi ils causent ! Seul inconvénient, la collection en français n'a jamais réellement décollé et tend même à devenir de plus en plus confidentielle...

> *21 titres étranger; de 13 à 15 €.*

Notre avis

Une alternative éventuelle aux GDR et aux Lonely Planet pour les petits budgets vers l'Amérique du Nord et l'Europe.

Guides Ulysse

Une collection québécoise faite pour un public de voyageurs indépendants partant toutefois avec un certain budget ou quelques prestations. Elle propose un contenu approprié à ce type de voyage, mélange d'infos pratiques et culturelles

à l'intérieur duquel l'environnement tient une place importante.
L'ensemble est divisé en plusieurs collections spécifiques. *Guides de voyage* (environ 70 titres) est plus orienté vers la découverte traditionnelle d'un pays ou d'une région y compris balnéaire. Quant à *Espaces verts* (11 titres), elle concerne les guides sur les randonnées de tous types, le plein air et la nature. Également, des guides de conversation (11 titres) et des titres sur diverses thématiques.
Bien spécialisés sur leur région d'origine, le Québec (mais aussi l'ensemble du Canada avec 29 titres et les USA avec 21), et les destinations de la zone Caraïbes, ce sont d'assez bons ouvrages dans leur catégorie mais qui nécessiteraient parfois pour certains un peu plus de relief dans la forme, de même qu'une cartographie plus conséquente.
> 2 titres France, 92 étranger;
de 14 à 23 €.
Notre avis
Pour les voyageurs individuels un peu fortunés - ou avec prestations - qui ne cherchent pas forcément à trop sortir des sentiers battus dans un pays. Plus tourisme que voyage pour, il est vrai aussi, beaucoup de choses très intéressantes sur le Québec et les USA ou des titres exclusifs en français sur divers pays d'Amérique Centrale ou des Caraïbes.

***Guides Bleu Evasion* (Hachette)**
Tous les voyageurs individuels ne disposent pas forcément d'un budget limité. C'est pour cela qu'ont été créés les Guides Visa, rebaptisés en 98 Guide Bleu Evasion, pour tous ceux qui apprécient

Conseil ABM !
Recoupez les infos des divers guides pour vous faire une idée précise d'où vous allez !

un certain confort, disposent de moyens plus que de temps ou n'hésitent pas à l'occasion de profiter de quelques prestations sur place.
Même si la France est présente avec quelques guides, c'est d'abord l'étranger qui demeure le point fort de la collection avec plus de 60 titres, pas forcément d'ailleurs toujours grand public.
Le but de la collection est d'apporter les clés à un séjour réussi. Elle permet d'aller à la rencontre d'une ville ou d'un pays en sortant des circuits et destinations traditionnelles sans trop pour autant modifier ses habitudes de vie, notamment sur le plan pratique. Donc, en 200/400 pages, c'est un savant dosage d'informations et de culture qui sait aussi faire la part belle aux joies de la table, aux sports, au shopping et autres balades. Comme la lecture d'un guide doit être également un plaisir, les nouvelles parutions se trouvent enrichies par un ton vif et direct, une présentation agréable et colorée, illustrée par des photos et des cartes. Elle permet une utilisation simple et efficace sans pour autant négliger le contenu qui demeure utile et in-

téressant grâce à un judicieux système de sélection et ses itinéraires. Seul problème, si en cours de route votre budget diminue ou que vos envies de découvertes s'accroissent, votre guide risque fort de s'avérer insuffisant...

> 6 titres France, 64 étranger ; de 14,50 à 24 €.

Notre avis

La même chose que pour les guides Ulysse (approche nature en moins). En attendant, ce sont de bons guides à conseiller pour ceux qui correspondent au profil des voyageurs visés par la collection.

Guides Olizane Aventure

Traditionnellement orienté culture (cf. détails), l'éditeur suisse a toutefois lancé une petite série plus pratique en fait adaptée de la collection anglophone *Cadogan*. Un problème toutefois avec un prix trop élevé par rapport à la concurrence pour cet éditeur qui a bien du mal à organiser en collections ses multiples ouvrages

> 3 titres étranger ; de 23 à 39 €.

Notre avis

Des guides intéressants mais dont le prix diminue malheureusement l'intérêt dès lors qu'ils sont en concurrence avec d'autres collections.

Collections anglophones

Mondialement réputées à juste titre comme les meilleures, notamment au niveau pratique, ces collections en V.O. facilement compréhensibles si l'on dispose d'un minimum d'anglais sont nombreuses à être présentes sur le marché français (certaines ne sont toutefois disponibles que dans les librairies spécialisées). Quelques valeurs sûres :

Pour voyageurs individuels

Nos préférés, par ordre alphabétique : Bradt, Lonely Planet, Rough Guide, Trailblazer.

Bradt

► **www.bradt-travelguides.com**

Une cinquantaine de titres pour moitié consacrés à l'Afrique. Beaucoup d'originalité dans leurs thèmes, puisque, entre autres, axés sur le voyage en train (Australie, USA, Sud de l'Afrique, Inde), la route (Afrique, Asie centrale…), la randonnée pédestre (Amérique Centrale, Pologne, Ukraine…), la nature (Madagascar, Amazonie, Antarctique). Également, des ouvrages entiers consacrés à des destinations traitées nulle part ailleurs, comme le Spitzberg, les Falklands ou l'Ouganda. Beaucoup d'infos pratiques bien sûr, vu les sujets choisis et le public routard visé.

Bref, une excellente collection qui, de tout temps, a voulu sortir des sentiers battus dans le choix de ses titres.

Footprint

► **www.footprintbooks.com**

Plus connus jusqu'en 1996 sous le nom de Trade and Travel. L'éditeur anglais du célèbre *South American Handbook* a en effet revu ses ouvrages. Bien entendu, les titres qui ont fait sa renommée demeurent avec, au delà du *South American*, d'autres *Guide-continents* (Caraïbes, Amérique centrale…). Également une trentaine d'ouvrages-pays orientés

d'abord vers l'Asie du Sud-Est (Vietnam, Laos, Myanmar, Cambodia) et l'Amérique du Sud (Brazil, Peru, Ecuador).
En tout, une soixantaine de guides faits pour le voyageur individuel qui ne sera guère déçu et trouvera toujours d'excellentes informations pratiques (notamment une fois sur place), une cartographie détaillée et utile, ainsi qu'une bonne approche socio-culturelle des pays qu'il souhaite visiter. À signaler également chez l'éditeur *The Traveller's Handbook*, un *Manuel du Routard* puissance dix. La collection a commencé à être adaptée en français.

Frommer's

▶ www.frommers.com

Une collection américaine au contenu à la fois pratique et culturel, très axée sur les USA. On y trouve aussi bien des guides sur les continents que sur les villes, avec également une sous-collection faite pour les petits budgets. Toute la gamme de voyageurs individuels devrait donc y trouver son compte.
À signaler que l'éditeur a essayé de se lancer, sans succès, sur le marché français en 2000-2001 (éditions First).

Let's Go

▶ www.letsgo.com

Gros guides américains de 400-700 pages, réalisés à l'origine par les étudiants d'Harvard et qui renferment des tas d'informations pratiques, des centaines d'adresses et de bons tuyaux pour voyager pas cher. Très intéressants pour les individuels, surtout au niveau des titres sur le continent américain (une vingtaine titres existent aussi en français). En parallèle, une vingtaine de "Map guide" sur une vingtaine de villes, notamment US.

Lonely Planet

▶ www.lonelyplanet.com

Les mêmes qu'en français, plus un tas d'autres titres qui ne seront jamais traduits, comme ceux sur les îles du Pacifique. En tout, près de 500 titres (avec les manuels de conversation, les guides de plongée, les vidéos, etc.) regorgeant d'infos pratiques et concernant aussi bien des villes, des pays, des continents, que des thèmes tels que la randonnée. Pour beaucoup de voyageurs (et nous aussi), c'est LA meilleure collection au monde.

Rough Guide

▶ www.roughguides.com

De très bons guides anglais écrits dans un style informel pour un public routard, et largement appréciés outre-Manche. Bien entendu, beaucoup d'informations pratiques pour des titres (environ 150) traitant d'un peu toutes les destinations, mais aussi de sujets thématiques (musique, manuel de conversation, voyager au féminin, handicapés, etc.).

Trailblazer

▶ www.trailblazer-guides.com

Une collection anglaise d'une vingtaine de guides, catégorie "très pratique", quasi inconnue en France. Vu les titres disponibles (*Silk Road, Transsiberian, Trekking Annapurna, Inca Trail*...) et les thèmes abordés (voyage en train, en moto), elle s'adresse à des habitués des voyages. En attendant, c'est une excellente collection qui n'a rien à envier à d'autres, plus réputées.

Collections plutôt "culturelles"

Moon publications

► www.moon.com

Collection californienne vraiment peu connue en France qui s'adresse elle aux individuels pas forcément routards (ayant quand même un certain niveau d'anglais). Un bon compromis entre culturel et pratique, même si ce dernier point peut apparaître un peu succinct à l'occasion. L'originalité demeure dans les destinations traitées, car, au-delà de la vingtaine d'ouvrages sur l'Asie et le Pacifique que l'on peut trouver ailleurs, la collection propose des séries détaillées et uniques sur le Mexique, les États du Sud, de l'Ouest américain et Hawaii.

Collections à dominante thématique

Cadogan

► www.cadoganguides.com

Une centaines de guides sur des villes ou pays touristiques, notamment européens, avec diverses thématiques originales comme "acheter une propriété", "vivre et travailler à...", ou encore des guides destinations pour ados.

Autres collections anglophones

Même chose ou presque que **Trailblazer** pour les guides **Compass**, qui proposent un très intéressant *Adventure Trekking*, indispensable à tous les amateurs de treks à travers le monde.

Pour les amoureux (pas tout à fait routards) des Caraïbes, **MPC** dispose de 18 petits guides sur ces îles dans sa collection *Carribean Sunseeker*, faite en collaboration avec les OT locaux.

Quant aux **Global Books**, ils présentent les us et coutumes des pays (22 titres). Intéressants pour l'Asie et les pays du Golfe. Dans le même genre, la collection *Culture Shock* ! et ses 50 guides dont certains repris en français (*Chanteclerc*).

Enfin les **Vacation Works**, une vingtaine d'ouvrages "vie" et "travail" à l'étranger (Italie, Israël, USA, stations de ski en Europe) ou thématiques (*Hitch Hikers*).

échanges de guides

"Rien ne sert d'avoir avec vous tous les guides des pays que vous allez visiter, ce serait beaucoup trop lourd à porter ! Il est facile de se les échanger entre voyageurs, ou d'en trouver dans des auberges ou hôtels de routards. À l'Île de Pâques, nous avons rencontré un couple qui effectuait son tour du monde dans le sens inverse du nôtre.
Nous avons ainsi pu échanger nos guides et bons plans : nous sur l'Asie et l'Océanie, eux sur l'Amérique Latine !"

Gwenaelle Bron

► **www.orbleu.net**

Achats guides sur le Web

La majorité des guides et cartes peuvent s'acheter sur ces sites Internet.

- www.fnac.com
- www.itineraires.com
- www.gaia-store.com
- www.amazon.com

Ils vous indiquent en plus les nouvelles parutions par pays.

Cartes et plans

À savoir

Comme les guides de voyages, les collections de cartes sont très nombreuses. Même si pour beaucoup le choix en la matière semble bien moins important que pour un guide, là aussi avant d'acheter il est utile de se poser quelques questions, notamment sur ce que l'on veut faire...

Au sujet de l'échelle

L'échelle est d'une certaine façon l'élément essentiel d'un carte ou d'un plan. Selon l'activité prévue on aura ainsi besoin d'échelles spécifiques.

L'échelle, c'est quoi ?

L'échelle permet de représenter l'espace avec exactitude.
À 1/50 000e, 1 cm sur la carte représente 500 m sur le terrain.
À 1/200 000e, 1 cm représente 2 km. Et ainsi de suite.

La marche, la randonnée pédestre ou pour les villes

Ces activités nécessitent une échelle précise montrant les moindres détails : reliefs, sentiers ou rues, habitations, cours d'eau, etc. Donc, autant choisir des cartes ou plans jusqu'au 1/50 000e. Diverses collections sont spécialisées en la matière, même si souvent elles ne sont disponibles que sur place.

Pour la randonnée en deux roues, à cheval ou les balades en voiture

Les représentations jusqu'au 1/200 000e sont encore utiles. Cela dit, hormis pour l'Europe et quelques autres pays, les possibilités d'obtenir facilement de telles cartes demeurent pas toujours évidentes avant d'arriver sur place.

Pour les visites en voiture hors des grands axes

Les repères précis sont déjà moins importants. Mais la carte doit rester quand même détaillée, donc choisir des échelles entre le 1/200 000e et le 1/500 000e. Généralement, on arrive à trouver ce que l'on cherche pour la plupart des pays européens ou des zones touristiques.

Quand on reste sur les routes principales
Ou lorsque l'on se fait transporter par voie terrestre. Il n'est pas utile de s'encombrer. Donc, des cartes générales du 1/500 000e au 1/1 000 000e, voire au-delà pour certains pays, sont suffisantes. Il est à signaler que pour beaucoup de pays les cartes les plus précises, facilement disponibles en France (et même parfois sur place), concernent justement des échelles aux alentours du 1/1 000 000e (1 cm = 10 km).

En voyageant en train, bateau, avion, ou même par route sur de très grandes distances
Ou encore sans sortir des villes, la carte ne sert alors que de repère. Les petites échelles (au-delà du 1/1 000 000e) sont largement suffisantes. On trouve ce genre de cartes pour les continents ou les regroupements de pays.

Index et autres infos
Que ce soit pour les cartes, mais aussi les atlas et surtout les plans de villes, un index, ou même parfois d'autres informations annexes, peuvent s'avérer réellement très utiles. D'ailleurs diverses collections proposent souvent, en plus d'une représentation à une échelle donnée, l'agrandissement des zones intéressantes, des plans de villes en inserts, mais aussi parfois des curseurs de distances. Donc, bien que pour de nombreux endroits au monde le choix soit limité, autant prendre ce qui correspond le mieux à son type de voyage.

Autres conseils
Même si c'est moins important que pour un guide, mieux vaut choisir les cartes les plus récentes. Les infrastructures routières ou l'urbanisme peuvent évoluer rapidement.
Pour quelques destinations très touristiques on trouve un grand choix de cartes sensiblement identiques. Autant comparer en fonction des prix et des petits plus de chacune (année de parution, index, plans de villes, etc.). Il existe aussi dans la plupart des pays des collections d'éditeurs locaux proposées souvent à des prix peu élevés (attention quand même à la qualité). Pour certaines raisons (secrets militaires, problèmes frontaliers, vieilles éditions, etc), il peut arriver aussi que l'information cartographique soit bien différente de la réalité.
Les Offices de Tourisme proposent parfois des choses vraiment très intéressantes (et souvent gratuites). De même, certains guides de voyages sont vendus avec une carte ou un plan des destinations traitées. D'autres disposent d'une très bonne cartographie comme par exemple les Lonely Planet pour le voyageur individuel se déplaçant en transports collectifs. Donc, dans certains cas, si cela semble suffisant, autant s'en contenter et l'on fera ainsi une première économie sur son voyage à venir.

En résumé

À l'évidence, déterminez d'abord ce dont vous avez réellement besoin selon votre périple, type de voyage, activités, transports utilisés, etc. Dans de nombreux cas, les gens achètent des choses que finalement ils n'utiliseront pas...

Donc voyez d'abord ce que propose votre guide et ce que vous pouvez trouver gratuitement. Et puis bien sûr tenez compte de l'échelle, de la zone à couvrir (pour une seule région à visiter pas besoin d'un atlas !) et de quelques infos utiles parfois à certains sur une carte (comme par exemple le nom des lieux en alphabet local) pour définir vos besoins.

Un peu le même principe que pour les guides demandez à votre entourage, à ceux qui rentre du pays, voyez dans les bibliothèques de prêts, les ventes d'occasion, et puis surtout contactez les Offices de Tourisme qui disposent souvent de cartes ou de plans intéressants pour des voyages classiques.

De même pensez bien sûr à Internet. Le Web renferme de vrais trésors (dont notamment des choses pas vraiment commercialisées) et l'on y trouvera quasiment tout ou presque qu'il ne restera plus ensuite qu'à imprimer.

Enfin, ceux qui ont un projet pourront toujours aller démarcher les éditeurs pour des choses gratuites.

Les principales collections

En aussi grand nombre que pour les guides, il existe désormais sur le marché français de multiples collections de cartes généralistes ou spécialisées. Si, dans l'ensemble, ou en tout cas pour une bonne partie de l'Europe, on obtient toujours facilement ce qui conviendra le mieux à son mode de déplacement, pour beaucoup d'autres pays, par contre, trouver une carte au 1/1 000 000ᵉ sera déjà bien.

En attendant, on constate que beaucoup d'éditeurs se concentrent sur les mêmes destinations (parfois même avec des produits identiques), alors que certaines zones géographiques comme l'Amérique du Sud ne disposent que d'assez peu de choses utilisables. C'est pour cette raison que, pour différents pays, il vaudra mieux rechercher les cartes locales, au demeurant pas toujours évidentes à trouver en France (à voir dans les librairies spécialisées).

Blay Foldex

Grand spécialiste des plans de poche des villes françaises et, accessoirement, des "grandes villes du monde", Blay dispose aussi d'une collection de cartes routières et touristiques, avec légendes multilingues, faites pour voyager dans divers pays du monde.

> *Production : plus de 200 plans divers de villes françaises, une quinzaine de villes européennes, plus environ 60 cartes routières de divers pays et quelques autres sur la France.*

***Eurocarte* (Mair)**

Collection à l'origine spécialisée sur l'Europe qui s'est étendue vers le reste du monde. Pas mal de choses utiles pour voyager par la route à des échelles adéquates. Également, quelques atlas et des plans de grandes villes.

> Production : 5 atlas et 77 cartes sur l'Europe, ainsi que 20 sur d'autres pays, plus 27 plans de villes européennes et 9 d'Amérique du Nord.

Falk

À part deux ou trois atlas routiers, c'est une collection uniquement consacrée aux plans de villes étrangères, majoritairement européennes (entre autres allemandes), et pas toujours les plus visitées.

> Production : environ 70 plans, dont 25 sur l'Allemagne.

Freytag

Une collection autrichienne et une bonne couverture des pays de l'Est, ainsi que, bien sûr, de l'Autriche qu'elle traite à la manière de l'IGN (plans, cartes de randonnée, etc.). Des choses intéressantes aussi sur les îles grecques et sur des pays d'Afrique ou du Moyen-Orient peu traités ailleurs (Namibie, Nigeria, Yémen).

> Production : en plus d'une centaine de cartes topo sur l'Autriche, près de 150 cartes diverses (et quelques plans), dont une centaine sur l'Europe et 25 sur l'Afrique.

Hallwag

Une collection de cartes détaillées proposant des informations touristiques et pratiques, disposant aussi pour certaines de curseurs de distances fort utiles. En plus de ces cartes sur l'étranger, deux collections de plans de villes et quelques atlas.

> Production : une soixantaine de cartes routières et une cinquantaine de plans de villes, uniquement pour l'Europe et l'Amérique du Nord.

IGN

La plus connue des Français avec Michelin, et incontournable dès lors qu'il s'agit de l'Hexagone. Plusieurs collections adaptées à tous les types de visites avec, dans le lot :

La *Série Bleue Top 25* (1/25 000e) et sa couverture du pays en environ 2 000 cartes. On ne peut pas trouver plus détaillé : sentiers, habitations, rivières, tout est représenté ou symbolisé. Indispensable pour la rando et la promenade.

La *Série Verte Top 100* (1/100 000e) et ses 74 cartes pour la France. Pour la promenade en voiture, à cheval ou en VTT.

La *Série Rouge Top 250* (1/250 000e), l'Hexagone en 16 cartes, avec index et plans de villes faites pour la route.

À signaler aussi, des cartes "départements" et de très nombreuses thématiques France (Routes historiques, Aéronautique, Plein-air, Découvertes régionales, Culture et environnement...).

Également, les Dom-Tom, et des séries (plans, cartes routières ou générales) concernant les villes et pays européens ou africains.

> Production : plusieurs milliers de représentations de tous types sur la France et les Dom-Tom, ainsi qu'une centaine sur le reste du monde.

ITM
Collection canadienne très intéressante par ses représentations de divers pays d'Amérique Latine/Centrale et Caraïbes ; des zones pour lesquelles elle est d'ailleurs vivement conseillée. Également, des cartes sur des pays africains peu traités ailleurs (Malawi, Érythrée, Zambie, Ghana...) et l'Asie depuis peu.
> Production : près de 140 cartes, dont la moitié sur les Amériques, 28 sur l'Asie, 22 sur l'Afrique.

Kummerly
Des cartes routières, parfois agrémentées d'un index, sur des pays européens en grande majorité. Intéressant avant tout pour son découpage des pays scandinaves, de l'Allemagne ou de l'Italie. Également, des cartes plus générales sur diverses régions du monde (USA, ex-URSS, Moyen-Orient, etc.), quelques atlas et des plans de villes.
> Production : presque 200 représentations, à 90% sur l'Europe.

Michelin
La France routière et touristique (1/200 000 et atlas), des cartes de départements, des plans de Paris et de quelques villes françaises, plus les pays européens voisins à une échelle intéressante (du 1/200 000 au 1/400 000) ou en atlas, pour ceux qui voyagent par la route. À signaler aussi, des cartes de zones et d'échelles plus larges sur l'Europe et l'Afrique ou les USA.
> Production : plusieurs centaines de cartes et atlas sur la France et l'Europe.

Nelles
Une collection allemande qui fait référence au niveau de l'Asie (Inde, Chine, Indonésie...). Des échelles et découpages très intéressants pour des cartes détaillées incluant des plans de villes et des détails en cartouche. À cela, on doit ajouter une bonne série topo sur l'Himalaya et le Népal, des plans de villes, et des atlas sur l'Indonésie et le Sud-Est asiatique. Outre l'Asie, des cartes sur quelques autres pays, dont une bonne série sur Hawaii.
> Production : 80 cartes, dont 55 sur l'Asie et 15 sur l'Amérique.

Ravenstein
Collection allemande de cartes touristiques, avec guides et index, traitant avant tout de son pays d'origine et de l'Europe à des échelles diverses.
> Production : 70 cartes, dont 30 sur l'Allemagne et presque autant sur le reste de l'Europe.

© Régis BELLEVILLE

UN MINIMUM DE COMMUNICATION

Pour communiquer avec les autres en voyage, un petit vocabulaire de base peut être suffisant et offre déjà la possibilité de s'entendre sur l'essentiel. C'est d'ailleurs à cet effet qu'ont été créées les traductrices multilangue de poche : de quatre à dix langues traduites par mots ou par phrases viennent au secours de ceux qui se sentent vraiment peu doués.

De toute manière, qu'on le veuille ou non, l'anglais tend de plus en plus à être la langue universelle, ce qui limite dans un certain sens le nombre de langues utiles au voyageur. Car il est vrai que vous trouverez quasiment partout quelqu'un ayant de vagues notions d'anglais. De fait, le voyageur francophone qui maîtrise un minimum l'anglais, mais aussi un peu l'espagnol (une bonne ouverture vers le portugais), ne rencontrera pas trop de difficultés pour voyager aux quatre coins du monde.

Dans la pratique, avec seulement 30 ou 40 mots, on arrive à dormir, à manger et à demander son chemin sans trop de difficultés, même s'il faut ensuite comprendre les réponses. Dans ce cas, pas la peine de trop se préoccuper de la grammaire, autant aller au plus simple. Par exemple, plutôt que d'apprendre des mots et leurs contraires, utilisez une négation qui s'oppose avec simplicité à un terme positif ("bon" et "pas bon"), et si vous dites "je suis hier" pour "j'étais", tant pis, tout le monde comprendra. D'autre part la communication passe aussi par les gestes et autres formes d'expressions possibles et imaginables.

À un autre niveau, avec 500 mots environ et quelques notions grammaticales, on peut parfaitement se faire comprendre et saisir l'essentiel du discours des autres (environ 10 % des Français ne disposent que d'un vocabulaire usuel de… 500 mots de français). Bien entendu, encore faut-il apprendre ce minimum. Comme pour beaucoup de choses, cela dépend évidemment de votre motivation et de votre volonté, surtout si vous avez décidé d'apprendre seul.

Une langue pour laquelle l'alphabet utilisé est identique au nôtre semble plus simple à apprendre. Mais attention à la reproduction des sons : sous cet angle le japonais est, d'après les linguistes, presque aussi facile que l'espagnol. Des cassettes vous aideront pour la prononciation.

Si vous vous contentez des bases nécessaires au voyage, un guide spécialisé est suffisant. On y trouve généralement le vocabulaire ainsi que les phrases toutes faites des différentes situations auxquelles vous serez confronté. Dans le cas contraire, utilisez une méthode plus complète. Par la suite, avec de bonnes notions de la langue, vous vous attaquerez aux romans et nouvelles bilingues, ou aux revues spécialisées dans le perfectionnement d'une langue, sans oublier les BD bilingues, facilement compréhensibles, avant de terminer par les médias étrangers, journaux ou télévision. Mais l'essentiel est de choisir les ouvrages ou les méthodes adaptés à vos goûts, car en matière de langues, le meilleur moyen d'apprendre reste l'envie.

Les langues du monde

De 4 000 à 5 000 langages sont parlés sur terre, mais un tiers disparaîtra d'ici un siècle ! Les familles les plus courantes (en millions de pratiquants) : chinois-mandarin (864), anglais (440), hindi (350), espagnol (341), russe (292), arabe (196), bengali (183), portugais (180), allemand et japonais (130), français (119)… Toutefois la langue officielle d'un pays n'est pas forcément toujours employée par tout le monde, dans certaines régions des populations s'expriment uniquement dans une langue locale ou un dialecte.

MÉTHODES DE LANGUES ÉDITIONS DISPONIBLES EN LIBRAIRIE

ASSIMIL
Même si l'éditeur n'est pas spécialisé voyages, il propose un très vaste choix avec plus d'une cinquantaine de langues.

BERLITZ
Collection "Pour le voyage"; entre autres toutes les langues scandinaves. L'une des références en la matière avec en plus une description des coutumes et de la culture locale dans chaque ouvrage.

CHANTECLER
Une douzaine de titres pour des langues assez courantes.

HARRAP'S
Collection "Guide de conversation". Surtout les langues des pays de l'Est ou du Nord. Bien si l'on ne recherche que des bases succinctes.

KAILASH
En anglais, pour apprendre 12 langues indiennes.

LANGUES POUR TOUS
Une trentaine de langues possibles en méthode rapide (la collection s'appelle d'ailleurs "Tout de suite"). Juste pour les bases.

LE ROUTARD
La nouvelle collection, "Guide de conversation", du GDR. Quelques titres sur les langues les plus courantes.

LONELY PLANET
Les fameux "Phrasebooks" de l'éditeur australien (donc en anglais). On y trouve aussi bien le Birman, le Tibétain le Quéchua que le Papou. Pas toujours facilement disponibles en librairies.

OMNIVOX
En cassettes dans la collection "Que dire en voyage". Les langues européennes, l'arabe, le chinois ou le japonais.

GUIDE VOYAGE ET LANGUE
Des guides et des cassettes pour une approche assez originale d'un pays à travers sa langue. Trois titres : tibétain, mongol et népali. Très difficile à trouver en librairies, plus simple par mail.

Langues disponibles en série Voyage

*Les titres suivis d'une * sont en anglais.*
Vu le très large choix existant, les guides sur l'anglais, l'allemand et l'espagnol n'ont pas été référencés.

Afrikaan :
Assimil

Albanais :
Assimil

Américain :
Berlitz, Lonely Planet *

Arabe (Égyptien) :
Harrap's, Omnivox, Chantecler, Lonely Planet *

Arabe :
Berlitz, Chantecler, Langue pour tous, Lonely Planet *, Routard

Arménien :
Assimil

Australien :
Lonely Planet *

Birman :
Asiathèque, Lonely Planet *

Brésilien :
Assimil, Langue pour tous, Presse Pocket, Lonely Planet *

Chinois (Cantonnais) :
Lonely Planet *

Chinois (Mandarin) :
Omnivox, Harrap's, Langue pour tous, Routard, Rough Guide *, Lonely Planet *

Coréen :
Assimil, Harmattan, Langue pour tous, Lonely Planet *

Costaricien :
Lonely Planet *

Créole(s) :
Assimil

Croate :
Harrap's, Lonely Planet *, Routard

Danois :
Assimil, Berlitz, Harrap's

Espagnol (Am. Latine) :
Ulysse, Berlitz *, Lonely Planet *

Espéranto :
Assimil

Éthiopien :
Lonely Planet *

Farsi (Iran) :
Lonely Planet *

Fidjien :
Lonely Planet *

Finnois :
Assimil, Berlitz, Harrap's

Grec :
Assimil, Berlitz, Chantecler, Harrap's, Omnivox, Presse Pocket, Routard, Lonely Planet *

Hébreu :
Assimil, Berlitz, Lonely Planet *

Hongrois :
Berlitz, Chantecler, Harrap's, Rough Guide *, Lonely Planet *

Langues indiennes :
Asiathèque et Lonely Planet* (Bengali),
Assimil et Rough Guide * (Hindi),
Harmattan (Telougou, Ourdou),
Lonely Planet * (Hindi, Urdu), Kailash * (12 langues)

Indonésien :
Assimil, Harrap's, Lonely Planet *

Islandais : Assimil

Italien :
Assimil, Berlitz, Harrap's, Langue pour tous, Routard

Japonais :
Assimil, Harrap's, Omnivox, Langue pour tous, Lonely Planet *

Laotien :
Lonely Planet *

Malais :
Lonely Planet *

Malgache :
Assimil

Mongol :
Voyage et langue, Lonely Planet *

Néerlandais :
Harrap's, Langue pour tous

Népalais :
Voyage et langue, Lonely Planet *

Norvégien :
Assimil, Berlitz, Chantecler, Harrap's

Papou :
Lonely Planet *

Philippin :
Assimil, Lonely Planet *

Polonais :
Assimil, Berlitz, Chantecler, Harrap's, Langue pour tous, Omnivox

Portugais :
Assimil, Berlitz, Harrap's, Langue pour tous, Routard

Québécois :
Assimil, Ulysse

Quechua :
Lonely Planet *

Roumain :
Assimil, Omnivox, Berlitz *

Russe :
Assimil, Berlitz, Chantecler, Harrap's, Langue pour tous, Omnivox, Routard, Lonely Planet *

Serbo-Croate :
Assimil, Berlitz, Harrap's

Sri-lankais :
Lonely Planet *

Suédois :
Assimil, Berlitz, Harrap's, Omnivox

Swahili :
Assimil, Berlitz *, Lonely Planet *, Rough Guide *

Tamoul :
Assimil, Kailash, Lonely Planet *

Tchèque :
Assimil, Berlitz, Chantecler, Harrap's, Langue pour tous, Omnivox, Presse Pocket

Thaï :
Assimil, Harrap's, Marcus, Rough Guide *, Lonely Planet * (2 titres)

Tibétain :
Chine-Asie, Voyage et langue, Lonely Planet *

Turc :
Assimil, Berlitz, Chantecler, Harrap's, Langue pour tous, Presse Pocket, Lonely Planet *

Ukrainien :
Lonely Planet *

Viêtnamien :
Assimil, Harrap's, Lonely Planet *, Rough Guide *

<u>Condensés</u>
Berlitz :

Europe de l'Est

Lonely Planet * :

Baltic states; Central Asia; Central Europe, Eastern Europe; Mediterranean Europe; Scandinavian Europe; South East Asia; South Pacific languages; Western Europe

Les manuels de conversation

Sorti de l'anglais, de l'espagnol et des autres langues courantes, il n'est pas toujours facile de trouver un lexique ou une méthode appropriée au voyage.
Pour être utiles, ces manuels doivent être de format poche et proposer des séries de mots et de phrases toutes faites concernant les différentes situations qu'on rencontre en voyage.

Les règles de prononciation et/ou la description phonétique des mots et expressions, bien sûr importantes, doivent être présentes. De même quelques notions de grammaire et de conjugaison peuvent représenter un “plus” utile.
Mais de façon générale n'oubliez pas que ces manuels ne permettent qu'une communication de base, certes suffisante dans beaucoup de cas, et non pas l'apprentissage complet d'une langue. Celui-ci nécessite d'autres méthodes.

À l'opposé, ceux qui ne cherchent à connaître que quelques mots ou phrases usuelles pourront le plus souvent se satisfaire de ce qui leur est proposé dans leur guide de voyage.

Des lieux (et des gens) pour apprendre

Pour trouver celui ou celle (ou l'organisme) qui vous enseignera sa langue à peu de frais, renseignez-vous entre autres dans les centres culturels, les chambres de commerce, les universités, la bibliothèque du centre Pompidou (112 langues en stock). Consultez aussi les petites annonces des facs, les journaux de petites annonces et d'informations (gratuits) tels France-USA contacts (FUSAC), Paris/Mexico, Pékin à Paris, etc. Ils sont disponibles surtout à Paris.

Conseil ABM !

Assimiler du vocabulaire ? Apprenez les mots le soir... votre mémoire travaille la nuit !

@ L'ESPÉRANTO

Vous trouverez maintenant de nombreux manuels sur toutes les langues de conversation en version poche donc facile à transporter en voyage.
Le Routard et Lonely Planet s'y sont mis, mais vous en trouverez pleins d'autres en librairies.

Il existe également un langage international parlé et compris dans près de 100 pays : l'espéranto.

En France une association permet d'apprendre cette langue et de rencontrer d'autres personnes à travers le monde. Elle édite un magazine bimestriel et organise des rencontres.
http://esperanto-france.org

L'effort de parler la langue

Sur les chemins du voyage, il suffit souvent de savoir dire deux mots simples : "bonjour et merci", pour faciliter un premier échange avec autrui.
Bomdia, buenos dias, guten Tag, namaste, good morning, konytiwa, salam… Si vous savez dire bonjour, surtout avec un sourire, dans la langue du pays qui vous accueille, vous attirerez tout de suite des regards de sympathie. Votre interlocuteur se rendra compte que vous faites l'effort d'aller vers lui, de le comprendre. Vous abaissez ainsi les barrières primaires de la méfiance envers l'étranger, cette personne différente qui inquiète par son "étrangeté".
Si en plus vous savez dire merci, ceux qui vous auront aidé comprendront que leurs efforts ne sont pas vains. En leur témoignant par un merci votre reconnaissance, vous nivelez tout sentiment de supériorité ou d'infériorité. Vous placez l'échange sur un plan égalitaire et vous ouvrez les portes du partage. Partage d'amitié, de sympathie, d'aide mutuelle, dans lequel chacun exprime sa dignité d'être humain.

MICHÈLE TROUSSEAU, *Cap vers Bonne-Espérance.*

Français, Anglais, Espagnol

Même s'il est évident que connaître quelques mots d'une langue ou d'un dialecte local est une bonne chose en voyage, on peut se dire aussi qu'avec le français, l'anglais et l'espagnol, on peut toujours aller aux quatre coins du monde et arriver à se débrouiller.

N.B. :

Les niveaux de pratique ci-dessous ne prennent pas en compte l'ensemble des populations locales (ce n'est donc pas le pourcentage de gens parlant ces langues dans chaque pays), mais plutôt celles correspondant aux "rencontres et contacts habituels" que l'on peut avoir en voyageant.

De même, il ne s'agit pas non plus d'indiquer les langues parlées dans chaque région, mais plutôt de mentionner la place du français dans celles-ci. Ainsi, dès lors que, dans une zone, le français est plus pratiqué que l'anglais ou l'espagnol, ces deux dernières n'ont pas été indiquées, même si ces langues sont bien implantées (exemple : le Québec avec l'anglais).

RÉPARTITION DES LANGUES PAR PAYS

Espagnol — Anglais — Français

	langue officielle ou très répandue	assez répandue	très moyennement répandue	Peu répandue	inconnu ou quasi inconnu
Canada (sauf Québec)	Anglais		Français		
Québec	Français				
USA nord	Anglais				Français
USA sud	Anglais	Espagnol			Français
Amérique Centrale	Espagnol		Anglais		Français
Cuba	Espagnol		Anglais	Français	
Haïti / St Domingue		Français			
Autres Caraïbes (sauf Dom)	Anglais			Français	
Amérique du Sud hispanophone	Espagnol		Anglais		Français
Brésil			Anglais, Espagnol		Français
Australie/Nlle Zélande	Anglais				Français
Autres Pacifique (sauf Tom)	Anglais				Français
Indonésie			Anglais		Français
Malaisie / Singapour		Anglais			Français
Thaïlande			Anglais	Français	
Viêtnam / Cambodge / Laos		Anglais	Français		
Philippines / Taiwan / Corée / Japon			Anglais		Français
Chine				Anglais	Français

Népal / Pakistan / Bangladesh			🇬🇧		🇫🇷
Inde		🇬🇧			🇫🇷
Sri-Lanka			🇬🇧	🇫🇷	
Asie Centrale				🇬🇧	🇫🇷
Océan Indien		🇫🇷			
Af. du Sud / Namibie Botswana / Zimbabwe Kenya / Tanzanie	🇬🇧				🇫🇷
Mauritanie / Sénégal Mali / Burkina / Niger Tchad / Côte d'Iv. / Bénin / Togo / Cameroun / Centraf / Gabon / Congo / Zaïre	🇫🇷				
Tunisie / Maroc	🇫🇷				
Égypte			🇬🇧	🇫🇷	
Israël / Jordanie		🇬🇧	🇫🇷		
Syrie / Liban			🇫🇷		
Turquie Ouest		🇬🇧	🇫🇷		
Russie				🇬🇧	🇫🇷
Europe de l'Est			🇬🇧	🇫🇷	
Scandinavie		🇬🇧		🇫🇷	
Europe de l'Ouest		🇬🇧		🇫🇷	

LES FORMALITÉS

Les papiers à emporter

Passeport

Pour voyager hors de l'Europe, il est nécessaire d'avoir un passeport. On peut l'obtenir dans les mairies, préféctures ou sous-préfectures, sous un délai de deux à trois semaines. Le passeport biométrique remplacera progressivement le passeport électronique : il contiendra une image numérisée du visage et les empreintes digitales de 8 des 10 doigts du demandeur. Il vous coûtera 89 €, mais restera valable 10 ans (pour les enfants, valable 5 ans et 45 € seulement). Vous pouvez faire renouveler votre passeport dans un consulat en cours de route. On peut également le faire par correspondance.

Il est prudent de faire une copie de votre pièce d'identité. Laissez-la dans les hôtels ou en caution lorsqu'on vous la demandera dans certains lieux.

► **www.interieur.gouv.fr**

INFOS SUR LES PASSEPORTS

PRÉFECTURE DE POLICE
► **7, bd du Palais, 75004 Paris. Tél. : 01 53 73 53 73. http://vosdroits.service-public.fr/**

CIRA (Centre interministériel de rens. administratifs)
► **Tél. : 39 39**

En cas de perte ou de vol de vos papiers, rendez-vous au consulat le plus proche et faites aussi une déclaration à la police locale.

Conseil ABM !

Pensez à faire des photocopies de vos papiers, ou mieux, à vous envoyer un scan sur Internet !

Permis de conduire international

Utile si vous souhaitez louer une voiture à l'étranger. Il est gratuit et s'obtient à la préfecture de police. Dans certains pays, un permis de conduire français suffit.

Photos d'identité

Il est toujours utile d'avoir en réserve plusieurs photos d'identité, par exemple pour un visa si vous êtes amené à en demander en cours de route.

Carte internationale d'étudiant (ISIC)

Elle fonctionne dans plus de 70 pays... Les étudiants peuvent obtenir des réductions sur les bateaux ou les trains (jusqu'à 50 % de réduction sur les transports en Australie !), musées, etc.

Carte internationale des auberges de jeunesse

Cette carte que tout le monde peut obtenir donne accès à plus de 6 000 auberges de jeunesse à travers le monde. Moyen économique de se loger, elle vous fait aussi rencontrer les globe-trotters du monde entier. Prix : 15,25 €/an, 10,60 € pour les moins de 26 ans.

► **FUAJ : 27, rue Pajol, 75018 Paris. Tél. : 01 44 89 87 27, www.fuaj.org**

Carnet de vaccination, carnet de santé

Faites une photocopie de votre carnet de vaccination, on vous le remettra dans les centres de vaccination. En cas de maladie chronique, prenez une lettre en anglais de votre médecin. Nécessaire pour les visas à faire en cours de route.

▶ **OTU : 119, rue Saint-Martin, 75004 Paris. Tél. : 01 40 29 12 12.**

VACCINS

INSTITUT PASTEUR
Un centre de vaccination réputé, beaucoup d'infos.
▶ **209, rue de Vaugirard 75015 Paris.**
Tél. : 01 40 61 38 00.

LES VISAS

Un visa, c'est quoi ? En théorie, ce document autorise l'accès à un pays d'un ressortissant étranger. Accessoirement c'est aussi... une bonne source de devises pour certains pays. Au-delà des étudiants, hommes d'affaires, travailleurs, résidents, et autres cas spécifiques dont nous ne parlerons pas ici, le simple touriste peut également avoir besoin d'un visa pour ses vacances à l'étranger, en plus bien sûr de son passeport (d'ailleurs parfois obligatoirement valide 6 mois après la date de retour prévue dans son pays).

Il faut savoir que, selon les destinations et la nationalité du touriste en question, les règles et conditions pour obtenir un visa sont très différentes. Et qu'en la matière les Français sont loin d'être les plus mal lotis.

Attention, ce n'est pas parce qu'un visa vous a été accordé que vous pourrez entrer automatiquement dans le pays souhaité. C'est bien sûr très rare (sauf si le visa est périmé), mais il peut se produire que lors du passage en douane, les fonctionnaires trouvent un motif quelconque pour vous refouler. Motif politique ou autre, la décision est arbitraire mais vous n'avez malheureusement aucun recours.

À demander au consulat

Concrètement, un visa s'obtient auprès d'un consulat du pays concerné et non de l'ambassade, qui ne s'occupe que d'affaires diplomatiques (voir les adresses des représentations consulaires en France). Toutefois si un pays ne dispose pas d'un service consulaire distinct, c'est auprès du service adéquat de l'ambassade qu'il faudra se rendre. Attention, ambassades et consulats ne sont pas toujours à la même adresse (exemple : la Chine a son ambassade à Paris et son consulat en banlieue).

Nombre de pays disposent également de consulats en province. Mais là aussi attention, peu d'entre eux sont habilités à délivrer des visas et la plupart en fait ne s'occupent que d'affaires commerciales (notamment dans les villes portuaires) ou de leurs ressortissants. Très souvent, ces consulats pourront au mieux vous informer sur les démarches à suivre et vous donner les formulaires à remplir : à vous ensuite de vous adresser au consulat général.

Dans certains pays, il est également possible d'obtenir un visa à votre arrivée sur place (Égypte, Madagascar, Mongolie, Jordanie…).

En plus des formulaires à remplir et de votre passeport, il vous sera généralement demandé des photos, une attestation de voyage (un aller simple peut parfois poser problème), une certaine somme d'argent (jusqu'à 60 €). Vous aurez même besoin pour quelques destinations d'une “invitation officielle”.

Rassemblez ces pièces avant de les fournir au consulat. Ensuite le visa est à retirer le jour même ou, c'est selon, plusieurs semaines après. Dans tous les cas, vérifiez bien les horaires d'ouverture (souvent fantaisistes) des services visa. Et bien sûr évitez de vous y prendre au dernier moment.

Demande par correspondance

Pour ceux justement qui manquent de temps, ne sont pas sur place, sont en situation particulière ou tout simplement n'ont pas envie de se compliquer l'existence, des sociétés d'obtention de visa par correspondance existent, via Internet pour la plupart. Ils se chargent à votre place de toutes les démarches et ce, en quelques jours maximum, même s'ils prévoient aussi souvent une possibilité “délai urgent”. En plus du coût du visa et des frais de port, ces organismes prennent une commission qui tourne aux alentours de 20 ou 30 € en moyenne pour un visa tourisme. Au passage, signalons qu'ils peuvent résoudre bien des cas difficiles du fait des contacts dont ils disposent dans les services consulaires (en clair, ça fonctionne aussi au bakchich dans certains consulats).

! Visas : date de validité

Important : lorsqu'un visa est établi, celui-ci n'est utilisable que jusqu'à une date spécifiée. Concrètement, si vous souhaitez entrer dans le pays une fois cette date dépassée, votre visa sera périmé et vous risquez fort d'être refoulé (on considérera en fait que vous n'avez pas de visa). Variables selon la destination, les visas sont généralement à utiliser sous 1 à 3 mois après leur émission.

Attention aussi à ceux dont la validité “sur place” commence en réalité à la date d'émission et non pas à la date de l'entrée effective dans le pays. Toutefois, si vous prévoyez de dépasser les délais de quelques jours seulement, demandez à faire postdater le visa, certains consulats le font sans problème.

Reste le cas des voyageurs qui partent longtemps et que nous verrons plus loin.

Services de visas

► VISAS EXPRESS
54, rue de l'Ouest, 75014 Paris. Tél. : 0 825 08 10 20. visas-express.fr

► ACTION VISA
69, rue de la Glacière, 75013 Paris. Tél. : 01 45 88 56 70. action-visas.com

► VISA TRAVEL
118, rue Lauriston, 75116 Paris. Tél. : 01 47 04 16 00. visatravel.fr

Quel visa ?

Visa ou carte de tourisme délivré à l'arrivée

Théoriquement, comme tout se passe à votre arrivée sur place, vous n'avez pas à vous occuper de quoi que ce soit avant votre départ.

La carte de tourisme est d'une certaine façon une forme particulière de visa. C'est un document que l'on vous délivre à votre arrivée (y compris à l'occasion si le pays demande également un visa). On vous la fait parfois payer quelques dollars, comme dans certains pays d'Amérique centrale ou d'Asie.

Quand vous quitterez le pays, vous devrez la remettre à la douane, donc ne la perdez pas ! Pour diverses raisons, certains pays délivrent aussi leur visa sur place, aux frontières ou aux aéroports (le prix est plus ou moins identique à ceux pratiqués dans les consulats). Dans ce cas, à vous de choisir ce que vous préférez, mais il vaut quand même mieux se renseigner sur cette procédure avant le départ et être sûr qu'elle sera toujours en vigueur quand vous arriverez sur place (Cambodge, Laos…).

Idem si vous pensez arriver par un petit poste frontière. Le système "visa à l'arrivée" ne concerne parfois que certains lieux d'entrée dans le pays, comme les aéroports internationaux.

Visa de transit

C'est un visa de courte durée (vous ne faites que traverser le pays) qui s'obtient le plus souvent de la même manière que les autres, à un coût moindre. Sa validité est presque toujours inférieure à une semaine. En pratique, assez peu de pays proposent de tels visas (Laos, Russie, Iran, Oman…). Donc, si vous ne devez séjourner que très peu de temps quelque part, renseignez-vous toujours sur les possibilités de visa de transit.

Validité de base et prolongation du visa

De nombreux pays ne proposent qu'une seule validité pour leur visa tourisme. D'autres offrent un choix théorique de durées allant parfois de deux semaines à plusieurs mois. Selon la durée, la procédure d'obtention (à l'arrivée pour quinze jours comme au Liban et au Bangladesh, ou au-delà aux consulats) et surtout le coût peuvent être variables.

Encore une fois, demandez ce dont vous avez besoin. Sachez que plusieurs pays accordent, moyennant finances, des renouvellements ou des prolongations de visa une fois sur place, et ce pour une durée de quelques jours à plusieurs mois. Mais attention, rien n'est systématique dans ce domaine, de même d'ailleurs que pour la durée de validité qui vous sera accordée lors de la demande.

À l'occasion, les durées se font uniquement à la tête du client, notamment aux frontières. En attendant, mieux vaut être toujours en règle si l'on veut s'éviter des ennuis, qui vont de l'amende à la prison, en passant par l'expulsion.

Entrée simple ou multiple

En plus de la validité, le nombre d'entrées nécessaires est également à voir lors de la demande. Si certains pays comme la Chine ne vous autorisent qu'une entrée, d'autres au contraire vous laissent un choix d'entrée unique ou multiple (souvent pour un peu plus cher). Là aussi, mieux vaut vous y prendre à l'avance car, dans des pays comme la Mongolie ou la Russie, ce genre de modifications, si vous les demandez sur place, entraîne des procédures longues, fastidieuses et surtout compliquées.

Visa ou tampon de sortie ou d'entrée

Vous en aurez assez rarement besoin, et seuls sont concernés ceux qui vont d'un pays à un autre par voie terrestre, et encore, plutôt hors des grands axes. En fait, il s'agit du tampon (parfois payant) qui peut être apposé sur votre passeport à votre sortie du territoire. Aux aéroports et dans les principaux postes frontières, cela se passe généralement tout seul. Au pire on vous indiquera le guichet auquel vous adresser.

Par contre dans les coins reculés ou lorsqu'il existe un no man's land entre deux pays, il faudra parfois chercher longtemps le bureau, voire la localité (pas forcément frontalière), où effectuer cette formalité. Sans cela, le risque est de vous voir refoulé ou de payer une amende à la douane du pays voisin, avec obligation quand même d'aller chercher le tampon en question. Dans certains pays comme la Syrie, il est d'ailleurs impossible de quitter le territoire sans visa de sortie.

Il vaut mieux avoir aussi le tampon d'entrée (ou la date) sur son passeport. Dans le cas contraire, certains pays vous feront payer une amende à la sortie (exemple : 100 US $ au Laos).

Permis spéciaux

Il ne s'agit pas à proprement parler de visas, quoique dans la pratique cela y ressemble. Ces permis concernent de nombreuses régions particulières de pays essentiellement asiatiques, comme l'Inde, le Népal, la Birmanie, la Chine... Pour y accéder, les autorités doivent vous délivrer une autorisation spéciale, souvent payante et limitée dans le temps, à laquelle s'ajoute parfois l'obligation de passer par une agence locale. Même si ces permis ne sont la plupart du temps délivrés que sur place, renseignez-vous avant auprès des services consulaires du pays en question.

Attention, ces zones étant généralement réglementées pour des raisons politiques, il est recommandé de respecter les procédures, sous peine d'avoir à payer de fortes amendes, de se voir ex-

pulsé ou même mis en prison en cas de non respect. Cela à plus forte raison si la région est interdite aux étrangers.
Une particularité propre à la Russie : une assurance est obligatoire avec le visa.

Enregistrement auprès des autorités
Outre que cela peut être obligatoire dans certaines régions d'un pays, quelques États demandent aussi aux voyageurs, même munis d'un visa, de s'enregistrer auprès des services de police à leur arrivée. C'est le cas par exemple de la Russie (hors transit) ou des républiques de l'ex-URSS. Idem en Syrie ou en Jordanie, mais simplement au-delà de quelques jours. Là aussi, mieux vaut suivre la procédure, sous peine le plus souvent d'amendes, parfois d'expulsion.

Où a-t-on besoin de visas ?

Les indications que nous donnons doivent être vérifiées avant votre départ. Renseignez-vous auprès des ambassades, car les conditions peuvent évoluer.

Les Amériques

Bien moins de visas obligatoires qu'autrefois pour les Français. À une ou deux exceptions près, on passe au moins un mois, voire trois, dans chaque pays sans visa, mais on acquitte parfois des taxes d'entrée et de sortie du territoire.

USA et Canada

Pas besoin d'avoir un visa pour ces deux grands pays d'Amérique du Nord, mais les voyageurs français doivent être en possession d'un passeport biométrique pour l'entrée, sur leur territoire. Ils acceptent néanmoins un passeport lisible en machine, modèle Delphine, à la condition que celui-ci ait été délivré avant le 26 octobre 2005.

Amérique Centrale

Visa nécessaire uniquement pour le Belize que l'on obtient d'ailleurs sans problème à la frontière.
Ailleurs pas de visa pour des séjours n'excédant pas le plus souvent 3 mois (Mexique, Costa-Rica...). Toutefois des taxes d'entrées ou de sorties du territoire (montant variable) sont exigées dans presque tous les pays.

Caraïbes

Pour Cuba nécessité d'une carte de tourisme délivrée par les agences de voyage, le consulat ou à l'arrivée. Visa théoriquement obligatoire si l'on va chez l'habitant.
Ailleurs pas de visa (ou alors parfois délivré à l'arrivée comme à Grenade ou à la Dominique) ou simplement des taxes à payer pour moins de un ou trois mois.

Amérique du Sud

Le Surinam est le seul pays où un visa est obligatoire; il peut être toutefois théoriquement obtenu à l'aéroport (mais pas aux frontières terrestres). En Colombie, une “autorisation” est délivrée à l'entrée pour 30 ou 60 jours. Ailleurs pas de visa pour moins de 3 mois.

Pacifique

On peut voyager dans tout le Pacifique

sans visa ou, dans certains cas, en le prenant une fois sur place, et cela généralement pour des séjours de moins de 3 mois. Toutefois, comme il n'y a que peu d'informations disponibles pour les "petites îles", mieux vaut se renseigner avant si l'on compte s'y rendre.

Pour l'Australie, pas besoin de visa pour moins de 3 mois. Toutefois, une autorisation de voyage électronique est obligatoire et doit être demandée lors de la réservation de votre billet auprès de l'agence (il est possible également de l'obtenir via Internet).

Pour la Papouasie-Nouvelle-Guinée, un visa est nécessaire, mais il peut être normalement obtenu à l'arrivée (mêmes conditions pour les îles Fidji).

Asie

L'Asie est, avec l'Afrique et le Moyen-Orient, le continent où vous aurez le plus besoin de visas. De plus, dans nombre de pays, l'accès à certaines régions pose problème : vous devrez demander un permis particulier. L'accès peut aussi être réglementé (vous serez soumis à l'encadrement d'agences locales), voire carrément interdit aux étrangers.

Asie du Sud-est

Un visa est nécessaire pour l'Indonésie. Il peut s'obtenir à l'arrivée mais est limité à 30 jours non reconductible sur place (validité supérieure possible en cas de demande avant le départ). De plus, des permis spéciaux et un encadrement à voir sur place sont nécessaires pour Bornéo, l'Irian Jaya et quelques autres zones.

En Malaisie un permis est nécessaire pour Sarawak alors que l'on peut séjourner moins de 3 mois sans visa dans le pays. À Singapour, un visa gratuit est délivré à l'arrivée.

Pas de visa mais uniquement pour de courts séjours comme à Brunei (14 jours), aux Philippines (21 jours) et accessoirement en Thaïlande (30 jours). Au delà, le visa est nécessaire et mieux vaut se renseigner sur les possibilités d'obtention sur place.

Au Cambodge, un visa (pour 1 mois) peut être délivré à l'arrivée. Idem au Laos où existent aussi différentes formes de visas (transit, 15 jours, prolongation sur place). Visa également pour la Birmanie (28 jours) ainsi que pour le Viêtnam. À signaler pour ces quatre pays, Bangkok peut être un lieu d'obtention (et d'informations) pour ceux qui préfèrent prendre leurs visas au dernier moment.

Extrême-Orient

Pas de visa pour moins de 3 mois au Japon, Corée du Sud (la Nord est interdite au tourisme hors quelques très rares agences agréées) ou encore Hong-Kong et Macao qui ne sont pas sous la législation chinoise.

Visa obligatoire pour 2 mois en Chine et pour 3 mois en Mongolie (disponible à l'arrivée).

Quant à la Russie (partie Est comme Ouest), elle demande un visa + une invitation + assurance + un enregistrement à l'arrivée (sauf en cas de transit où le visa suffit).

Inde et voisins

Pour l'Inde un visa de 6 mois est maintenant attribué à tout le monde (permis spéciaux pour certaines régions) mais via un organisme agréé (VFS).

Pour le Pakistan, visa valable 1 mois que l'on peut désormais obtenir à l'arrivée.

Visa (et permis spéciaux) pour le Népal que l'on peut en principe obtenir également à l'arrivée. Visa, via agences agréées uniquement, pour le Bhoutan.

Pas de visa pour le Sri-Lanka ou les Maldives pour moins d'un mois.

Asie centrale

Des visas sont nécessaires pour tous les pays. Visa et enregistrement à l'arrivée pour le Kazakhstan et l'Ouzbékistan; visa possible aussi à l'arrivée pour le Tadjikistan et le Kirghizistan. Visa seul pour le Turkménistan.

De plus, l'accès à certaines régions d'Asie Centrale peut demander un permis spécial, être réglementé, voire interdit aux étrangers.

Proche et Moyen-Orient

Des visas sont nécessaires pour tous les pays ou presque avec pour beaucoup aussi des contraintes annexes (enregistrement, voyage réglementé...).

À signaler que la Géorgie et les Émirats ont levé l'obligation de visa pour les européens dans le but de développer le tourisme (d'autres pays du Golfe pourraient faire de même bientôt).

Pour Israël, pas de visa nécessaire, mais demandez TOUJOURS à ce que les tampons d'entrée et sortie soit mis hors passeport; idem d'ailleurs pour les postes frontières des pays voisins.

Quant à l'Arabie Saoudite le tourisme n'y est pas vraiment autorisé même si depuis peu le pays octroie quelques visas au non-musulmans (mais il existe des visas de "pèlerinage, "d'affaires" ou de "visite familiale").

Europe

Quasiment pas besoin de visas pour la totalité de l'Europe. En Europe de l'Ouest, rien à signaler.

En Europe de l'Est, Dans l'ensemble pas besoin de visa pour généralement moins de 3 mois sur place sauf pour la Biélorussie (possibilité à l'arrivée sous conditions).

Quant à la Russie (partie Est comme Ouest) elle demande un visa + une invi-

Nouveau visa facile !

"J'avais prévu de passer un mois en Thaïlande, mais j'ai finalement voulu y rester deux mois. Pour renouveler mon visa d'un mois, je suis allée à Mae Saï (Triangle d'Or). Passer la frontière birmane pour un jour m'a permis de rentrer de nouveau en Thaïlande avec un autre visa d'un mois, comme l'aurait fait une nouvelle venue."

SOPHIE GOUHOT

tation + assurance + un enregistrement à l'arrivée (sauf en cas de transit où le visa suffit et cas de séjour inférieur à 72 heures).

Afrique

Pas mal de visas nécessaires, qui plus est généralement assez chers (30 € en moyenne). De plus, certaines régions restent interdites, réglementées ou à risques.

Afrique du Nord

Visas pour la Libye, l'Algérie et la Mauritanie. L'Egypte délivre son visa à l'arrivée.

Afrique de l'Ouest

Hormis le Sénégal, un visa est obligatoire partout ailleurs.

Quant au visa unique de "l'Entente" permettant de circuler au Bénin, Togo, Côte d'Ivoire, Burkina et Niger celui-ci n'a jamais réellement fonctionné pour cause de... mésentente à ce sujet entre ces pays.

Afrique centrale

Même obligation pour tous les pays (Sao Tomé et en principe le Cameroun autorisent l'obtention du visa à l'arrivée). Au Gabon, pas de visa en théorie pour affaires ou lors d'invitation.

Afrique de l'Est

Là aussi des visas partout nécessaires (y compris au Kenya même si celui-ci peut s'obtenir à l'arrivée) avec en plus des restrictions (zones interdites ou avec permis) comme au Soudan, Ethiopie, Somalie. Déplacements risqués dans diverses régions de plusieurs de ces pays.

Sud de l'Afrique

Un peu moins d'obligations que dans le reste du continent. Pas de visa au Botswana, en Namibie, en Afrique du Sud et Swaziland. Visa ailleurs (obtention sur place au Lesotho, en Zambie et Zimbabwe)

Océan Indien

Visa uniquement pour Madagascar (obtention possible sur place) et les Comores (à l'arrivée).

Cas spéciaux ou situations particulières

Refus du consulat (ou sur place)

Le refus est très rare pour un visa de tourisme. Généralement les motifs invoqués sont la validité du passeport insuffisante (les "6 mois après la date du retour"), l'absence de billet retour ou de continuation (ou d'autres documents officiels, comme une "invitation" pour certains pays), le manque de fonds suffisants (plutôt à la douane), des problèmes antérieurs vis-à-vis du pays (un premier refus de visa par exemple) et, pour les pays arabes, la preuve d'un voyage en Israël. Vérifiez tous vos documents lors du dépôt de demande et, si vous êtes en situation particulière, expliquez-vous avant au consulat ou passez par une agence de visas qui vous conseillera.

En cas de refus, il n'y a pas toujours de recours et le consulat n'est pas obligé de motiver sa décision négative.

Pas de billet A/R ou de continuation

Un problème que l'on peut rencontrer lors de la demande de visa aussi bien qu'à l'arrivée en douane, y compris pour une destination pour laquelle aucun visa n'est requis. En fait, certains pays, notamment africains, exigent que vous ayez un vol retour ou de continuation vers une autre destination avant de pouvoir entrer sur leur territoire. Même le fait d'avoir des fonds suffisants, d'envisager une sortie terrestre, voire de posséder un titre de transport au départ d'un pays voisin, n'est pas toujours suffisant.

Si le problème se pose à la frontière, essayez toujours de négocier : d'où l'intérêt de "savoir passer" au mieux les frontières. En attendant, le plus simple pour décoincer la situation est d'acheter un billet d'avion plein tarif au départ du pays pour une destination proche, puis de se le faire rembourser plus tard par la compagnie. C'est en effet l'une des caractéristiques des "pleins tarifs", le remboursement sur votre compte bancaire prenant de quelques semaines à quelques mois, avec quelques frais de dossier. Certains achètent sinon un vol aller-retour puis se font rembourser le retour qu'ils n'auront pas utilisé.

Aller-retour en nombre dans un même pays

C'est le cas (finalement assez rare pour les touristes) où vous effectuez plusieurs allers-retours rapprochés dans un même pays. Même si vous ne dépassez pas les durées autorisées à chaque fois (que le pays demande ou non un visa), à la longue, les douaniers pourront trouver que vous passez trop de temps dans leur pays et vous refuser l'entrée. C'est notamment le cas des États-Unis.

Si c'est un pays sans visa, il vous faudra attendre un certain temps avant de revenir ou demander un visa adéquat.

Rappelez-vous qu'il existe pour certaines destinations des visas à une entrée ou à entrées multiples. Donc faites déjà le bon choix avant de partir.

D'autre part, sachez que des pays comme l'Inde octroient un visa de tourisme (6 mois pour tous) mais vous bloquent un certain temps avant la demande suivante. Renseignez-vous bien à l'avance, et le cas échéant attendez un peu entre chaque voyage, ou alors demandez un autre type de visa.

Dans tous les cas ou presque, vous serez quand même prévenu des risques lors de vos passages antérieurs avant d'être refoulé.

Expiration du visa ou visa périmé (ou entrée sans visa)

Attention, c'est souvent la porte ouverte à de gros problèmes avec, à la clef, amendes, expulsion, voire prison comme en Thaïlande, au Japon et dans beaucoup d'autres pays. Toutefois, si votre visa est périmé dès votre arrivée, les autorités ne vous laisseront pas entrer dans le pays, ou limiteront votre séjour à la date de l'échéance du visa (dans ce cas la solution sera donc de le faire refaire, ou de demander une prolongation).

Par contre, pour les autres cas, mieux vaut s'informer au plus vite auprès des services compétents des possibilités de régularisation, quitte à demander assistance aux consulats français (ou de l'Union Européenne si la France n'est pas représentée).

La foire aux visas

“Les difficultés que nous rencontrons en voyageant avec notre véhicule sont, par exemple, pour :

a) les pays qui exigent que le visa de séjour soit obtenu dans notre pays d’origine, dans la mesure où la durée de validité du visa est courte. Exemple : avec la Syrie, au risque de transformer la balade Paris-Damas en rallye-raid…

Noter que nos amis suisses ou belges étaient mieux logés, avec des visas valables 6 mois, voire un an… Donc, tenir compte de la nationalité des auteurs qui donnent des tuyaux.

Il nous a été possible en 2005 de déroger à cette règle et d’obtenir à Istanbul un visa pour la Syrie en fournissant, outre les autres documents requis, une simple photocopie du passeport certifié conforme par le consulat français. Un conseil : penser à se munir de photos couleurs, mais aussi noir et blanc, car ce détail, sans être toujours précisé dans la liste des documents à fournir, peut suffire à faire rejeter une demande !

En cas de difficulté, il est parfois utile de creuser côté visa de transit, bien qu’avec 3 jours devant soi, la seule satisfaction soit celle d’avancer…

b) les pays qui justifient plus de 3 mois de visite. A priori, tous ! Pour l’Australie, il nous a été plus économique et plus simple — et également plus sûr — de demander d’emblée un visa de tourisme de 12 mois, plutôt qu’un 3 mois, délivré certes automatiquement par Internet, mais qu’il faut renouveler sur place par une demande classique et couteuse. Le visa de tourisme de 12 mois semble peu connu et peu visible sur le site de l’immigration australienne, mais est bien réel. Une fois le dossier monté par Internet et e-mail, une réponse positive nous est parvenue en moins d’une semaine.

>>

>>
Le dossier à monter concerne, en gros :

1) La preuve que vos revenus suffisent pour la période. Documents à prévoir : le récapitulatif annuel des impôts payés, extraits de comptes bancaires sur les 3 derniers mois. Si vous avez moins de 30 ans, il existe une alternative avec le visa "tourisme et travail".
2) Le fait que vous avez une assurance rapatriement/santé : fournir justificatifs.
3) La preuve que que votre état de santé est correct. Attention, si vous avez passé plus de 3 mois consécutifs dans un des pays figurant sur la liste des zones à risque se trouvant sur le site de l'Immigration, il vous faudra passer une visite médicale avec radio des poumons. Bon à savoir : pas de problème si vous avez enchaîné plusieurs pays à risque pour une durée globale de plus de 3 mois consécutifs, tant que vous avez séjourné moins de 3 mois dans chacun d'entre eux. Au bout de 12 mois, il est possible de le renouveler, mais la demande doit être faite après avoir quitté le pays. Une escapade un peu forcée et peu coûteuse en Indonésie aura finalement été pour nous un excellent antidote à la dépression gastronomique qui nous guettait ! Là encore, réponse positive obtenue en moins d'une semaine.
Quelques conseils sur la façon de remplir sa demande de visa sur le site www.immigration.gov.au :
il vous est demandé un itinéraire. S'en tenir à 10 lignes (du point A au point B et une date), c'est le maximum d'entrées possibles (le système ne le précise pas). Bien entendu, ceci n'est demandé qu'à titre indicatif, et tout changement ultérieur ne pose aucune difficulté.

Après avoir lancé par internet une première demande de visa payée par carte bancaire, il est possible d'y attacher d'autres demandes pour d'autres personnes voyageant ensemble et ainsi d'éviter de ressaisir tout le dossier, ce qui prend environ une bonne heure."

ROBERT ET MARTINE ZANELLI
► **www.kookynet.net**

L'ARGENT

Combien d'argent doit-on emporter, sous quelle forme, et doit-on tout retirer avant le départ ? Pour un voyage de longue durée, oubliez d'ores et déjà les post-chèques (retrait limité à quelques pays et obligation d'avoir un compte CCP) et bien sûr les chèques vacances (valables quasi exclusivement en France). Restent alors les cartes de crédit, les chèques de voyage et le cash, trois solutions que l'on aura le plus souvent intérêt à combiner lors d'un long voyage.

Carte bancaire

Elle vous facilitera toujours la vie grâce aux possibilités, certes parfois théoriques, de retrait permanent d'argent partout dans le monde, et surtout à la crédibilité financière qu'elle peut apporter. Sans oublier qu'elle vous évitera le plus souvent de devoir laisser un dépôt de garantie, notamment pour la location de véhicules. Sauf si vous voyagez à plusieurs, pas la peine de vous encombrer de plusieurs cartes.

De toutes, Visa, avec sa large couverture de distributeurs automatiques, semble la plus appropriée pour ceux qui comptent voyager dans différents pays. Évitez par contre les cartes peu connues ou trop “haut de gamme” : certains commerçants les refuseront, parfois à cause des taux de commission élevés qu'elles engendrent. Important, vérifiez le débit hebdomadaire maximum qui vous est autorisé par votre banque, notamment si vous prévoyez de grosses dépenses occasionnelles en route. N'hésitez pas à négocier le plafond avec votre banquier, qu'il sera d'ailleurs préférable d'aller voir avant le départ. Attention de ne pas oublier votre numéro, donc notez-le quelque part, dans un endroit sûr. Mieux

MASTERCARD OU VISA ?

La carte Visa est plus répandue que la carte Mastercard, même si celle-ci est généralement acceptée un peu partout. Vous trouverez pour l'une comme l'autre des déclinaisons (Visa premier, Mastercard Gold, etc.) proposant un ou des services particuliers. Comme l'avance de fonds en cas de perte ou de vol, l'assurance-assistance, ou aussi le prêt d'une carte de dépannage en cas de vol ou de perte (directement sur votre lieu de vacances).

Pensez avant de vous décider à étudier le plafond de retraits, car certaines cartes sont limitées. Si vous prenez une carte haut de gamme, il ne faut pas hésiter à demander un geste commercial au banquier (premiers mois gratuits, ou les 6 premiers mois à demi-tarif…), Renseignez-vous auprès de votre banquier, c'est son métier !

MASTERCARD
► **www.mastercardfrance.com**
VISA
► **www.carte-bleue.com**

Conseil ABM !

Avoir un "faux", portefeuille rempli de devises faibles quelques dollars et CB périmées

encore, scannez la carte et rangez le scan sur votre site perso.
Si le plafond de retrait est limité, il est prudent d'avoir deux cartes, sur deux comptes différents, afin de pouvoir retirer à votre guise. Faites attention d'avoir votre compte en banque approvisionné, sous peine d'opposition de paiement.
De plus en plus de distributeurs sont disponibles dans le monde, sinon on retire facilement de l'argent en monnaie locale au guichet des grandes banques. Attention aux frais de commission, qui s'élèvent en moyenne à 2,50 % du montant.

Bon à savoir
Tout détenteur de carte bancaire bénéficie d'une assurance-assistance, limitée en général à 90 jours de voyage consécutifs, renseignez-vous dans votre agence. Enfin vérifiez que votre carte restera valide pendant votre voyage.

© Xavier CHAMPAGNE

Perte ou vol de votre CB

Contactez au plus vite votre centre d'opposition !
Attention, on vous demandera les 16 chiffres de votre carte, ainsi que la date de validité. Il vaut mieux confirmer ensuite à votre agence par fax, courrier recommandé, service express (DHL, Fedex). Par prudence, faites une déclaration de vol aux autorités consulaires du pays et adressez un récépissé à votre agence bancaire.

VISA

De France uniquement
Notez le numéro d'appel du centre d'opposition de la banque ou du serveur interbancaire, accessible 7 jours sur 7 et 24 h sur 24 : (0,34 €/min).
► **Tél. : 0892 705 705.**
De l'étranger :
Demandez un numéro spécifique à votre agence.ou http://www.carte-bleue.com/

Centre d'opposition général
Le groupe Visa possède un centre général aux États-Unis qu'on peut contacter en PCV. Pensez à demander un opérateur parlant français.
► **Tél. : +1 410 581 99 94**

MASTERCARD
Crédit Mutuel :
► **Tél. : 02 98 28 42 28**
Crédit Lyonnais :
► **Tél. : 01 44 61 39 39**
BRED : ► **Tél. : 01 44 61 67 25**
.http://www.mastercard.com/fr/

► L'argent

Acheter des chèques

TRAVELEX
(anciennement Thomas Cook)
▶ **Tél. : 01 47 42 46 52.**
▶ **www.travelex.fr**
AMERICAN EXPRESS
11, rue Scribe, 75009 Paris.
▶ **Tél. : 0 800 90 86 00.**
https://home.americanexpress.com/

Chèques de voyage

Si la carte bancaire revêt un caractère de plus en plus obligatoire pour voyager, beaucoup utilisent encore les chèques de voyage. Si c'est votre cas, surtout pour un voyage dans plusieurs pays, choisissez American Express, qui présente l'avantage d'être connu partout. Faites établir vos chèques de voyage dans la devise la plus appropriée à vos destinations et évitez les trop grosses coupures. L'utilisation des chèques de voyage est pratique (on les change au fur et à mesure) et sûre (si on se discipline pour noter les numéros de chèques utilisés). Attention de bien apposer une signature identique à chaque fois.

En échange des numéros des chèques volés ou perdus, on vous redonnera un nouveau carnet sous 1 à 3 jours.

Les Traveller's Cheques sont acceptés presque partout dans le monde. Ils sont disponibles dans de nombreuses devises et coupures et acceptés comme des espèces dans les hôtels, des boutiques et des restaurants. Vous pouvez les encaisser quasiment partout, auprès des banques, de certains bureaux de change et bureaux de poste. Ils ne comportent pas de date d'expiration, vous pouvez les garder pour un prochain voyage.

Achetez vos chèques de voyage dans votre banque, mais bien souvent il faudra attendre quelques jours avant de les obtenir. Dans le cas d'un départ rapide, il vaut mieux aller directement à l'American Express, où la vente de chèques s'opère dans l'heure. Lors de l'achat, on vous demandera de présenter une pièce d'identité et de verser en espèces la contrepartie de la valeur que vous désirez. Vous payerez en supplément du taux de change un léger pourcentage pour les frais de gestion.

Conseil ABM !

Associez plusieurs moyens de paiement, CB, chèques de voyage et cash, c'est plus sûr !

Perdu vos chèques ?

En cas de perte ou de vol de vos chèques de voyage, faites une déclaration à la police.
Puis rendez-vous au bureau du correspondant de la banque émettrice le plus proche muni des papiers suivants.
- La déclaration de perte ou de vol des chèques.
- Vos papiers ou la photocopie.
- Le récépissé d'achat de vos chèques sur lequel figurent les numéros desdits chèques.

Le remboursement intervient dans les 24 heures.

Cash

L'argent liquide est indispensable car il vous dépannera toujours en cas de problèmes, surtout si vous avez prévu des dollars US en petites coupures qui, dans nombre de pays, remplacent avantageusement la monnaie locale. Donc, emportez plusieurs dizaines de dollars ou d'euros et refaites votre stock au fur et à mesure des dépenses.

Pour un voyage longue durée, aucun intérêt d'emporter tout son argent avec soi (pertes, vols, baisse des taux, etc.), surtout si celui-ci est placé. Une carte bancaire (et accessoirement l'envoi de fonds en cours de route) vous laissera la plus grande liberté dans ce domaine.

À vous de savoir gérer ensuite votre compte, ou de le faire gérer par quelqu'un d'autre. En règle générale, il est préférable d'avoir en permanence avec soi au minimum 4 ou 5 jours d'avance en espèces (devises ou monnaie locale). Mais il est peu recommandé de disposer de grosses sommes en liquide (les risques de vol augmentent).

Quant à la quantité de chèques de voyage à emporter, certains en prendront le minimum, voire aucun, privilégiant les transactions par carte bancaire, alors que d'autres opteront pour un budget avant tout sous cette forme. N'oubliez pas que les chèques de voyage s'achètent également à l'étranger.

Devises

On sait que le dollar US est roi quasiment partout dans le monde, il faudra en passer par lui aussi bien pour les espèces que pour les chèques de voyage. Toutefois l'Europe, le bassin méditerranéen et la plupart des pays francophones d'Afrique peuvent se visiter avec des euros. Sachez également que les bureaux de change Travelex, présents dans près de 100 pays, prennent les euros partout dans le monde (et que l'on peut aussi s'y faire envoyer de l'argent). De plus, dans nombre de régions touristiques, l'euro et autres devises sont aussi acceptés.

Pour éviter de trop tenter les voleurs lors de vos dépenses, veillez à ne jamais sortir de grosses liasses de billets.

L'argent liquide

"Ceux qui voyagent avec du liquide doivent penser à inspecter l'état des dollars et des euros qu'ils se font refiler dans les banques. Refusez tous les billets déchirés, agrafés, mal imprimés ou cornés. Ils seront en effet impossibles à échanger ensuite, et les consulats n'en voudront pas pour paiement des visas. Gardez soigneusement vos billets dans une pochette pour les protéger et prenez avec vous toutes sortes de petites et grosses coupures pour toutes les éventualités."

Claire Rouault

► L'argent

La gestion de l'argent du voyage

"Obtenir des devises à l'étranger est chose facile avec sa carte de crédit. Pour 1 ou 2 semaines de vacances, on ne se pose même plus la question, mais pour 1 an, on l'a budgeté, car il ne faut pas oublier que ça coûte, de retirer à l'étranger…

Si tous nos retraits de l'année nous étaient facturés, le montant global des frais correspondants représenterait près de 450 euros, soit 3 % de notre budget annuel individuel !
Nous nous sommes donc renseignés auprès de nos banques respectives :
— À la BNP, Mikaël peut retirer gratuitement à l´étranger dans certaines banques partenaires de l´accord Global Alliance. Par contre, impossible de négocier auprès de son agence un taux privilégié pour l'année concernant les retraits dans les banques non partenaires.
— À la Sociéte Générale, c'est facile, on paie tout le temps des frais (un peu moins élevés qu'à la BNP, mais bon…). De même, je n'ai pas réussi à négocier un taux privilégié pour l'année avec mon agence, mais j'ai quand même réussi à avoir 75 euros de remise sur ma cotisation Visa Premier. C'est toujours ça de pris!
Ça n'était pas encore très satisfaisant… Mikaël a donc cherché une banque possédant un large réseau à l'étranger. En surfant sur le site d'HSBC, il s'est rendu compte que les retraits étaient gratuits dans toutes leurs agences.
Nous avons donc ouvert un compte chez eux pour bénéficier de cet avantage. Attention, il a fallu montrer patte blanche, car "vous comprenez, nous sommes une banque à vocation patrimoniale" ! Après avoir promis un versement initial conséquent, l'agence a consenti à nous ouvrir un compte ; ils demandaient initialement 10 000 euros, que nous avons réduit à tout de même 4 000 euros.
Nous voilà donc parés avec 4 cartes bleues :
— Une carte bleue Visa Premier Société Générale (m'assurant pendant 3 mois)
— Une carte bleue Visa Premier BNP (assurant Mikaël pendant 3 mois)

>>

>>
— Une carte bleue Visa HSBC
— Une carte de retrait Mastercard, distribuée gratuitement par la BNP avec la carte Visa Premier
En complément, nous avons pris par sécurité des Travelers cheques, libellés en dollars (vivent les cours actuels !!). C'est la BNP qui offrait le meilleur taux de frais. Par contre, impossible d'y faire figurer nos 2 signatures.
Et enfin, nous sommes bien évidemment partis avec de l'argent liquide, l'Équateur faisant partie des quelques pays pour lesquels nous n'avons pas de banque partenaire.
Avec tout ça, normalement, nous sommes parés "

MIKAEL BECK ET AUDE

L'envoi d'argent

Règle évidente, n'attendez pas le dernier moment pour vous faire envoyer des sous. La carte bancaire reste l'idéal pour se faire dépanner. Le transfert s'effectuant directement sur votre compte, vous n'aurez pas à chercher une banque ou un organisme local pour réceptionner le virement.

À éviter dans tous les cas : se faire envoyer du cash par courrier (très gros risques) et les mandats postaux (pas sûrs d'arriver). Prendre avec soi un ou deux chèques bancaires français vierges qui pourront parfois vous permettre d'emprunter plus facilement un peu d'argent à un compatriote. En dernier recours, sachez que vous pouvez toujours faire appel aux représentations consulaires de votre pays qui, uniquement après accord et virement d'un proche, vous aideront en servant d'intermédiaires.

TRANSFERT EXPRESS

Le transfert d'argent par la Western Union permet à une personne de vous envoyer de l'argent en l'espace de quelques minutes, jusqu'à 7 600 €. Vous percevrez le montant en monnaie locale.

WESTERN UNION
Dans les bureaux de poste en France et des milliers de points de vente dans le monde.
Commission en fonction des sommes envoyées.
► **Tél. : 0800 903275 .**
► **www.westernunion.fr**

Conseil ABM !

Protégez vos liquidité dans une ceinture ventrale ou une pochette proche du corps !

Le change

Vous pouvez changer votre argent avant de partir en voyage dans les banques et les bureaux de change, ou en arrivant à l'étranger dans les aéroports, mais avec un taux moins intéressant.
Pour les banques, mieux vaut s'orienter vers la Banque de France.

Cours des monnaies

Pour connaître le cours des monnaies dont vous aurez besoin, une visite au site Oanda, il est très bien fait.
▶ www.oanda.com

Le marché noir

Pratique illégale mais tolérée, qui permet de gagner sur le taux de change officiel. Dans la rue, vous serez parfois abordé par des personnes qui vous proposent de changer de l'argent. Attention avant d'entreprendre toute transaction, vérifiez bien le cours du change annoncé avec votre propre calculette (certaines sont truquées). Ne changez pas votre argent avec plusieurs personnes à la fois, mais avec une seule personne.

Essayez d'être à l'abri des regards et prenez votre temps, certains vous mettront la pression pour accélérer la transaction. Évitez les endroits trop isolés, les rendez-vous dans un coin sombre et le soir tard. Vérifiez les billets que l'on vous donne, comptez minutieusement chaque liasse et ne donnez votre argent qu'ensuite, seulement si tout est bon.

CHANGE

BANQUE DE FRANCE
31, rue des Croix-des-Petits-Champs, 75001 Paris.

Horaires d'ouverture : du lundi au vendredi de 8 h 45 à 12 h 30 et de 13 h 30 à 15 h 30.

▶ **Tél. : 01 42 92 42 92.**
▶ **Tél. : 01 64 80 20 20.**
▶ **www.banque-france.fr**

AEROPORT DE PARIS

Près de 40 devises disponibles. En partenariat avec American express, Vous pouvez reserves vos devises et les retirer à l'aéroport.

▶ **http://www.aeroportsdeparis.fr/**

YES CHANGE
1, rue Rouget-de-Lisle, 75001 Paris. M° Concorde.

Ouvert du lundi au vendredi, de 9 h à 13 h 30 et de 14 h 30 à 18 h, le samedi de 9 h 30 à 13 h et de 14 h à 17 h 30.

▶ **Tél. : 01 42 60 00 35.**
▶ **www.yes-change.com**

Relevés de change

"En voyage, j'ai conservé tous mes relevés de change. En effet, quand on quitte certains pays, ce relevé est nécessaire pour revendre les devises."

SOPHIE GOUHOT

Les chèques de voyage en pratique

"Les chèques de voyage sont une sécurité, notamment au cas où tu te fasses voler ta carte, ou bien si elle se casse ou tombe en panne.
Nous en avions emporté quelques-uns (250 € en 5 chèques) qui ne nous ont finalement pas servi. Il faut savoir que ces chèques sont souvent un peu difficiles à changer, toutes les banques ne les acceptent pas et souvent, les frais et le taux de change ne sont pas très intéressants. Du coup, la seule fois où nous en aurions eu besoin, car il n'y avait pas de distributeur Visa à proximité, les chèques n'étaient pas acceptés non plus ! Bref, je vois plus ça comme une sécurité en cas de gros pépin, du genre tes deux cartes tombent en panne en même temps…
Mais ça peut valoir le coup d'en prendre quelques-uns au cas où, surtout que, si tu ne les utilises pas, tu peux te les faire rembourser au retour."

► www.partisfaireuntour.net

LE BUDGET

Première remarque, un budget vraiment trop serré gâchera neuf fois sur dix votre voyage et vous apportera avant tout son lot de frustrations quotidiennes. Donc économisez plus ou revoyez la durée et/ou le trajet. Il est vrai que vous pouvez envisager de travailler dans le ou les pays que vous visiterez. Mais pour un voyage de quelques mois, est-ce bien la meilleure solution ? Et puis où, quoi et comment : difficile de trouver un job si on ne s'est pas un peu renseigné au préalable.
En matière de finances, tout dépend bien sûr des envies de chacun, de son train de vie, des modes de transport et des pays visités. Philippe, sortant de ses études (pas d'impôts ni de logement), voyageant seul par la route (stop en Europe puis transports locaux en Asie), s'en est tiré avec 3 000 € pour une année. Exemple opposé, Judith et Pascal : eux ont dépensé 26 000 €, choisissant des pays "chers" (Afrique du Sud, Nouvelle-Calédonie, Polynésie, Australie, Nouvelle-Zélande), des déplacements en voilier et en avion, sans jamais se priver.
Globalement, on peut dire que pour une majorité de voyageurs en "routard", 6 100 à 9 200 € par personne pour un an tout compris semblent une bonne moyenne.

► L'argent / Le budget

Budget sur place

Ce que vous allez dépenser sur place est un critère important pour le choix d'un voyage. Il s'agit du coût moyen par jour et par personne pour un voyage en individuel (donc non organisé), de type "routard" et une visite "traditionnelle" du pays.

Bien sûr dans la pratique, selon qu'on est seul, à deux ou à trois, ou si le séjour présente quelques spécificités, les choses sont à nuancer.

Schématiquement un budget routard correspond à toutes les dépenses quotidiennes sur place (seul le transport pour arriver depuis chez soi est exclu).

Hébergement dans les hôtels locaux

En gros ceux que vous trouverez dans le Guide du Routard ou Lonely Planet dans la catégorie pas cher. Possibles aussi, le camping, chez l'habitant,

> **Dépenses indiennes**
>
> "En Inde, je dépensais 7 € par jour pour le logement, la nourriture, les visites et les transports. Et je comptais 3 € par jour pour le reste (Internet, pellicules photos, souvenirs). Je vivais avec 10 € par jour sans me priver."
>
> SOPHIE GOUHOT

etc., selon les endroits traversés. Bref, les types d'hébergement dans lesquels vont majoritairement les voyageurs avec sac à dos.

Repas

Trois par jour, dans une catégorie de même type que l'hébergement, incluant donc les restos locaux économiques.

Transports locaux

Terrestres, mais à l'occasion aussi aériens. Là aussi le budget est basé sur ce que font les voyageurs de façon générale dans un pays, y compris pour le choix de la classe dans le train ou le type de véhicules empruntés.

Les dépenses "diverses"

On peut se faire une première idée du budget quotidien dans un lieu donné sur la base 1/3 + 1/3 + 1/3. C'est-à-dire que les dépenses d'hébergement équivalent

à celles des trois repas et aux dépenses diverses. Tout cela sur le principe de catégories identiques (pas d'hôtel haut de gamme et de restos du coin ou l'inverse) et d'utilisation des seuls transports urbains : les déplacements d'une étape à l'autre sont eux à inclure dans les "transports locaux". Même s'il s'agit là d'une péréquation pas forcément toujours fiable ni réaliste, elle permet en gros de se faire une idée rapide des coûts.
Signalons aussi que les budgets que nous avons établis pour cette rubrique correspondent à des fourchettes. Donc à l'occasion un pays pourra se retrouver dans deux catégories différentes. D'autre part, le fait que de nombreuses destinations disposent d'un ou deux endroits nettement plus chers que la moyenne nationale n'est pas prise en compte. On part du principe ici qu'il s'agit d'un budget quotidien d'ensemble impliquant la visite de différents lieux ou régions du pays. Le problème est de jongler entre un budget routard mais sans se priver, ne pas faire des économies à tout prix mais dépenser l'argent au mieux.
La difficulté du tour du monde pour gérer son argent, c'est qu'on passe de pays très peu chers (Inde) à des pays chers (Australie). On dépense en 3 jours ici ce qu'on dépensait en 1 mois ailleurs

© Stéphane CLÉMENT

Des besoins différents

"Le voyage ne dépend pas seulement du coût de la vie sur place. Il est aussi relatif à nos besoins personnels. Personnellement, je peux me contenter de très peu, dormir dehors, manger local, voyager à pied avec le sac à dos. Les extras et le confort à l'occidentale n'ont pour moi aucune valeur quand je voyage. Dans ce cas, seul le coût des transports est véritablement conséquent. Mais j'avoue qu'avec l'âge, les besoins changent. dormir dans une gare routière où un hôtel très bon marché, où les gens - souvent jeunes- font la fête toute la nuit m'est plus difficile qu'avant par exemple !"

Karine Meuzard
► www.karinemeuzard.com

Budget moyen à prévoir par pays

Moins de 25 € par jour

Europe : Albanie, Biélorussie, Bosnie, Bulgarie, Croatie (minimum), Estonie (minimum), Lettonie (minimum), Lituanie (minimum), Moldavie, Pologne (minimum), Roumanie, Turquie (minimum).

Amérique(s) : Bolivie, Colombie (minimum), Costa Rica, Équateur, Guatemala, Guyana, Haïti, Honduras, Mexique (minimum), Nicaragua, Panama, Paraguay (minimum), Pérou (minimum), Salvador, Saint-Domingue, Surinam, Venezuela (minimum).

Asie : Bangladesh, Birmanie (minimum), Cambodge, Laos, Inde, Chine (minimum), Indonésie, Malaisie, Mongolie, Népal, Pakistan, Philippines (minimum), Russie (partie Asie), Singapour (minimum), Sri Lanka, Thaïlande, Tibet, Viêt-Nam (minimum).

Moyen-Orient et Asie centrale : Afghanistan, Arménie, Azerbaïdjan, Géorgie, Iran, Jordanie, Kazakhstan, Kirghizistan, Oman (minimum), Ouzbékistan, Syrie, Tadjikistan, Turkménistan, Yémen.

Afrique : Afrique du Sud (minimum), Angola, Bénin, Burkina Faso, Cameroun (minimum), Centrafrique, Comores (minimum), Djibouti, Côte-d'Ivoire (minimum), Égypte, Érythrée, Éthiopie, Gambie, Ghana, Guinée, Guinée-Bissau, Guinée-Équatoriale, Kenya (minimum), Lesotho, Libéria, Libye, Madagascar, Malawi, Mali, Maroc, Mauritanie, Mozambique, Niger, Nigeria, Ouganda, Sahara Occidental, Sao Tomé, Sénégal (minimum), Sierra Leone, Somalie, Soudan, Swaziland, Tanzanie (minimum), Togo, Tunisie.

>>

© Karine MEUZARD

>>

De 25 à 40 € par jour

Europe : Baléares, Chypre, Crète, Croatie, Estonie, Féroé, Grèce (et îles), Hongrie, îles Anglo-Normandes, Irlande (minimum), Irlande du Nord, Lettonie, Lituanie, Malte, Monténégro, Pologne, Portugal (minimum), République Tchèque, Russie Ouest (minimum), Serbie, Slovaquie, Slovénie, Turquie, Ukraine (minimum).

Amérique(s) : Antilles néerlandaises, Antilles anglophones (minimum), Belize, Chili, Colombie, Cuba, Guadeloupe (minimum), Jamaïque, Martinique (minimum), Mexique, Paraguay, Pérou, Puerto Rico (minimum), Trinidad et Tobago, Venezuela.

Pacifique : Fidji, Hawaii (minimum), "Petites îles" du Pacifique.

Asie : Birmanie, Brunei, Chine, Corée du Sud, Hongkong, Maldives, Macao, Philippines, Singapour, Taiwan, Viêt-Nam.

Moyen-Orient : Israël, Liban, Oman, Palestine.

Afrique : Açores, Afrique du Sud, Botswana, Cameroun, Canaries, Cap-Vert, Comores, Côte-d'Ivoire, Gabon, Kenya, Madère, Maurice (minimum), Mayotte (minimum), Namibie, Sénégal, Tanzanie, Tchad, Zambie, Zimbabwe.

Au-delà de 50 € par jour

Europe
Allemagne, Andorre, Autriche, Belgique, Danemark, Espagne, Finlande, France, Grande-Bretagne, Irlande, Islande, Italie, Luxembourg, Norvège, Pays-Bas, Portugal, Russie (Ouest), Suède, Suisse, Ukraine.

Amérique(s) : Alaska, Antilles anglophones, Argentine, Bahamas, Bermudes, Brésil, Canada, Galapagos, Groenland, Guadeloupe, Martinique, Guyane, Québec, Uruguay, USA.

Pacifique : Australie, Hawaii, île de Pâques, Nouvelle-Calédonie, Nouvelle-Zélande, Papouasie N-G, Polynésie Française.

Moyen-Orient et Asie : Arabie Saoudite, Bahrein/Émirats Arabes Unis/Qatar, Bhoutan, Japon, Koweït.

Afrique : Maurice, Mayotte, Réunion, Seychelles.

Le budget par postes

Aux éventuelles recettes que vous pourriez avoir en cours de route (travail) et "chez vous" (ventes de biens, sous-location…), il faudra opposer l'ensemble des dépenses. C'est à dire :

1 — Les impôts et autres factures qui continueront à arriver pendant votre absence, ainsi que les frais que vous aurez également au retour pour réintégrer une vie sédentaire.

2 — Les dépenses préalables prévues pour l'équipement, les guides, les cartes.

3 — Celles concernant vos documents de voyages à faire ou à refaire avant départ (du passeport aux assurances), plus le coût des visas pour l'ensemble des pays. Sans oublier la santé et les vaccins à renouveler parfois.

4 — Le prix du transport principal, généralement l'avion, acheté ou à acheter en route, plus une estimation du coût des transports annexes ou de liaisons ainsi que des forfaits s'ils sont envisagés. Ne pas oublier les taxes d'aéroport qui, lorsqu'elles ne sont pas déjà incluses dans le prix du billet, s'échelonneront souvent entre 10 et 40 dollars US en international.

5 — Le budget quotidien sur place que vous pouvez d'ailleurs détailler par postes (hébergement, nourriture, visites, transports locaux, divers). Par expérience, lorsque l'on reste dans un même lieu, on s'aperçoit souvent que les dépenses quotidiennes d'hébergement correspondent à celles des trois repas du jour, elles-mêmes assez similaires aux frais annexes quotidiens. Bien entendu, cela s'entend à catégories égales et non si l'on associe les super restos à l'hôtel bas de gamme ou l'inverse

6 — Pensez aux souvenirs que vous achèterez (et parfois renverrez chez vous), ainsi qu'aux autres petits plaisirs non prévus auxquels vous ne résisterez pas. Estimez également les postes photo et communication (des cartes postales au téléphone, en passant par le web).

7 — Si vous envisagez des activités particulières (trek, plongée, etc.), ayez une première idée des prix. Et, sauf si le lieu vous semble important, réalisez-les dans les endroits qui semblent les moins onéreux. Il demeure quasi obligatoire de prévoir ce genre d'extra dès le départ, car sur place, principalement dans les pays économiques, leurs coûts pourront vous paraître exorbitants par rapport à ce que vous avez pris l'habitude de dépenser quotidiennement (ex. : en Inde payer 50 dollars US pour une activité, alors que vous n'en dépensez pas plus de 10 pour vivre chaque jour). À ce sujet, ou pour certaines choses, réfléchissez à ce que cela vous coûterait dans votre pays.

8 — Prévoyez toujours une petite réserve, au cas où (d'où l'intérêt d'une carte bancaire).

9 — N''oubliez pas les commissions de change et autres variations monétaires auxquelles vous aurez droit lorsque vous changerez votre argent.

Pour faire des économies

1 — Éventuellement, placez une partie de votre budget pour qu'il vous rapporte, y compris lorsque vous serez en route. Voyez votre banquier afin de trouver les meilleurs placements (ou ceux sans gros risques) n'impliquant pas une durée d'immobilisation de votre argent, plus les modalités de transferts vers votre compte lorsque celui-ci sera à sec.

2 - Privilégiez les périodes creuses pour vos déplacements principaux.

3 - Évitez "l'hyper-haute-saison" dans les endroits fréquentés et ne séjournez pas trop longtemps dans ces derniers qui sont souvent les plus chers du pays. Au contraire, restez plus dans les coins économiques, à plus forte raison s'ils vous plaisent.

4 — Ayez une première idée des prix et faites jouer la concurrence. Demandez-vous si la même chose ou le même service n'est pas disponible ailleurs pour moins cher.

5 — Si vous êtes seul, essayez de partager votre hébergement et les locations de véhicules. Pour le transport, si vous restez longtemps dans des pays assez grands (USA, Australie...), n'hésitez pas à acheter un véhicule puis à le revendre ensuite.

6 — Voyez d'abord le rapport qualité-prix avant le prix seul, et attention aux dépenses annexes ou cachées pour les offres les plus alléchantes.

7 — Évitez de vous fourvoyer dans des "mauvais plans" ou des affaires apparemment "très rentables et sans risques". Outre des problèmes, vous risquez également d'y perdre votre argent.

8 — Réfléchissez bien et informez-vous avant d'entreprendre les dépenses les plus coûteuses.

9 — N'oubliez pas que le voyage doit demeurer d'abord un plaisir et non une série de contraintes et de frustrations...

Voyage à vélo

"Le budget, il dépend avant tout de la manière dont on vit ; en adoptant la manière locale, on dépensera peu. Un pays comme l'Inde, on peut aller y voyager avec 150 € par mois. Après, ça dépend aussi si on emprunte d'autres types de transport, en particulier l'avion, qui sera le plus cher, mais aussi très compliqué pour embarquer son vélo. Certaines compagnies se refusent à les prendre, ou alors allant à demander des prix exorbitants. Il sera aussi fonction des régions du monde que l'on visite, entre l'Europe, qui peut être chère, ou l'Asie, très bon marché. En mêlant l'un à l'autre, un budget de 4000 à 5000 euros par an sera largement suffisant. Entre les 2, il y aura de petites choses qui pourront paraître superflues pour certains et nécessaires pour d'autres (une bière, un bon lit, laisser de côté la cuisine purement locale, les visites de lieux payants)."

HERVÉ LEDUC
tour du monde à vélo
http://hleduc.tdmvelo.free.fr

Budget Afrique

"Avec quel budget ? Nous avons utilisé le site ABM pour avoir une idée du budget quotidien d'un routard dans les pays que nous avons traversés. Bonne surprise, nous avons moins dépensé que ce que nous avions évalué, entre autres grâce au fait que nous étions deux (une chambre double ne coûte en général pas beaucoup plus cher qu'une simple). Un poste à ne pas oublier, car non négligeable, est celui de la santé. Entre les vaccins et les antipaludéens, les dépenses grimpent rapidement."

Yan et Géraldine
un an en Afrique avec les transports locaux
http://yanetdge.blog.com

© Frédéric CHARPENTIER

Budgétez vos activités

Si vous envisagez des activités particulières (trek, plongée, etc.), faites-vous une première idée des prix. Et si vous avez le choix du lieu, allez dans les endroits où l'activité vous coûtera le moins cher. Il vaut mieux prévoir ce genre d'extra dans le budget initial, car sur place, principalement dans les pays peu chers, les coûts vous paraîtront exorbitants par rapport à ce que vous avez pris l'habitude de dépenser chaque jour. Exemple : en Inde, payer 50 € pour une activité alors que vous n'en dépensez pas plus de 10 pour vivre chaque jour ! Pour ces activités et d'autres, réfléchissez à ce que cela vous coûterait dans votre pays.

© Xavier CHAMPAGNE

RÉCAPITULATIF

1 — Si, pendant le voyage, vous devez avoir une activité physique (trek, plongée…), voire technique (bateau, mécanique…), prévoyez un petit entraînement ou quelques “révisions”.

Idem au niveau des langues, notamment bien sûr de l'anglais, sans lequel votre voyage risque parfois de se compliquer.

2 — Faites faire un bilan de santé avant de partir. Allez chez le dentiste, prévoyez des lunettes ou lentilles de rechange, faites votre pharmacie en fonction des pays traversés et, le cas échéant, de vos traitements en cours (renseignez-vous pour savoir ce que vous pourrez trouver en route et à quel prix).

3 — Choisissez l'assurance assistance la mieux adaptée à votre voyage longue durée et pensez à vos vaccins ainsi qu'à leurs renouvellements.

4 — Éventuellement, apprenez quelques notions de secourisme, et surtout les choses à faire ou ne pas faire pour limiter ou lutter contre les problèmes habituels que l'on rencontre en voyage (décalage horaire, tourista, etc.). Ayez également une idée des risques sanitaires selon les pays à visiter.

5 — Recueillez toutes les infos et témoignages nécessaires à la préparation du voyage, y compris et surtout sur le plan pratique, et élaborez la trame de votre itinéraire.

6 — Vérifiez ou modifiez l'état de votre matériel, du sac à l'appareil photo. Changez-en si nécessaire, afin de partir dans les meilleures conditions. Et choisissez un équipement judicieux et léger, tout en sachant que vous pourrez acheter ou vendre certaines choses en cours de route.

7 — Établissez assez clairement votre budget tour du monde et la forme de vos devises, le coût du voyage, mais également les dépenses (et rentrées éventuelles) générées chez vous pendant votre absence. Il est aussi utile de savoir où et comment se faire envoyer de l'argent à l'étranger et d'avoir quelqu'un de confiance qui puisse effectuer ce type d'opération (lui expliquer comment faire). Prévenez votre banque de votre projet.

8 — Sur le plan pratique et financier, prévoyez tout ce qu'il peut se passer pendant votre absence et les conséquences (factures, échéances, etc.). Si c'est envisagé, n'attendez pas le dernier moment pour louer votre logement, vendre votre véhicule ou tout autre bien.

9 — Faites refaire ou vérifiez la validité de vos documents (passeport, permis de conduire international, carte de crédit…). N'oubliez pas qu'il sera toujours plus difficile de les renouveler en cours de route. Si cela semble utile, prenez une carte d'étudiant, d'auberge de jeunesse, etc.

>>

>>

10 — Le problème des visas et de leur validité devant théoriquement se poser, agissez judicieusement. Prenez depuis chez vous ceux qui, à ce niveau, ne posent pas de problèmes, et ayez une idée sur les lieux d'obtention et les coûts pour ceux que vous prendrez ensuite. Même chose - d'une certaine façon - pour ce qui concerne le transport aérien.

11 — Si vous pensez travailler en route, pensez aux documents dont vous aurez besoin (ne serait-ce souvent qu'un CV en anglais et des cartes de visite) et ayez une première idée de ce que vous voulez faire, et où. Vous pouvez aussi commencer à chercher avant le départ.

12 — En cas de projet sponsorisé, ou si vous souhaitez par exemple écrire un bouquin, ne laissez rien au hasard sur les actions à mener avant, pendant et après le voyage.

13 — Même si vous n'êtes pas un accro de l'Internet, prenez bien sûr une adresse e-mail qui vous permettra de récupérer facilement votre courrier partout dans le monde. Communiquez-la, et, éventuellement, faites-vous aussi une liste des cybercafés que vous pourrez trouver en route.

14 — Important : cherchez quelqu'un de confiance qui puisse vous servir de relais en France et gérer certaines choses pendant votre absence. Si la personne est de plus internaute, les contacts via e-mail faciliteront d'autant les choses, et elle pourra servir d'intermédiaire avec l'entourage non connecté.

15 — Si vous souhaitez faciliter votre retour, prévenez vos proches assez longtemps à l'avance et pensez ensuite à garder contact avec eux (indiquez-leur aussi comment vous joindre). Rendez une petite visite à certains avant de partir, ou mieux, organisez une fête d'avant départ.

16 — Si vous travaillez avant et après le voyage, ménagez-vous un peu de répits. Évitez de partir le lendemain de la cessation de votre activité pour rentrer la veille de la reprise.

17 — Si besoin est, cherchez longtemps à l'avance vos coéquipiers.

18 — Enfin, envisagez ce que vous allez faire au retour.

© David DUCOIN

BOURSES, SPONSORS, MÉDIAS

Les bourses de voyages et bien sûr les sponsors sont un très bon moyen de financer en partie un projet. Assez nombreuses, elles ne sont pas forcément bien connues du grand public. Dommage car elles offrent beaucoup de possibilités, surtout pour les jeunes et les étudiants. D'ailleurs on constate qu'obtenir une bourse représente une excellente entrée en matière pour ceux et celles qui souhaitent vivre un jour de leur passion du voyage. Encore faut-il savoir s'y prendre.
Pour obtenir une bourse ou trouver un sponsor, il faut un projet bien défini et faisable. Tout doit commencer par une idée originale, et de préférence aussi une passion. Comme les généreux donateurs, les thèmes de voyages possibles et retenus sont très variés. Toutefois, il faut savoir que désormais l'aventure gratuite n'a que rarement sa chance. Aujourd'hui c'est le culturel, le sportif ou l'humanitaire "intelligent" qui sont les plus recherchés. Mais il n'est pas obligatoire de mélanger tous ces thèmes pour réussir. Pas besoin non plus de vous embrouiller dans un objectif "alibi".

Le projet

Il doit donc avant tout comporter un aspect original et innovant, avec un but précis et surtout crédible, correspondant aux capacités réelles des demandeurs, tant sur le plan physique que psychologique. Rien ne sert de vouloir partir un an en terrain difficile si l'on n'est jamais sorti plus de trois semaines d'Europe !
Faire état d'une petite expérience du milieu et du type d'aventure que vous allez vivre est un plus. À l'occasion, testez-vous d'abord à travers certains circuits proposés par des voyagistes hautement spécialisés dans l'aventure, ou travaillez avec des organismes œuvrant dans le domaine que vous avez choisi. Autant d'expériences qui apporteront un plus au dossier le moment venu.
Essayez aussi de rencontrer des personnes connaissant bien la région choisie ou ayant effectué le même type de projet. Vous pourrez bénéficier de leurs conseils et de leur expérience.
De même une recherche bibliographique (et pas uniquement dans les guides touristiques !) et cartographique pourra servir le cas échéant à pallier, une fois sur place, certaines déconvenues. Et pour certains projets importants, un voyage de repérage sur place peut être utile.
Dans tous les cas, la recherche d'informations et de contacts permettra d'établir la faisabilité et par la suite la nécessaire mise en forme de votre projet.

Constitution du dossier

En règle générale, la présentation d'un projet est aussi importante que l'idée en elle-même, surtout si la concurrence est rude. Dans la plupart des cas, c'est par l'intermédiaire du dossier que les financeurs potentiels découvrent le projet. Donc, pour qu'ils aient envie de le lire, soignez cet aspect des choses.
Même s'il n'y a pas de recette miracle, le contenu d'un dossier doit apparaître

Rapports avec les entreprises

"Notre projet était de faire des reportages sur l'eau douce dans le monde, sa gestion et son utilisation par l'homme. Après six mois d'un travail acharné, presque à temps complet, nous avons réussi à attirer l'attention de plusieurs entreprises spécialisées dans l'eau. D'une part, parce que notre projet était sérieux, d'autre part, parce que nous proposions un échange concret à nos partenaires potentiels.

Si être sponsorisé ne signifie pas travailler pour une entreprise, il est important de voir ce qu'on peut lui apporter. À titre d'exemple, nous avons filmé et photographié les usines d'une entreprise présente dans plusieurs pays sur notre parcours, en échange d'une somme d'argent. L'entreprise a par ailleurs valorisé notre partenariat en communiquant dans son journal interne. Avec un autre sponsor, nous avons réfléchi ensemble à un projet de marketing. Il n'a pas abouti, mais les échanges ont été constructifs, d'un côté comme de l'autre.

Surtout, si vous croyez en votre projet, il ne faut jamais perdre espoir ! C'est parfois au dernier moment, voire une fois parti, que les choses se décantent. C'est bien souvent le premier accord avec un sponsor qui en appelle d'autres, car le projet devient alors concret aux yeux des entreprises. Nous avons obtenu notre première bourse un mois avant le départ, notre premier sponsor deux semaines avant, et le jour prévu du départ, nous avons dû revoir nos plans pour faire un aller-retour à Paris pour rencontrer le directeur marketing d'une société d'eau minérale. Après un accord de principe, nous avons affiné le partenariat par mail, une fois en Afrique !"

Gwenaelle Bron
► www.orbleu.net

© Karine MEUZARD

clairement, avec des chapitres et sous-chapitres bien identifiés. L'ordre est à la limite arbitraire et l'on peut choisir d'en développer ou d'en ignorer certains. Selon les cas, à chacun de juger en fonction de ses interlocuteurs, tout en tenant compte évidemment des réglementations propres à certaines dotations (et de la date de dépôt des dossiers). Mais de toute manière, soyez concis et allez droit à l'essentiel. Un dossier doit faire 10 à 12 pages maximum.

Comme un projet ne se prépare pas en quelques jours, il est recommandé de ne pas s'y prendre au dernier moment. Et puis bien sûr n'attendez pas les résultats d'une première demande pour démarcher d'autres financeurs.

Présentation générale

La forme doit donner envie de lire le dossier et si possible présenter un juste milieu entre un côté trop sobre voire scolaire (rébarbatif) et trop tape-à-l'œil (perte de crédibilité). Quoi qu'on en dise, on juge souvent les choses et les personnes sur leurs apparences. Votre dossier doit être un reflet de vous-même et de ce qui vous anime, il doit représenter votre projet et le faire apprécier.

Présenter un beau dossier est une chose, mais inutile de dépenser une fortune, même si dans certains cas une présentation haut de gamme sera bien utiles pour convaincre des partenaires exigeants et emporter le morceau.

Choisissez si possible le format A4 classique et évitez tout ce qui risque de compliquer la lecture : texte trop compact, trop petits caractères, etc. Et bien entendu utilisez tous les avantages de l'informatique et si possible de la PAO, qui mettent en scène et donnent du relief à votre texte et aux illustrations.

La couverture

Reflétant la forme du dossier, elle doit comporter quatre éléments essentiels : le titre du projet, une ou deux lignes d'accroche (genre slogan), vos coordonnées, plus une photo, un dessin ou une illustration symbole du projet. À chacun ensuite de trouver la meilleure mise en page. Signalons au passage que le dossier peut aussi bien se présenter sous forme d'un document relié (nombre de pages plutôt important) que de feuilles agrafées en coin (peu de pages).

Résumé du projet

Toujours indispensable, déjà parce que certains de vos interlocuteurs ne liront que cela du dossier ! Il faut donc y exposer votre idée, son originalité, ses caractéristiques. Soyez bref, clair, direct, allez à l'essentiel en utilisant des phrases courtes, un style vivant et des titres et sous-titres évocateurs et motivants.

Curriculum vitae

Rien à voir ici avec un CV d'embauche. Même s'il est bon d'indiquer succinctement votre formation et/ou votre activité professionnelle, le but est avant tout de mettre en évidence en quelques lignes votre connaissance des voyages ainsi que vos capacités à vous débrouiller, à monter et à mener à bien un projet.

Il est donc utile de mentionner vos principaux voyages en précisant, si c'est le cas, leur aspect particulier (longue durée, contextes originaux, etc.), ainsi bien sûr que toutes les expériences ayant un rapport direct avec le projet.

Dans le dossier, ce CV peut se présenter simplement sous forme d'un encart. Lorsque le voyage se prépare à plusieurs, pensez à indiquer la fonction de chacun et la répartition des rôles au sein du groupe, voire dans quelles circonstances l'équipe s'est constituée.

Buts, déroulement prévu, formalités, matériel

Ce sont des chapitres qui soit reprennent en détail les points forts ébauchés dans le résumé du projet, soit démontrent la bonne organisation de celui-ci.

L'aspect organisation sera surtout mis en avant pour les demandes de bourses ou si l'on est voyageur débutant. Mais aussi lorsque l'aspect matériel est primordial à la réussite du projet. Par contre pour les voyageurs plus confirmés et la recherche de commanditaires, ce point ne figurera qu'en second plan.

Le budget

Si le projet intéresse vos interlocuteurs, le chapitre budget sera regardé en détail. Il doit comporter sur deux colonnes les dépenses et les recettes complètes par poste (chiffrez-les aussi en %). N'hésitez pas à détailler un peu. Et même s'il est de bonne politique d'en surévaluer certains, les coûts doivent rester réalistes, sinon c'est l'ensemble qui manquera de crédibilité. En gros, on retrouve dans les dépenses les postes transports, hébergement, restauration, équipements, logistique (communication), divers (assurances, visas, etc.). Côté recettes : apport personnel, bourses, dotations, commanditaires et autres. Il peut s'agir d'argent mais aussi d'apports en nature ou de facilités diverses. Dans le domaine recettes, indiquez bien sûr par quels moyens vous pensez obtenir les sommes manquantes afin d'équilibrer le budget.

Promotion et communication

Ce sont des éléments essentiels d'un dossier, surtout si vous recherchez des sponsors privés. En effet, c'est dans cette partie que l'on retrouvera les lettres de soutien, les promesses de publication de reportages ou d'édition, votre revue de presse, et de manière générale tout document permettant de situer l'intérêt que votre idée a pu susciter auprès des uns et des autres. Autant de preuves de dynamisme. Très souvent, c'est d'ailleurs l'aspect médias et ses retombées qui accrochera le plus vos futurs financeurs.

© Witold KUBEK

Dossier évolutif !

N'oubliez pas qu'un dossier, comme d'ailleurs un projet, évolue avec le temps. Faites lire votre document à de nombreuses personnes, en écoutant (et en acceptant) les critiques. N'hésitez pas à le modifier au fur et à mesure.

Les médias

Pour le voyageur comme pour les autres, commercialisation et communication vont de pair. À plus forte raison lorsqu'il fait tout lui-même et dispose avant tout d'un projet d'ouvrage. Pensez que la promotion doit toujours commencer bien avant que soient écrites les premières lignes. En informant régulièrement les médias du projet et de son déroulement, vous aurez plus de facilité par la suite pour obtenir une meilleure couverture presse de l'ouvrage réalisé.

Communiqué et dossier de presse

La première chose indispensable à faire si l'on espère vendre et se faire connaître est de réaliser un communiqué et un dossier de presse. En effet, pour que les médias parlent d'un bouquin (même principe en gros pour un projet de voyage), on doit envoyer un communiqué comportant son résumé ou du moins ses points forts, ainsi que les renseignements de base le concernant (nombre de pages, prix, nom de l'auteur et de l'éditeur, mode de commercialisation, etc.). C'est ce rédactionnel qui servira de matière première (ou d'article) au journaliste chargé d'en parler.

Un dossier plus important reprenant en plus les coupures de presse, une diapo de la couverture, mais aussi tous les éléments utiles à la promotion, s'avérera également utile. Selon les interlocuteurs et les occasions, on pourra utiliser l'un ou/et l'autre. Comme pour les dossiers de recherche de bourses et de commanditaires, pas la peine de trop faire dans le tape-à-l'œil et le coûteux, même si un dossier haut de gamme peut parfois aider à convaincre un sponsor.

Dans certains cas, si le livre est prêt, envoyez-le avec le dossier de presse. Mais, vu le coût supplémentaire, autant cibler des destinataires vraiment importants, quitte à préciser sur le communiqué qu'un "service de presse" ou "SP" (exemplaire gratuit) sera envoyé sur demande. Outre l'économie réalisée, cela permet de voir qui est réellement intéressé, du moins en principe.

Envoyer l'information aux médias

Il faut savoir que passer dans les médias n'est pas toujours évident, mieux vaut déjà cibler les envois. Même si le sujet intéresse, il reste à toucher la bonne personne au bon moment.

Tenez compte des délais de bouclage s'il s'agit de la presse, et donc d'envoi (en gros 4 ou 5 jours pour un quotidien, 2 à 3 semaines pour un hebdo, 1 mois à 6 semaines pour un mensuel).

Enfin votre envoi risque de passer par différents intervenants qui, pour diverses raisons, pourront bloquer l'information. Bien entendu pour espérer un maximum de résultats, mieux vaut faire des envois personnalisés, avec une petite lettre d'accompagnement adressée à la personne la plus apte à faire passer l'information. C'est tout un travail d'enquête préalable, fastidieux mais nécessaire, qui passera entre autres choses par la recherche des journalistes-pigistes concernés, des chefs de rubriques voyages ou bouquins des différents médias. Et en désespoir de cause, on s'adressera directement au rédacteur en chef.

Les courageux pourront en plus pour certains supports écrire un petit article d'un ou deux feuillets au maximum (un feuillet = 1500 signes) adapté de leur bouquin. C'est un moyen supplémentaire d'attirer l'attention et, plutôt que de passer le "rédactionnel" traditionnel, un journal préférera cette approche pour parler de l'ouvrage.

Si vous ne disposez pas de soutiens avérés, autant savoir à quoi vous attendre. Le monde des médias n'est pas gagné d'avance, il faut souvent entretenir ses interlocuteurs et être assez patient et persévérant pour espérer arriver à quelque chose. D'où l'intérêt de se constituer d'entrée un bon carnet d'adresses, avec des personnes dont vous connaissez la fonction exacte.

Vous aurez de meilleurs résultats si vous personnalisez votre envoi avec une lettre d'accompagnement, adressée évidemment à la personne qui sera la plus apte à faire passer l'information.

Mais pour débuter, ou si les contacts ne sont pas encore suffisants, il ne faut pas hésiter à tabler sur d'autres moyens pour vous faire connaître : publipostage, petites annonces, bulletin, affichage, etc.

Campagne de presse

Comptez en moyenne une bonne centaine d'envois. Un peu plus pour une première et un peu moins par la suite (vous avez fait le tri). Après un certain temps, pour avoir plus d'impact ou simplement arriver à quelque chose, une relance téléphonique s'impose auprès des supports les plus intéressants, ne serait-ce que pour savoir la suite que chacun pense donner à votre envoi.

Grosso modo, une campagne de presse peut vous obtenir entre 10 et 20 % de passages, ce qui selon les supports et leur importance, la forme, l'emplacement et la longueur de l'article, et aussi la période, peut signifier des retombées fort différentes. Un journal local à tirage moyen aura parfois plus de poids qu'un gros média national.

Demandez aux journalistes qu'ils vous envoient une copie de leur article après parution pour votre album de presse.

Se faire connaître par d'autres moyens

Les passages dans les médias représentent de loin les meilleures opportunités. Mais quand on débute, ou lorsque les contacts ne sont pas encore suffisants, on est bien obligé pour se faire connaître de chercher d'autres moyens de promotion. À chacun de faire marcher son imagination pour trouver les meilleures solutions et de les cibler au mieux.

Quelques idées en vrac : l'affichage public et sauvage, la distribution de tracts, la réalisation d'un bulletin, les petites annonces, la pub, le publipostage ou le contact par téléphone. C'est généralement par le téléphone, à la fois de communication et de commercialisation, que l'on obtiendra le plus de résultats.

Afin d'optimiser les retombées, on s'adressera avant tout à des associations, comités d'entreprise, et de manière générale

à tout groupe déjà constitué, y compris d'ailleurs ceux auxquels on appartient déjà plus ou moins comme les associations d'anciens élèves. Le mieux est de faire des envois personnalisés allant à l'essentiel et débouchant sur des propositions concrètes. Ce dernier point est important car, la plupart du temps, si vous ne faites pas vous-même de propositions, ce n'est pas votre interlocuteur qui en fera. En plus, cela lui servira déjà de base de réflexion.
Quant aux résultats, même si tout cela représente une dépense, ils s'avèrent assez souvent intéressants.

Via Internet
De plus en plus de médias sont désormais sur Internet (et même pour certains exclusivement). Au-delà du support papier, on doit donc maintenant aussi essayer de cibler directement le support "virtuel". Principaux avantages d'Internet : coûts réduits, possibilités de toucher rapidement et facilement un maximum de gens, contact direct et originalité (pour l'instant encore) de la démarche. Bref, souvent à la clé de meilleurs résultats qu'avec la méthode traditionnelle.
Pour Internet, la démarche reste en gros la même, avec communiqué de presse, publipostage, relance, plus, très important, renvoi vers un site perso décrivant le travail. D'ailleurs, si ce site est bien fait (n'oubliez pas d'y installer visiblement votre adresse e'mail), c'est peut-être lui qui vous apportera le plus de retours.
Pour trouver les coordonnées des médias ou des journalistes, on peut soit faire le tour des sites et récolter les e'mails (visibles souvent aussi sur le support papier), ce qui risque cependant d'être un peu long et guère efficace, soit simplement éplucher certains annuaires existant sur le Web.

Parler en public
En cas de réussite, vous serez peut-être amené à parler en public de vos projets. Préparez un minimum votre intervention, ne lisez jamais un texte et essayez d'oublier le public ou l'auditoire, voire les micros ou les caméras. Comme dans le cas du tête à tête, prévoyez selon le temps imparti de développer tout au plus deux ou trois idées importantes, et n'hésitez pas à les rappeler.
Parlez calmement, en évitant un débit trop rapide. Un silence de quelques secondes entre deux idées permet aussi à l'auditoire de mieux retenir vos propos. Pour mieux convaincre, n'hésitez pas à changer de rythme et de ton, ou à joindre le geste à la parole. Soignez la conclusion, pourquoi pas en interpellant votre auditoire, ce qui donnera en plus une note constructive à votre intervention. Et si l'on vous pose des questions, ne vous perdez pas dans des réponses trop techniques ou trop longues, allez toujours à l'essentiel.

Conseil ABM !

Pour convaincre, soyez convaincu vous-même ! Faites appel aux vraies motivations qui vous animent.

Enfin le ou les animateurs seront là pour vous aider ou vous mettre en confiance, et qu'ils pourront toujours vous "récupérer" en cas de problème. Cette présence contribuera à vous décontracter.

Autres conseils

Quand vous envoyez un dossier par courrier, ne manquez pas de lui adjoindre une lettre de présentation qui vous resituera si vous avez déjà rencontré votre correspondant ou si vous bénéficiez d'une recommandation. Sinon cette lettre vous permettra d'introduire votre projet et l'intérêt qu'il peut présenter pour de futurs partenaires. Évitez les lettres types et montrez au moins quelques connaissances de l'activité et/ou des personnes que vous sollicitez. Et ne négligez pas la relance par téléphone quelques jours plus tard.

À la longue, la réalisation de dossiers coûte cher. Selon les actions à mener, établissez une hiérarchie et prévoyez également de simples communiqués de presse ou tracts (le format demi-A4 est suffisant) pouvant servir d'amorce.

© Karine MEUZARD

RECHERCHE DE BOURSES

LE PORTAIL DES FONDATIONS
Bourses, subventions et concours proposés par des fondations ou organismes francophones pour tous les types de projets. Le tout sous forme d'annuaire à voir à travers "l'agenda des aides" (consultation gratuite pour le mois en cours).
▶ **www.fondations.org**

ENVIE D'AGIR
Une vaste base de données qui référence les diverses aides mais aussi les bourses possibles pour les jeunes (moins de 29 ans), quels que soient leurs projets.
▶ **www.enviedagir.fr**

Les bourses

Nationales

Elles ne sont pas assorties de conditions de résidence, même si parfois les dossiers sont traités localement.

Locales

Les bourses locales s'adressent à des personnes résidant (parfois étudiant ou travaillant) dans une ville, un département ou une région spécifique. Certaines dotations ne sont pas régulières ou font peu de publicité, même au niveau local. Donc n'hésitez pas, quel que soit votre projet, à contacter votre mairie, votre département ou votre région afin de savoir s'ils ne proposent pas des bourses ou autres formes de financements.

Les bourses nationales

Vous trouverez ici le répertoire des différentes bourses nationales concernant les projets de voyage et d'aventure. Nous avons regroupé dans un dernier encadré quelques bourses locales importantes.
Les détails des dotations, notamment leurs conditions de participation et les dates de dépôt des candidatures, sont à voir directement sur les sites sur lesquels nous renvoyons.

DÉFI JEUNES
Organisme : ministère de la Jeunesse et des Sports.
Projets : culturel, social, humanitaire, écologique, sportif, scientifique et technique, économique…
Conditions : avoir entre 15 et 28 ans inclus et trouver au moins 30 % du montant demandé à Défi Jeunes auprès d'autres partenaires.
Dotations : nombreuses bourses de 1 600 à 8 500 € au niveau régional, plus 3 000 € pour les meilleurs au niveau national.
► **www.defijeunes.fr/**

BOURSES ZELLIDJA
Organisme : Zellidja et plusieurs autres organismes partenaires.
Projets : aventures de tous types sur le thème des voyages.
Conditions : avoir entre 16 et 20 ans et réaliser le projet seul sur une durée d'au moins 1 mois.
Dotations : plusieurs bourses de 1 000 € maxi (plus d'autres possibilités pour les meilleurs).
5 bis, cité Popincourt, 75011 Paris. Tél. : 01 40 21 75 32.
► **www.zellidja.com**

CONCOURS ENVIE D'AGIR
Organisme : ministère de la Jeunesse et des Sports.
Projets : de tous types et dans tous les domaines.
Conditions : avoir entre 11 et 28 ans.
Dotations : plusieurs centaines au niveau régional (de 500 à 1 000 €), plusieurs dizaines au niveau national (2 000 €), et quelques-unes au niveau européen.
► **www.enviedagir.fr/**

DOTATIONS "CULTURE ACTION" DES CROUS RÉGIONAUX
Organisme : Centres régionaux des Œuvres universitaires.
Projets : de tous types et dans tous les domaines.
Conditions : être inscrit dans un établissement d'enseignement supérieur.
Dotations : variables pour environ 500 étudiants par an.
► **www.crous.fr**

>>

>>

LES TROPHÉES DU ROUTARD
Organisme : Le Guide du Routard.
Projets : à caractère humanitaire agissant dans le domaine culturel, artisanal, agricole, écologique, pédagogique ou solidaire.
Conditions : avoir entre 18 et 30 ans et réaliser le projet à deux.
Dotations : 6 bourses pour un montant global de 30 000 € maximum (soit 5 000 € maximum par projet).
▶ **www.routard.com**

BOURSES DE LA FONDATION NICOLAS HULOT
Organisme : Fondation Nicolas Hulot.
Projets : éducation, action, préservation de l'environnement (eau, biodiversité, éco-citoyenneté, développement durable).
Conditions : pas de limite d'âge.
Dotations : une quinzaine, dont le montant peut atteindre les 10 000 €.
▶ **www.planete-nature.org/**

BOURSES SPB DE L'AVENTURE
Organisme : géré par la Guilde Européenne du Raid.
Projets : projets à caractère sportif ou d'exploration de par l'objet ou les moyens utilisés (mais pas de compétition).
Conditions : à partir de 18 ans pour un projet d'une durée maximale d'un an.
Dotations : 20 0000 € répartis en 5 projets maxi. Dépôt des dossier le 15 mai et résultats le 15 juin. ▶ **www.la-guilde.org**

BOURSES SOLIDARITÉS ÉTUDIANTES
Organisme : géré par la Guilde européenne du Raid.
Projets : stages ou missions bénévoles d'au moins 3 mois dans des ONG travaillant dans l'humanitaire ou le développement durable.
Conditions : avoir entre 18 et 30 ans et réaliser le projet seul.
Dotations : de 300 à 1 000 €.
Guilde du Raid : 11, rue de Vaugirard, 75006 Paris.
Tél. : 01 43 26 97 52.
▶ **www.la-guilde.org**

PRIX ROLEX DE L'ESPRIT D'ENTREPRISE
Organisme : Rolex.
Projets : individuels et novateurs de tous types mais dont le but est d'enrichir notre connaissance du monde, d'améliorer la qualité de la vie sur notre planète ou contribuer au progrès de l'humanité.
Conditions : avoir le niveau !
Dotations : au moins 5 prix de 100 000 US $ chaque et un chronomètre Rolex en or.
▶ **www.rolexawards.com/fr/**

>>

>>

BOURSE DE L'AVENTURE DIRECT MÉDICA
Organisme : géré par la Guilde européenne du Raid.
Projets : de tous types mais ils doivent comporter un aspect médical.
Conditions : avoir entre 18 et 30 ans.
Dotations : une bourse de 3 000 €.

BOURSES EXPÉ
Organisme : Expé et plusieurs autres organismes partenaires.
Projets : expéditions "sportives" originales de tous types en montagne ou sous terre, en France ou à l'étranger.
Conditions : avoir moins de 30 ans (mais dérogations possibles selon les projets).
Dotations : plusieurs bourses d'un montant global de 10 000 € environ et en gros la même chose en matériel divers.
Expé, BP 5, 38680, Pont-en-Royans.
Tél. : 04 76 36 02 67.
▶ **www.expe.fr**

CHRONIQUES NOMADES - FUJI FILMS
Organisme : conseil régional de Basse-Normandie et Fuji.
Projets : tous les types de projets de voyages photographiques.
Conditions : pas de limite d'âge mais une reconnaissance ou une expérience professionnelle en tant que photographe.
Dotations : une bourse de 5 000 € plus un lot de films Fuji.
▶ **www.chroniquesnomades.com/**

BOURSE MARCEL BLEUSTEIN-BLANCHET
POUR LA VOCATION
Organisme : Fondation Marcel Bleustein-Blanchet.
Projets : projet de développement professionnel et individuel en vue de ce qui sera le futur métier du candidat.
Conditions : avoir entre 18 et 30 ans.
Dotations : variables.
▶ **perso.wanadoo.fr/fondationpourlavocation/**

BOURSE DU RÊVE
Organisme : l'association "Des Rêves plein le Monde".
Projets : soit un rêve de voyage, d'aventure, un projet artistique, sportif, d'entrepreneur, d'innovation, d'action écologique, de métier et de reconversion, de solidarité...
Conditions : pas vraiment de conditions.
Dotations : une bourse de 1 000 € .
▶ **www.dreamshake.com**

Les bourses locales

Les détails des dotations, notamment leurs conditions de participation et les dates de dépôt des candidatures, sont à voir directement sur les sites sur lesquels nous renvoyons.
La liste qui suit n'est pas exhaustive.

PARIS JEUNES AVENTURE
Organisme : Mairie de Paris et gestion par ABM.
Projets : sportif, culturel, scientifique, humanitaire ou documentaire.
Conditions : avoir de 16 à 28 ans au plus et habiter, étudier ou travailler à Paris.
Dotations : plus de 80 projets soutenus, de 500 à 5 000 €. 1 session chaque année, le 15 mars .
▶ **ABM. Tél. : 01 45 45 29 29. http://portailj.paris.fr/**

BOURSES DE L'AVENTURE DE LA VILLE D'ISSY-LES-MOULINEAUX
Organisme : Ville d'Issy-les-Moulineaux (92) et gestion par ABM.
Projets : culturel, sportif, artistique, humanitaire, scientifique ou multimédia.
Conditions : avoir de 16 à 25 ans et justifier d'un domicile à Issy (pour un groupe, un membre au moins doit remplir cette condition).
Dotations : trois bourses de 1 220, 760 et 460 €.
▶ **www.issy.com**

BOURSES HUMANITAIRES DU CONSEIL GÉNÉRAL DU VAL-D'OISE
Projets : humanitaires
Conditions : avoir de 16 à 28 ans et justifier d'un lien avec le Val-d'Oise. Former une association pour pouvoir participer au concours.
Dotations : trois bourses de 8 000, 5 000 et 3 000 €
▶ **ABM. Tél. : 01 45 45 29 29.**

© Witold KUBEK

QUE FAIRE DE VOS BIENS ?

Votre logement

Vous êtes propriétaire ? Dans ce cas, vous pouvez louer votre habitation en passant par une agence, une petite annonce ou via des connaissances. Mais attention : si vous voulez que l'appartement soit libéré à votre retour, agissez selon les règles en proposant un contrat indiquant clairement la date de départ du locataire. Pensez également à établir des factures pour le loyer, et surtout exigez une caution.

Vous êtes locataire ? Vous pouvez sous-louer, mais sachez que c'est interdit sans l'autorisation du propriétaire. Si vous souhaitez rester dans la légalité, renseignez-vous au niveau du contrat, de l'assurance et autres impôts locaux. Là encore, il vaut mieux confier son logement à une connaissance. Si vous craignez pour les meubles et autres équipements, adoptez la solution du garde-meuble (assez cher) ou du garage des copains (valable aussi si vous êtes propriétaire).

Propriétaire ou locataire, vous pouvez aussi laisser votre habitation vide. Dans ce cas, gardez l'assurance habitation, mais coupez l'eau, le gaz, l'électricité. Plus, si vous partez très longtemps, résiliez l'abonnement au téléphone (et à Internet), sans oublier de prévenir quand même le voisinage de votre départ. Ultime solution, certains préfèrent tout vendre et tout quitter.

En parallèle, prévoyez de faire vider régulièrement votre boîte aux lettres, ou encore mieux, faites transférer votre courrier chez quelqu'un de confiance qui s'occupera en plus des courriers administratifs et autres factures pendant votre absence (vous pouvez faire la même chose pour le téléphone).

Votre véhicule

Si vous choisissez de garder votre véhicule, il vous faudra quand même l'assurer pendant votre absence. Contre le vol, il faudra un garage fermé ; on peut d'ailleurs vous obliger à garder une assurance tous risques si vous stationnez dans un parking collectif. Dans le domaine pratique, pensez à débrancher la batterie. Laissez éventuellement les papiers de la voiture à un ami.

Autres solutions : prêtez votre véhicule à un proche en prévenant votre assurance ou vendez-le avant votre départ.

Les factures à payer

Ce n'est pas parce que vous êtes en voyage que les factures et autres impôts locaux ou sur le revenu vont s'arrêter de tomber. Ne l'oubliez pas dans le calcul de votre budget. Toutefois, afin de limiter les frais, résiliez les abonnements inutiles. Mais calculez les coûts de réinstallation, de réabonnement au retour ainsi que les conséquences de leur suspension. Pour vous faciliter la vie, privilégiez les prélèvements automatiques et/ou faites traiter votre courrier par quelqu'un de confiance (prévoir une procuration)

▶ Que faire de vos biens

qui pourra agir en temps voulu et vous évitera par la même occasion bien des pénalités et autres désagréments au retour. De façon générale, mieux vaut être en règle avant de partir.

Sécurité sociale

Lorsque vous cessez votre activité salariée, vous bénéficiez, à compter de la date de rupture de votre contrat de travail, du maintien de vos droits aux prestations en nature (remboursement des soins) des assurances maladie et de maternité pendant 4 ans. Par contre il est important de garder vos factures ou justificatifs (consultation, intervention, séjour à l'hôpital). Vous devrez les présenter à votre caisse d'assurance maladie pour vous faire rembourser lors de votre retour (attention, le tarif remboursé sera basé sur le tarif français et non sur le tarif que vous aurez réglé).

▶ **www.ameli.fr/**

Gestion administrative

"Le plus rassurant est de confier la gestion des affaires courantes à quelqu'un, un parent ou un ami, sous forme d'un classeur ordonné par thèmes administratifs. Il existe aussi une société qui s'occupe de gérer votre courrier en votre absence : **www.courrier-du-voyageur.com**"

Karine Meuzard

Vote par procuration

Vous avez la possibilité de confier un mandat à un autre électeur inscrit dans votre commune. Une procuration est valable pour un seul scrutin, pour les deux tours. Elle peut être établie pour un an, mais il faut justifier de l'impossibilité de se rendre au bureau de vote. Lors de votre voyage vous devez vous adresser au consulat ou à l'ambassade de France.

▶ **www.interieur.gouv.fr**

© Stéphane CLÉMENT

Impôts

Déclaration. Il est conseillé de prendre un rendez-vous avec le centre des impôts pour expliquer votre intention de partir au long cours. On vous demandera d'établir votre déclaration soit au retour, soit pendant votre voyage directement en téléchargeant l'imprimé sur le site du ministère www.impots.gouv.fr

Paiement. Pour éviter tout ennui, retard et pénalités, il est plus facile de se faire mensualiser, voire de trouver quelqu'un qui paiera les tiers à votre place, ou alors de faire des paiements on-line directement sur le site précité.

▶ Que faire de vos biens

Gestion de ses affaires à distance

"Nous avons vendu l'immobilier pour économiser les taxes diverses et éviter le risque de locataires mauvais payeurs.
Nous avons beaucoup donné : meubles, bouquins, jeté un peu et stocké le reste dans le garage d'amis.
Se préparer à ce que tout arrive : incendie, inondation, etc. Dans notre cas, séparation du couple d'amis et vente programmée de la maison. Notre conclusion : avoir un plan "B" pour faire héberger ses affaires et faire une liste détaillée de chaque caisse et de son contenu pour pouvoir éventuellement gérer à distance la destination des caisses et/ou, dans le meilleur des cas, se faire facilement envoyer un objet désiré."

Robert et Martine Zanelli
▶ **www.kookynet.net**

LES ASSURANCES

Première assurance, la santé. Si vous partez en Europe, vous pouvez bénéficier de votre sécurité sociale, il existe une Carte européenne d'assurance maladie, qui permet d'accéder aux soins dont vous auriez besoin pendant votre séjour. Elle remplace l'ancien formulaire E111. Elle garantit que vous êtes bien assuré en France. Elle est valable un an. Il faut en faire la demande auprès de votre caisse d'assurance maladie 15 jours avant votre départ. Attention, chaque membre de la famille, y compris les enfants, doit avoir sa propre carte. Plus qu'utile, et de plus gratuite !
Renseignements : ▶ **www.ameli.fr**
En France, plus de 150 millions de contrats sont enregistrés chaque année, soit l'équivalent de... presque trois par Français ! Mais que couvrent exactement ces contrats d'assurances et/ou d'assistance ? Petit tour d'horizon de l'utile et du superflu...

Quelques rappels et définitions

L'assurance

Définition

L'assurance prévoie les risques liés au déplacement, qu'il soit préalable au voyage ou dans le cadre de celui-ci. C'est elle qui intervient au retour après accident, dommages ou maladie. Elle rembourse le montant des frais engagés ou indemnise des dommages, pertes ou préjudices subis.

Les différentes assurances

• Assurance annulation/modification au niveau de l'aérien ou de toute autre prestation avant le départ.
• Assurance "interruption de voyage".
• Assurance bagages.
• Assurance individuelle accident.
• Assurance responsabilité civile.
• Assurance véhicule ou location logement.
• Plus diverses assurances de tous types allant du retard aérien, le voyage en train, à la pratique de certaines activités.
• À titre anecdotique on pourrait même ajouter les assurances (obligatoires) à un voyage, y compris en individuel, dans un pays comme par exemple la Russie...

L'assistance

Le principe

L'assistance agit dès qu'on fait appel à elle en mettant en oeuvre différents moyens humains, techniques et, accessoirement, financiers. Elle intervient dans le cadre du voyage dès lors que l'assuré se trouve dans une situation d'accident ou d'incident. On estime qu'en France, un bon tiers des personnes prennent un contrat d'assistance lors de leurs voyages.

Les garanties

Trois garanties sont généralement prévues dans les contrats d'assistance. À savoir : l'assistance médicale, l'assistance véhicule et l'aide juridique.

1 - L'assistance médicale

C'est la garantie principale et celle que recherchent avant tout les souscripteurs. L'assistance se charge de régler les frais médicaux sur place suite à un accident ou un problème médical.

INFOS ASSURANCE

CENTRE DE DOCUMENTATION ET D'INFORMATION SUR L'ASSURANCE
26, boulevard Haussmann, 75311 Paris Cedex 09.
▶ www.ffsa.fr

> Exclusions de garanties :
Attention, la couverture ne s'applique que s'il ne s'agit que de frais médicaux de première urgence, dès lors aussi que l'assuré est en bonne santé avant son départ. De plus, certains organismes refusent de couvrir les personnes au-delà d'un certain âge (souvent 65/70 ans) ou alors contre supplément. De même, certains pays ou régions considérés comme dangereux sont également exclus. Quant à la pratique de certaines activités dites à risques par les assureurs (plongée, sports aériens…), elle est soit exlcue du contrat, soumise à supplément, ou nécessite la souscription d'un contrat spécifique.
> Montant des garanties :
Assurez-vous que le montant des garanties du contrat correspond bien aux réalités du pays que vous allez visiter. En effet, dans certains (dont, en premier lieu, les USA), la santé demeure hors de prix, et, de fait, les sociétés se doivent prévoir une majoration de leurs garanties dans ce cas (pas de problème en général).
Vérifiez bien les plafonds de garanties pour les frais de visite d'un proche, et surtout la recherche et les secours si vous pratiquez certaines activités.

> L'intervention

Pour que l'assistance fonctionne dans sa totalité, il faut impérativement qu'aucun frais n'ait été engagé sans un accord préalable de la société en charge du contrat.

En cas de problème, il faut joindre au plus vite celle-ci via le numéro indiqué sur son contrat (d'où l'intérêt de l'avoir toujours avec soi). Ce numéro fonctionne jour et nuit tous les jours de l'année. Après appel, c'est la société d'assistance qui décide de l'intervention à effectuer engageant elle-même les frais (attention aux plafonds) et/ou remboursant les frais déjà engagés s'il était impossible de faire autrement (garder les justificatifs).

En matière d'interventions, sont pris en charge par presque tous les organismes :

• le rapatriement, uniquement s'il se justifie (dans le cas contraire, les soins seront effectués au niveau local).

• l'envoi d'un médecin si nécessaire,

• les frais médicaux, hors traitements déjà en cours avant le voyage.

• l'avance des frais d'hôpitaux.

• les frais de visite pour les proches?

• les frais annexes, si une personne s'occupe de vous (transport, hôtel...).

• les frais de recherches et de secours.

• le rapatriement du corps en cas de décès.

> L'option de la Sécurité sociale :

Même si l'on n'a pas souscrit d'assistance médicale, on peut cependant être couvert selon sa destination.

En effet, au niveau de l'Union Européenne (hors Grande-Bretagne), la Sécurité sociale (française) rembourse les frais médicaux selon le barème en vigueur dans le pays visité. Pour cela, il suffit d'avoir avec soi la carte européenne d'assurance maladie qui remplace désormais le formulaire E111 et qui est à demander à sa CPAM.

Hors Union Européenne, les choses sont très variables, en fonction notamment des accords existants entre pays (se renseigner).

www.ameli.fr : la protection sociale lors de vacances, travail ou études à l'étranger.

2 - Assistance véhicule

C'est une garantie qui prend en charge les frais de remorquage, l'envoi de pièces, ou encore le rapatriement du véhicule et des passagers. Le plus souvent, cette garantie s'ajoute ou se substitue à l'assurance dont on dispose lorsqu'on voyage avec son propre véhicule ou un véhicule de location.

3 - Aide juridique

L'assistance juridique intervient en cas de litige avec les autorités dans un pays. Elle prévoit la mise à disposition d'un avocat, l'avance de caution pénale ou toute autre assistance dont on peut avoir besoin dans ce cas de figure.

4 - Qui propose ces assistances ?

Elle sont le plus souvent proposées par l'agence qui vend les prestations. Ce qui n'empêche pas que vous pouvez déjà être assurés via votre carte de crédit ou votre mutuelle. Renseignez-vous sur ce que vous disposez déjà et pour quelles garanties (montant, franchise...).

Le cas échéant, vous pouvez aussi contacter d'autres sociétés spécialisées proposant ce type de contrat.

Assurances, assistance, obligatoire ou pas ?

Grande question - et parfois débat - que se posent nombre de voyageurs. En fait tout dépend des assurances, de ce que l'on va faire et de comment on va le faire.

N'oubliez pas qu'en cas de problème, si vous n'êtes pas assurés, tous les frais engagés seront à votre charge et cela évidemment sans aucun recours. Donc, la petite économie initiale peut vite se transformer en gouffre financier...

Pas obligatoire

Tout ce qui n'engage pas la responsabilité d'un tiers n'implique pas en théorie d'obligation. C'est à dire si vous achetez par exemple un vol sec ou organisez vous-mêmes votre périple.

Obligatoire

À l'opposé, si vous achetez notamment un circuit ou un séjour à un prestataire une couverture minimale couvrant les risques d'accidents (et pouvant bien sûr être complétée par de multiples options) est obligatoire conformément à la Loi de 1992 sur la responsabilité des agences et voyagistes.

Même chose, vous devez être assuré, si vous participez à une activité du type rando, ski, plongée, etc, sous la responsabilité d'un tiers (club, agence, association, etc). A signaler cependant que dans certains cas comme les randos ponctuelles organisées par des associations, une assurance perso "classique" est généralement suffisante.

Egalement la location d'un véhicule nécessite évidemment une assurance obligatoire.

Quant à aux locations saisonnières (gîte, meublé, etc), s'il n'y a légalement pas d'obligation d'assurance. Celle-ci peut être cependant exigée par le propriétaire (mais nombre de contrats habitation principale incluent la formule à titre d'extension).

S'assurer auprès de qui ?

Les professionnels du tourisme disposent de partenaraits avec divers assureurs. Chacun vous proposera à la base les contrats de l'assureur du voyagiste qui vous vend sa prestation.

Ces contrats sont en principe adaptés au type de produit vendu, avec comme avantage qu'on peut y souscrire lors de l'achat. Légalement rien ne vous oblige à choisir l'assureur en question. Vous pouvez en effet prendre un autre prestataire ou faire valoir que vous êtes déjà assuré.

Si pour tout ce qui n'est pas obligatoire cela ne pose aucun problème, pour ce qui l'est, il faudra apporter la preuve au voyagiste que votre couverture correspond bien à ce qui est obligatoire. Un peu fastidieux et pas toujours facile...

A savoir aussi

Avec la Loi contre la vente forcée, les agences et autres voyagistes sont tenus de dissocier les assurances-assistance des prestations touristiques.

Si celles-ci ne sont qu'optionnelles, les agences se doivent de vous informer de leur existence (cela afin d'éviter qu'un client se retourne contre elles pour non information en cas de problème).

Sélection d'assurances de voyage

AVI INTERNATIONAL
28, rue Mogador, 75009 Paris.
Tél. : 01 44 63 51 00.
► **www.avi-international.com**
Le contrat Marco Polo est un des plus souscrits par les voyageurs, tous les frais d'hospitalisation sont pris en charge sans franchise.
3/40 ans : 49 €/mois, 51/60 ans : 74 €/mois, option bagages et effets personnels : 18 €/mois, risques graves : 19 €/mois.

MONDIAL ASSITANCE
54 rue de Londres, 75008 Paris. Tél. : 01 42 99 82 81
http://www.mondial-assistance.fr/ ou www.elvia.fr
Cette compagnie propose notamment le contrat Globe-Trotters , les garanties sont moins élevés qu'AVI. Le prix est calculé par trimetre.
205 €/trimestre, pour la moins chère

AVA
25 rue de Maubeuge 75009 Paris. Tél. : 01 53 20 44 20
www.ava.fr
Cette compagnie propose notamment le contrat Plan Santé Internationale, avec en plus des frais de recherche. Le prix est là aussi en fonction de l'âge.
jusqu'à 35 ans : 690 €/an, de 236 à 45 ans : 1 070 €/an, de 46 à 55 ans : 1 345 €/an, de 56 à 65 ans : 1830 €/an.

ACS - ASSURANCES COURTAGES SERVICES
153, rue de l'Université 75007 PARIS. Tél : 01 40 47 91 00
► **http://www.acs-ami.com/**
Le contrat Global Partner, réservé aux personnes de moins de 36 ans, permet de voyager pendant 12 mois avec une cotisation de 33 €/mois pour les - de 36 ans, et de 39,60 €/mois jusqu'à 69 ans. Vérifiez bien les plafonds.Cette assurance doit être souscrit le même jour que l'achat du voyage

LA SÉCURITÉ SOCIALE
Elle peut aussi vous rembourser les frais occasionnés par des maladies ou accidents non prévisibles, mais les caisses gèrent chacune à leur convenance les demandes de remboursement. Pensez bien à garder les factures de vos dépenses de santé. Vous avez vos droit pendant 4 années après la fin de votre contrat de travail.
Sécurité sociale (relations internationales).
Tél. : 36 46
► **www.ameli.fr**

Assurance médicale : mode d'emploi

"Nous rentrons d'un TDM de 6 mois et nous avions souscrit à AVI International qui est un peu onéreuse mais extrèmement efficace. Elle rembourse tous les frais même les plus faibles! Si les frais sont estimés à moins de 150 euros, vous devez faire l'avance et vous êtes rembousés dans les 10 jours (nous en avons fait l'expérience en Australie), en revanche si ils dépassent 150 euros (pour une hospitalisation par exemple) il suffit de contacter par téléphone l'assistance en France qui prendra tous les frais à son compte. Pour ce qui est de la mutuelle en France, il est absolument nécessaire de la garder, car en cas de rappatriement, l'assurance voyageur ne couvre que les frais à l'étranger !!! Bonne route à tous."

Nadia et Hippoi
▶ **http://vuedailleurs.over-blog.com**

Dernière chose, la vente de contrats d'assurance-assistance offrant d'assez bonnes commissions aux agences de voyages (jusqu'à parfois 30 ou 40%), il arrive que certaines d'entre elles poussent un peu à la consommation... Donc, autant le savoir et connaître ses droits, surtout que pour certaines choses nombre de français sont déjà assurés.

Que faire en cas d'accident ?

Prévenir dès que possible la compagnie d'assistance par téléphone, c'est elle qui pourra vous faire rapatrier si votre état le permet. Si vous avez besoin d'une intervention chirurgicale sur place, elle vous placera dans une clinique privée de bonne réputation et vous serez soigné. Exemple de Bénédicte, qui a été victime au Brésil de l'explosion d'un four en pleine figure, avec des brûlures au 3e degré sur tout le visage. Elle a bénéficié de deux interventions chirugicales, trois médecins lui ont refait son visage de façon parfaite, sans aucune séquelle. C'est l'assistance qui a trouvé la clinique, et Bénédicte n'a rien payé.

Pour faire votre choix, regardez bien les clauses des contrats, les montants des garanties et les franchises à payer en cas d'intervention de l'assureur.

Assurance par votre carte bancaire

Si vous avez une carte bancaire (Master Card, Visa) vous bénéficiez d'une assis-

tance, avec un remboursement de frais médicaux de 7 600 à 11 450 € et le rapatriement sanitaire, mais pour un voyage inférieur à 90 jours consécutifs.
Sachez par exemple qu'une simple journée d'hôpital aux USA ou à Singapour peut vous coûter jusqu'à 2 300 € par jour. Il vaut donc mieux être prévoyant.
Vous obtiendrez un peu plus d'informations auprès de votre banque, qui vous donnera les coordonnées téléphoniques utiles en cas de problème : ne partez pas sans ces données.
Certains voyageurs combinent l'assistance procurée par leur carte bancaire (valable 3 mois) avec une souscription de contrat d'assistance pour la période du voyage restant à couvrir.
La couverture de vos dépenses de santé est essentielle, parfois votre vie en dépend. Deux autres garanties d'assurance peuvent vous intéresser, l'assurance bagages et l'assurance annulation.

Assurance bagages

Le principe

L'assurance bagages intervient en cas de vol, perte ou dégradation de bagages. Son but est d'obtenir un remboursement plus intéressant que celui proposé par les transporteurs. Pour qu'elle soit effective, il faut souscrire cette assurance avant le départ. La plupart du temps, elle est proposée par l'agence de voyages, et couplée avec l'assurance annulation-modification.

Les garanties

L'assurance bagage intervient surtout au niveau de l'aérien (mais aussi hôteliers, croisiéristes...). Même si les compagnies aériennes sont responsables légalement du vol, de la perte ou de la dégradation des bagages de leurs passagers, leurs plafonds d'indemnisation restent relativement faibles ; de 30 à 40 € par kilo (sauf aux USA, où le montant est supérieur). Bref, avec l'assurance bagages, on peut obtenir un remboursement plus conforme à la valeur des objets transportés, dès lors qu'on en apporte la preuve.

Assuré ou pas ?

Le vol, la perte, la dégradation (et parfois, avec supplément, le retard au niveau aérien) des bagages lors de ses déplacements (avion, bus, voiture...) ou à l'étape (hôtel) sont assurés.
Par contre, si le dommage fait suite à un oubli ou une négligence de l'assuré, le contrat ne fonctionnera pas (d'où l'utilité d'utiliser les coffres dans les hôtels).
Ne sont pas assurés non plus les objets dits “fragiles” (voir avec chaque assureur à quoi ça correspond).
L'argent, cartes de crédit ou autres moyens de paiement se trouvant dans un bagage ne sont jamais assurés. Idem pour ce qui est des objets précieux, pièces d'identité et titres de transport.
Quant à ceux qui voyagent avec des équipements sportifs, mieux vaut qu'ils se renseignent pour savoir si ceux-ci sont assurés et jusqu'à quelle hauteur. Idem pour certains équipements photo, vidéo, ordinateurs qui, dans certains cas, peuvent demander eux aussi une assurance complémentaire.
Enfin, les objets achetés en cours de route sont généralement inclus dans les garanties.

Le règlement

Déclaration

- En cas de vol : il faut commencer par porter plainte auprès des autorités locales puis envoyer le document à son assureur; celui-ci doit inclure le montant et le descriptif des biens volés.
- En cas de perte : faire une déclaration auprès du transporteur (formulaire) ou de l'hôtelier en indiquant le montant et descriptif des biens avant d'envoyer celle-ci à l'assureur.
- En cas de retard (aérien) : faire également une déclaration auprès de la compagnie.
- En cas de dommages : faire constater les dommages par le transporteur ou l'hôtelier ou par un témoin. Il est conseillé de prendre des photos des dégâts.

Procédure

L'assureur doit être contacté rapidement puis, au retour, sous 2 jours pour un vol à 5 jours en cas de dommages le dossier complet transmis à celui-ci. Les factures des biens sont à joindre au dossier.

Remboursement :

Avec certains assureurs une première somme forfaitaire est attribuée à l'assuré le temps de faire les démarches adéquates et surtout subvenir à ses besoins sur place. Les compagnies aériennes peuvent aussi intervenir. De façon générale, s'il n'y a pas de problème, les remboursements se font sous quelques jours sur les bases définies par le contrat (franchise possible).

L'assurance annulation

Elle permet d'être remboursé (franchise et frais généraux à déduire) en cas de renoncement à un voyage, si le motif est inclus dans le contrat. Pour qu'elle soit effective, il faut souscrire cette assurance le jour de la réservation du billet. Son montant peut varier de 4 % à 2,5 % du prix global du voyage. En cas d'annulation, il est obligatoire de la notifier au plus tôt à l'agence concernée, parfois même par lettre recommandée. Le montant de l'assurance reste acquis à l'assureur. Quant aux pénalités pour une annulation non couverte, elles peuvent varier selon les voyagistes, le type de vol, voire les compagnies empruntées.

Les garanties sont celles que l'on trouve chez tous les assureurs. Elles concernent la maladie-accident-décès “non prévisibles” de l'assuré ou d'un proche, le vol ou des dégâts importants dans son habitation ou ses locaux professionnels, le licenciement, les complications de grossesse. Celles variables d'un contrat à l'autre quoique de plus en plus courantes : maladie-accident-décès “prévisibles” de l'assuré ou d'un proche, le refus de visas par les autorités.

Et à l'occasion ou parfois avec supplément : vol du passeport le jour ou la veille de votre départ, échec à un examen, changement par l'employeur des dates de congés, mutation, nouvel emploi, problèmes suite à une vaccination.

Comme on le voit, autant choisir l'assurance qui correspond le plus à sa situation, en lisant d'abord les modalités d'exclusion. En cas de problème, la déclaration est souvent à faire sous les 5 jours (avec un avis sous 24 heures), tous justificatifs à l'appui.

LA SANTÉ

Risque de maladies, vaccins à faire, voilà bien le sujet qui préoccupe le plus le candidat au départ. Inutile de paniquer, informez-vous et prenez les précautions utiles.

Les vaccinations

Tétanos, diphtérie, polio

Avant tout voyage, vérifiez que vos vaccins diphtérie, tétanos, polio datent de moins de dix ans. Un rappel peut suffire pour vous protéger.

Fièvre jaune

Le vaccin de la fièvre jaune s'administre en une injection ; il doit être fait au moins dix jours avant le départ. Il n'y a pas de précaution particulière à prendre avant la vaccination. La validité est de 10 ans. Ce vaccin est d'habitude bien supporté. Il est obligatoire dès l'âge d'1 an.
La fièvre jaune est une maladie virale, le plus souvent mortelle, transmise par une piqûre de moustique. Elle sévit dans les zones intertropicales d'Afrique et d'Amérique du Sud. Il n'y a pas de fièvre jaune en Europe, en Asie ni en Océanie. De nombreux pays d'Afrique exigent un certificat international de vaccination.

Hépatite A

Chez l'adulte, le vaccin s'administre en une seule injection suivie d'un rappel 6 à 12 mois plus tard. La durée de protection est ensuite de 10 ans. Chez l'enfant de 1 à 15 ans, la vaccination nécessite deux injections à 1 mois d'intervalle, suivies d'un rappel 6 à 12 mois plus tard. La durée de protection est également de 10 ans. L'hépatite A est la plus fréquente des hépatites virales. Elle est transmise par les boissons ou par l'alimentation. C'est une maladie très fréquente chez le voyageur, bénigne, mais souvent invalidante. L'hépatite A est fréquente dans les pays à faible niveau d'hygiène.

Hépatite B

La vaccination consiste en deux injections à 1 mois d'intervalle, suivies d'un rappel 6 mois plus tard, puis d'un rappel tous les 5 ans. Le vaccin contre l'hépatite B pourra être administré en même temps que les autres vaccins conseillés. Il peut être également proposé à l'enfant ou à la femme enceinte.

Fièvre typhoïde

Une seule injection, réalisée 3 semaines avant le départ, protège pendant 3 ans contre la fièvre typhoïde. Son vaccin peut être associé à d'autres. La fièvre typhoïde est une maladie digestive grave, fréquente dans les pays tropicaux. Elle est responsable d'intenses troubles digestifs et d'une fièvre élevée. La contamination se fait le plus souvent par les boissons ou l'alimentation.

Méningite

Le vaccin contre la méningite A et C se fait en une seule injection, il est efficace 3 ans. Bien toléré, il peut être associé à tous les autres vaccins. La vaccination est particulièrement recommandée pour aller dans les pays du Sahel, du Maghreb ou du Moyen-Orient. Elle est obligatoire en cas de pèlerinage à La Mecque. La méningite cérébro-spinale est très fréquente dans les pays tropicaux.

Choléra

Le vaccin n'a aucun intérêt. La contagion se fait par l'alimentation et l'eau souillée. En respectant les règles élémentaires d'hygiène, le touriste y est peu exposé.

Rage

La rage est une maladie virale du système nerveux, le plus souvent mortelle lorsqu'elle est déclarée. La vaccination préventive est actuellement facilitée par un nouveau vaccin. Elle nécessite deux injections à 1 mois d'intervalle, puis un rappel l'année suivante et ensuite tous les 3 ans. Conseillée aux touristes séjournant hors des circuits classiques.

Encéphalite japonaise

Une vaccination recommandée à qui séjourne plus d'1 mois en Asie en zone rurale, surtout en période de mousson. Elle se fait en trois injections : le 1er jour, puis le 7e et le 14e ou le 30e jour, avec un rappel au bout de 2 ans.

Encéphalite à tique

Vaccination indiquée pour les personnes séjournant dans les zones forestières en Europe de l'Est. Elle se fait en 3 injections : le 1er jour, puis entre le 14e jour et le 3e mois, enfin, entre le 9e et le 12e mois. Avec un rappel au bout de 3 ans.

Les maladies

L'amibiase

Symptômes : diarrhée douloureuse pouvant s'accompagner de sang. Précautions : ne consommer que de l'eau provenant de bouteilles hermétiquement fermées, et éviter les crudités, glaces, fruits non pelés, etc., ou désinfecter l'eau avec des comprimés ou un filtre. Se laver les mains après les selles, avant les repas, avant des manipulations alimentaires, se protéger contre les insectes en général et les mouches en particulier. Traitement par voie orale pendant quelques jours avec des médicaments antiamibiens.

La bilharioze

Maladie parasitaire due à la pénétration à travers la peau d'un ver, le trématode, appelé plus communément bilharzie, qui peut atteindre jusqu'à 2 cm de long. La transmission de la maladie s'effectue au contact de l'eau contenant les larves. Symptômes : diarrhée s'accompagnant de déshydratation (pertes importantes de liquide par l'organisme). Consulter un médecin dès que possible.

Turista

La turista est une forme de diarrhée qui peut être due à un changement de régime alimentaire, au climat, au décalage horaire ou à la fatigue du voyage. Elle survient brutalement, entre le troisième et le huitième jour après l'arrivée.

Symptômes

La diarrhée est variable (les selles non moulées, normalement colorées, sans glaires, ni pus, ni sang), accompagnée de douleurs abdominales, de nausées,

INFOS VACCINS

Vaccins	Modalités	
Fièvre jaune Protection 10 ans	1 injection 10 jours avant le départ. Enfants : exigible à partir de 1 an, mais possible dès 6 mois.	Indispensable en cas de séjour dans une zone intertropicale d'Afrique ou d'Amérique du Sud.
Hépatite A Protection 10 ans	1 injection 15 jours avant le départ. Rappel 6 à 12 mois plus tard. Enfants à partir de 1 an.	Séjour dans un pays où l'hygiène est précaire.
Hépatite B	2 injections à 1 mois d'intervalle. Rappel unique six mois plus tard.	Recommandations spécifiques : enfants, professions de santé et/ou conduites à risque. Séjours dans les pays où l'accès à des soins de qualité est aléatoire.
Typhoïde Protection 3 ans	1 injection 15 jours avant le départ. Enfants à partir de 2 ans.	En cas de séjour prolongé ou dans de mauvaises conditions dans des pays où l'hygiène est précaire.
Méningite à méningocoque A + C Protection 3 ans	1 injection 10 jours avant le départ. Enfants à partir de 2 ans.	Séjour dans une zone d'endémie en Afrique au moment de la saison de transmission.
Méningite ACYW 135 Protection 3 ans	1 injection 10 à 15 jours avant le départ. Enfants à partir de 2 ans.	Obligatoire en cas de pèlerinage de La Mecque et de Médine.
Rage (vaccination préventive) Protection 5 ans	Injection le 1er, le 7ème et le 21ème ou le 28ème jour. Rappel 1 an plus tard puis 5 ans. Enfants : recommandé dès l'age de la marche.	Séjour prolongé ou aventureux, en situation d'isolement dans un pays à haut risque (Asie, Inde).

D'après les laboratoires Fournier

INFOS SANTÉ TOUS PAYS

Le SMI (Service médical international) fournit des infos sur tous les pays du monde et vend des panoplies "spécial santé" pour les voyageurs.
SMI, BP 125, 78312 Maurepas Cedex. Tél. : 01 30 05 05 40.
▶ **www.smi-voyage-sante.com**

KATADYN :
Produits de protection et purification.
▶ **www.pharmavoyage.com/**

voire de vomissements, d'une sensation de malaise général, ainsi que d'une petite poussée de fièvre.
Pour en venir à bout, une diète de quelques jours suffit théoriquement. Il est important de se réhydrater, en buvant des boissons sucrées.
Le traitement le plus souvent utilisé est l'Imodium, associé a de l'Ercefluryl, qui doivent vous aider à passer le cap.

La Dengue
est une maladie infectieuse présente dans toutes les régions tropicales. Elle est transmise par la piqûre d'un moustique diurne du genre Aedes , infecté

Centres de vaccination

Il existe plus de 80 centres de vaccination en France.
La liste complète est disponible à la Direction générale de la Santé.

DIRECTION GÉNÉRALE DE LA SANTÉ
1, place de Fontenoy, 75350 Paris 7
Tél. : 01 40 56 52 62.
http://www.sante-jeunesse-sports.gouv.fr/

CENTRE DE VACCINATION VILLE DE PARIS
15/17 rue Charles Bertheau, 75013 Paris.
Tél. : 01 45 82 50 00.
Vous ne payez que les vaccins, les consultations sont gratuites. .

CENTRE DE VACCINATION AIR FRANCE
148 rue de l'université, 75007 Paris.
Tél. : 01 43 17 22 00 ou 08 36 68 63 64 (répondeur vocal).
Ouvert du mardi au samedi de 9 à 17 h .

INSTITUT PASTEUR
209, rue de Vaugirard, 75015 Paris. Tél. :08 90 710 811

LA PITIÉ-SALPÊTRIÈRE, PAVILLON LAVERAN
47, bd de l'Hôpital, 75015 Paris Cedex 13. Tél. : 01 45 70 28 64.

HÔPITAL CLAUDE BERNARD BICHAT
170, boulevard Ney, 75018 Paris. Tél. : 01 40 25 88 86.

INSTITUT ALFRED FOURNIER
25, bd Saint-Jacques, 75680 Paris Cedex 14. Tél. : 01 40 78 26 00.

OMS
Vous pouvez consulter également le site de l'Organisation mondiale pour la santé, qui peut vous fournir des renseignements utiles sur l'état des épidémies actuelles.
►OMS. www.who.int/fr/

À penser :
Quant au carnet de santé, il est donné à la maternité et signé par le médecin à chaque visite médicale ou chaque intervention chirurgicale. Il vous suivra toute la vie. N'hésitez pas à le prendre avec vous.

par un virus de la dengue.vous devriez vous protéger des moustiques durant les heures d'activité des insectes vecteurs, en l'occurrence durant la journée (mais également durant la nuit quand coexiste un risque de transmission du paludisme). En cas d'apparition d'une maladie fébrile consulter au plus tôt un médecin. L'utilisation de répulsifs est recommandée

Conseil ABM !

Prenez avec vous le nom générique des médicaments dont vous pourriez avoir besoin.

Paludisme

Le paludisme touche une centaine de pays à travers le monde, particulièrement les zones tropicales d'Afrique, d'Asie et d'Amérique latine.

Le paludisme est transmis à l'homme par la piqûre d'un moustique femelle, du genre *Anopheles*, essentiellement à la tombée de la nuit.

En zone rurale, le risque est plus important qu'en ville. Au-dessus de 1500 m d'altitude, le danger est moindre car le moustique ne peut se reproduire.

Symptômes

La crise de paludisme débute par une fièvre 8 à 30 jours après l'infection, qui peut s'accompagner ou non de maux de

Prévention et précautions contre le palu

"Le problème de la prévention contre le paludisme est un vrai casse-tête pour un voyage de longue durée quand on doit traverser des zones de palu I, II et III et qu'en plus on voyage avec des enfants. Nous sommes donc allés à la consultation pédiatrique de l'Institut Pasteur.

Résultat, parce que je suis médecin, nous ne prendrons pas de prophylaxie mais nous utiliserons un traitement curatif (Malarone) en cas de fièvre suspecte.

Se protéger contre les piqûres est en tout cas indispensable :

- porter des vêtements sombres à manches longues le soir
- utiliser un spray répulsif (Repel insect), des spirales
- imprégner les vêtements de répulsif avant de partir
- dormir sous des moustiquaires imprégnées
- certains préconisent de prendre de la vitamine B9."

Famille Charpentier

tête, de douleurs musculaires, de frissons, de vomissements, de diarrhées, de courbatures. Mais tous ces symptômes ne doivent pas vous faire conclure que vous avez le palu : il faudra faire un examen sanguin pour en être sûr.

Prévention et traitements

Le traitement préventif doit être prescrit par un médecin. Il tient compte des zones visitées (risque, existence ou non de résistance), de la durée du voyage et aussi de la personne : l'âge, les antécédents pathologiques.

Le médecin vous prescrira un traitement antipaludéen, de type Savarine ou Nivaquine + Paludrine, à prendre au cours de votre séjour et à poursuivre 40 jours après votre retour. Il existe un nouveau médicament, la Malarone, qui est prescrit pour les zones de type 3.

Aucun moyen préventif n'assure à lui seul une protection totale contre le paludisme. Pour la plupart des voyageurs au long cours, un traitement long est dur à supporter, aussi la première chose à faire est de se protéger contre les moustiques, qui piquent pendant la nuit.

Quelle que soit la chaleur, portez des vêtements de nuit longs, et surtout dormez sous la moustiquaire, si possible imprégnée d'insecticide. Avant de vous coucher, appliquez un produit répulsif sur votre peau pour les parties qui resteront découvertes, mains et visage.

Vous pouvez également utiliser des serpentins (dans une grande pièce), que l'on fait brûler pendant toute la nuit pour éloigner les moustiques.

Traitement Palu

Traitement curatif pour le paludisme :
- HALFAN 250MG : 3x par jour a 6Hrs d'intervalle. A titre curatif de la malaria dans les zones chloroquine résistant.
- FLAVOQUINE 200MG : Anti parasitaire. contre les crises de paludisme en cas de résistance à d'autres antipaludiques
- MALARONE : tue les agents du paludisme dans le sang, composé de 250mg d'atovaquone, et 100mg de proguanil.

Ne prendre ces traitement uniquement de façon curative et uniquement que s'il s'agit d'une crise de paludisme.

Avant de partir, consultez !

Dans certains centres, des médecins sont là pour vous conseiller avant votre départ et au retour, et vous tenir informé des dernières maladies en cours dans les pays où vous allez. Consultez également le site du MINISTÈRE DES AFFAIRES ÉTRANGÈRES
► **http://www.France.diplomatie.fr**

Les centres de vaccination proposent également des consultations de spécialistes des maladies tropicales, sur rendez-vous. Les consultations des médecins des ambassades françaises à l'étranger sont normalement remboursées par la sécurité sociale. Un tour chez votre dentiste ne sera pas superflu avant de partir, car avoir une rage de dents en voyage peut s'avérer problématique.

HÔPITAL DE LA PITIÉ-SALPÊTRIÈRE
Consultation médecine tropicale, tél. : 01 42 16 01 03.
HÔPITAL CLAUDE BERNARD BICHAT
Tél. : 01 40 25 88 92.

Une fois parti, vous pourrez trouver dans les pharmacies locales le médicament qu'il vous faut, mais prenez bien son nom générique.

Hygiène

La propreté

Se laver les mains régulièrement et surtout avant de manger, ou utiliser des lingettes qui sont très pratiques pour cela (attention de ne pas les jeter n'importe où).

L'eau et la nourriture

Buvez régulièrement, environ 2 litres d'eau par jour pour une température extérieure de 20 °C. Préférez de l'eau minérale capsulée ou traitez l'eau avec des pastilles de purification (respectez les délais pour que les pastilles agissent).
L'eau, les aliments et le manque d'hygiène sont les principaux vecteurs de la diarrhée du globe-trotter. Pas de risques avec le café, le thé ou toute nourriture cuite et servie chaude.

Pas d'eau mais du thé

"En Inde, j'ai beaucoup bu de chaï dans la rue. Il s'agit de thé bouilli avec du gingembre et du sucre. J'ai aussi mangé sans problème des plats bouillis dans les petits boui-bouis. Mais là, à la grande stupéfaction des Indiens, je ne buvais jamais l'eau qu'ils me versaient pourtant avec beaucoup de gentillesse !"

SOPHIE GOUHOT

► La santé

Méfiez-vous des glaçons, des glaces, des crudités, des fruits non pelés, des crustacés et de la viande, parfois avariée.

Le sommeil

Il est important de se reposer et de bien dormir. Bruit, moustiques, propreté des lits, font que les conditions ne sont pas toujours réunies pour bien se reposer. Adaptez-vous au mode de vie de la population locale et prenez le temps de vous acclimater progressivement au pays.

Protection de la peau

Impératif, bien se protéger la peau, soumise aux agressions de l'extérieur : soleil, froid, humidité, piqûres d'insectes. Prenez des douches régulièrement et séchez-vous avec soin. Si vous constatez une plaie ou une lésion cutanée, désinfectez-la et mettez un pansement.

Les risques sexuels

Dans de nombreux pays en voie de développement, le tourisme sexuel a pris une ampleur sans précédent. D'autre part, le sida fait des ravages, particulièrement en Afrique. Les rapports sexuels non protégés restent le mode privilégié de transmission du sida, ainsi que de l'hépatite B. Utilisez toujours des préservatifs aux normes françaises (NF).

Les dangers en auto et à pied

Attention à la circulation et aux accidents de la route, souvent vous risquez gros. Méfiez-vous des camions, des bus, même des vélos. Si vous conduisez vous-même, soyez d'une extrême vigilance, anticipez les comportements des autres conducteurs et gardez votre calme dans toutes les situations.

Pour les marcheurs, attention aux ampoules, mycoses, entorses et toutes complications qui peuvent arriver lors de trajets pas toujours aisés. Prenez de bonnes chaussures et une bonne carte.

À éviter absolument

Méfiez-vous des tatouages, du piercing, des intraveineuses et de la drogue.

Se protéger du soleil

Le soleil est ses dangers

L'été et les vacances sont pour beaucoup l'occasion de profiter du soleil. Mais, contrairement aux idées reçues, la sensation de bien être éprouvée lors d'une exposition au soleil relève d'abord d'une appréciation subjective. S'il existe bien un effet "positif", celui-ci est dû à la lumière visible reçue par les yeux et non aux UV reçus par la peau. Mais attention, si l'exposition aux UV possède des vertus, elle n'en comporte pas moins son lot de dangers. Et cela sous toutes les latitudes du monde.

Les pièges

Premiers signes de l'agression solaire, les coups de soleil qui provoquent la mort de millions de cellules et peuvent se traduire par des brûlures au deuxième degré si les UV ont touché en quantité des couches profondes de la peau. Des réactions dues à la prise de médicaments, à l'application de cosmétiques ou au contact de végétaux peuvent également survenir après exposition. Elles se traduisent généralement par des poussées de boutons et d'eczéma, ou par des coups de soleil dont la gravité est disproportionnée compte tenu de la quantité d'UV reçue.

Moins visible à court terme, le vieillissement de la peau est accéléré par l'absorption d'une trop grande quantité d'UVA. Ils pénètrent profondément celle-ci et provoquent alors une perte de sa souplesse et de son élasticité, de même que l'apparition et le creusement des rides.

L'exposition au soleil comporte également un risque majeur trop souvent ignoré : les cancers de la peau dont le nombre de nouveaux cas double tous les dix ans. Les femmes sont les plus exposées aux risques.

Enfin, très sensibles aux rayons solaires, les yeux peuvent eux aussi être affectés par une trop grande quantité d'UV, causant ophtalmie et cataracte. Première cause de cécité dans le monde, cette affection survient plutôt chez les personnes âgées bien que le risque soit présent dès l'enfance.

Se protéger

Chaque personne doit apprendre à doser son exposition en fonction de ses caractéristiques cutanées personnelles et familiales, et selon l'intensité du rayonnement ultraviolet solaire. Or, celui-ci est trompeur : invisible par l'œil humain, il ne procure aucune sensation de chaleur, peut traverser les nuages, et varie selon l'heure, la date, la latitude et l'altitude. Pour connaître les risques, il existe une échelle universelle : l'index UV.

Quelques principes généraux peuvent cependant être suivis. Avant la puberté, les enfants sont plus vulnérables que les adultes; sieste et activités à l'ombre sont donc conseillées. La protection la plus efficace est le port de vêtements à compléter par un chapeau et de la crème protectrice sur les parties exposées.

Ne pas s'exposer entre midi et 16h00 limite également fortement le danger. En effet, l'utilisation de crème solaire peut paradoxalement augmenter certains risques en favorisant l'exposition au soleil. L'application de crème doit donc servir à réduire l'agression du soleil et non pas à prolonger son exposition. Dans la majorité des cas, on optera pour une crème d'indice 25 environ. Pour les peaux particulièrement sensibles, il faudra choisir une crème plus protectrice, IP 40 par exemple. Pour les peaux naturellement mates, une crème d'indice 15 suffira. Une crème doit être appliquée au moins toutes les 2 heures, voire plus souvent en cas d'activité intense, randonnée ou trek, baignade ou sport nature-aventure.

N'oubliez pas non plus vos yeux. Choisissez au minimum des verres de catégorie 3 pour vous protéger efficacement.

Pour vous préparer au bronzage, les compléments alimentaires contenant notamment des vitamines A, C et E permettent à la peau d'optimiser ses défenses. Mais attention car ces produits ne protègent pas pour autant des rayons UV. Enfin, votre dermatologue peut également vous conseiller quelques séances d'UV préalables en fonction de votre capacité à bronzer.

Le mal des montagnes

Le trekking et plus simplement les séjours en altitude (Amérique Latine, Asie, Alpes...) exposent au mal aigu des montagnes. Celui-ci se caractérise par des maux de tête, une insomnie, des nausées et une perte de l'appétit. En général, la personne atteinte présente aussi des difficultés pour respirer (d'abord à l'effort, puis au repos) avec parfois même les urines qui se raréfient.

L'arrivée de ces symptômes signifie qu'un processus pathologique est déjà engagé. Les complications du mal des montagnes peuvent à terme entraîner le décès par œdèmes respiratoires et cérébraux. Le traitement de ces complications associe l'oxygénothérapie (bouteille, caisson hyperbare portable) et différents médicaments avec obligatoirement la personne redescendue en dessous de 2 500 m d'altitude.

ÉCHELLE DE GRAVITÉ D'ASTRUC (MAM)

SYMPTÔMES 1 **1 point par signe.**	Céphalées Insomnies Nausées, perte de l'appétit Vertiges
SYMPTÔMES 2 **2 points par signe.**	Maux de tête ne cédant pas à l'aspirine Vomissements
SYMPTÔMES 3 **3 points par signe**	Essoufflement au repos Fatigue anormale Baisse de la quantité des urines.

De 1 à 3 points
Il s'agit d'un mal des montagnes léger. On peut donc continuer à progresser sans dépasser la limite de 300 mètres de dénivelé entre deux nuits consécutives.

De 4 à 6 points
On est en présence d'un mal aigu des montagnes modéré. Il faut donc se reposer 24 heures à la même altitude et éviter les efforts violents. Egalement, prendre de l'aspirine contre les maux de tête et boire abondamment.

Au-delà de 6 points
Dans ce cas, redescendre impérativement et parfaire son acclimatation à une altitude inférieure

Echelle de gravité

Un système simple (appelé échelle de gravité d'Astruc) permet d'évaluer la gravité de la situation et de prendre des mesures adaptées. A chaque symptôme est ainsi associe un "score" dont le total déterminera l'état de la personne.

Pour éviter le mal des montagnes

Contre-indications

La prévention repose d'abord sur le respect des contre-indications aux séjours en altitude.

Sont considérées comme contre-indications absolues : Les maladies coronariennes, l'insuffisance cardiaque et l'hypertension artérielle sévère, certaines maladies du sang, les maladies thrombo-emboliques, des antécédents du mal aigu des montagnes.

Contre-indications relatives : Les maladies cardio-vasculaires ou broncho-pulmonaires stabilisées, le diabète insulinodépendant bien équilibré, l'ulcère gastroduodénal, l'épilepsie, les rétinopathies, les maladies psychiatriques, la grossesse.

Egalement

Les âges extrêmes de la vie sont déconseillés. Pas d'altitude supérieure à 1 800 m avant 2 ans, et pas d'altitude supérieure à 3 000 m avant 12 ans et après 65 ans.

La panoplie pharmaceutique de base

Voici une liste des médicaments qu'on peut emporter. Si on est vraiment malade, le mieux est d'aller voir un médecin. L'assurance et l'assistance que vous avez souscrites sont là pour vous rembourser et vous aider.

- Boîte à pharmacie rigide et étanche, genre "Tupperware", afin d'éviter à vos pilules de se retrouver en poudre au fond du sac.
- Aspirine ou paracétamol pour les maux de tête, de dents, la grippe. Vous en trouverez partout à travers le monde
- Smecta / Immodium / Ercefuryl pour la turista, là aussi vous en trouverez partout sous un nom parfois différent.
- Antibiotique à large spectre (Clamoxyl) pour les infections, abcès, grosses angines et fièvre d'origine bactérienne.
- Antihistaminique / Hydrocortisone ou Zyrtec pour les allergies, les piqûres d'insectes.
- Anti-inflammatoire en pommade et en suppositoires ou cachets.
- Antiseptique externe iodé pour désinfecter les plaies et traiter les mycoses.
- Antimycosique pour traiter les champignons.
- Collyre pour les irritations oculaires.
- Biafine pour les coups de soleil et irritations de la peau et pommade pour les lèvres.
- Ciseaux, thermomètre électronique..
- Gaze, sparadrap, urgopore, steristrip, pansements.
- Micropur ou filtre portatif pour la purification de l'eau

© Philippe JACQUEROT

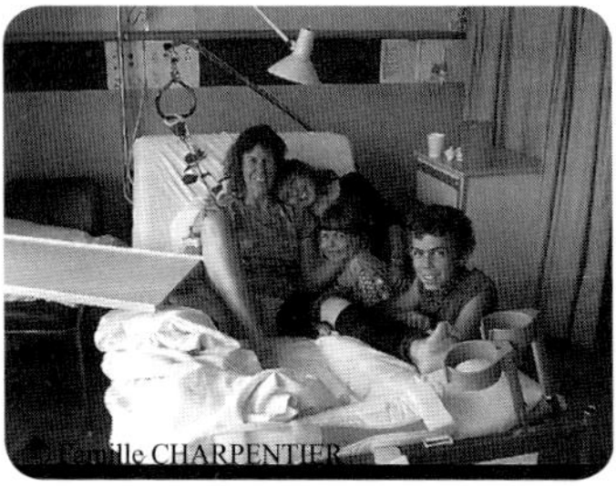

© Camille CHARPENTIER

© Xavier CHAMPAGNE

© Xavier CHAMPAGNE

Assurance CB inefficace

“Notre séjour a été, comment dire… assez particulier. Nous avons été victimes d’un accident de la circulation le lendemain de notre arrivée et hospitalisés. Nous avons décidé de ne pas nous faire rapatrier et de nous reposer à Nelspruit (Mpumalanga). Ce fut une période très difficile, mais grâce à l’ambassade de France, qui nous a soutenus et mis en relation avec des Français expatriés devenus depuis des amis, nous avons surmonté l’épreuve et continué notre aventure. L’assurance AVI international a été efficace. Par contre, Visa Premier ne l’est pas du tout.”

ERIC OCCHINI

Examens à La Paz

“En voyage, j’ai subi des examens coûteux à l’hôpital de La Paz, en Bolivie. Justificatifs reçus, AVI International, m’a remboursée immédiatement.”

KARINE MEUZARD

3 - L'équipement

Aller au bout du monde nécessite un équipement bien réfléchi !

Partir léger, voyager malin

Le poids est l'ennemi des voyages heureux. Les montagnards connaissent bien la nécessaire chasse aux grammes pour gagner du poids. S'alléger, éliminer le superflu, tout en s'équipant de manière adéquate pour pouvoir aller là où on l'a prévu. Un état d'esprit qui, avant de partir, débute le voyage…

Mais parfois il faut porter lourd !

"J'ai toujours admiré les gens qui voyagent léger. Malgré de nombreux efforts pour éliminer chaque gramme superflu, je suis toujours partie avec 20-25 kg sur le dos minimum ! Certains objectifs de voyage, comme de nombreux jours d'autonomie à deux, en pleine nature sauvage, imposent une logique d'expédition et un investissement physique réel. Après une douloureuse adaptation au poids en Himalaya, mon corps a gardé en mémoire sa capacité de portage."

KARINE MEUZARD

LES BAGAGES

Le principe est de toujours garder de la place dans son sac et d'avoir un poids raisonnable permettant de sillonner une ville à la recherche du bon hôtel sans trop souffrir. Si vous ne me croyez pas, prenez donc un sac à dos de 18 kg et partez marcher en ville, prenez le bus… Comment vous sentez-vous au bout d'une heure ? Eh bien, ce sac à dos sera votre compagnon sous la pluie, dans le froid ou sous un soleil écrasant. Pensez-y !

Il est clair que les besoins changent en fonction du pays et du climat. Le but est donc de prendre avec soi des affaires vraiment universelles et de se débrouiller sur place pour le reste. Si on a trop de choses, ne pas hésiter à s'en débarrasser. C'est facile de faire un colis pour renvoyer à la maison tout ce qui vous encombre. On peut aussi donner, troquer ou revendre pas mal d'affaires.

Quand on a besoin de quelque chose, il suffit de l'acheter sur place, c'est très facile pour les guides de voyage, la plupart des médicaments, ou les vêtements. En plus c'est dix fois moins cher en Inde qu'en France ! Que des avantages !
Si vous gérez bien votre itinéraire et votre calendrier, vous pouvez aussi vous faire envoyer des colis en poste restante n'importe où dans le monde.

La qualité pour des affaires essentielles

"Cela vaut le coup d'acheter du matériel de bonne qualité pour quelques éléments clés de vos bagages que vous aurez du mal à remplacer dans la plupart des pays. Mettez le prix dans un bon sac à dos (si vous voyagez en transport local, prenez-en un qui tient bien le dos), de bonnes chaussures, un vêtement étanche de qualité, une polaire, un duvet. Pour le reste (T-shirts, pantalons, chaussettes, bricoles, quincaillerie, etc.), à quelques exceptions près, vous trouverez tout ailleurs et bien moins cher qu'en France. Des vêtements top qualité s'useront sur les banquettes de bus en fait aussi vite que les autres et se saliront inexorablement. Évitez le blanc, c'est fatal, et bien souvent on fait sa lessive à la main…"

CLAIRE ROUAULT

Comment s'habiller en pays musulman et ailleurs

"En règle générale, homme ou femme, si vous voyagez en T-shirt à manches courtes et en pantalon ample, vous pouvez aller partout. Dans les pays musulmans toutefois, mieux vaut avoir des manches longues, surtout pour les filles, et des vêtements opaques qui n'attirent pas l'œil.
Dans ces pays, la règle est que mieux vous respectez le code vestimentaire en vigueur (inutile de faire de l'excès de zèle), plus vous vous intégrez facilement au pays.
Un bon exemple : l'Iran, où personne n'osera vous approcher dans la rue si vous ne faites pas un minimum d'efforts pour ressembler aux Iraniennes. Combien de voyageurs arrivent du Pakistan et conservent la tenue de ce pays en Iran, croyant que les Iraniens ne verront pas la différence. C'est tout le contraire et vous serez évidemment encore plus dévisagé dans la rue.
Dans les pays musulmans, mais c'est valable un peu partout ailleurs, partez du principe de ne pas dévoiler plus de votre corps que ne le font les locaux. En Birmanie et en Asie en général, on évitera les T-shirts spaghetti et les shorts, les femmes sont d'une extrême pudeur."

CLAIRE ROUAULT

Des pieds à la tête

Les grands principes

La quantité de vêtements emportés par la majorité des voyageurs est bien trop grande. Si on part pour 15 jours, on ne veut pas s'embêter avec la lessive et on prend suffisamment de vêtements pour avoir des rechanges pour tout le voyage. Si vous partez pour beaucoup plus longtemps, vous serez obligé de laver vos affaires, il est donc totalement inutile d'en emporter un semi-remorque. Choisissez des vêtements amples et faciles à vivre : légers, confortables, résistants et pas salissants : le marron est bien, surtout dans les pays poussiéreux !

© Cécile CHARPENTIER

► Les bagages

Vêtements techniques

Polartec©, Carline© et autres Coolmax© sont des produits bien pratiques, chauds, légers, infroissables. Vous les utiliserez en sous-vêtements quand il fera froid.

Comme vous êtes des voyageurs respectueux de l'odorat sensible de vos voisins, vous ne manquerez pas de faire votre petite lessive tous les soirs. Pourvu qu'on le fasse tous les jours, ce n'est ni compliqué, ni long. Plusieurs avantages : vous lavez le soir, ça sèche pendant votre sommeil et vous pouvez remettre les mêmes affaires dès le lendemain matin car vous avez choisi des matières qui sèchent vite. Tout cela permet de partir avec très peu de vêtements, puisque l'on met toujours plus ou moins les mêmes. Si vous projetez de faire laver votre linge, attendez-vous à voir votre précieux T-shirt réduire de trois tailles, être battu à mort ou changer miraculeusement de couleur (je peux vous dire qu'il y a du vécu dans ces trois affirmations !).

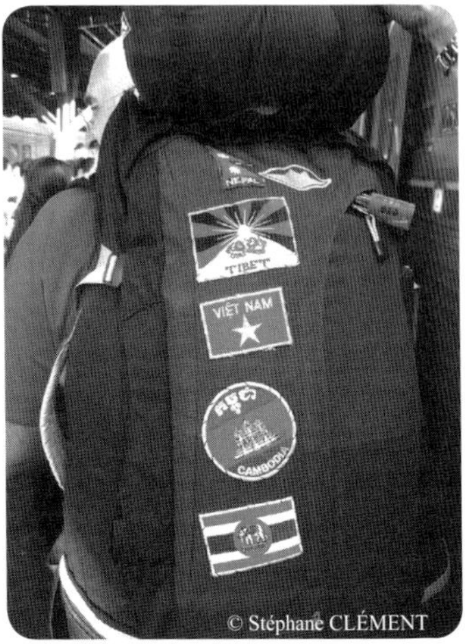

© Stéphane CLÉMENT

Conseil ABM !

Pensez au matériel que vous pourrez acheter sur place afin d'éviter de trop en emporter.

© Stéphane CLÉMENT

Pratiques et adaptés

Les vêtements techniques, conçus spécialement pour le voyage, sont très pratiques. Encore faut-il favoriser les vestes, pantalons ou chemises pourvus de poches intéressantes, c'est-à-dire utiles !
In situ, on trouve souvent des matières ou des types d'habits bien adaptés au climat et aux conditions du pays. Si vous voulez acheter un chèche, par exemple, faites-le sur place !

Ma check-list a pensé à tout

Voyage d'un an sac au dos, PAR ALAIN GAULTIER.

Vêtements

Pour les pieds

- Chaussures de marche (pour les treks). Toutes les autres marches, je les ai faites en baskets, sauf l'ascension du Cotopaxi, où j'ai loué des chaussures de haute montagne (coques plastique, crampons…).
- Une paire de baskets. Elles ont fait tout le tour. Bonjour l'odeur !
- Une paire de sandales. De bonne qualité, on peut marcher tout le temps avec dans les pays chauds. Utiles aussi dans les douches un peu douteuses.
- Trois paires de chaussettes. Coton ou high tech genre Coolmax©. C'est incroyable le temps que ça met à sécher.

Pour la tête

- Un chapeau. Un bonnet en pure laine de lama.

Pour le corps

- Trois slips, un maillot de bain.
- Un pantalon en toile convertible en short. Deux zips permettent d'enlever le bas.
- Un pantalon en toile. Les jeans sont à proscrire, ils mettent aussi longtemps à sécher que les chaussettes !
- Un caleçon long. En fibre polaire pour les grands froids. Sert aussi de bas de pyjama.
- Un T-shirt manches longues polyester technique pour le froid. Sert aussi de haut de pyjama.
- Deux chemises à manches longues, plus pratiques que les T-shirts, car elles ont des poches et sèchent plus vite. Quand il fait chaud, on remonte les manches et on ouvre les boutons.
- Un T-shirt manches courtes (genre Coolmax©, c'est mieux pour la transpiration et cela sèche plus vite que le coton).
- Une fourrure polaire chaude et légère.
- Une veste imperméable en Gore-tex©. Un investissement, mais c'est bien plus efficace qu'un simple K-Way.

>>

>>

- Une ceinture en toile (avec fermeture éclair invisible pour cacher quelques dollars, sans oublier une copie de votre carnet d'adresses avec tous les numéros utiles).

Pour le nettoyage des habits

- Une petite brosse pour frotter les taches rebelles. Elle servira aussi pour se nettoyer sous les ongles.
- Un détachant universel… quand le savon ne suffit pas.

Hygiène

- Une trousse de toilette.
- Un savon dans une gaine pour la toilette et la lessive.
- Un shampooing petit modèle.
- Dentifrice, brosse à dents avec son étui.
- Rasoir, lames de rechange, crème à raser. On trouve maintenant de l'huile de rasage dans une fiole bien plus petite qu'une bombe de mousse.

Beauté, confort, sécurité

- Miroir polycarbonate.
- Déodorant.
- Peigne.
- Rouleau de papier toilette.
- Lingettes antibactériennes pour quand on ne peut pas se laver les mains.
- Une serviette, sachant que plus elle est petite et fine, plus elle sèche facilement et moins elle tient de place.
- Kit de prévention des MST.

Dormir

- Un sac à viande (drap-sac) pour les auberges de jeunesse, pour éviter les draps douteux des hôtels crasseux, et tout simplement pour protéger votre duvet.
- Un duvet. Intéressant si vous campez ou si vous marchez. J'en avais un pour mon trek au Népal et il y est resté. J'en ai racheté un quelques mois plus tard pour pouvoir camper en Amérique du Sud.
- Une tente, bien sûr, si vous envisagez de camper. >>

>>

Petits accessoires indispensables

- Un couteau suisse (avec pince à épiler, ciseaux…)
- 4 ou 5 m de cordelette (étendage, réparations, fixations).
- Épingles à nourrice, pour fixer ou réparer. Elles vous permettent aussi de rétrécir la taille de vos pantalons si la turista dure trop longtemps !
- Nécessaire de couture : fil, aiguilles, boutons.
- Un cadenas à combinaisons. Au moins on ne perd pas la clé ! Il existe aussi des cadenas à câble, très intéressants pour accrocher son sac dans un train couchette ou sur la galerie d'un autobus.
- Une lampe frontale, avec sa pile de rechange. On trouve des piles rondes un peu partout, mais les piles plates de 4,5 V sont introuvables dans bien des pays.
- Une montre à quartz avec alarme sonore. J'ai acheté la mienne pour le voyage. Prenez-la bon marché et d'un look très ordinaire pour ne pas tenter les voleurs éventuels.
- Assiette + gobelet + cuillère + fourchette. Encore que tout cela ne m'a presque jamais servi, à part la cuillère quand j'ai pu trouver un yaourt à acheter.
- Une gourde. Celles de marque Platipus sont mes préférées. Ultralégères, transparentes, et increvables.

Photo

- Un appareil photo compact. J'aime la photo mais j'ai laissé mon gros reflex 24 x 36 à la maison. J'ai privilégié la légèreté au détriment de la technique. Même si on est frustré par les faibles capacités créatives d'un compact, l'avantage est qu'on peut le prendre partout et l'avoir dans sa poche. Une clé USB pour stocker ses données personnelles
- Une pile de rechange pour l'appareil.

Papiers (rangés dans une banane ou une poche de sécurité ou encore sur votre clé USB ou sur votre site internet).

- Billets d'avion éléctronique .
- Un certificat de vaccination. Il peut vous être demandé dans certains pays.

>>

>>

- Vos certificats d'assurance/assistance, au cas où.
- Un carnet d'adresses, avec tous les numéros de téléphone d'urgence, les numéros de cartes de crédit, etc. Et c'est une bonne idée d'en avoir un double quelque part sur Internet, juste au cas où vous en seriez séparé.
- Une carte de crédit (Visa, Eurocard, Amex).
- De l'argent en especes (billets de 20 €) , plus des chèques de voyage.
- Votre permis de conduire + le permis international.
- Un carnet de route, du papier, un stylo, un bâton de colle, un rouleau adhésif. C'est sympa de coller des étiquettes de bière, des tickets de bus ou de cinéma dans son carnet de route ! En plus, cela vous fait une occupation et une lecture intéressantes quand vous vous ennuyez.
- Des guides de voyages. Ils sont bien pratiques, mais horriblement lourds. Essayez de les acheter sur place et de les revendre aux autres voyageurs dès que vous n'en avez plus besoin. C'est évidemment plus facile quand ils sont rédigés en anglais. Certains guides couvrent une grande étendue, parfois un continent entier, profitez-en !
- Des Post-it ! Pour marquer les pages du guide…
- Dictionnaire(s), guides de conversation.
- Livre(s), un ou deux maxi. Les échanger avec d'autres.
- Des lunettes de soleil efficaces, avec leur boîte de protection pour ne pas les casser.
- Un mini-album photo de votre famille, votre maison, votre ville et votre pays (Allonzenfants…). Les gens que vous allez rencontrer seront curieux de vous connaître. C'est vous qui serez exotique où vous vous trouverez, pas eux.

© Karine MEUZARD

Les petits trucs à ne pas oublier

“**Une petite radio.** On capte RFI dans beaucoup de pays (surtout en Afrique), et sinon des radios locales qui diffusent de la musique : c’est toujours sympa et cela rend les chambres d’hôtels moins glauques.
Un petit sac étanche (environ 10 litres). Histoire de garder quelques trucs au sec quand il pleut (en trek ou en canoë). Il protège aussi parfois l’appareil photo. Et il est surtout très pratique et robuste pour faire la lessive.
Un chargeur de piles. Pour ceux qui emportent plusieurs appareils qui marchent à piles (appareil photo numérique, radio, lampe de poche, réveil), sachez que les piles sont un plomb dans le budget car elles coûtent toujours cher et en général sont de très mauvaise qualité. Elles végètent sur des étals de rues pendant des années et sont déjà foutues quand on les achète. Un chargeur et 6 ou 8 piles coûtent un peu à l’achat, mais seront très vite rentabilisés.
Une résistance électrique (tortillon métallique que l’on branche sur une prise classique). Elle sert quand il n’y a pas d’eau chaude pour en chauffer dans une bassine pour la douche (en Afrique, c’est royal). Mais surtout à se faire du thé et du café, et même au petit déjeuner. Cela suppose bien sûr d’avoir tout cela sur soi, mais un petit déjeuner coûte parfois aussi cher qu’un repas. En plus, quand on voyage en bus, bien souvent on se lève à des heures très matinales et il n’y a ni café ni gargote ouverts : au moins vous ne partirez pas le ventre vide !
Si vous achetez une résistance, ne la prenez pas trop petite (vous mettriez 3 jours à chauffer votre bassine), ni trop grande (vous ne trouveriez pas de verre d’une taille suffisante pour faire chauffer le thé).
Des bouchons d’oreille si vous avez besoin de silence pour dormir et que les chiens, coqs, muezzins ou autres klaxons vous en empêchent.
Des cache-yeux d’avion pour pouvoir dormir à la lumière.”

CLAIRE ROUAULT

▶ Les bagages

DOCUMENTS EN DOUBLE

Pensez à faire des photocopies ou scanner vos documents importants, c'est-à-dire ceux que vous avez toujours sur vous ou dans le coffre de l'hôtel s'il y en a un. Passeport et visas, permis, billets d'avion électronique et chèques de voyage, carnet d'adresses...
Une sécurité supplémentaire consiste, avant le départ, à vous envoyer les scans des papiers importants en pièces jointes sur votre boîte e'mail.

Conseil ABM !

Précaution utile : gardez papiers et argent dans une banane, sous les habits, et sur le ventre !

© Didier JÉHANNO

MATÉRIEL À EMPORTER : REVUE DE DÉTAIL

Dormirez-vous le plus souvent sous la tente, à l'hôtel, chez l'habitant ? Et dans quelles conditions ? De même, où mangerez-vous ? Si vous allez au fin fond du monde, le matériel à emporter sera parfois très spécialisé. Pour un voyage classique, dans des pays où le coût de la vie est peu élevé, un équipement simplifié suffira.

Le sac à dos

L'évolution

Les sacs à dos ont eux aussi bien évolué avec le temps. N'ayant plus rien à voir avec le sac "d'autrefois" (genre militaire), ils sont désormais de plus en plus légers et de mieux en mieux adaptés au portage et à l'anatomie de leurs propriétaires (choix selon sa taille ou la courbe de son dos), incluant de plus diverses options selon les modèles. Au sac version unique d'autrefois, sont venues se substituer maintenant plusieurs gammes conçues pour des activités spécifiques (rando, montagne, balade, etc.).

Quant aux matériaux, ils ont eux aussi changé. Actuellement, la presque totalité des sacs proposés sont fabriqués à base de nylon imperméable. Ils sont plus résistants que ceux en toile de coton classique, et surtout, bien plus légers. Et en cas de pluie, le nylon n'est pas imbibé d'eau, d'où encore une fois un gain de poids.

Les différentes catégories

S'il est quelque chose que nombre de voyageurs oublient encore, c'est que, maintenant, il n'existe plus une catégorie unique de sacs à dos, mais au contraire une dizaine, prévues à chaque fois pour un public et un usage spécifique. Dès lors, autant faire son choix en conséquence.

Sacs "balade" et "ville ou promenade"

Parfois un peu basiques, comparés aux autres avec leurs tailles et contenances réduites (pas plus de 40 litres), moins de rangements ou d'accessoires. Mais c'est vrai qu'à l'origine, ils sont plus conçus comme des sacs d'appoint.

À signaler aussi quelques modèles de sacs "banane" pouvant se transformer en sac de promenade.

— Gamme de prix :

Beaucoup de choix entre 30 et 80 €.

— Utilisation :

En tant que sac d'appoint bien sûr, mais aussi comme sac principal pour l'individuel qui veut voyager léger sans s'encombrer avec la gamme 35/40 litres.

Sacs "camping — rando"

Grand public, ils allient pour des contenances diverses le confort, la qualité de portage, les facilités de rangement, avec pas mal de poches et quelques accessoires (housse, sangles, porte-bâton...). Pas forcément le top du top pour chaque caractéristique, mais plutôt un bon compris pour souvent aussi un bon rapport qualité-prix.

— Gamme de prix :

Pas mal de choix entre 50 et 100 €.

— Utilisation :

Des sacs intéressants pour ceux qui, en plus d'un sac pour leur voyage, souhaitent avoir aussi quelque chose d'approprié pour de petites randos ou treks

© Xavier CHAMPAGNE

ponctuels. En attendant, cette catégorie demeure aussi la meilleure et la plus adaptée pour le voyageur individuel.

Sacs "rando" et "montagne"

Ou, un combiné des deux.

Ces sacs sont adaptés et conçus, y compris dans la forme, pour ces activités avec, en plus, des rangements et accessoires prévus à cet effet (porte bâton/piolet/ski, poche à eau, protège pluie, etc.). Généralement robustes, ils peuvent être aussi assez volumineux de par la contenance possible.

— Gamme de prix :

Premiers prix vers les 80 € et jusqu'à plusieurs centaines dès lors que l'on s'oriente vers les gammes pros.

— Utilisation :

Comme le nom l'indique, ces deux catégories sont faites pour ceux qui privilégient d'abord les treks/rando ou la montagne (plus les expés ou le ski), y compris lors d'un périple. Par contre, ils ne sont pas l'idéal (prix, conception, etc.) pour une découverte "classique" d'un pays.

"Sacs à dos valises"

C'est un astucieux compromis entre le sac à dos et la valise (avec un peu aussi du sac de voyage). Du sac à dos il a la forme, les bretelles et la ceinture (mais pas vraiment de poches extérieures). De la valise, un compartiment assez souvent unique et de bonne contenance, une large ouverture latérale cadenassable et une poignée rétractable à son sommet. Du sac de voyage, enfin, la possibilité de se porter parfois en bandoulière. Ajouter à cela un petit sac annexe accroché et la possibilité d'y adjoindre des roulettes. Bref, un hybride assez bien conçu.

— Gamme de prix :
En gros de 80 à 200 €.

— Utilisation :
C'est un peu le compromis pour ceux qui voyagent aussi bien en individuel, en organisé, en club ou autres. Qui plus est, au niveau apparence (critère parfois important chez certains), pour nombre de modèles on a une valise qui ne fait pas trop valise (donc "touriste") et un sac à dos qui ne fait pas trop sac à dos (donc "routard").

Autres catégories

— Sacs "enfant" :
Leur principale caractéristique est qu'ils proposent un volume et une contenance adaptés aux enfants.

— Sacs "lady" :
En fait, plus une sous-catégorie que l'on retrouve pour les types ou presque de sacs. Ils sont spécialement adaptés à l'anatomie féminine.

— Sacs "sport" :
De petits sacs faits notamment pour ceux qui voyagent à vélo ou à moto ou pratiquent certaines activités comme la course, le ski, escalade, etc.

— Sacs à claie :
Autrefois très répandus, ils sont désormais devenus rares. En effet, même si leur armature permet de porter des charges très lourdes et volumineuses, leur poids (1 kg au moins pour la claie seule) et l'encombrement comparés aux autres sacs les ont rendus bien moins compétitifs.

— Le Carrix :
Le Carrix est un hybride sac à dos - chariot intéressant pour ses facilités de portage (jusqu'à plus de 20 kg sans trop d'efforts). Mais il est fait avant tout pour ceux qui font des périples sportifs ou des expés nécessitant un équipement lourd ou volumineux et qui, de plus, ont quelques moyens.
Comptez entre 400 et 600 € l'équipement complet même s'il existe une version "globe-trotter" moins sophistiquée pour un coût moindre.

Quelle catégorie choisir ?
Assez logiquement, la question à se poser est : quelle utilisation va-t-on faire de son sac ?
Donc, déjà, autant prendre un "rando" ou un "montagne" si l'on a prévu de faire très majoritairement ce type d'activités.
Sinon, pour des périples plus "classiques" (c'est à dire pour la majorité des gens) les "camping-rando" feront tout à fait l'affaire, voire même un type "balade" de grande capacité pour ceux qui souhaitent voyager léger.
Quant au "sac-valise", c'est aussi une solution, même s'il vaut peut-être mieux éviter les modèles les plus volumineux, qui peuvent s'avérer assez encombrants en nombre d'occasions.

— Le porte-bébé :
Comme son nom l'indique, l'usage est de porter les bébés.
2 sous catégories-poids existent : le porte-bébé type "kangourou", souvent ventral, transportant les enfants jusqu'à 9 kg, et le porte-bébé classique, pour des bébés sachant se tenir assis de 9 à 22 kg. Ces derniers ont un confort de portage similaire aux sacs à dos de montagne et expéditions, quelques marques offrent une gamme allant du plus simple et léger au plus équipé et solide, de 99 € à 200 €.
Sans même parler de trek, il faut penser que le portage de l'enfant peut s'effectuer sur de nombreuses heures dans la journée, d'où la nécessité d'un matériel confortable pour le porteur. Privilégier les poches et accessoires permettant d'atteindre rapidement biberon, couches, chapeaux etc. Bien utilisé, et le porteur un peu entraîné, il permet un style de voyage proche du voyage routard.

© Régis BELLEVILLE

Contenance
Après le type de sac, c'est le deuxième critère à prendre en considération dans son choix. Schématiquement, on peut séparer les sacs en quatre niveaux de contenance :

De 15 à 30 litres
C'est ce que l'on trouve pour les catégories "balade", "ville", "promenade" qui, en voyage, servent souvent de petits sacs annexes.
En général, ils font en gros de 30 à 50 cm de haut pour un poids de 300 g à 1 kg selon la capacité.

De 30 à 45 litres
C'est une contenance que l'on retrouvera dans un peu toutes les catégories (40 maxi pour les "balade, promenade" ou "sport"). Un assez bon volume disponible, de la liberté de mouvement et une portabilité convenant à tous en font vraiment le sacidéal pour voyager léger et garder ses affaires avec soi en permanence (transports, visites).
Caractéristiques moyennes : 45 à 60 cm de haut ; de 600 g à 1,7 kg.

De 45 à 60 litres
Plus de contenance, mais aussi moins de liberté dans les catégories "rando", "montagne" ou "camping-rando". C'est aussi le volume de base des "sacs-valises".
Caractéristiques moyennes : 55 à 70 cm ; de 1,5 kg à 2,2 kg.

60 litres et au-delà
Une contenance pour des sacs "montagne" et "rando", mais faite réellement pour ce genre d'utilisation, en autonomie,

avec du matériel spécifique, et pas qu'à la journée. C'est aussi un volume que l'on retrouve pour pas mal de "sacs-valise" dont la capacité peut aller jusqu'à 80 litres.
Donc, cette gamme n'est pas vraiment conseillée pour un voyage "classique", étant données les caractéristiques qui s'y rapportent (taille, poids...).
Caractéristiques moyennes : 60 cm à 1 m de haut ; poids de 2 kg à plus de 3 kg.

Rapport volume/poids

S'il n'y a pas vraiment de règles, car, bien sûr, tout dépend du contenu, un sac de 60 litres bien rempli (hors ce que l'on peut porter à l'extérieur de celui-ci) correspond souvent à un poids de charge d'en gros une bonne quinzaine de kilos, un 45 litres à moins de 10 kg, et, à l'opposé, avec un 70/80 litres on peut facilement dépasser les 20 kg. Tout ça pour dire qu'il ne faut pas oublier que quel que soit le poids de son sac, il faudra être aussi capable de le porter.
Donc, autant faire selon ses capacités en ne choisissant pas forcément toujours les plus grosses contenances, ou alors en sélectionnant bien ensuite le contenu du sac. Bien évidemment, plus il y aura de poids à porter ou de temps de portage ,plus on aura intérêt à avoir un sac convenablement rempli, et surtout bien conçu à cet effet.

Quelle contenance choisir ?

Là aussi, il faut voir ce que l'on va faire (activités prévues), ses besoins (autonomie, matériel spécifique), ses envies (ce que l'on voudrait bien emporter) et ses capacités de portage (poids).
Dans nombre de cas, 60 litres semblent largement suffisants, voire même 40/45 pour ceux qui veulent voyager léger.

Au sujet du portage

De manière générale, pour être portée de la façon la plus efficace et agréable, la charge d'un sac doit d'abord être supportée par les hanches avec également une petite partie sur les épaules. C'est pour cela qu'il est préférable, lors de l'achat, d'essayer son sac chargé, afin de tester sa stabilité et la bonne répartition du poids entre les hanches et les épaules.
Comme indiqué dans le chapitre précédent, diverses sangles, harnais, bretelles et autres systèmes sont prévus — ou en option — sur certains modèles afin d'améliorer encore plus le portage du sac. Toutefois, sauf si vous êtes amenés à faire de longues marches, cela ne sera que d'une utilité moyenne.
Enfin, même s'il existe des possibilités de rajout de poches extérieures ou de porte-accessoires, mieux vaut quand même transporter le maximum de choses à l'intérieur du sac. On obtiendra ainsi une meilleure protection en cas de pluie et une amélioration de la stabilité de portage.

Faire son sac

On ne rigole pas, car si faire son sac semble une évidence pour tous, la réalité tend à démontrer le contraire. Combien de voyageurs ont en effet peiné sous l'effet d'un sac mal rempli et combien d'autres ont dû, contraints et forcés, abandonner quelques affaires ou, pire encore, renoncer à certains achats faute de place ?

Contenu

Avant de faire son sac, encore faut-il choisir les objets, vêtements et surtout les quantités à emporter. Voyagez donc léger et peu volumineux ! Vous gagnerez ainsi dans votre liberté d'action, pourrez garder avec vous vos affaires dans les transports et autres lieux où la présence d'un sac volumineux interdit l'accès, n'effraierez pas l'automobiliste si vous faites du stop, et surtout, vous pourrez ramener de votre voyage bien plus de choses que ceux partis avec un sac déjà bourré à craquer.

Donc, sauf si le climat doit s'avérer rude ou le voyage demander certains équipements, inutile de s'encombrer de plus de 10/12 kilos au départ.

Rangement

Remplissez progressivement en mettant sur le dessus ou dans des endroits facilement accessibles les choses qui pourront vous être utiles pendant votre déplacement.

N'oubliez pas de remplir les "creux" comme l'intérieur des chaussures avec des affaires plus petites, enroulez serrés vos vêtements pour qu'ils prennent moins de place, utilisez des sacs plastiques en guise de séparation (ça protégera encore de l'humidité).

Enfin, n'oubliez pas que par la suite, comme vous, celui-ci devra être parfois protégé des intempéries (sursac) et des voleurs (d'où l'intérêt de pouvoir le garder avec soi dans les transports ou de le porter sur le ventre dans la foule).

Léger !

"Qu'emporter ? Un seul conseil, voyagez léger ! Beaucoup de choses peuvent se trouver sur place (moustiquaire, savon, lessive, bougies, etc.), pas la peine de se charger avec des provisions ! Si nous nous sommes restreints au minimum côté vêtements (2 T-shirts et 2 pantalons/jupes), nous nous sommes chargés de certains équipements bien utiles : une tente, des duvets et sacs à viande, une pompe à filtre Katadyn, un appareil photo reflex numérique (plus pour les beaux souvenirs que le côté pratique, car un peu encombrant) et de bonnes chaussures de marche."

YAN ET GÉRALDINE
http://yanetdge.blog.com

► Matériel à emporter : revue de détail

Le sac de couchage

Prévoyez-le de qualité si vous comptez dormir dehors ou sous la tente sous des climats un peu frais, sinon plus. Dans le cas contraire, aucun intérêt de vous encombrer d'un duvet cher, chaud et volumineux. Toutefois, même s'il est prévu de dormir sous un toit, un drap ou mieux un duvet léger (peu cher) sera toujours utile, ne serait-ce qu'à cause de l'état des literies de certains hôtels, ou de l'absence de couvertures dans certains trains couchettes en 2e classe.

Pour être en forme le jour, il est nécessaire de bien dormir la nuit. À l'évidence la qualité et le choix judicieux du matériel de couchage, et en premier lieu du sac, sont donc primordiaux pour la réussite d'une randonnée, d'une expédition et même à la limite de n'importe quel voyage. Et comme pour toute chose, mieux vaut connaître à l'avance les critères qui guideront ce choix, ainsi que quelques principes de base bien utiles.

Il doit vous garder au chaud

Le rôle d'un sac de couchage est de maintenir au chaud celui qui l'occupe. Cette chaleur provenant directement de l'occupant, le sac doit la garder dans un volume réduit en évitant au maximum les déperditions.

La qualité d'un sac de couchage est tout d'abord fonction de la couche d'air contenue à l'intérieur du garnissage. Il est donc important de tenir compte de la différence de volume entre le sac comprimé dans sa housse et à l'air libre. Plus cette différence sera importante, meilleures en seront les caractéristiques. Le dessus d'un sac est toujours plus chaud que le dessous, qui se trouve comprimé par le poids du corps.

Sur un sol froid ou humide, un isolant si possible peu compressible (parfois inclus dans certains couchages) devient utile, permettant parfois d'économiser jusqu'à 10 °C. De même des accessoires annexes comme des housses pour bivouac, sur-sacs ou draps de duvet peuvent améliorer les caractéristiques spécifiques d'un sac. La chaleur provenant avant tout du corps, les "sarcophages" seront toujours, à caractéristiques égales, plus performants que les sacs "couverture". En effet, les premiers main-

En plume ou synthétique ?

Le sac de couchage en plume aura le rapport chaleur/poids optimum, car la plume est très compressible. Insurpassable pour affronter les températures très basses (en Himalaya par exemple). Notez aussi sa grande légèreté.

Toutefois aujourd'hui la plume se fait largement rattraper par certaines fibres thermiques synthétiques, qui assurent un séchage très rapide (à la différence de la plume). Autres avantages, moins de problèmes d'allergie et une grande résistance, mais pour un poids souvent plus élevé ! On les privilégiera pour les températures moyennes à basses (jusqu'à -10 ou -15 °C).

tiennent la chaleur dans un espace plus réduit et évitent de la laisser s'échapper. En plus de la forme, autant choisir un modèle d'une bonne longueur (environ 30 cm de plus que votre taille). Enfin, sachez que les matériaux et les modes de fabrication jouent aussi un rôle important au niveau thermique.

La forme couverture, un sac rectangulaire, avec ou sans capuche, est plus ample, en général aussi plus lourd et encombrant que le sarcophage. À qualités égales, il coûte souvent moins cher.

La forme sarcophage correspond à des duvets rétrécis en largeur au niveau des pieds et munis d'une capuche. Certains, appelés "sarcophages anatomiques", épousent complètement la forme du corps, augmentant ainsi les performances du sac. Plus adaptés au portage que les sacs couverture, les "sarco" sont souvent appréciés par les randonneurs et les montagnards.

Signalons que, quels que soient la forme et les modèles, la plupart du temps les sacs sont jumelables entre eux (d'où le peu d'intérêt d'investir dans un biplace).

Un duvet selon vos besoins

Avant tout tenez compte de vos besoins d'utilisation du sac de couchage. Pensez aux conditions climatiques prévues (température, humidité, vent), au type de couchage (camping, bivouac, dur, avec ou sans matelas), au mode de transport (portage ou véhicule), plus bien sûr à vos propres capacités de résistance. N'oubliez pas non plus que si chaque type de sac est garanti jusqu'à une certaine température minimum, celle-ci correspond à la limite permettant de passer une nuit sans trop de gros problèmes. Mieux vaut donc quand même déduire 5 à 10 °C de cette température ou se fier à la température de confort indiquée pour obtenir la zone réelle de confort maximum.

Surtout qu'il n'existe toujours pas de normes officielles pour mesurer la température minimum d'utilisation d'un sac. En fait chaque fabricant est maître de ses tests et a ses propres normes.

! Où ranger le duvet

Une fois ce duvet acheté, il faut lui trouver une place dans votre sac à dos. Casez-le à l'intérieur si vous avez de la place, ce sera le mieux. Et au fond du sac, car vous ne le sortirez que le soir. Dans les régions poussiéreuses ou humides, pensez à l'enfermer dans un sac en plastique. Si le sac est trop plein, rangez-le sous le rabat, ou servez-vous des sangles ou des courroies extérieures sur le sac.

Protégez vos plumes

Sursac. Il sert à protéger votre duvet de l'humidité, du vent et des sols difficiles. Il peut éventuellement aussi remplacer un tapis de sol. Mais vu le poids en plus (400 à 500 g) et le prix (45 € minimum), autant en avoir vraiment l'utilité.

Housse. Hormis pour les moins chers (et encore), les sacs sont en principe toujours vendus avec leur housse. Si ce n'est pas le cas, prévoyez-en une imperméable ou à imperméabiliser (au pire un sac-poubelle peut faire l'affaire, mais quand même...). Généralement les dimensions d'une housse tournent autour de 30 à 45 cm de long pour un diamètre de 25 à 45 cm, et le prix est aux alentours de 15 € et même moins. Dans cette gamme de prix il existe des housses avec sangles de compression permettant de gagner de la place. C'est un système vraiment conseillé et, à la limite, prévoyez des sangles ou un lacet à cet usage si la housse n'en a pas.

La tente

En gros, même principe que le sac de couchage pour ce qui est de la qualité. Et si vous n'avez que peu de chances de camper pendant votre voyage, pas la peine là non plus de vous charger inutilement. De plus, dans beaucoup de pays, on peut louer ce genre de matériel... sans oublier que dormir à la belle étoile est souvent plus sympa que de s'enfermer sous un bout de nylon.

Critères de choix

Avant d'acheter une tente, il faut considérer son poids, sa surface, sa résistance et surtout les conditions où vous l'utiliserez. Mais, hormis bien sûr pour des environnements extrêmes ou particuliers, on trouvera facilement des modèles de tentes biplaces convenables pour 40 à 90 €, d'un poids de 2 à 3 kg, avec avancées et moustiquaires, offrant des espaces d'en moyenne 2 m de long pour 1,20 à 1,50 m de large et 1 à 1,20 m de hauteur centrale.

Les magasins spécialisés

Bien sûr, hormis peut-être pour les articles d'entrée de gamme, mieux vaut acheter votre matériel dans des magasins spécialisés. On y bénéficie d'un plus grand choix, et surtout de conseils de vendeurs compétents et expérimentés.

► AU VIEUX CAMPEUR
À Paris
48, rue des Écoles, 75005 Paris. Tél. : 01 53 10 48 48.
Également des magasins à Lyon, Thonon, Sallanches, Strasbourg, Toulouse.
www.auvieuxcampeur.fr

► DÉCATHLON
Dans toute la France.
www.decathlon.fr

► GO SPORT
Dans toute la France.
www.go-sport.com

► ANDASKA
À Paris
17, cour Saint-Emilion, 75012 Paris.
Et dans les centres commerciaux de la Défense, de Velizy.
www.andaska.com

Pratique !
Vente par correspondance, un excellent catalogue !
► EXPÉ
Tél. : 04 76 36 02 67.
www.expe.fr

► BALADEO
spécialiste de couteaux
www.baladeo.com

Les différentes formes de tente

Canadienne

Autrefois c'était le modèle de tente le plus répandu, mais elle n'était pas très résistante au vent ni au froid. Préférez la canadienne avec avancée, pour faire la cuisine à l'abri. Elle convient pour une utilisation basique.

Igloo ou dôme

C'est devenu le modèle standard, ne serait-ce que grâce à la facilité et à la rapidité de montage. La tente igloo dispose de deux mâts qui se croisent au centre. Celles qui ont des mâts gonflants et forment un dôme ont l'avantage d'offrir plus de place au centre, surtout en hauteur, et de résister à des vents même très violents. L'igloo est vraiment le modèle conseillé pour partir en voyage.

Tunnel

Ce sont des tentes assez chères mais très résistantes aux conditions climatiques extrêmes. La tente et le double-toit sont cousus ensemble, permettant une bonne circulation de l'air.

Bivouac

En fait c'est un hybride entre la tente et le duvet, généralement fait pour une personne. Deux arceaux tenant une toile, un peu plus de 2 m de long pour moins d'1 m de large et à peine 50 cm de haut (claustrophobes s'abstenir !), le tout pesant moins d'1 kg. Mais à un prix relativement élevé (75 € minimum, souvent plus). Une solution toujours possible pour les campeurs solitaires.

La tente et ses astuces

Fibre ou alu, c'est le top
Préférez des mâts et des structures en fibre ou en alu, ils sont légers et résistants, et ils se montent rapidement.

N'oubliez pas votre lampe électrique ou mieux encore une lampe frontale qui permet d'avoir les mains libres pour monter la tente la nuit.

Tendez bien la toile
Protégez-vous du vent ou de la pluie en tendant bien la toile extérieure, qui ne doit jamais toucher l'habitacle intérieur !

Séchez-la vite
La règle première est de laisser sécher votre tente avant de la ranger. En cas d'obligation, la sortir au plus tôt pour l'aérer et ne la replier qu'une fois sèche. Enfin, n'oubliez pas de l'imperméabiliser régulièrement.

Optimisez le rangement
Pour moins d'encombrement, séparez les piquets et arceaux (à fixer à l'extérieur du sac à dos) de la toile qui, elle, se range pliée à l'intérieur.

Conseil ABM !

Entraînez-vous à monter votre tente neuve chez vous. Vérifiez que rien ne manque !

► Matériel à emporter : revue de détail

Matériels divers pour la nuit

Couverture de survie

Contre le froid et, on ne le sait pas toujours, contre le chaud, avec pour principe d'arriver à diffuser à l'intérieur la température du corps. Surtout utile en trek et camping, avant tout en zone et en période froides. Cela dit, pour les premiers modèles, l'encombrement, le poids (100 g) et le prix (env. 8 €) peuvent vous décider à en prendre une avec vous.

Sac à viande

C'est un drap de forme classique ou sarcophage dont le but premier est d'éviter un contact direct avec autre chose, mais pas vraiment d'isoler. Une alternative au duvet léger qu'on peut emporter en voyage. Certes il est moins lourd (300 à 400 g), plutôt moins encombrant, et son prix est quasi identique à celui d'un duvet bas de gamme (un peu moins de 15 €), mais sa fragilité et sa faible protection ne le rendent pas forcément plus intéressant que le duvet. On peut s'en coudre un soi-même, plus agréable en coton qu'en soie, mais il sèche moins vite.

Tapis de sol ou matelas autogonflant

À prendre uniquement si vous comptez passer des nuits dehors. Principal critère de sélection : l'encombrement (souvent variable pour une même qualité). Pour les tapis ou mousses, comptez moins de 15 € pour un poids de 300 à 500 g en moyenne. Les tapis dits "ondulés" sont meilleurs au niveau confort et isolation que les "lisses", bien qu'ils soient plus fragiles et un peu plus volumineux.

Quant aux matelas autogonflants, en principe un peu plus confortables, ils coûtent nettement plus cher (au moins 38 €), sont plus lourds (500 g à 1 kg) mais sans être plus volumineux, et ils sont plus fragiles (il faut un kit de réparation) que les mousses.

Lit de camp pliable

Existe depuis quelque temps en format compact, même s'il s'agit plutôt en l'occurrence d'une simple toile sur armatures. Pour les plus petits modèles pour une personne, comptez 3 kg, un volume en roulé-démonté de 60 x 10 x 10 cm, le tout aux alentours de 15 €. Réfléchissez quand même à l'utilité.

Hamac

Inclure accessoirement une moustiquaire. Utile à l'occasion en randonnée ou en mer, mais un peu gadget quand même, sauf en Amazonie !

Choisissez un hamac compact et donc peu encombrant, léger, en matière synthétique pour qu'il ne craigne pas les intempéries, sans armatures en bois, mais avec crochets et corde pour l'attacher.

Premiers prix aux alentours de 15 €, 200 à 250 g pour les plus légers, qui peuvent se ranger pour certains dans un format de la taille d'une grosse canette.

Pensez avant d'acheter que vous trouverez un large choix de hamacs dans bon nombre de pays.

Oreiller gonflable

Peut être remplacé par une housse de duvet ou des vêtements. Autrement, comptez moins de 15 € (environ 100 g).

Réveil de voyage
Un accessoire indispensable. En petit format pour souvent moins de 15 €.

Boules Quiès et masque antilumière
Les boules sont toujours utiles, le masque l'est un peu moins.

Petite lampe, option frontale
Avec piles en sus. Indispensable, encore plus en rando ou pour marcher de nuit, où la frontale est d'ailleurs conseillée. Divers modèles torches pour quelques dizaines d'euros, environ 25 € pour les Maglite (longue portée), et 15 € pour les premières frontales.
Et dans tous les cas, à peine quelques dizaines de grammes à porter en plus.

Cadenas
Très utile pour fermer la chambre dans certains hôtels, et parfois pour cadenasser vos affaires. Pour l'utiliser à plusieurs et éviter de perdre la clé, prenez un modèle à combinaison classique (< 8 €) et surtout à câble (15 à 25 € pour 80 g environ). Le modèle avec câble d'environ 1 m rentrant dans le boîtier permet en effet d'attacher ou de saucissonner un ou plusieurs sacs entre eux, tout ça à la dimension d'un cadenas classique !

Conseil ABM !

Pour accrocher des choses sur le sac ou dans la tente, utilisez des mousquetons.

© Odile PAUGAM

Pour manger

Seul ce qui vous sera vraiment utile régulièrement mérite d'être emporté. En clair, n'apportez vos provisions et ustensiles que si vous disposez d'un véhicule, ou si vous faites de la randonnée ou voyagez dans des pays réellement hors de prix comme la Scandinavie.
Hormis pour certains treks et expéditions, pas la peine de s'encombrer. Seul le couteau suisse et à la limite la gourde sont indispensables.
Autrement, il existe toute une gamme de nourritures lyophilisées ou déshydratées, équilibrées et énergétiques, toutefois un peu chères pour qui n'en a pas vraiment l'utilité.
Autre option, moins calculée au niveau nutritif mais beaucoup plus économique, les soupes, nouilles, purées et autres produits en sachets au supermarché du coin. Mais là aussi, est-ce qu'on va vraiment s'en servir ? Par contre, un petit reconstituant (barres ou tablettes) est le bienvenu en cas de coup de pompe.

Popote complète
Utile en camping et en randonnée, sinon parfaitement inutile, hormis la petite cuillère pour les yaourts.
Allez, prenez quand même le minimum !

Une assiette, un gobelet, des couverts, un plat-casserole, le tout sous forme de popote. Évitez le plastique, trop fragile, l'alu est mieux. Comptez pour une petite popote de base de 8 à 15 €, et environ 250 g pour 15 cm de diamètre et une dizaine en hauteur. Pensez aussi au produit vaisselle (dans un petit flacon étanche), à l'éponge et au torchon.

Réchaud

Même intérêt et remarques de base que pour la popote. Donc, uniquement pour certaines randonnées, et le camping si vous ne choisissez pas des terrains équipés pour la cuisine.

Il existe plusieurs types de combustibles pour les réchauds. C'est cela qui détermine le choix d'un modèle, ainsi que sa durée de vie et sa capacité à monter en température.

L'essence ou le pétrole est bon marché, disponible dans le monde entier et idéal pour les basses températures. L'odeur n'est pas des plus agréables et le transport sous forme liquide pas toujours évident. En attendant, avec un réchaud à essence, vous pourrez aller n'importe où et trouver facilement à le recharger. Léger inconvénient, ces réchauds sont souvent un peu plus chers que les autres à l'achat (à partir d'environ 45 €) mais ils seront rapidement amortis vu le prix du combustible.

Le gaz est facile à allumer et très vite opérationnel. Son conditionnement en cartouche est pratique, mais il coûte plus cher que l'essence et surtout il n'est pas disponible dans certains pays (attention aussi, le gaz est interdit en soute en avion). À partir d'environ 23 € pour un miniréchaud globe-trotters (et moins de 8 € la recharge), pour un poids de 400 à 500 g, pas toujours très stable.

L'alcool à brûler sous forme solide (préférable) ou liquide souffre d'une montée en température longue et peu efficace. Le réchaud à alcool est en revanche souvent bon marché (à partir de 8 € et moins de 200 g pour les plus basiques), y compris pour les recharges solides (quelques euros la boîte de pastilles).

Il est conseillé de bien protéger le réchaud et son combustible dans un sac séparé, et de le nettoyer régulièrement. Un paravent peut être utile (environ 15 € et 300 g pour un modèle simple), tout comme bien sûr un briquet ou des allumettes qui résistent à l'humidité (ou alors gardez-les précieusement dans un sac étanche).

Couteau suisse

L'outil indispensable pour le voyageur avec sa fonction multiusage : tire-bouchon, ouvre-boîte, lime, pince à épiler, tournevis, etc. N'hésitez pas à en choisir un bon et solide, avec étui, en y mettant le prix (38 € minimum pour au moins 100 g). Évitez par contre les poignards et autres engins de survie à la Rambo, strictement sans intérêt en voyage et sources de problèmes aux frontières.

Gourde

Indispensable en rando, avec housse isotherme (12 € environ), voire sangles pour attacher au sac ou à la ceinture. Sinon elle sert finalement assez peu en continu, et un modèle de base, petit (0,5 l) ou alors "compressible", à quelques euros, sera largement suffisant pour dépanner en cas de soif.

Petit matériel

Stylos (deux), surligneur, carnet, c'est une base à garder sous la main. Le carnet (à feuilles détachables) est utile pour, entre autres, marquer et montrer une adresse aux gens lorsqu'on est perdu. Prévoyez aussi des petits papiers avec vos nom, adresse, etc. pour garder le contact avec ceux que vous rencontrerez. Ceux qui font du stop apprécieront d'avoir un gros marqueur pour écrire le nom de leurs destinations.

Transformateur

Relativement cher, lourd et encombrant. Préférez les appareils 110/220 V.

Jumelles avec étui

Bien peu de voyageurs en prennent alors qu'un petit modèle reste très utile pour les balades dans la nature (même s'il est vrai qu'on peut parfois en louer). Comptez 40 à 75 € pour des petites jumelles de base 10 x 10 cm de dimensions moyennes et un poids de 200 g.

Et les Shadoks pompaient…

"Dans cette histoire, les Shadoks, c'est un peu nous puisque, quasiment chaque matin, Aude et moi pompons. Je m'explique. Comme nous l'avons déjà annoncé, nous avons emporté avec nous un petit filtre à eau, plus efficace que les simples pastilles type Micropur qui ne traitent pas les virus, sur les conseils du médecin de voyage de l'Institut Pasteur. Après une bonne heure passée au Vieux Campeur, nous avons choisi le modèle Katadyn Mini (oui, c'est encore des Suisses :op), compact et léger (le plus léger possible en fait, car il fallait le porter), nous permettant quand même de tenir l'année à deux, puisqu'il a une capacité de filtrage de 7000 litres. Au début, ce filtre ne devait nous servir qu'en cas de secours, si nous ne trouvions pas d'eau en bouteille, mais le petit appareil nous ayant quand même coûté plus de 100 €, j'ai rapidement décidé d'en tirer le maximum (et puis, c'était toujours autant de bouteilles en plastique en moins dans l'environnement, les pays que nous visitons n'ayant pas tous de structure de recyclage). Chaque matin, sauf en cas de crise de flemme aiguë, c'est le même rituel, et nous nous mettons à la manœuvre."

MIKAEL ET AUDE BECK

Appareils de mesure, informatique, orientation

Altimètre, curvimètre, clinomètre, podomètre : pour la montagne, ainsi que pour les traversées à pied.

Thermomètre et baromètre : utiles pour apprécier la météo.

Boussole : indipensable dès qu'on sort des sentiers battus.
Vous trouvez aujourd'hui plusieurs fonctions réunies dans une même montre-ordinateur (Casio, Sector, Suunto...).

Ordinateur portable
Il faut vraiment en avoir l'utilité ! Même ceux qui partent longtemps et laissent un site à gérer auront intérêt à trouver un webmaster pendant leur absence ou à utiliser les ressources des cybercafés.

Petit matériel Hifi / Informatique
Clé USB . Utile pour stocker infos, journal de voyage, etc., et les relire d'un cybercafé à l'autre (généralement équipés PC).

Page Web perso (et liste de diffusion). Pour garder un double de son carnet d'adresses, la copie de ses papiers, des billets d'avion, des numéros de chèques de voyage, etc. La liste de diffusion ? Abonnez-y vos proches et donnez de vos nouvelles à tous d'un coup.

GPS
Le système GPS (Global Positioning System) est un moyen de se repérer dans l'espace, développé initialement par l'armée américaine puis mis à la disposition du public moyennant certaines limitations (précision limitée d'abord à 100 m puis, récemment, à 10 m).
Son principe est le suivant : une vingtaine de satellites aux horloges parfaitement synchronisées sont en orbite autour de la Terre et émettent des signaux à intervalles de temps réguliers. Le récepteur capte ces signaux ; en calculant les différences des temps de trajet des signaux, il évalue par trigonométrie la localisation géographique.
Par rapport aux moyens traditionnels de navigation, les avantages sont la précision, la rapidité, l'indépendance vis-à-vis des conditions géographiques ou météorologiques.
Les inconvénients sont le non fonctionnement dans les lieux encaissés (canyons, gorges, milieu urbain dense) et la dépendance au courant électrique : ne pas oublier de faire avant de partir une provision suffisante de piles !
Certains pays voient également d'un assez mauvais œil l'utilisation d'un GPS (n'oubliez pas qu'il s'agit d'un produit d'origine militaire US). C'est le cas notamment de la Chine et surtout de la Russie. Dans ce dernier pays, la possession d'un GPS est même passible de prison ferme.
Dans les autres pays, vous ne devriez pas rencontrer de problème en faisant preuve d'un minimum de bon sens : ne relevez pas ostensiblement des points devant un bâtiment pouvant être considéré comme stratégique (pont, poste de police, cantonnement militaire, relais radio...). En cas de doute, contactez l'am-

bassade avant votre départ. Pour éviter les soupçons sur place, profitez du fait que de loin, un GPS ressemble un peu à un téléphone portable.
Les récepteurs GPS sont maintenant disponibles dans beaucoup de magasins concernés par le voyage (FNAC, Vieux Campeur...). En fonction de leurs possibilités, leurs prix s'échelonnent entre 170 et 860 € environ pour les modèles dits de terrain.
Les deux principaux constructeurs sont Garmin et Magellan. Les différences de prix sont fondées sur la rapidité des unités et les fonctions associées : boussole, altimètre, baromètre, cartes électroniques, etc. La précision reste en revanche la même quel que soit l'appareil.
L'option boussole intégrée n'est pas à négliger. Un GPS de base peut donner des indications sur un cap en fonction du déplacement, mais à l'arrêt, c'est impossible. La plupart des GPS équipés d'une boussole permettent de donner un cap (et d'orienter la carte électronique) en utilisant le capteur magnétique intégré à l'arrêt, et en utilisant les satellites lorsque la vitesse de déplacement est suffisante pour que la mesure soit fiable.
Certains GPS peuvent être munis d'une antenne réceptrice déportée. Utile sur les anciens modèles, qui étaient souvent moins sensibles, cet accessoire l'est beaucoup moins sur les modèles récents, qui fonctionnent très bien sur la place passager d'une automobile.

Comment utiliser un récepteur GPS

Tout seul

Même sans carte, un récepteur GPS vous rend de nombreux services grâce aux fonctions intégrées dans tous les récepteurs (voir ci-dessous).

Avec une carte papier, qui apporte des informations géographiques précieuses.

Avec une carte électronique

L'utilisation de cartes électroniques, sur un ordinateur portable ou un assistant numérique type Palm Pilot simplifie grandement la navigation, mais augmente les contraintes dans des proportions non négligeables (poids, alimentation électrique, câbles de connexion).
De nombreux logiciels existent, avec des bases de données cartographiques couvrant l'Europe, l'Amérique du Nord et le Japon. Vous branchez simplement votre GPS sur le port série de l'ordinateur, vous lancez le programme et celui-ci vous affiche automatiquement votre vitesse et votre position sur la carte.
En fonction du programme utilisé, l'ordinateur peut également vous donner votre direction, l'itinéraire le plus court, le plus rapide ou le plus intéressant pour vous rendre à votre destination, votre heure approximative d'arrivée, etc.
Pour les pays moins développés (où l'utilisation d'un GPS présente le plus d'intérêt), le problème est le même qu'avec les cartes papier : l'absence de cartes suffisamment précises de ces régions. Vous pouvez tenter de numériser des cartes et de les compléter en utilisant des repères GPS connus. Ce travail fastidieux est rendu encore plus difficile par les erreurs de recalage induites par la rotondité de la Terre.

Garder le cap !

“Au départ, pour nous repérer, je n’avais prévu qu’une simple boussole, dont nous n’aurions l’utilité qu’en randonnée (à coupler bien sûr avec l’achat de cartes topographiques sur place). Pour le reste, les plans de ville du Lonely Planet feraient entièrement l’affaire.
Une boussole, ça n’a rien d’extraordinaire me direz vous, et c’est tout à fait ce que je pensais moi aussi avant d’aller l’acheter au Vieux Campeur. Demandant conseil à un vendeur, celui-ci me répond d’un ton catégorique que, comme nous partons pour à la fois l’hémisphère sud et l’hémisphère nord, il nous faut une boussole de type Global System de la marque Recta (60€ tout de même, ça se paye, la précision suisse !). Sans vraiment chercher à comprendre, je me dis qu’il doit sûrement avoir raison, et je jette mon dévolu sur le modèle DP-65, modèle de randonnée bien protégé dans un boîtier résistant aux chocs.

De retour à la maison, je cherche quand même à comprendre pourquoi il me fallait une boussole type Global System.
Et grâce à la notice du fabricant, tout s’éclaire ! En effet, “l’intensité verticale du champ magnétique dénommée inclinaison n’est pas partout pareille, ce qui influence la position horizontale de l’aiguille”. Les fabricants compensent cet effet avec deux capsules différentes : l’une pour l’hémisphère nord et l’autre pour le sud. Avec le Global System de Recta, la boussole fonctionne sous toutes les latitudes !
Niveau boussole, nous étions donc parés.
En ce qui concerne le GPS, l’idée, au départ, n’était pas d’acheter un récepteur GPS classique (nous avions la boussole pour nous guider !), mais plutôt un enregistreur de coordonnées, l’objectif étant d’enregistrer à intervalle régulier notre position, pour d’une part, géolocaliser nos photos une fois rentrés en comparant la date et l’heure de la photo avec la date et l’heure des points enregistrés, et pouvoir visionner sur Google Earth par exemple, >>

>>

où nous étions vraiment passés. Le problème était de trouver un appareil doté de suffisamment de mémoire pour enregistrer nos trajets pendants plusieurs mois sans devoir les télécharger sur un ordinateur, et qui puisse également être paramétré directement (choix de la fréquence d'enregistrement des points, par exemple) sans devoir passer par une application tournant sur un PC ou un PDA.
Après avoir étudié une trentaine de modèles (merci OpenStreetMap http://wiki.openstreetmap.org/), j'ai trouvé la perle rare !
Il s'agit du modèle Genie BGT-31 de Locosys (http://www.locosystech.com/), un petit récepteur de la taille d'une carte de crédit qui a la particularité d'accepter des cartes mémoires de type SD jusqu'à 2 Go, ce qui me laisse une marge de manoeuvre assez importante pour de nombreux jours d'enregistrement de nos trajets, même à une fréquence de 1 s !
Le bonus, c'est que j'ai découvert par la suite que ce récepteur était doté de toutes les fonctions classiques des GPS. Je peux donc facilement tenir Aude au courant de l'altitude et du nombre de km déjà parcourus lors de nos randonnées !"

Mikael et Aude Beck

En conclusion, un GPS est un instrument extrêmement utile en voyage. Il est même actuellement déconseillé de faire de grands raids dans le désert sans en emporter un... ou deux, histoire de ne pas dépendre d'un appareil unique.
L'absence de cartographie précise des trois quarts du globe bride encore un peu son utilisation. Pour contribuer à régler ce problème, relevez les points des centres d'intérêt (villes, villages, sites naturels, bons hôtels, restos...) et notez les sur les fiches-pays d'ABM : vous simplifierez beaucoup le trajet des personnes qui partiront après vous.

@ Sur le Web

- www.ign.fr
- www.geoportail.fr

Les sites Internet de l'IGN.

Fabricants GPS

- www.garmin.com
- www.magellan.com.fr

Les deux principaux fabricants de GPS. Utile pour choisir le modèle qui vous convient.

Le GPS, seul ou avec carte papier

Avec juste les fonctionnalités intégrées
• Fonctions “distance” et “traceback” : vous entrez votre point de départ et la machine calcule la distance que vous avez parcourue (à l'aller) ou qu'il vous reste à parcourir (au retour).
• Podomètre : le GPS calcule la distance totale parcourue, à condition bien sûr de le laisser en marche en permanence. Prévoyez dans ce cas une grande provision de piles.
• Éphémérides : vous déterminez les heures de lever et de coucher du soleil en fonction de votre localisation géographique. Beaucoup plus utile qu'il n'y paraît !
• Altimètre : assez peu précis, sauf sur certains modèles. Ne surtout pas l'utiliser en avion. Il peut tout de même vous rendre quelques petits services en montagne.

Avec une carte papier
• Pour la France, les nouvelles cartes IGN possèdent la graduation UTM. Il s'agit d'une graduation décimale kilométrique, plus simple à manier que les heures, minutes et secondes. Il suffit de faire le point et de le reporter sur le quadrillage de la carte ; c'est à la fois simple et très rapide. Les cartes Michelin sont graduées en degrés et minutes.
• À l'étranger, il faut se procurer des cartes graduées en degrés, minutes, secondes, comme les cartes ONC et TPC (disponibles au Vieux Campeur et sur **www.nima.mil**). La précision réelle de ces cartes est assez aléatoire. Elles peuvent toutefois être complétées en entrant les coordonnées GPS de points de référence.
• Les coordonnées d'à peu près tous les endroits possibles de la Terre peuvent être retrouvées sur Internet, le site susmentionné étant un bon point de départ pour vos recherches. Les guides spécialisés sont également de plus en plus nombreux à les mentionner. Citons notamment (voir aussi pages précédentes) le *Sahara Overland* ou la remarquable *carte-guide Shell du Botswana*, absolument indispensable lorsque vous vous rendez dans ce pays.

Conseil ABM !

Le GPS ne fait pas tout ! Pensez à acquérir quelques notions d'orientation.

Google Earth

Google Earth vous permet d'accéder directement à n'importe quel point du globe terrestre et d'examiner des images satellite, des cartes, des bâtiments 3D et ...

► **www.earth.google.fr**

LA PHOTO EN VOYAGE

Avec l'évolution du matériel, on serait tenté de croire qu'il suffit désormais d'appuyer sur un bouton pour obtenir à tous les coups une bonne photo. Malheureusement, une bonne photo n'est pas forcément une belle photo, c'est-à-dire une image agréable à regarder ou qui interpelle ceux qui seront amenés à la voir. Quel que soit le niveau de sophistication du matériel, le cadrage (du moins d'origine) et le contenu de l'image sont toujours (ou encore) du ressort de celui qui prendra la photo, l'appareil ne faisant que retranscrire les capacités du photographe. Mis à part le scoop en effet, c'est la sensibilité propre à chacun qui fera la différence. Donc autant cultiver cette différence en appliquant quelques règles de base, en respectant aussi quelques principes lorsque vous photographiez des personnes.

À chaque thème son approche

Portraits, paysages, animaux, scènes de la vie, etc., on n'aborde pas chaque thème de la même manière et sur le même principe. À chacun sa démarche certes, mais quelques règles communes demeurent de mise.

Autant se poser déjà la question de l'intérêt du sujet et surtout de son meilleur angle de prise et des détails qui l'entourent. Il faudrait toujours pouvoir transformer mentalement ce que l'on voit en une image papier.

Et laisser de côté son affectif. Ce n'est pas parce qu'on a vécu quelque chose de fort dans un lieu que n'importe quelle photo du site suffira à retranscrire cette émotion. Il peut être très intéressant de s'inspirer du travail des autres (photographes connus), de feuilleter la presse pour découvrir des idées de cadrage, de mise en scène, et surtout de décortiquer pour mieux comprendre et reproduire les photos les plus remarquables.

Portraits

Dans l'intention au moins, le portrait est souvent le point fort de nombreux reportages. Un bon portrait nécessite d'abord que le sujet oublie l'objectif, donc à vous de vous faire discret ou de mettre la personne en confiance. Si le cadrage est bien sûr important (laissez "respirer" le sujet), c'est la lumière qui très souvent fera la différence. Évitez les lumières frontales pour jouer sur les ombres et les contre-jours qui donnent du relief. C'est au petit matin et en fin de journée que les lumières sont les plus belles. Et puis réduire la profondeur de champ permet de mieux détacher le visage de l'arrière-plan et de travailler ainsi à des vitesses plus rapides pour des sujets remuants.

Scènes de la vie

Comment retranscrire un moment de vie et son intensité dans une image fixe ? En travaillant son reportage ! De nombreux événements ou ambiances demandent

en fait toute une série de prises pour arriver à faire passer leurs contenus. Même si vous ne devez garder qu'une photo, c'est souvent un reportage au milieu d'un autre reportage. Prévoyez votre coup en saisissant les points forts (moments, actions, personnages, etc.), en variant les angles et les cadrages qui eux aussi joueront évidemment sur l'impression donnée par l'image.
Attention à l'envie de zoomer, c'est utile pour des gros plans, mais les images les plus intéressantes seront souvent obtenues en rentrant dans le sujet au grand angle. Et puis bien sûr veillez à privilégier l'humain ou le vivant, c'est quand même la moindre des choses pour photographier des scènes de la vie.

Actions

L'action dans l'effort, la vitesse, la difficulté, le risque est une intensité, voire une tension, à faire passer. Il faut donc savoir se placer et déclencher au bon moment, sans oublier que l'essentiel est de montrer l'action ou le contexte et non le point de vue de celui qui la vit.
Privilégiez le décor en cadrant pas trop serré, travaillez à des vitesses rapides tout en ménageant des profondeurs suffisantes pour compenser d'éventuelles mises au point imprécises. Jouez sur les contrastes en choisissant les espaces où le sujet se découpera au mieux.

Les animaux

Safari photos ou chasse occasionnelle, traquer un animal exige plus de temps que de matériel, même si un zoom évite nombre d'approches compliquées. Il est utile d'étudier son sujet, son milieu, ses habitudes pour se placer au bon endroit et l'aborder en douceur, sans risque de le faire fuir. Ce sera d'autant plus facile tôt le matin ou au contraire en fin de journée. Sans oublier toutefois que c'est d'abord avec de la patience (ou directement dans les zoos) que l'on fait les meilleures photos d'animaux.

Paysages et monuments au panoramique

Comment obtenir dans son intégralité un paysage ou un monument sans que celui-ci se retrouve noyé dans un premier plan vide ou sans intérêt ? En disposant d'un appareil panoramique ou simplement en faisant agrandir la photo prise normalement et en la découpant au format panoramique. Il suffit d'enlever la partie haute et/ou basse sans intérêt.

La photo en trek et en randonnée

À l'évidence, plus que toute autre forme de voyage, le trek comporte un lot de contraintes pour le photographe.
La plupart des gens qui font un trek prennent des photos. Il faut dire que les sujets ne manquent pas : les paysages, les habitants, les maisons et bâtiments, la faune et la flore, les marchés, les inévitables couchers de soleil, et tant d'autres. Bref, en trek tout est différent, et donc digne d'être photographié…
Tout d'abord, comme il vaut mieux marcher léger, évitez de vous embarquer avec trop de boîtiers (maximum deux) et des objectifs trop nombreux. Le pied photo est superflu : prenez appui sur des pierres ou autres supports naturels.

N'oubliez pas qu'en altitude, le poids à porter devient vite un problème.

Devant un superbe paysage à contre-jour, il est parfois impossible d'attendre que le soleil tourne ou de revenir plus tard. Et pas question de changer de chemin parce que de l'autre côté de la vallée l'angle pour photographier tel ou tel sommet serait meilleur. En trek, on est là pour marcher, et la photographie passe après ! Dans ces cas-là, on prend la photo et on passe son chemin.

Conseils sur la photo

▶ **http://www.marches-lointaines.com/tutoriels/photo-trek.htm**
Un bon site perso avec plein de conseils et techniques pour prendre les meilleures photos en randonnée ou en trek à travers le monde.

Photographier les personnes

Prendre en photo les gens que l'on rencontre est toujours délicat. En voyage, on ne fait bien souvent que passer et on n'a guère le temps de gagner la confiance des personnes que l'on croise. Or la confiance est en principe la condition de base pour un consentement de leur part. Sans cela, on risque un refus, ou alors on obtient simplement un accord en échange d'une photo à envoyer une fois rentré, ou encore pire d'un cadeau à donner.

En cas de refus, ou plus subtilement si la personne ne donne pas son accord manifeste, un dilemme se présente au photographe voyageur. D'un côté il a très envie d'avoir une photo de la personne, et de l'autre il a le sentiment que, s'il prend quand même le cliché, il vole son image à quelqu'un dans le but de satisfaire un désir purement égoïste. Imaginez-vous face à des touristes qui viendraient vous photographier chez vous pendant vos activités ou votre vie de tous les jours. Quelle serait votre réaction, qu'en penseriez-vous ? Cela vous aidera peut-être à perdre l'envie de photographier le premier autochtone qui passe à portée d'objectif !

La pire des attitudes en la matière consiste à vouloir monnayer une séance photos, notamment avec des enfants à qui l'on donnera des bonbons ou des stylos. Déjà les bonbons peuvent leur donner des caries, qu'ils ne pourront que rarement soigner faute de moyens ou de dentiste à proximité. En plus le fait de donner systématiquement quelque chose contre une photo aboutira rapidement chez eux à l'idée que touriste = bonbons + stylos. À partir de là, il ne faut pas s'étonner d'être souvent harcelé en arrivant dans n'importe quel lieu de la planète par des gamins qui vous crient “hello, give a pen”, ou “give me one dollar”, et bien sûr “donne-moi un bonbon”…

Gestion des photos (PAR MIKAEL ET AUDE BECK)

Matériel emporté pour Aude :
• Compact numérique Canon Ixus 55, accompagné de deux batteries et de leur chargeur.
• Deux cartes-mémoire SD 2 Go.
• Un petit trépied
Pour moi :
• Reflex numérique Canon EOS 350d + objectif Sigma DC 18-200 1:3.5-6.3, accompagné de deux batteries et de leur chargeur.
• Un filtre polarisant Hoya ;
• Deux cartes-mémoire Compact Flash de 4 Go et deux de 1 Go.
• Un lecteur USB de cartes-mémoire multiformat.
• Un grand trépied.
• Un kit de nettoyage pour objectif, complété par un stylo Lens-Pen, qui nettoie les lentilles grâce à son système exclusif à base de particules de carbone (merci Christelle & Julien !).
En complément, bien évidemment, nous avons pris avec nous un adaptateur universel pour prise électrique, ainsi qu'une multiprise.
Maintenant, parlons un peu de stockage des photos. Sûrement le plus gros problème que j'avais à résoudre avant le départ. Aude n'était pas trop concernée, n'ayant pas la même tendance que moi à appuyer sans arrêt sur le déclencheur de l'appareil !
Plusieurs options s'offraient à moi :
1) la plus classique : la gravure de cédéroms dans les cybercafés, le long de la route ;
2) la plus gourmande en débit : le téléchargement des photos sur un site spécifique, en l'occurrence Fotki, où j'ai déjà un compte.
3) la plus chère : acheter un déchargeur de carte (disque dur portable sur lequel est monté un lecteur de carte-mémoire, le déchargement se faisant de façon automatique en pressant un bouton).
J'ai tout de suite écarté l'option 2, suspectant que les débits ne seraient pas à la hauteur. Et après avoir sérieusement envisagé les deux options restantes, j'y ai finalement renoncé.
En effet, si la gravure de cédéroms est gérable sur des vacances de quelques semaines, cela devient plus difficile >>

>>

en tour du monde : ça prend de la place, c'est du poids en plus, et il y a toujours le risque de casse ou de perte des cédéroms.
Pour le déchargeur de cartes, outre le prix non négligeable (environ 350€ pour la taille de disque me convenant), c'était courir le risque de casse (pièces mécaniques en rotation du disque dur) ou de vol, ce type d'appareil attirant tout de même plus le regard qu'un vulgaire cédérom.
Au final, j'ai opté pour une quatrième option inédite, quand j'ai réalisé qu'il existait désormais des clés USB de 32 Go à prix abordable. J'ai donc embarqué dans mon sac deux clés USB Corsair Voyager de 32 Go (je me suis peut-être un peu monté la tête, mais j'ai préféré choisir un modèle tout terrain, quitte à le payer un peu plus cher)… Oui, deux clés USB, toujours pour plus de sécurité. Si la première venait à être volée, perdue, cassée, corrompue, il me resterait toujours la deuxième en secours. Et je range bien évidemment les deux clés à des endroits différents, toujours pour limiter les risques.
Et pour finir, abordons le traitement des photos. Pris au jeu des clés USB, j'en ai même ramené une troisième de 4 Go remplie de logiciels portables (logiciels pouvant se lancer directement depuis la clé USB) indispensables pour traiter mes photos, mais qu'il était peu probable que je retrouve sur les PC des cybercafés. Ça donne donc :
Les essentiels
• Super Copier • XnView • Photoshop
Les bonus (tant qu'à faire, et ça peut toujours être utile)
• Firefox • FileZilla • Open Office • Kaspersky Antivirus (INDISPENSABLE, car deux virus depuis le départ !) • Kill Process (m'a déjà bien servi et plus d'une fois, la commande Ctrl+Alt+Suppr étant systématiquement bloquée par l'admin) • 7-Zip • Virtual Dub (rajouté dans la liste depuis l'Équateur, pour le traitement des petits films que nous tournons avec l'appareil photo d'Aude)
Curieux au sujet des logiciels portables ? Je vous invite de ce pas à vous rendre sur les sites suivants :
• **www.clubic.com/article-83988-1-logiciels-portables-meilleurs-outils-poche.html** (petite introduction sur le sujet)
• **portableapps.com** (suite de logiciels)
• **www.framakey.org** (une autre suite de logiciels)

La photo numérique

L'appareil photo demeure l'objet symbolique par excellence du voyage. Depuis quelques années, les boîtiers numériques prennent le pas sur les modèles argentiques. À juste raison puisqu'ils offrent de nombreux avantages.

Fini les pellicules !

Première satisfaction, l'instantanéité du résultat : vous visualisez votre photo, et l'exploitation sur informatique est directe puisqu'un branchement USB est suffisant pour charger les images sur ordinateur. Et il est désormais à la portée de tous d'améliorer les photos grâce aux nombreux logiciels de traitement d'image disponibles sur le marché.

Sur le plan du coût, la disparition de la pellicule au profit d'un capteur numérique réutilisable à l'infini permet de faire de sérieuses économies par rapport à l'achat de films et au développement.

Peut mieux faire encore

Néanmoins la photo numérique a encore quelques inconvénients .

Le principal est le long temps de réaction (1/2 seconde à 1 seconde) des boîtiers compacts au déclenchement.

Ensuite le déchargement et le stockage des photos peuvent poser rapidement problème. De plus il est en principe possible d'envoyer les images par mail mais lorsque la liaison Internet se fait par le biais du téléphone, elle est lente et souvent très instable.

La consommation électrique demeure le talon d'Achille des boîtiers numériques, gros consommateurs d'énergie. Prévoyez d'emporter un stock important de piles ou des batteries rechargeables, avec un adaptateur international.

© Karine MEUZARD

Quel appareil acheter ?

La qualité du matériel et des tirages ne cesse de s'améliorer et répond aujourd'hui aux exigences de la grande majorité des utilisateurs, même les plus avertis. La compacité et le poids de l'ensemble interviendront bien sûr dans le choix final, mais le plus intéressant est de prendre un boîtier possédant entre 4 et 5 millions de pixels au minimum.

Les grandes marques d'appareils photographiques traditionnels ont aussi élaboré des gammes de boîtiers numériques. Évoquons la bonne qualité des compacts des G4 ou G5 de Canon, ou la série Coolpix de son concurrent Nikon. Si vous êtes plus intéressés par un reflex numérique, Canon produit un EOS 10d ou un EOS 300 D de bonne facture.

Grande fourchette de prix
La fourchette des prix est, à l'instar de tous les autres produits de haute technologie, extrêmement importante.
Les premiers appareils numériques s'affichent vers 200 € et grimpent jusqu'à plus de 9 000 € pour les boîtiers professionnels haut de gamme. Il semble raisonnable de compter une somme de 500 ou 900 € pour un boîtier reflex de qualité.

© Martine GALBOIS

La carte mémoire
Elle est à l'appareil numérique ce que la pellicule est à l'appareil traditionnel : indispensable. De capacité variable, la carte mémoire permet d'enregistrer vos photographies. Plus elle sera importante, plus vous pourrez y stocker de photos. Les cartes les plus courantes affichent 250 Mo. Mais certaines cartes compact flash peuvent monter jusqu'à 2 GO. Vous pouvez également sauvegarder vos photos sur CD,ou sur clé USB, cela se fait dans les cybercafés que vous croisez sur votre route (mais attention aux virus).

@ COMPARATIFS NUMÉRIQUES

Les propositions tarifaires sur Internet sont sans nul doute les meilleures.
Néanmoins, par le biais du site Rue Mongallet, il est possible de faire une étude comparative entre plusieurs magasins parisiens ayant pignon sur rue.
► **www.rue-montgallet.com.**

© Witold KUBEK

Ksar
© Karine MEUZARD

Dolpo
© Gérard LAUGIER

4 - Conseils divers

Totem amérindien.

Bien vivre le voyage

Le voyage est source de nouveauté quotidienne, mais avec cela, d'imprévus, voire de galères. Quelques rappels pour savoir comment se comporter, quoi faire quand on a tout perdu, rester en contact…

Rencontres du voyage et Internet

"Ne pas avoir de rendez-vous peut manquer lorsqu'on voyage au long cours. Un inconnu, dénommé Pascal, me contacte par mail peu avant mon départ. Il a décidé de rejoindre le Népal par voie terrestre à partir de la Belgique et me propose de faire un bout de route ensemble pour passer la frontière iranienne. Faire plus de vingt heures de bus juste pour boire un café avec lui m'amuse. Internet me donnera encore la possibilité de retrouver des personnes tout au long de nos périples respectifs sur les routes du monde."

ANNE-SOPHIE MAUFFRÉ
Rencontres, carnet de route d'un tour du monde.

LES PASSAGES DE FRONTIÈRES

Dans une grande partie de l'Europe et quelques autres pays, le passage des frontières ne présente guère de difficultés pour la plupart des voyageurs (du moins en principe). Ailleurs, ou pour certains types de voyages, notamment lorsque l'on circule avec son propre véhicule, il arrive fréquemment que la frontière soit délicate à franchir. Sans pour autant que les risques de se voir refouler soient énormes, mais il vaut mieux se préparer à quelques difficultés. Il faut parfois du temps et de la patience, et cela peut aussi coûter quelque argent non prévu au programme…

Pour éviter les ennuis, première chose, que vous le vouliez ou non, les douaniers et la police seront toujours en position de force par rapport à vous, avec le pouvoir de vous refouler ou d'allonger vos tracas s'ils le désirent (et ils le savent !). Donc, à moins d'avoir de bonnes relations locales ou d'aimer les procédures, les complications et les pertes de temps inutiles, ne l'oubliez pas. Ce qui ne veut pas dire pour autant qu'il faille accepter tout et n'importe quoi sans rien dire ni faire. Il est simplement utile de connaître quelques trucs pour s'éviter trop de désagréments.

Comportement

Une seule règle : rester toujours calme. Même si les choses traînent ou se compliquent, rien ne sert de s'énerver et de jouer à l'occidental donneur de leçons qui vient généreusement offrir ses dollars au pays. Presque toujours, cette attitude consistant à juger les choses d'après ses propres critères, notamment de temps et d'efficacité, renforce vos interlocuteurs dans leurs convictions et bloque d'autant plus la situation. Personne n'aime être déconsidéré dans son travail. Restez calme et poli, ce qui ne vous empêche pas d'ailleurs de pouvoir être ferme s'il le faut. C'est juste une question de manières.

Quant à vouloir, en cas de problèmes, en référer à des autorités supérieures, aux représentants de votre pays, etc., regardez-y à deux fois avant de vous engager. Sauf si les choses deviennent réellement graves, mieux vaut s'abstenir ; et encore faut-il d'ailleurs savoir à qui vous adresser sur le moment ! En remontant la hiérarchie, vous risquez de compliquer la situation au point de la rendre à un moment donné "officielle", sans réelle possibilité alors d'arrangements à l'amiable ni de sortie "honorable" pour l'une ou l'autre des parties, sans parler du temps et autres désagréments que cela demande.

À la limite, quitte à vous plaindre, faites-le après ou au retour auprès des autorités compétentes, même si cela risque fort de n'avoir aucun effet.

Il est parfois assez difficile à certains postes frontières de trouver au premier coup d'œil les bureaux et les bons employés. Inutile de s'énerver : commencez par regarder et demander autour de vous. Souvent on vous renseigne automatiquement avant même que vous ayez dit quoi que ce soit. Contre quelques billets, on vous propose parfois aussi de vous aider dans vos démarches. Comme pour les guides, c'est à vous de voir ; mais si vous ne parlez pas la langue, que vous vous trouvez face à des formalités un peu complexes ou que vous avez envie de régler les choses rapidement, c'est une solution. Comme toujours, négociez les prix avant.

Devant "l'animation" qui peut parfois régner à l'intérieur d'un poste de douane, pas de panique non plus. Observez les choses, repérez le "chef", et adressez-vous à lui. Aux postes frontières qui ne voient guère d'occidentaux, vous deviendrez vite pour les uns et les autres une curiosité, un faire-valoir (notamment pour le chef), et une source d'approvisionnement en cigarettes (grandes marques appréciées) sinon en dollars.

Sans pour autant vous faire plumer, ne

© Stéphane CLÉMENT

"I love you", me lance le douanier

"Nous sommes le 6 août quand nous pointons l'ombre de notre passeport à la frontière kirghize. Loin de la terreur qu'inspirent les militaires d'Asie centrale, ce poste-là ne manque pas de folklore. Après avoir dûment collecté tous nos reçus d'hôtels et autres factures comme l'oblige la loi, c'est déçus que nous remballons notre collection de paperasses recyclées qui n'intéresse personne. Le garde-barrière est plutôt ravi de voir des touristes par les temps qui courent, et tout ce qui l'intéresse, c'est de parler anglais. Sans doute a-t-il trop écouté de pop américaine mielleuse. Et je ne peux m'empêcher de retenir un léger rire quand, avec une charmante naïveté et l'air le plus confus de la terre, il me lance un désarmant : "I love you"... sans doute parce que c'est la seule phrase qu'il connaît de bout en bout. Celui-là, je ne l'oublierai jamais. Des frontières comme ça, on en veut bien tous les jours. Il n'a même pas mis de tampon dans le passeport !"

CLAIRE ROUAULT

rejetez pas ces contacts, au contraire. Cela vous permet de créer une relation dont on tiendra peut-être compte ensuite en cas de problèmes. Quelques mots de la langue locale favoriseront d'autant plus vos échanges. Respectez également les pratiques locales : ne fumez pas si personne ne le fait, ne vous asseyez pas systématiquement par terre car c'est parfois mal vu de la part d'un Européen. Et dans certains pays, mieux vaut que cela soit un homme plutôt qu'une femme qui effectue les démarches, à plus forte raison qui discute s'il y a des problèmes.

En parlant de problèmes justement, contentez-vous des vôtres et n'allez pas intervenir dans ceux des locaux, même si vous êtes témoin de pratiques discutables comme le racket par les policiers (assez courant à certaines douanes africaines), voire certaines interpellations. Il y a peu de chances que vous connaissiez toute l'histoire, et d'autre part vous ne pourrez pas faire grand chose.

Conseil ABM !

Comportement discret et tenue adéquate limiteront les difficultés aux frontières.

© Stéphane CLÉMENT

Frontières : de la tenue !

Comme tout le monde, vos interlocuteurs vous jugeront d'abord, même si ce n'est pas délibéré, sur votre apparence. Or, dans certains pays, le style sac à dos n'est pas toujours apprécié. Donc, premier point, faites un effort de tenue pour passer les frontières.

Dans bon nombre de pays du “tiers-monde” un voyageur, sous-entendu “un occidental”, arrivant pas très net (et donc dans l'esprit de beaucoup pas très riche) ne sera pas bien perçu par les autorités locales, surtout si certains parmi ses interlocuteurs ont vécu en Europe ou aux USA. Le touriste version “Kathmandou-routard-zonard” n'est pas vraiment ce que recherchent la majorité des pays ; ce qui dans un sens peut tout à fait se comprendre.

Aussi au niveau de la tenue, abstenez-vous de tout ce qui peut choquer, tant dans l'originalité excessive que par rapport aux us et coutumes locales. Ainsi, dans beaucoup de pays musulmans, les femmes devront éviter un habillement trop léger (ailleurs aussi, mais pour d'autres raisons...). De même, évitez de parler aux douaniers avec vos lunettes de soleil sur le nez. Cela peut en effet être perçu comme une attitude de dédain ou, pire, faire planer des soupçons sur vous : “pourquoi cache-t-il son regard ?”

Frontières : les trois règles d'or

"Trois règles d'or pour passer une frontière sans encombres, surtout valables pour les voies terrestres.
1 – Ne jamais prendre de photo d'une frontière, de ses abords, d'un flic ou d'un militaire. Cela peut coûter très cher. Valable aussi dans les ambassades ou les consulats. Certains l'ont payé d'une nuit de prison.
2 – Ne jamais s'énerver. Un douanier est par définition susceptible, borné et orgueilleux. Il a tout pouvoir et peut vous empêcher de rentrer dans son pays s'il le veut. En Afrique, un passage de douane se joue parfois à la tête du client et à l'humeur du douanier ; restez cool, diplomate et un zeste démagogue, ils adorent ça.
3 – Ne jamais s'avouer vaincu. Un non n'est jamais définitivement un non tant que vous n'avez pas fait demi-tour. À part les dictatures et les Chinois, qui sont les plus bornés et les moins aimables de la terre (même les militaires birmans sont plus souriants), certaines situations arrivent parfois à se débloquer sans que l'on comprenne vraiment pourquoi. Dans les pays musulmans, si discussion il doit y avoir (frontière, police, contrôle de route, consulat) envoyez un homme plutôt qu'une femme, on vous entendra mieux."

Claire Rouault

Bagages

À l'évidence, mieux vaut être en règle. De façon générale, c'est aux aéroports que vos bagages seront les plus fouillés, à l'aller (toujours) comme au retour. Par voie terrestre, les douaniers s'intéresseront un peu moins sinon par curiosité à vos affaires, sauf s'ils ont décidé de faire du zèle ou que la frontière se situe dans une zone de trafics ou à risques. Toutefois, gardez en permanence un œil dessus pour éviter que l'on se serve de vos bagages pour détourner l'attention de la police en y déposant des choses prohibées (pendant ce temps la voie est libre ou en tout cas moins surveillée pour les vrais trafiquants). D'un autre côté, ne transportez rien qui puisse irriter les douaniers : alcools dans certains pays musulmans, aliments et autres denrées interdites pour cause sanitaire, lectures jugées subversives par le régime (à vous de juger lesquelles), etc. Au mieux vous

Protection

“Le sac à dos est très pratique… mais difficile à contrôler du fait de ses nombreuses poches et ouvertures. Par contrôler j’entends s’assurer que rien n’a été volé… ni glissé à notre insu, comme, par exemple, un sachet de drogue comme cela arrive dans certains pays où le donateur dénonce ensuite le porteur du sac pour toucher une prime.
La solution que j’ai adoptée est de mettre le sac à dos dans un gros sac en toile basique (comme ceux utilisés sur les marchés) et léger qui offre le double avantage d’être discret et facile à contrôler. Au moment de le récupérer, s’il n’est pas coupé ou que le cadenas (un peu moins discret mais plus sûr) n’a pas été cassé, on peut supposer qu’il n’a pas été manipulé...”

Xavier Champagne

aurez droit à la confiscation et au pire à une fouille plus approfondie assortie parfois de quelques autres tracasseries. Dans certains pays insulaires (Australie, Nouvelle-Zélande...), on ne peut entrer avec des objets en matière naturelle (bois, plantes, graines...). Ces objets seront confisqués.
Sur un autre registre, n’acceptez jamais de prendre le bagage de quelqu’un que vous ne connaissez pas ou peu, spécialement en avion. Et surtout jamais de drogues, y compris légères ou en toute petite quantité, lors du passage d’une frontière ; cela même s’il est reconnu de tous que celles-ci sont en vente libre ou presque dans le pays. En cas de découverte, vous auriez de réels ennuis pouvant déboucher sur de longues années de prison, et même pire dans certains pays du Sud-Est asiatique. N’oubliez pas non plus qu’en rentrant, vous aurez à passer la douane de votre pays.
On rappelle aux Français que, pour les voyages dans l’Union Européenne aussi bien que pour les autres pays, il existe des réglementations précises sur les biens et marchandises. L’achat de contrefaçons est un délit, l’importation de certaines plantes et animaux vivants aussi

Documents exigés

En pratique, les difficultés de passage d’une frontière sont le plus souvent liées à l’absence des documents de voyage nécessaires. Renseignez-vous avant votre départ, ou en cours de route le cas échéant, sur les formalités de base et sur les documents à présenter (passeport, visa, carnet de vaccination, etc).

Passeport et visas

Attention à la validité de votre passeport, certains pays exigent en effet que celui-ci soit encore valable 6 mois après la

date de retour prévue (et pour peu que le contrôleur soit tatillon...).
Même chose si vous partez longtemps. Certains visas ont une validité d'utilisation limitée. Dans ce cas, on pourra soit les prendre au dernier moment, soit demander qu'ils soient post-datés (ce qui se fait généralement sans problèmes pour quelques jours).
Dans certains pays, le visa peut être théoriquement obtenu à l'arrivée sur le territoire. Si vous avez choisi cette option, demandez confirmation aux autorités consulaires avant de partir (y compris par écrit si vous pensez qu'il y a risque). Et au moment d'entrer dans le pays, évitez si possible le petit poste frontière dans lequel le personnel ne sera pas forcément au courant et vous refoulera sans chercher à comprendre.
D'autre part, la durée de votre visa sera fonction de la date retour inscrite sur votre titre de transport ou, si vous continuez par voie terrestre et avez un billet open ou à validité supérieure au séjour autorisé, du bon vouloir du préposé.
Très souvent donc à la tête du client... Pour cette raison aussi, mieux vaut faire bonne impression (et le cas échéant y aller de son charme).
Ne pas oublier d'autre part que s'il faut un visa pour entrer, il faut également la plupart du temps faire tamponner son passeport avant de quitter le pays. D'où la nécessité de chercher parfois le fameux tampon, lequel d'ailleurs ne sera pas forcément toujours situé au poste frontière. S'il s'agit d'un coin perdu, le bureau en question peut très bien être dans une localité plus importante.

Matériel photo et vidéo
En parallèle, on pourra parfois vous demander la copie des factures de votre matériel photo ou vidéo. C'est cependant relativement rare et concerne surtout les douanes de votre pays dès lors que vous rentrez d'une destination réputée pour ses bonnes affaires en la matière. Pour éviter les ennuis, on peut faire enregistrer gratuitement son matériel sur un carnet de libre circulation. Il suffit de présenter celui-ci et les factures (y compris de paiement des taxes si l'objet a été acheté à l'étranger) auprès du service des douanes.

Ressources, "motifs du voyage" et autres
Au-delà des documents légaux, on risque fort dans certains pays de s'intéresser aussi à vos ressources et aux motifs de votre voyage. Sur ce dernier point, à moins d'être envoyé par votre entreprise avec tous les papiers en règle, dites toujours que vous voyagez en touriste, même si vous espérez faire des affaires ou trouver un job sur place.

En effet, dans la majorité des pays, le travail et même les études sont strictement réglementés au niveau des lois et demandent des formalités spécifiques. Et pour ce qui est du voyage d'affaires, il faut le plus souvent des visas aux coûts nettement supérieurs à ceux pour touristes. Dans le même genre d'idées, évitez si on vous le demande de dire que vous êtes journaliste ou que vous comptez faire un reportage sur le pays ; deux choses pas forcément toujours appréciées des autorités, notamment de celles des pays sous le feu de l'actualité. Bref, faites le touriste moyen.

Quant aux ressources, elles intéressent d'autant plus un douanier que vous avez l'air d'un voyageur à petit budget, en clair avec sac à dos. Une carte de crédit, un stock de chèques de voyage ou de cash (y compris en petites coupures pour faire plus épais) rassurent toujours. Si vous arrivez en avion, on vous demande souvent l'adresse d'un hôtel. Indiquez toujours un établissement milieu ou haut de gamme (mais pas trop quand même si vous n'avez pas le look), y compris si vous comptez dormir dans l'établissement le moins cher de la ville.

Dans le but d'augmenter les rentrées financières (mais aussi parfois de contrôler les visiteurs), certains pays peuvent à l'occasion refuser d'attribuer des visas aux individuels et n'accueillir que des groupes. En attendant, il faut savoir que de telles règles s'appliquent souvent aux demandes effectuées aux consulats en Europe, alors que dans les pays voisins, ou même aux frontières, l'individuel peut sans peine obtenir son visa. Le Laos a été, ces derniers temps, un cas typique dans ce domaine avec refus de visa fait aux individuels en France et obtention facile à Bangkok ou sur place.

Plus contraignante est par contre l'invitation obligatoire (en fait la même chose que des prestations), que l'on demande notamment pour les pays d'Asie centrale. Là, obligation de passer par une agence locale pour obtenir le visa et pouvoir franchir la frontière.

Autre source de "complication traditionnelle" aux frontières : vous ne possédez pas de billet de continuation. Certains pays, entre autres africains, ou asiatiques, ainsi que l'Australie, peuvent en effet poser problème si vous n'avez pas de titre de transport pour sortir du pays (et cela parfois dès la demande de visa). Si vous montrez que vous avez assez d'argent et expliquez que vous continuez vers un autre pays, les choses peuvent parfois s'arranger. Mais en cas de refus, il vous faudra acheter un billet d'avion plein tarif pour une destination proche. En cas de non utilisation, celui-ci vous sera en effet remboursé sur votre compte bancaire sans pénalités (une particularité des pleins tarifs), avec juste quelques frais de dossier. Seul inconvénient, cela peut prendre du temps et immobiliser une certaine somme.

Mais bien plus que le voyageur à pied, c'est celui qui se balade avec son propre véhicule qui rencontrera souvent le plus de tracasseries ; ne serait-ce déjà que par rapport aux papiers et documents particuliers à son véhicule (assurance, carnet de passage en douane…).

Enfin, en plus de tous ces documents "classiques", il y a ceux plus spécifiques au pays (formulaire d'immigration, attestation de paiement de taxes diverses, etc.). Vous n'avez pas intérêt à les perdre entre votre entrée et votre sortie du pays, sous peine de complications ou de dépenses supplémentaires.

QUE FAIRE QUAND ON A TOUT PERDU ?

Vol et perte

Le problème est différent selon qu'il s'agit d'un vol ou d'une perte incluant votre argent et vos documents de voyage ou "simplement" du matériel ou des affaires.

Équipement et matériel

C'est le moins grave car vous pouvez continuer votre voyage. Selon la situation, faites jouer les responsabilités et/ou l'assurance, quitte à racheter le plus urgent (gardez les factures) et vous faire rembourser ensuite. Faites une déclaration à la police pour les objets de valeur.

Argent et/ou documents

Ne gardez pas tous vos papiers et valeurs sur vous ! Laissez-en à l'hôtel dans le fond d'un sac, ayez des photocopies des pièces d'identité et chèques de voyage, billet d'avion, etc., et rangez-les séparément. Mieux encore, scannez ces documents avant de partir et stockez-les sur votre page perso sur Internet. Vous pourrez les imprimer dans un cybercafé en cas de besoin.

Passeport

Faites une déclaration à la police, qui établira un papier officiel pouvant servir par la suite, notamment pour signifier que vous ne pouvez pas présenter votre passeport aux autorités. Ensuite, faites établir un nouveau passeport en allant au service consulaire de l'ambassade ou à un consulat de votre pays (voire de l'Union Européenne s'il n'est pas représenté). Si vous avez une photocopie du passeport perdu ou si vous connaissez le numéro, la date (même approximative) et la préfecture où il a été établi, il est plus facile pour le consulat de vérifier et d'annuler le passeport précédent.

Nouveau passeport

Passeport

Pour en établir un nouveau, comme en France, il faut deux photos d'identité et l'équivalent de 89 € en monnaie locale pour payer les timbres fiscaux (d'où l'intérêt d'avoir réglé les questions financières avant). La demande d'établissement du nouveau document est alors envoyée par téléfax à votre sous-préfecture. La réponse peut prendre plusieurs jours, mais une fois reçue, le consulat sera en mesure d'établir le passeport de remplacement. En cas d'urgence, la demande peut être accélérée et l'on obtient alors un passeport provisoire valable généralement 3 mois, à renouveler une fois revenu en France (les timbres fiscaux sont par contre payés pour 10 ans et vous n'avez pas à les payer de nouveau).

Visas

Si vous aviez vos visas pour des pays à venir, il faudra les refaire (et repayer). Le fait d'avoir une copie de ceux qui sont établis sur le passeport perdu pourra toujours aider.

Billet d'avion

Dorénavant les billets sont électroniques, ils suffit de garder la trace sur une clé USB ou sur votre boîte mail. Si vous avez perdu ou ne trouvez plus de traces, vous devez racheter un nouveau billet. En vol régulier plein tarif, celui-ci vous sera remboursé (moins quelques frais) si l'ancien n'a pas été utilisé par quelqu'un d'autre et à échéance de sa validité (donc parfois un an, voire 18 mois après). Par contre, s'il s'agit d'un vol ou d'un billet charter, ou la plupart du "régulier négocié", il n'y a guère de chance de remboursement. N'oubliez pas de faire des copies de vos billets et avertissez au plus tôt la compagnie ou l'agence.

Carte de crédit et chèques de voyage

Faire opposition à sa carte le plus vite possible en téléphonant, en PCV si l'on n'a plus rien, au centre bancaire correspondant en France ou dans le pays d'origine. Pour les chèques de voyage, donner les numéros et présenter les reçus au centre correspondant (American Express, Thomas Cook, Visa...) pour un remboursement rapide. Si on ne les a pas, il est théoriquement possible d'être tout de même remboursé à condition de connaître exactement la date d'achat et l'agence de banque où on les a achetés. Sinon... adieu argent !

Conseil ABM !

Faites-vous des copies de vos billets de transport et passeports, très utiles en cas de perte !

Se renflouer financièrement

Si l'on n'a plus d'argent du tout, il existe un moyen d'en obtenir rapidement : la Western Union. Il s'agit d'une banque américaine (il en existe d'autres, mais celle-ci est la plus répandue dans le monde) qui a passé des accords avec un ou plusieurs agents locaux dans presque tous les pays du monde : banques, compagnies locales de téléphone, transporteurs de courrier comme les postes, DHL ou World Express...
Attention, toutes les succursales de ceux-ci ne sont pas obligatoirement des représentantes de la Western Union ; celles qui le sont possèdent une petite enseigne reconnaissable à sa couleur jaune et noir. Il existe un guide, consultable sur place, qui répertorie toutes les agences pays par pays. Ce livre est bien pratique pour connaître et communiquer l'adresse de l'agence en France la plus proche à la personne qui pourra vous envoyer de l'argent de là-bas. Vous pouvez utiliser également le service Paypal.
www.paypal.com

FRANÇAIS À L'ÉTRANGER

Pour avoir des conseils et les adresses des consulats à l'étranger :
LA MAISON DES FRANÇAIS DE L'ÉTRANGER
30, rue La Pérouse,
75116 Paris,
Tél. : 01 43 17 60 79.
Ouvert au public du lundi au vendredi de 9 h 30 à 17 h 30.
► **www.expatries.org**

Le rôle des consulats

En cas de problèmes à l'étranger, les services consulaires de votre pays (ou de n'importe quel pays de l'Union Européenne si votre pays n'est pas représenté) peuvent vous aider.
Au passage, signalons que ce sont obligatoirement les consulats et non les ambassades (celles-ci s'occupent uniquement des relations diplomatiques entre pays) qui sont à contacter.

Ce qu'un consulat peut faire

En cas de perte ou de vol de papiers
Il pourra vous procurer des attestations pour ce qui est du passeport, de la carte nationale d'identité ou du permis de conduire, sur présentation d'une déclaration faite au préalable auprès de la police locale. Après vérification, il pourra vous délivrer un laissez-passer vous permettant de rentrer en France ou, après consultation de la préfecture (ou du consulat) ayant émis votre passeport ou votre carte d'identité, vous délivrer un nouveau document.

En cas de problèmes financiers
Le consulat vous indiquera le meilleur moyen pour que vos proches puissent vous faire parvenir rapidement l'argent dont vous avez besoin. Par contre, il ne vous fera aucune avance sans la mise en place préalable d'une garantie.

En cas de problèmes avec la justice locale
S'il s'agit d'une arrestation ou d'une mise en prison, vous pouvez demander à ce que le consulat en soit informé. Celui-ci

Envois d'argent

Via la WESTERN UNION
Téléphonez, toujours en PCV si vous avez tout perdu, à la personne qui peut vous envoyer la somme d'argent pour qu'elle la dépose (impérativement en espèces !) auprès de l'agence de la Western Union en France, plus une commission assez importante (mais rien en regard du service rendu). Il semble que le dépôt soit limité à 450 €. Ce dépôt est enregistré sur ordinateur et en moins d'une heure, il est possible de le retirer à l'autre bout du monde dans une autre agence, en monnaie locale ou en dollars américains.

Quant à votre ambassade (ou consulat), elle ne vous dépannera, et encore, que de quoi survivre un ou deux jours, en attendant que vous régliez votre situation. Cela dit, dans certains cas, elle peut parfois aussi servir d'intermédiaire.

pourra alors en demander les raisons et faire savoir aux autorités locales que vous êtes sous sa protection.
Après votre accord, il préviendra votre famille et effectuera les démarches nécessaires afin que celle-ci puisse vous rendre visite. Il s'assurera aussi des conditions de détention et du bon respect des lois locales (qui ne seront pas forcément les mêmes que les françaises dans une situation identique ; ce sur quoi il ne pourra d'ailleurs rien changer).
Le consulat vous proposera enfin un choix d'avocats pouvant assurer votre défense. Les frais cependant seront évidemment à votre charge.

En cas de maladie ou d'accident grave

Le consulat pourra vous mettre en relation avec des médecins agréés par ses services, notamment francophones.
Il pourra aussi le cas échéant prévenir votre famille et envisager avec elle les mesures à prendre, comme l'hospitalisation ou le rapatriement.
Dans tous les cas, les frais engagés resteront à votre charge, d'où l'intérêt d'avoir souscrit une assurance.

En cas de décès

Le consulat prendra également contact avec la famille et la conseillera pour régler les formalités de rapatriement ou d'inhumation du corps. Dans ce cas-là aussi les frais seront à la charge de la famille ou des assurances.

Autres problèmes

Le consulat pourra toujours vous fournir une série d'adresses utiles et vous indiquer la marche à suivre afin de résoudre au mieux ces problèmes.

Ce qu'un consulat ne peut pas faire

Vous rapatrier aux frais de l'État, sauf dans des cas exceptionnels (comme une guerre) et sous réserve d'un remboursement ultérieur. Par contre, si votre agence ou votre compagnie aérienne vous laisse en plan, le consulat ne pourra pas se substituer à celles-ci.
Régler toutes dépenses ou amendes vous concernant.
Vous avancer de l'argent sans la mise en place préalable d'une garantie.
Vous délivrer immédiatement un passeport ou une carte d'identité.
Intervenir dans les lois locales, puisque tout étranger dans n'importe quel pays est soumis aux législations en vigueur dans celui-ci.
Assurer votre protection si vous possédez en plus la nationalité du pays dans lequel vous vous trouvez.

BAKCHICH, MARCHANDAGE, DROGUE

Le bakchich

En vogue dans la plupart des pays africains et asiatiques, voire parfois ailleurs. De plus en plus on vous demande un peu d'argent pour visiter un monument, un site, passer sur un pont, etc. Pour réduire un tant soit peu la prolifération de ce genre de pratiques ainsi que de la corruption, ne vous laissez pas abuser : refusez de payer un prix non justifié, et exigez toujours un reçu. Il est bien entendu qu'il vaut mieux essayer d'être diplomate, mais parfois piquer une grosse colère ou se montrer intransigeant peut calmer la situation. Si vous souhaitez donner une gratification en échange d'un service mérité, faites-le en toute discrétion, ou essayez de monnayer avec des affaires que vous avez, chaussures, montre, pantalon, tee-shirt.

Sachez que donner de l'argent, surtout à un enfant, ne reviendra pas à améliorer sa situation mais au contraire à habituer la population à un gain facile. Et raisonnez toujours dans la monnaie du pays (10 roupies sont très peu pour nous mais beaucoup pour un enfant indien).

© Karine MEUZARD

© Famille CHARPENTIER

Le marchandage

À l'instar du backchich, la pratique du marchandage est une pratique culturelle qui fait partie intégrante de l'acte d'achat dans les pays que nous visitons.

Il serait parfaitement vain de le remettre en cause. Marchander avant de conclure l'achat d'un bien dans un bazar ou à un marché, ce n'est pas simplement essayer de grappiller 10 ou 15 €, c'est aussi respecter le vendeur.

De toutes les façons, si vous voulez être certain de ne pas vous faire arnaquer, mieux vaut ne rien acheter !

Qui n'a jamais succombé à la tentation d'un tapis d'Iran ou "craqué" devant un tissu multicolore bolivien ? Comment éviter de se faire arnaquer ? Nous nous sommes tous posé la question, mais est-ce finalement la bonne ?

L'éternelle question ne serait-elle pas : combien suis-je prêt à mettre d'argent pour obtenir en échange la jouissance de tel ou tel objet ou service ?

Il est néanmoins nécessaire d'avoir toujours en tête quelques règles qui vous

© Famille CHARPENTIER

Conseil ABM !

Un bon marchandage se fait avec du temps, ne soyez pas pressé !

permettront de négocier au plus juste. Tout d'abord faites un état des lieux dans les différentes boutiques, fixez-vous un prix et proposez-le. Si tout le monde refuse, augmentez. La fourchette tarifaire varie en fonction des lieux.
Au bazar il faut carrément diviser le prix par deux ou trois. Dans les boutiques, comptez environ 20 % de marge à enlever. A contrario, même dans les souks les plus reculés "l'or n'est pas d'argent", un diamant ou un bijou en or pour trois fois rien risque de s'avérer être du toc. Alors méfiance !
Vous avez votre échelle tarifaire. C'est maintenant que les négociations commencent. L'idéal est de laisser le temps au temps, un rabais de deux ou trois euros se négocie en quelques minutes. Pour des rabais de plusieurs dizaines d'euros, il n'est pas rare de devoir discuter une heure.
Attention, prendre le thé offert par le marchand n'est pas synonyme obligatoirement d'acheter, c'est l'occasion aussi de raconter un peu sa vie et d'en connaître un peu plus sur le vendeur.
Mais de toutes les façons, il est impératif de ne pas tomber dans les pièges de ces rois de la vente que sont les bazaris ou autres négociants.

En premier lieu, fuyez comme la peste ceux qui vous diront "demain je ferme définitivement..." ou autres "je te fais un bon prix pour ouvrir la boutique". Ces marchands-là, au mieux nous prennent pour des rigolos, au pire...

Dans un deuxième temps, il ne faut jamais donner son prix en premier. Le vendeur sera donc en position de faiblesse s'il doit ouvrir les hostilités. N'hésitez pas non plus à partir doucement ou allez voir plus loin. Il est rare de ne pas retrouver la même chose à quelques mètres de là. Si votre proposition est intéressante, le vendeur vous rattrapera. Le jeu peut aller même jusqu'à revenir le lendemain et les jours suivants pour marquer de cette façon votre différence sur les hordes de touristes pressés.
Un argument fait certes souvent pencher la balance en votre faveur : "Et si je paie en dollars, cela fait combien ?" Mais il est dangereux d'entrer dans cette logique qui marginalise encore un peu plus les locaux au pouvoir d'achat réduit.

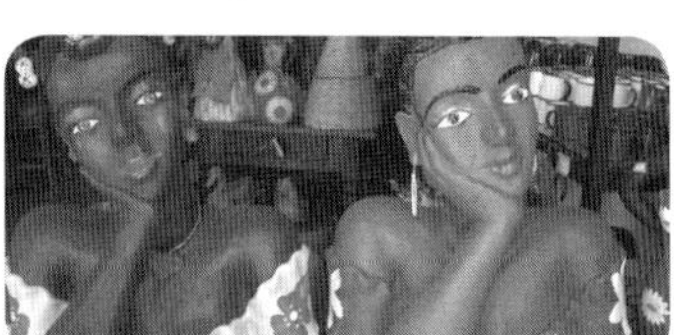

Négociations

"La négociation fait partie intégrante de la vie sociale de nombreux pays. Refuser le marchandage revient à se priver de cette relation à l'autre, et accepter de payer un prix déraisonnable (par rapport au coût local) ne rend service à personne :
Ça créé une inflation artificielle qui nuira aux clients suivants, étrangers comme locaux, qui devront payer plus cher.
Ainsi, en arrivant à la gare routière de Cuzco en fin de nuit, je cherche un taxi avec un autre voyageur, car les bus ne viennent que quelques heures plus tard. Des panneaux indiquent clairement le prix officiel qu'il est interdit de dépasser. Pourtant, tous les taxis demandent au moins le double du prix maximum, ce qui est exorbitant pour le Pérou. Je vois un chapelet de Péruviennes assises sur le trottoir un peu plus loin. Elles me confirment que ces prix sont illégaux, mais comme c'est l'heure à laquelle arrivent les cars d'étrangers qui sont prêts à payer trop cher, les prix s'envolent. Résultat : chaque jour, elles doivent attendre, parfois plusieurs heures, que les bus commencent leur tournée, pour que les taxis pratiquent des tarifs normaux et accessibles.
Ça nuit à l'économie locale en contribuant à l'émergence d'une économie parallèle où on gagne plus d'argent en vendant des cochonneries aux touristes qu'en travaillant autrement.
En Thaïlande, j'ai discuté avec une vendeuse sur le marché de nuit de Chiang MaÏ, royaume de la contrefaçon et de l'"artisanat" pour touristes. Elle avait suivi des études supérieures et était diplômée d'une école de commerce. Avec difficulté, elle avait trouvé un travail, mais elle s'en sortait bien mieux en aidant sa mère à vendre ces gadgets aux touristes, qu'ils payaient moins cher qu'en Europe, mais très cher pour la Thaïlande.
Quand tendre la main rapporte plus que de travailler, et que vendre des souvenirs rapporte plus qu'un travail correspondant à des études supérieures, on s'éloigne d'une économie pérenne…"

Xavier Champagne

► Bakchich / Marchandage / Drogue

Respect de l'autre

"Marchander c'est bien, mais respecter son interlocuteur c'est mieux. Un prix "juste"est celui que je paie en général, sachant que le vendeur trouve son compte tout en m'aidant à préserver notre dignité réciproque. Il n'est donc pas nécessaire de vouloir gagner trois francs six sous sur la pauvre vendeuse de fruits qui ne cherche qu'à nourrir sa famille et qui n'est pas confrontée quotidiennement aux touristes. De même l'achat d'une belle pièce d'artisanat se paie : là aussi, c'est une forme de respect. Le commerce équitable n'est pas autre chose que cela : le respect du travail d'un homme."

ALAIN GAULTIER

La drogue

Attention, dans beaucoup de pays, on ne plaisante pas avec la drogue. Le fait d'en posséder sur vous vous rend passible de lourdes peines de prison, et franchement ce n'est pas génial. Alors attention, si vous en consommez, de le faire discrètement et surtout d'être vigilant aux dealers de mèche avec les autorités qui se retournent ensuite contre vous. N'oubliez pas que certains voyageurs croupissent dans des prisons pour possession de drogue, donc si votre choix est de goûter aux substances locales, méditez bien votre action.

© Famille CHARPENTIER

Passeurs

"Dans certains pays d'Asie, les locaux qui font le commerce de la drogue ont sans cesse besoin d'avoir de nouveaux intermédiaires, têtes nouvelles vis à vis des autorités et de la police, pour la revente dans les pays occidentaux. On peut être tenté, pour gagner un peu d'argent, de "passer" juste pour une fois, ces substances illicites. Ce n'est bien sûr pas une chose à faire pour un voyageur, et cela peut coûter cher !"

KARINE MEUZARD

► Bakchich / Marchandage / Drogue

LE DÉCALAGE HORAIRE

C'est un problème que rencontrent trois voyageurs sur quatre suite à un vol long-courrier. Mais attention, selon les destinations tous les vols n'ont pas le même effet. Aller vers le nord ou le sud, et cela quelle que soit la distance, n'impliquera pas de désagréments majeurs (l'heure ne change pas, ou peu). Par contre vers l'ouest et surtout l'est, et à partir de quatre fuseaux horaires de décalage (une traversée de l'Atlantique, ou un vol pour Delhi) notre horloge biologique se détraque pour une durée de quelques jours à quelques semaines selon les individus. Fatigue, problèmes digestifs et troubles du sommeil sont les principaux maux ressentis, et d'ailleurs amplifiés parfois aussi par le changement d'habitudes ou des conditions climatiques différentes. Pour l'instant aucun remède n'existe.

Quelques petits trucs à savoir. Hormis pour des allers-retours rapides de moins de 4 jours, pour lesquels il vaut mieux garder sa montre à l'heure française, il est impératif d'adapter son rythme à l'heure du pays d'arrivée dès la montée dans l'avion, sinon même dès les jours précédents.

COMMENT S'ADAPTER À L'HEURE LOCALE

- Si l'on voyage vers l'ouest, l'adaptation sera plus facile, surtout si l'on se couche à l'heure locale, car on suit le soleil. La première journée étant plus longue, on s'endormira aussi plus vite.
- Par contre vers l'est, c'est pour le réveil qu'il est préférable d'adopter l'heure locale. Mais vous aurez beau faire, la première journée ou nuit étant raccourcie, les troubles seront toujours plus importants dans ce sens que dans l'autre.
- De même que si vous ressentez de l'anxiété en avion, il est déconseillé de trop manger ou de consommer des excitants comme le tabac, l'alcool ou le café.
- Également, autant éviter si possible de prendre des somnifères et autres médicaments afin de suivre au mieux son rythme personnel.
- S'exposer aux rayons du soleil dès son arrivée et limiter son activité, surtout physique, pendant les premières 24 ou 48 heures permet de mieux récupérer.
- En cas de traitement médical continu, l'heure locale ne doit pas être adoptée sans transition vu les risques de sur ou de sous-dosage.
- Enfin, il est utile de savoir que le sommeil se compose de cycles d'environ 90 minutes et qu'il n'est donc pas indispensable de dormir 8 heures pour être en forme. Dormir un nombre entier de périodes, même faible, sans réveil au milieu, est toujours préférable à vouloir dormir beaucoup et se réveiller en cours de cycle.

RESTER EN CONTACT

Bien qu'Internet devienne de plus en plus présent dans notre vie de tous les jours, il ne faudrait pas pour autant en oublier les autres modes de communication, y compris lorsqu'on est en voyage. Bref, qu'il s'agisse du courrier ou du téléphone, chacun a encore son utilité pour le voyageur.

Le courrier

Récupérer celui reçu à son adresse personnelle

Important pour ceux qui sont partis longtemps. Ce n'est pas parce que vous êtes à l'autre bout du monde que vous ne recevrez plus de courrier à votre domicile. D'ou l'intérêt de savoir comment récupérer celui-ci.

Il existe un service service gratuit et facultatif vous permet en quelques clics de déclarer à plusieurs organismes de votre choix votre changement de résidence principale et celui des personnes déménageant avec vous.

www.changement-adresse.gouv.fr/

Pas de problèmes pour ceux qui n'ont pas changé d'adresse et dont le logement est occupé par la famille/amis/colocataire/sous-locataire. Ce sont ces derniers qui récupéreront vos factures et autres missives avant de faire le tri et de les faire suivre. Sur le même principe, si votre logement est vide, laissez les clés à quelqu'un qui se chargera de cette tâche (c'est aussi, à l'évidence, conseillé pour des raisons de sécurité).

Par contre, si vous déménagez, vous avez intérêt à contacter avant le départ votre bureau de poste afin d'effectuer une demande de réexpédition du courrier. Moyennant 20 € environ, la poste vous fera suivre le courrier à l'adresse de votre choix (famille, amis...), du moment que celle-ci soit en France. Cette demande de réexpédition est valable pour 6 mois, qui sont renouvelables gratuitement pour la même durée.

En recevoir

Un peu plus compliqué, ne serait-ce que parce que vous ne savez pas forcément où vous serez à telle ou telle date. Mais, avec un minimum d'organisation, on peut toujours ou presque arriver à recevoir des lettres, et même des colis, en cours de route. Bien entendu, la réception de courrier en voyage concerne surtout là aussi ceux qui partent longtemps. Plusieurs solutions existent.

La poste restante

C'est le moyen le plus connu et traditionnel. Il existe des postes restantes dans tous les pays. Pas vraiment besoin d'en connaître l'adresse exacte puisque l'acheminement en poste restante se fait toujours à la poste centrale de la ville (General Post Office).

Le système fonctionne plus ou moins bien selon les pays, et que les pertes (organisées ?) ne sont pas rares. D'où, bien sûr, l'intérêt de ne jamais mettre d'argent ou quoique ce soit de valeur ou d'important dans les courriers à envoyer.

Lors d'un voyage, on pourra donc indiquer à ses proches les dates approximatives de passage dans les villes où l'on voudra recevoir du courrier. Au niveau dates, soyez cependant prévoyant et indiquez comme limite d'envoi au moins 10 ou 15 jours avant votre départ des villes en question, le temps que le courrier arrive. Le courrier en poste restante reste généralement en instance 3 semaines à 1 mois.

Bureaux American Express
Autrefois ils proposaient ce service gratuit à ceux qui disposaient de traveller's chèques American Express. Mais ce service de poste restante est désormais supprimé car trop peu utilisé.

Autres lieux de réception
A l'occasion, si l'on est sûr de séjourner dans tel ou tel hôtel d'une ville, on peut toujours indiquer l'adresse de celui-ci afin d'y recevoir son courrier. Mais attention, la pratique demeure très aléatoire, les hôtels n'aimant pas toujours faire office de bureau de poste, surtout si en plus on n'est pas client.
Quant aux consulats, n'espérez rien. Ils ont en général autre chose à faire.

Envoyer du courrier

Lettres et cartes postales
Pas grand-chose à dire sinon que vous avez intérêt à envoyer vos courriers depuis les pays où la poste est réputée bien fonctionner. De même, préférez les postes des grandes villes et évitez de laisser votre courrier à poster à un quasi inconnu (hôtelier ou autre), qui dans certains cas se chargera surtout de récupérer les timbres pour lui.
Et pour que vos lettres arrivent plus rapidement, choisissez toujours les envois par avion. Pensez aussi à glisser vos cartes postales dans des enveloppes.

Vous pouvez aussi prendre les services de l'agence COURRIER DU VOYAGEUR qui traite le courrier à votre place.
www.courrier-du-voyageur.com/

POSTE RESTANTE

- Un courrier en poste restante (formule identique en anglais) doit mentionner très clairement les coordonnées du destinataire, en indiquant le prénom puis le nom en majuscules soulignées, afin d'éviter que le courrier ne soit rangé à l'initiale du prénom par le préposé (une piste s'il ne le trouve pas).
- De même, ne jamais mettre "Monsieur" ou "Madame", qui pourrait aussi prêter à confusion alphabétique. On doit donc écrire :

Prénom NOM
Poste restante
General Post Office
Ville, Pays

- Le correspondant devra mentionner également ses coordonnées
au dos pour qu'en cas de non retrait du courrier celui-ci lui soit retourné
(ne rêvez pas, les retours souvent ne sont que théoriques).

Conseils divers

▶ Rester en contact

Colis et réexpédition

Que faire de votre surplus de bagages ? En effet, à la longue votre sac risque fort de déborder de souvenirs et autres achats effectués en route, sans parler des affaires dont on n'a plus besoin au fil du temps.

Dans ce dernier cas, on peut essayer la revente. Des fringues aux guides de voyage, tout peut généralement trouver acquéreur (boutiques, marchés, annonces dans les hôtels routards, etc.). Reste aussi la possibilité de réexpédier chez soi les affaires en excédent, soit par la poste (préférez comme pour le courrier les pays où les prix sont intéressants et la poste sûre), soit par la voie maritime (pour du volume) et à l'occasion par avion (cher).

Vous pouvez aussi confier des affaires à un compagnon de route sur le retour, ou mieux à vos proches si ceux-ci viennent vous voir pendant le voyage. En revanche, n'espérez pas trop qu'un inconnu se charge de vos colis dans un aéroport (un service à éviter de votre côté également bien sûr, pour des raisons de sécurité).

Conseil ABM !

Suivant le pays, un colis peut être perdu. N'y mettez pas ce que vous ne voulez pas risquer de perdre.

Fax et télégramme

Ce sont deux supports pour le moins en perte de vitesse vu les nouveaux modes de communication.

Le télégramme

Il a désormais quasi disparu. Donc, autant le reléguer aux oubliettes.

Le fax

Il a connu sa petite heure de gloire avant l'arrivée massive de l'e'mail.

En voyage, vous pourrez aussi bien recevoir qu'envoyer des fax depuis les postes mais aussi les hôtels (le plus simple et le plus pratique pour la réception) ou même parfois certaines boutiques.

Comme pour la poste restante, vous pouvez indiquer vos lieux de passage à vos correspondants, qui auront intérêt à mentionner de façon visible votre nom (majuscules et souligné) et, selon, la date approximative de votre passage. Il faut bien sûr qu'ils connaissent les numéros où vous faxer.

Vu la qualité parfois médiocre de l'impression, rédigez vos textes de manière aérée en prévoyant de larges marges. Écrivez lisiblement, en noir et pas recto-verso. Et n'oubliez pas, si vous souhaitez une réponse, le numéro (avec si possible l'indicatif depuis la France) auquel on peut vous joindre.

Quant au prix d'envoi (et parfois même de réception !) attention aux abus car, un peu partout dans le monde, l'envoi d'un fax est facturé bien au-delà du temps réel de communication. Et à la longue, ou pour plusieurs pages, le fax peut vite vous revenir assez cher…

Le courrier électronique

C'est un service Internet permettant aux utilisateurs d'échanger des messages par le biais d'ordinateurs serveurs agissant comme boîtes postales, n'importe où dans le monde.
Les grands fournisseurs de comptes de courriel gratuits sur le Web sont Windows Live Hotmail (Microsoft), Yahoo! et GMail de Google. Ils offrent un service de messagerie fonctionnant directement sur le Web via un navigateur (Internet Explorer, Firefox...).

Les messages expédiés par courriel peuvent être accompagnés d'une ou de plusieurs pièces jointes. Le poids d'une pièce jointe varie d'un service de messagerie à un autre.
Les grands fournisseurs de comptes de courriel gratuits sur le Web se lancent dans la course à l'espace de stockage : Yahoo! (espace illimité), GMail de Google (7 Go), Windows Live Hotmail (5 Go).
Obtention d'une adresse de courriel.

Il y a deux façons de se procurer une adresse de courriel :

• soit gratuitement, directement à partir d'une page Web (ex. : Windows Live Hotmail, Yahoo, GMail, etc.), sur un ordinateur ayant accès à Internet
• soit en s'abonnant à un fournisseur type Free, Orange...

Une adresse de courriel est composée de deux parties reliées entre elles par l'arrobas @ (at en anglais).
Ne laissez pas d'espace entre les parties d'une adresse électronique.
Le respect des majuscules et minuscules n'a aucune importance, mais comme les adresses Web doivent généralement être saisies en lettres minuscules, il faut garder l'habitude de saisir les adresses à la main.

Liste de diffusion

On peut créer des groupes de diffusion avec Yahoo groupes, ou alors utiliser Free **(http://ml.free.fr)** pour créer une liste de diffusion (compte mail obligatoire chez Free), cela vous permet d'envoyer vos messages à plusieurs personnes et de recevoir leurs réponses.

Sites à consulter

www.hotmail.com, www.gmail.com, www.yahoo.fr, www.free.fr, www.orange.fr

Le téléphone

Première chose à ne pas oublier, le décalage horaire. Ayez toujours une idée de l'heure qu'il peut bien être chez votre correspondant avant de l'appeler.
Utile à connaître également, les codes d'accès téléphoniques des divers pays et régions du monde.

Le téléphone classique

En clair, vous vous en servez si vous n'avez pas votre portable en voyage.

Tarifs

La première chose à savoir est que partout dans le monde ou presque, il existe des tarifs réduits selon les jours et/ou les heures d'appel. Donc vous gagnez à vous renseigner sur les meilleurs moments d'appel (demandez à la poste ou à votre hôtelier). De plus, dans la plupart des pays, l'international marche désormais sans trop de problèmes.

La carte Fr. Télécom

La carte FRANCE TÉLÉCOM vous permet d'appeler en France sans argent, les communications étant reportées directement au tarif français sur votre facture de téléphone chez vous, ou sur celle de quelqu'un d'autre si vous n'avez plus d'adresse.

De façon générale, elle fonctionne à partir de n'importe quel téléphone ou cabine. Elle permet de passer/recevoir des appels de/vers la France depuis les trois quarts de la planète. La communication passe via un standard francophone, ce qui évite bien des problèmes lorsque l'on ne maîtrise rien d'autre que le français comme langue. En bref, une carte intéressante à bien des niveaux !

Cartes

Au niveau tarifaire, dans de nombreux pays, vous trouverez facilement des cartes téléphoniques locales à bas prix (en vente souvent en supermarché et autres boutiques) permettant d'appeler moins cher vers la destination de votre choix. Mais attention, faites jouer la concurrence au niveau tarifs et sachez aussi que le plus souvent ces offres oublient de préciser les coûts d'accès à la communication qui sont généralement loin d'être négligeables. Ainsi, pour une carte permettant théoriquement une heure de communication, vous n'obtiendrez parfois en réalité que quelques dizaines de minutes au mieux si vous avez multiplié les appels…

Signalons au passage que l'utilisation de cartes pour des appels locaux ou sur le pays où vous êtes est aussi très intéressante pour ceux qui voyagent avec leur portable, pour lesquels une communication locale peut être facturée au tarif international (voir plus bas). Plus simple, la carte France Télécom :sans (mauvaise) surprise et pour plus de liberté. Vous pourrez utiliser complètement votre taf de temps, contrairement aux cartes évoquées précédemment.

Le téléphone sur Internet

Aujourd'hui, dans la plupart des villes, on trouve des cybercafés pour téléphoner gratuitement via des logiciels tels que Skype ou Windows Live Messenger.

Skype, par exemple, permet de téléphoner gratuitement entre deux ordinateurs connectés à Internet, grâce à un microphone et des haut-parleurs, ou un micro-casque ou téléphone branché sur l'ordinateur (par exemple par le port USB). Il est également doté d'une messagerie instantanée basique permettant aux utilisateurs de communiquer textuellement et de se transmettre des fichiers. La visio-conférence, via une webcam est aussi possible.

On peut aussi effectuer des appels payants vers des lignes téléphoniques fixes et mobiles. Ces outils de communication vocale sur ordinateur sont devenus très utilisés.

Ne pas se priver de ces technologies, quand cela est possible, pour téléphoner partout à travers le monde :

www.skype.com

Divers
Un dernier truc, pour simplifier les choses à tout le monde : lorsque vous êtes en voyage, téléphonez vous-même d'abord, quitte à demander ensuite à votre correspondant de rappeler. En effet, imaginez parfois l'angoisse, et la note, de certains devant appeler à l'autre bout du monde un numéro d'hôtel ou autre, sans trop savoir qui va répondre au téléphone et le temps qu'il faudra pour que vous arriviez à l'autre bout du fil.
D'ailleurs à propos des prix, sachez qu'il est possible d'acheter des "minutes à tarifs réduits" depuis la France vers tous les pays du monde, y compris directement sur le Web.

Le téléphone portable
Vu l'évolution des techniques (et des formules d'abonnement), le voyageur devrait aussi pouvoir utiliser tôt ou tard son portable dans de nombreux pays pour un coût raisonnable. Mais pour l'instant il est vrai qu'au niveau couverture à tarifs intéressants, les portables fonctionnent d'abord sur l'Europe et quelques autres endroits. Ne serait-ce aussi que parce que certains pays comme les États-Unis disposent d'autres normes (d'où l'obligation là-bas de louer un téléphone).
Bref, ce n'est pas parce qu'on a pris son portable avec soi en voyage que celui-ci fonctionnera obligatoirement partout.
Téléphone perso
On emporte son téléphone, on garde son numéro avec juste un forfait "monde" ou "itinérance" de son fournisseur.
Dès lors, sur le plan pratique, vous paierez tous vos appels au tarif international

Un mobile qui marche !

Ce qu'il faut vérifier dans tous les cas avant de partir.

- Qu'il y ait du réseau dans l'endroit où vous souhaitez vous rendre (la norme GSM couvre 95 % de la planète mais... elle est absente de certaines zones reculées).
- Que votre téléphone est compatible avec la norme et les fréquences locales. Les Amériques ou le Japon possèdent un système différent de celui de l'Europe (qui est en bi-bande)
- Que votre opérateur propose des formules et des prix sur la destination de votre choix.

Si l'une de ces conditions n'est pas effective, votre portable ne fonctionnera pas et la seule solution consistera alors à en louer un sur place ou auprès de votre opérateur. Quitte à devoir changer de numéro pour l'occasion. Au niveau location, comptez de 20 à 70 € la semaine hors communications selon les opérateurs, et surtout selon le type de mobile ou de formule nécessaire.

Mais dans tous les cas, sachez que l'émission ou la réception d'appels à l'étranger vont vous coûter rapidement très cher, même si, pour les tarifs, il faut nuancer selon le type de téléphone/abonnement choisi.

► Rester en contact

même si ceux-ci se font au niveau local (l'appel transite par la France), d'où l'intérêt dans ce cas d'utiliser en plus les téléphones/cartes locales, de même que la partie "internationale" de vos interlocuteurs. En effet, sachez que quel que soit le lieu où vous vous trouvez, les personnes souhaitant vous joindre n'ont qu'à composer votre numéro habituel. Ils paieront donc un tarif domestique français, l'appel étant ensuite rerouté automatiquement vers le réseau local du pays où vous êtes (cette partie est à votre charge).

À l'inverse, pour appeler, vous devrez composer le numéro de votre destinataire comme si vous appeliez d'un téléphone fixe du pays, c'est-à-dire avec les indicatifs internationaux.

L'inconvénient est qu'en gardant votre numéro habituel vous allez recevoir tout un tas d'appels non souhaités en voyage, que vous payerez au prix fort.

De plus, les normes étant différentes, votre mobile ne fonctionnera pas aux Amériques et dans d'autres pays. Bref, cette solution est avant tout intéressante pour l'Europe d'où, en plus, les tarifs de/vers la France demeurent raisonnables.

Conseil ABM !

Quel que soit le mobile, pensez à ses batteries et au moyen de les recharger !

<u>Location de téléphone</u>

Pour les pays à normes non européennes, vous avez deux possibilités.

- Votre opérateur vous loue un téléphone dans lequel vous insérez votre carte Sim. On retombe alors sur le même principe que le téléphone perso, avec juste un appareil adapté aux normes locales.
- Votre opérateur vous loue un téléphone et un abonnement temporaire à un opérateur du pays où vous allez. C'est notamment le cas pour tout ce qui est continent américain ou Japon. Dans ce cas, vous vous voyez attribuer un nouveau numéro de téléphone.

Avantages : vous ne recevez des appels que des gens que vous avez choisis, vos communications internes sont facturées au tarif local ou national (et non international) et surtout vous ne payez pas les appels que vous recevez, quelle qu'en soit la provenance.

Inconvénients : le prix de location assez élevé, et c'est un peu compliqué à gérer si l'on se déplace dans plusieurs pays.

<u>Téléphone satellite</u>

Il marche partout, y compris dans les zones où il n'existe rien au niveau réseau. Mais autant en avoir réellement l'utilité tant à l'achat (hors de prix pour une utilisation grand public) qu'à la location (au moins 100 € la semaine) et pour ce qui est des communications passées ou reçues (environ 2 à 5 € la minute).

www.telephonesatellite.com/

En résumé, que choisir ?

Hormis si vous voulez être joignable à tout instant ou lors de déplacements à caractère professionnel, commencez

par vous poser la question de l'utilité réelle d'un téléphone en voyage.
Et si oui, est-ce que les coûts engendrés ne seront pas supérieurs à ce que vous dépenseriez en utilisant plutôt la téléphonie locale ?
Ensuite, quelle est l'utilisation prévue : appeler, être appelé, les deux, en local, en international ?
Pour simplement appeler, l'utilisation de cartes téléphoniques locales (en national et/ou international) ou, en cas d'appels très peu nombreux, du réseau classique est souvent suffisante.
Pour ce qui est d'être appelé, à chacun de décider si le fait d'être très facilement joignable est primordial.
De même, va-t-on visiter plusieurs pays et quelles sont les durées de séjour prévues ? Un forfait local sera surtout intéressant si l'on reste sur une même destination et que des appels locaux et nationaux sont envisagés.
Ne pas oublier qu'il est toujours possible de coupler différents modes de téléphonie. Ainsi, à un portable que l'on utilisera pour recevoir des appels ou téléphoner vers un autre pays, on couplera un système de cartes prépayées pour tout ce qui est local ou national. À l'inverse, si l'on dispose d'un forfait local, on pourra toujours utiliser ces mêmes cartes pour appeler vers l'étranger.

© Régis BELLEVILLE

Le site Internet perso

Pour parler voyages ou de toutes autres choses, chacun peut bénéficier de pages web installées sur Internet. C'est un service presque toujours gratuit, que proposent la plupart des fournisseurs d'accès (donc renseignez-vous auprès du vôtre) et quelques sites spécialistes en la matière comme Multimania.
Tous mettent à dispo les outils nécessaires à la réalisation des pages et à leur chargement. Ils disposent souvent aussi d'une rubrique spécifique permettant d'obtenir quelques infos sur la conception du site, mais aussi de poser des questions et de voir les réponses aux principales difficultés que l'on peut rencontrer lors de la réalisation ou le suivi d'un site perso, et d'Internet en général.
Une fois le contenu rédigé, vous aurez peut-être envie d'habiller ou d'améliorer vos pages. Fonds, images, cartes, compteurs, formulaires, et d'autres choses bien plus complexes encore, tout est disponible sur le Web. Mais reste bien sûr à dénicher tout ça…

L'hébergement

C'est le point de départ pour avoir de l'espace et les moyens de créer et gérer vos propres pages. Les hébergeurs de sites ont su créer de véritables communautés et offrent de multiples services en tout genre. Seul inconvénient : l'insertion de pubs un peu trop envahissantes sur les pages perso. À ce sujet, privilégiez d'abord les hébergeurs qui saucissonneront le moins votre site, certains n'hésitant pas en effet à utiliser en permanence un tiers de votre espace par leurs pubs (à boycotter !). Pour un aperçu complet des possibilités, on vous conseille vivement d'aller faire un tour sur *L'Internaute,* qui a fait un excellent comparatif de toutes les offres existantes avec les avantages et inconvénients de chacun des hébergeurs.

Les rubriques conseils

Largement disponibles désormais sur les sites des hébergeurs (à voir aussi sur certains sites perso). De manière générale, ces rubriques expliquent le b-a-ba et renvoient vers de multiples sites sur lesquels vous pourrez découvrir tout ce que vous cherchez en matière d'illustrations, y compris d'ailleurs dans le domaine des voyages avec des fonds de carte, drapeaux, globes, etc. Dans ces rubriques, des conseils aussi sur comment faire connaître vos pages à travers notamment leur référencement. Vous trouverez pleins d'infos utiles pour créer votre site perso sur :

▶ www.enfinmonsite.com/

Si vous cherchez des photos, des gif animés, icônes et autres choses du genre à dispo sur le web, direction ▶ www.Iconotec.com et son moteur de recherche. Puis si vous voulez stocker et gérer toutes vos photos indépendamment de votre site, vous pouvez utiliser les services de ▶ www.bellapix.com qui les référencera également selon le thème.

Plus techniques sont les scripts, mais là ça devient compliqué si l'on n'y connaît rien en informatique. Des centaines de scripts cgi plus ou moins gratuits disponibles sur le web permettent de faire tout et n'importe quoi. On récupère puis l'on remonte le script sur ses pages en espérant que ça marche (parfois plus facile à dire qu'à faire !).

@ Internet du voyageur

Créer son blog.
Voici un moyen simple de partager ses photos et ses aventures,avec son entourage.
La création du blog.
Un blog est un site Internet assisté par des moyens en ligne qui rendent beaucoup plus facile la création de page et l'insertion d'images. Inutile donc de connaître précisément le langage HTML qui code les pages internet, et les logiciels de création de pages Internet

▶ www.travelblog.org/
▶ www.over-blog.com
▶ wwww.uniterre.fr

Vous pouvez insérer vos photos dans votre blog mais je ne sais pas les limites pour l'affichage automatique des photos et la création de vignette. Pour cela, d'autres sites sont spécialement concus pour les voyageurs leur permettant de stocker leur carnet de voyage et leurs photos, tout est déjà prêt en particulier la mise en page.
Ex : ▶ www.virtualtourist.com/

Réseaux communautaires dits sociaux
Pour ceux qui veulent donner un côté interactif à leur site. Pas mal de choix avec de nombreux sites qui "s'occupent de tout" ; il suffit juste de s'enregistrer et d'installer sur ses pages son profil et ses commentaires. Vous trouverez un site qui rassemble tous les réseaux comme www.digfoot.com, mais le plus grand et le plus connu est sans aucun doute Facebook (▶ http://www.facebook.com/) et Myspace (▶ www.myspace.com) offrent des résultats intéressants. La aussi effet de mode ou nécessité , cela dépend de chacun.
Au niveau listes de diffusion Yahoo.com n'est pas mal non plus. Et pour les chats, les listes de ce même Yahoo offrent une possibilité qui, quoique un peu limitée, peut s'avérer suffisante pour beaucoup).

Vous pourrez partager vos videos sur You Tube ▶ http://fr.youtube.com ou Dailymotion, ▶ www.dailymotion.com - qui sont également très fréquentés.

Les liens
Plusieurs choses intéressantes à connaître avec d'abord combien de liens sur des sites extérieurs renvoient vers vos pages, et une réponse quasi instantanée avec Webmasterplan.
Également un système très utile de vérification de l'état des liens (et du html) sur vos pages avec Netmechanic pour toutefois un inconvénient majeur qui est que celui-ci ne peut vérifier qu'une vingtaine de liens maxi par page.

RENDEZ-VOUS À NE PAS RATER

Et pour vous tenir au courant en matière de voyages et d'Internet, rendez-vous tous les deux mois dans la rubrique Internet de *GLOBE-TROTTERS MAGAZINE.*

Fréquentation
Plusieurs options possibles avec des compteurs très simples à installer qui permettent de savoir combien de visiteurs sont passés sur telle ou telle page. Plus complètes sont les mesures d'audience E-stat. Intéressant pour ceux qui veulent savoir combien ils ont eu de visites, visiteurs, pages lues (et notamment les plus lues), etc., sur leur site. Bref, un véritable audit proposé gratuitement pour une dizaines de pages (payant au-delà).

Dans le prolongement de vos indications d'audience, vous pouvez aussi vous mesurer aux autres sites. Amateurs ou professionnels, dans un peu tous les domaines, des milliers de Webs participent au ▶ www.alexa.com (c'est le plus connu), chacun dans leurs catégories respectives.

En parallèle on peut aussi installer des sondages sur son site afin d'avoir l'opinion de ses visiteurs. Il s'agit d'un système de questions et de comptabilisation automatique des réponses. Une fois installé, ça marche tout seul.

▶ Rester en contact

Information et promotion
L'échange de bandeaux est un moyen parmi d'autres de se faire connaître avec pour principe l'échange d'encarts renvoyant sur les sites des uns et des autres. De tous les serveurs gratuits spécialisés en la matière, Hyperbanner (▶ **http://www.cyber-bannieres.com/**) reste le plus connu (et sûrement le plus branché vu la quantité d'anglicismes et de superlatifs à la noix dont ils truffent leurs pages...), Et puis bien sûr, pour trouver des idées, allez voir ce qu'ont fait les autres dans leurs pages voyages...

Courrier et connexion depuis l'étranger

Outre les cyber-cafés, ceux qui partent avec leur ordinateur pourront souhaiter avoir des connexions locales. Dans ce cas, seuls quelques fournisseurs proposent des abonnements “monde” avec un numéro spécifique à composer sur place donnant accès à une tarification locale.
Quant au courrier, au-delà des possibilités de reroutage qu'offrent nombre de fournisseurs, la solution est de prendre une adresse gratuite du type Hotmail ou yahoo.Pour ceux qui en voyage ont du mal à s'éloigner de leur web favori, mais aussi et surtout pour envoyer et recevoir du courrier ou encore consulter les dernières infos d'ABM ou d'ailleurs.

©Xavier CHAMPAGNE

Le premier cyber-café a été créé en 1984, au début des années 90 on en comptait moins de 100 dans le monde, actuellement ils sont des milliers.
Mais, en attendant, la situation d'Internet demeure bien différente selon les pays. Le Web est désormais devenu le principal accès à l'information et, fort logiquement, certains pouvoirs craignent sa capacité à faire connaître la vérité ou en tous cas une vision des choses très différentes de celle qu'ils veulent bien montrer à leurs populations. De fait, nombreux sont les gouvernements qui essayent plus ou moins d'interdire à leurs citoyens l'accès à ce nouveau mode d'informations. Par exemple, en Chine où l'on recense une quarantaine de personnes mises en prison à cause d'Internet, le régime a mis en place une cyberpolice chargée de surveiller les internautes. En Arabie Saoudite, toute l'information demeure filtrée sur la base de ce qui peut-être considéré religieusement correct ou non correct.
Vous trouverez tous les logiciels de messagerie, Yahoo, Skype, ainsi que casque et micro, imprimante et scanner dans la plupart d'entre eux. Attention aux virus ! N'hesitez pas à stocker les pages scannées de vos documents importants. Si vous avez un site internet, vous pouvez le stocker sur votre site par FTP. Attention, si c'est confidentiel, il vaut mieux interdire l'accès de l'exterieur par un fichier de protection .

TRAVAILLER SUR PLACE

Quand on voyage pour longtemps, trouver un job à l'étranger est parfois intéressant pour se faire un peu d'argent. C'est plutôt facile dans certains pays (Australie, Nouvelle-Zélande), alors que dans beaucoup d'autres, c'est la galère.
Sur place, vous rencontrerez certainement des ONG qui auront besoin de vous. N'hésitez pas à proposer vos services. Sachez quand même que les demandes s'orientent plus vers des professionnels et donc des compétences reconnues.

L'aide humanitaire

Le volontariat et la coopération

Le volontariat concerne ceux qui s'engagent à plein temps dans des activités portant sur du long terme, dans un pays du Tiers-Monde. La coopération concerne les professionnels du secteur privé et public mis par l'État français à disposition d'un État étranger.
- Les ONG interviennent plutôt dans les secteurs de l'enseignement, de la santé, du social... Pour trouver un poste dans une ONG, le travail ne manque pas, il y a en France plus de 700 organismes, les plus gros faisant travailler près de 2 000 personnes dans le monde. En partant avec une organisation, vous profitez de la structure (assurance, voyage aller-retour, couverture sociale, etc.).

Documentation Humanitaire

• *Le Guide du voyage utile* (éd. DAKOTA) et le ROUTARD *Humanitaire.*

• Le répertoire *Association Solidarités Internationales* du MINISTÈRE DES AFFAIRES ÉTRANGÈRES ET DE LA COOPÉRATION qui recense toutes les ONG qui existent.

• LA GUILDE DU RAID : 11 rue de Vaugirard, 75006 Paris. Tél. : 01 43 26 97 52, qui organise chaque année un Forum de la Cooptation volontaire à Agen où vous pouvez rencontrer plus de 120 associations.

Travailler dans le développement

C'est d'abord prendre le temps de comprendre et rencontrer les gens, leur fonctionnement, leur approche du problème qui vous a amené là. Vous venez exercer une compétence professionnelle (quelle qu'elle soit), mais pas imposer votre technologie. C'est surtout un échange, un coup de booster, une aide compétente, et requise. Si on désire faire "à la place", rien ne survivra après notre départ. On est là pour mettre en place une compétence locale, une technologie et, pour se rendre utile. Cette façon de travailler nécessite le long terme, et donc le temps de découvrir un peuple, sa culture, ses habitudes, de vivre avec et de pénétrer son "intimité". Une occasion géniale de vraiment rencontrer un pays.

► Travailler sur place

Affaires étrangères

MINISTÈRE DES AFFAIRES ÉTRANGÈRES
plein de conseils administratifs et adresses utiles pour ceux qui veulent s'expatrier tant dans le domaine de leur travail que des études.
▶ www.diplomatie.gouv.fr/

Adresses utiles

ANPE-INTERNATIONAL :
48 Bd de la Bastille, 75012 Paris (Tél. : 01 53 02 25 50). ▶ **www.emploi-international.org**
C'est une antenne de l'ANPE spécialisée dans la recherche d'emplois à l'étranger et qui édite un bulletin d'offres d'emplois à l'international.

MAISON DES FRANÇAIS DE L'ÉTRANGER:
244 Bd Saint Germain, 75303 Paris 07 SP 01 43 17 60 79.
Ils recueillent et diffusent des offres d'emplois, conseillent et informent sur le départ à l'étranger, publient un journal mensuel *Mouvements*. Ouvert du lundi au vendredi de 14 à 17h muni d'une pièce d'identité.
AFIJ (Renseignements et formation pour les jeunes diplômés) :
25 rue Falguiere, 75015 Paris (Tél. : 01 40 64 32 00).
▶ **www.afij.org**

Il y a des pièges faciles, comme toujours rechercher la compagnie des autres expatriés (fréquent chez les coopérants à long terme et les expatriés industriels, commerciaux ou financiers) et aussi l'inverse comme vouloir complètement s'intégrer, "ressembler". Un Français ne sera jamais un Africain ou un Indien, il restera toujours un Européen de culture, un Européen vivant ailleurs. Je crois qu'il ne faut jamais oublier cela. Le travail dans l'humanitaire n'est ni un travail solitaire, ni un regroupement d'expatriés, ni le mimétisme, ni l'imposition d'une technique, il doit être la rencontre de cultures et de technologies. Un expatrié de l'humanitaire de développement est aussi le témoin de sa culture et de son peuple, il est aussi là pour montrer qui nous sommes et comment nous sommes.

À lire : *Le guide des associations de Solidarité Internationale* que l'on trouve dans les centres RITIMO (un par région), soit par le réseau Ibiscus, soit directement la cooptation française."
▶ www.ritimo.org

Le volontariat : travailler pour une ONG en Afrique

Les volontaires travaillent au sein d'une ONG (Organisation Non Gouvernementale) avec laquelle ils ont passé un contrat. La majorité des associations proposent un contrat de deux ans, plus de 1500 volontaires sont ainsi envoyés sur le terrain.
Il convient tout d'abord de bien distinguer deux domaines pour lesquels travaillent les ONG en Afrique : le domaine de l'hu-

manitaire et le domaine du développement. L'humanitaire regroupe les ONG travaillant dans l'urgence : campagne de vaccinations, lutte contre la famine, catastrophes, guerres, etc. Certaines ONG humanitaires ont aussi des projets de "post-urgence" : plantations vivrières et implantation de dispensaires dans les zones où elles ont travaillé. Le développement regroupe les ONG ayant des projets à long terme, environ 5 à 10 ans, créant des structures destinées à être pérennes : projets féminins, épargne-crédit, appui à la démocratisation...

Les professions recherchées par les ONG humanitaires sont principalement médicales, mais elles peuvent recruter dans d'autres domaines : techniques en bâtiment, en mécanique, gestion, de manière marginale. Toutes les ONG préfèrent recruter des personnes avec une expérience professionnelle, notamment africaine. Seule l'AFVP, Association Française des Volontaires pour le Progrès (**11 rue Maurice Grandcoing - BP 220 - 94203 - Ivry sur Seine CEDEX Tel : 01 53 14 20 30 http://www.afvp.org/**), qui gère des projets de développement, recrute des jeunes sans expérience ou presque. C'est d'ailleurs la filière principale des expatriés en développement en Afrique. Les domaines de compétence sont très variables : bâtiments, mécanique, école de commerce, socio-économique, mais majoritairement agro avec spécialisation tropicale.

Pour toutes les ONG, y compris l'AFVP, ce n'est pas la bonne volonté qui est recherchée, mais la formation. Il faut savoir que le niveau d'éducation en Afrique s'élève progressivement et que des compétences de plus en plus poussées y sont nécessaires.

Procédure :

Pour être recruté : envoyer C.V + lettre de motivation, remplir un dossier de candidature, patienter, car le monde des ONG est sujet à des délais de réaction très longs dus au déblocage des financements par les bailleurs de fonds (6 mois à 1 an) et passer des entretiens/stages de sélection définitive.

Il est également possible de partir chercher sur place, muni de son CV et d'une lettre de motivation, dans les capitales ou dans les grandes villes recevant beaucoup d'aides extérieures. Les antennes locales des ONG sont en effet assez autonomes et peuvent avoir besoin de compétences rapidement. Le temps moyen pour trouver une ONG est de 3 à 6 mois. Il est préférable de connaître quelqu'un sur place pour être hébergé et avoir des renseignements sur le pays, les adresses de ces filières. Les contrats de volontariat sont de 6 mois à deux ans. Les indemnités sont d'environ 1/2 SMIC français + frais d'hébergement et de transport remboursés + couverture sociale complète (sauf chômage) + pécule versé en France à la fin du contrat (en général).

MOBILITÉ INTERNATIONALE

À lire :
Le guide de la mobilité internationale chez Transfac édition :
▶ www.transfac.fr

Le choix est fait !

Vous avez décidé de partir vous installer ailleurs ?

• Procurez-vous les dossiers informations sur les conditions de vie sur place à "La Maison des Français de l'étranger" : des dossiers sont disponibles sur plus de 100 pays. Ce service dépend du Ministère des Affaires étrangères. Vous y trouverez toutes les infos (formalités, prix du loyer sur place, précautions sanitaires, fiscalité du pays…) indispensables avant de s'installer. Vous pouvez y acheter également le livret du "Français à l'étranger", remis à jour chaque année et qui contribue à répondre aux questions que l'on peut se poser.

• Lisez les revues spécialisées telles que "Réussir à l'étranger" ou "Le MOCI" (Moniteur du Commerce International), une des meilleures revues à l'international avec des numéros sociaux. Également, le "Journal de l'hôtellerie", "Les Échos", "Le Figaro", "Le Monde". Vous trouverez également des combines et tuyaux dans le magazine "Rebondir" qui édite des guides pour s'installer à l'étranger.

• Il existe également des revues de presse par continent disponible à l'APEC (le matin de 9-12h00), ainsi que des infos par pays et par thèmes (contrat de travail, expatriation, salaires, etc.).

• À l'étranger, vous n'êtes pas couvert par la sécurité sociale, d'où l'adhésion conseillée à la CAISSE DES FRANÇAIS DE L'ÉTRANGER :

BP 100 77950 Rubelles (Tél. : 01 64 71 70 00) http://www.cfe.fr

Association humanitaire au Cambodge

Lors de voyage voyage vous pouvez rencontrer des associations qui ont besoin d'aide ponctuellement, n'hésitez pas à les interpellez comme ici au Cambodge .
"Ces associations humanitaires, qui sont souvent à l'initiative d'occidentaux, réalisent un travail formidable.
- Elles cherchent à utiliser au maximum les compétences locales (car les occidentaux coûtent cher).
- Elles forment les jeunes de manière à leur apprendre un métier et à les rendre autonomes.
- Elles permettent de lutter contre la corruption en employant du personnel dans des conditions correctes et en indemnisant les familles (nourriture, frais de transport jusqu'à l'hôpital).
Vous trouverez donc ci-dessous une brève présentation de >>

>>
l'action de chaque association, ainsi que leurs coordonnées.

- **Kantha Bopha Center.** Animé par Beat Richner, un médecin suisse installé à Siem Reap depuis les années 1970, et surnommé Beatocello, car il joue du violoncelle régulièrement dans le cadre des temples d'Angkor (tous les mardis, jeudis et samedis vers 19 h 15 pour info).

Le prince Sihanouk, dans les années 70, lui a procuré des terrains pour qu'il puisse y bâtir les cliniques Kantha Bopha, du nom de la fille du prince décédée de la leucémie, à Phnom Penh et Siem Reap. Beatocello soigne 80 % des enfants du Cambodge, atteints à 70 ou 75 % par la tuberculose (et parfois en plus par le typhus et le paludisme car la tuberculose détériore leur système immunitaire).

▶ **Kantha Bopha Center : Jayavarman VII Hospital, Siem Reap. http://www.beatocello.com**

- **Association Krousar Thmey** ("Nouvelle Famille"), qui se trouve également sur la route entre Siem Reap et Angkor (panneaux "Exposition sur le patrimoine Khmer", "Tonlé Sap, source de vie").

L'objectif de cette exposition est de respecter et promouvoir l'héritage culturel des Cambodgiens (redécouverte de leur propre culture par l'artisanat, sensibilisation sur les dangers des techniques abusives de pêche, sur l'environnement, etc.). Cette association procure également un enseignement aux enfants sourds et aveugles.

▶ **Krousar Thmey. 4, rue 257, avenue Kampuchea Krom, Phnom Penh. Tél. : (855-23) 366 184 ou 880 503.**
http://www.krousar-thmey.org/

- **Pour un Sourire d'Enfant** est une association créée par la famille des Pallières. Ils s'occupent des enfants de la décharge de Phnom Penh (qui survivent en revendant des détritus) : ils les nourrissent une fois par jour, les lavent et les éduquent. Ils donnent également de la nourriture à leurs familles, et assurent un suivi en cas d'absence.

▶ **Pour un Sourire d'Enfant. 49, rue Lamartine 78035 VERSAILLES**
Tél 01 39 67 17 25 http://www.pse.asso.fr/

CARINE FILLON

▶ Travailler sur place

Travailler en Australie

“Oui, c’est possible de travailler en Australie ! Non, ce n’est pas difficile de trouver du travail, pour peu qu’on soit motivé.

• **Avec un visa de travail.** Il est impératif de faire la demande de visa dans votre pays d’origine. Impossible de l’obtenir sur place ou dans un autre pays. Peut-être pourriez-vous l’obtenir sur place si vous trouviez un employeur prêt à vous embaucher, mais ce sera long et l’on vérifiera d’abord qu’un Australien ne sera pas aussi compétent pour pourvoir le poste. Si vous arrivez avec un visa de travail, cela ne devrait pas être bien dur de trouver quelque chose pour peu que vous ayez des compétences dans la restauration, dans la mode ou le sport, que vous soyez informaticien, graphiste, infirmier… L’Australie est un pays où il fait bon vivre, déjà 50 000 Français y ont trouvé refuge. Pour s’installer en Australie les démarches sont plus complexes. pour plus d’infos, allez sur les sites suivants :

- **www.facci.com.au**
- **http://www.france.embassy.gov.au/**

Sans visa, ce n’est pas impossible de trouver du travail, mais c’est un peu plus stressant et les boulots offerts sont forcément moins rigolos : serveurs dans un café, femme de ménage dans un backpacker, ramassage de fruits, travail sur des chantiers pour les garçons, il y a même des filles qui font du strip-tease !

• **Comment trouver du travail.** Première règle, ne dites JAMAIS que vous n’avez pas de visa, avant que ça ne devienne impérativement nécessaire et que vous deviez aborder le sujet avec votre futur employeur. Ne le dites à personne dans votre hôtel non plus ; certains Australiens n’aiment pas qu’on vienne leur piquer du travail, même s’ils ont la réputation d’être feignants. La technique, quand vous cherchez du travail, c’est de demander si vous pouvez être payé *cash in hands*. Ce qui signifie que vous n’avez pas de *tax file number* (équivalent de numéro de sécurité sociale) et donc que vous n’êtes pas déclaré. Certains patrons acceptent de payer en liquide. Sinon, vous pourrez être payé en *cash chek*, un chèque où votre nom n'apparaît pas et que vous échangez à la banque contre du liquide. Certains patrons vous demanderont aussi peut-être de remplir une feuille d'employé comme si vous étiez déclarés. Ceci leur permet d'être couverts en cas de problème. Vous n'avez qu'à déclarer une fausse identité, une fausse date de naissance et un faux numéro d'affiliation. Il y a peu de chances que ces infos soient vérifiées. Mais évidemment le risque est toujours présent ! Une fois que vous avez du boulot, vous êtes en général payé à la semaine. Cash si vous êtes serveurs et cash chek si vous ramassez des fruits.

• **Pour quel salaire ?** Tous les boulots au noir se valent. Les tarifs varient entre 10 et 15 $ de l'heure. À 10 $ ce sera en liquide et donc net dans la poche. À 12 $ ou 15 $ ce sera en chek et il y aura probablement 13 ou 15 % de taxes à déduire. Aussi surprenant que cela puisse paraître, même au noir, on paie des taxes. C'est une sorte de contrat passé avec l'État, qui tolère un certain taux de travailleurs illégaux à condition qu'ils payent des taxes.
La récolte des fruits par exemple. Deux solutions : à l'heure ou à la quantité de travail effectuée, ce qui est le cas de 75 % des exploitations.
À l'heure : bien souvent les gens qui paient à l'heure n'ont pas de grosses exploitations. Si vous voulez travailler plus d'un mois, évitez. L'avantage si vous n'avez pas beaucoup de temps, c'est que vous vous ferez des sous sur une courte période.
Si vous avez 2 ou 3 mois, choisissez une ferme où vous serez payé à la quantité. Avec le temps et l'expérience, vous deviendrez vite efficace et ce sera rentable sur du long terme, plus qu'en étant payé à l'heure. Mais laissez-vous du temps.
Nous avons travaillé 2 mois et demi dans une ferme au sud de Perth, région de Donnybrook, qui produit les fruits et légumes de la région : pommes, poires, citrouilles, oranges, melons.
On paie ici à la bin, c'est-à-dire une caisse en bois d'1 m^3 qu'il faut remplir. La bin est payée 25 $ brut. Au début, à deux personnes, on mettait 2 h pour en faire une, mais avec le temps on ne mettait plus qu'1 heure et on en faisait neuf par jour soit 225 $ (pour deux, avant déduction des taxes). En travaillant

6 jours sur 7, de 7 h du matin à 6 h du soir, on s'est fait en moyenne 950 $ par semaine (taxes déduites), ce qui n'est pas mal. Il y a des Brutus qui en font plus mais c'est rare. En moyenne, les gens font entre 150 et 200 $ par jour (pour deux). Ce n'est pas un travail facile et si vous pouvez éviter de travailler seul, c'est mieux. Arriver seul à 7 h du matin avec la perspective de 50 pommiers à dénuder, ce n'est pas forcément très réjouissant, surtout s'il fait froid ou très chaud. Trouvez-vous quelqu'un avec qui bosser si vous êtes seul, c'est beaucoup plus motivant. Certains fermiers un peu machos sont réticents à l'idée d'employer des filles. Montrez que vous êtes motivée si vous n'avez jamais fait ce genre de job. Il n'y a pas de job plus facile qu'un autre. Tous ont des avantages et des inconvénients : ramasser des citrouilles, cela paie très bien, mais c'est tuant. Cueillir du raisin, c'est bien parce qu'on ne porte pas les fruits mais cela flingue le dos, etc. Si vous arrivez dans une ferme qui fait pousser des oranges ou des agrumes : partez en courant. C'est terriblement dur, douloureux et pas rentable du tout !
En général, les fermiers sont très sympas et n'ont pas l'air très réticents à embaucher au noir. Les risques de contrôle semblent minimes, mais on ne sait jamais. Et quand l'immigration débarque, il y a peu de chances que vous passiez entre les mailles du filet. Le fermier ne risque pas grand-chose, mais, pour vous, c'est l'exclusion immédiate du pays et l'interdiction de séjour pendant 3 ans. Rien de grave sauf si vous avez acheté une voiture en Australie : je doute qu'ils vous laissent du temps pour la revendre !

Sachez que si vous avez une voiture, vous pouvez demander à votre patron un bout de terrain pour dormir ; certains ont même des caravanes pour leurs employés. Cela évite de perdre 100 $ par personne et par semaine au backpacker du village, bien souvent une mafia organisée qui soi-disant peut vous aider à trouver du travail. Les fermiers préfèrent quand on vient directement frapper à leur porte. Une raison de plus pour acheter une voiture en Australie !
Un tuyau dans la catégorie “c'est idiot, mais il fallait y penser”. Pour les gens qui, comme nous, se portent bien quand ils ne vont ni dans les hôtels, ni dans les campings et qui ont un sens

de l'hygiène à la limite du raisonnable (je plaisante !), il existe une multitude d'endroits en Australie où, si on a un véhicule, on peut se prendre des douches chaudes dans de vraies salles de bain pour pas grand-chose. Inutile quand on s'est acheté un véhicule d'aller payer 15 $ pour une douche dans un camping. En allant dans les roadhouse ou les grosses stations services des principaux axes routiers, on peut se doucher pour entre 1 et 3 $ par personne, et faire sa lessive par la même occasion. Cela fait faire quelques économies."

CLAIRE ROUAULT

Le choix de voyager en travaillant

"J'ai 27 ans, je suis partie de chez-moi (Aosta-Italie) à l'âge de 18 ans. J'ai fait mon Deug à Chambéry, ma licence aux Pays de Galles (Swansea), ma maîtrise et un DESS à Rennes. Pendant mon Deug j'ai passé les étés à Londres où j'ai fait de petits jobs. Puis j'ai passé d'autres étés en Allemagne où j'ai bougé entre Hanovre, Leipzig, Dresden et Berlin où j'ai habité pendant 7 mois. A 24 ans j'ai commencé à travailler dans une multinationale à Stuttgart et depuis 1 an et demi je travaille pour la même entreprise en Suisse. Est-ce que je veux m'arrêter ? Absolument pas ! En mars je vais partir pour un long voyage dans l'Himalaya et ensuite je vais essayer de m'installer pendant un certain temps à Katmandu. Voyager pour moi est un style de vie. C'est en voyageant que j'ai appris le plus sur moi-même, j'ai acquis de la confiance, j'ai appris à être ouverte et tolérante. Certes c'est dur ensuite de rentrer, mais pas impossible. Je sais qu'en bougeant continuellement j'ai renoncé à beaucoup d'autres aspects de la vie qui sont aussi importants. C'est un choix très personnel. Il n'y a pas de formule qui exprime la bonne relation entre le temps que l'on devrait passer à voyager et celui que l'on devrait passer dans un même endroit. Il n'y a pas une recette toute prête qui puisse t'aider... A toi de savoir ce qui te rend heureuse"

ELOÏSE BARBERI

► Travailler sur place

Expatriée en Thaïlande

"Je suis, depuis 2 ans, expatriée en Thaïlande, à Bangkok. Je travaille 5 jours par semaine dans l'une des usines d'un groupe multinational suisse.

- Conditions de vie : la Thaïlande bénéficie d'un climat chaud toute l'année avec des températures d'au moins 30 C. la saison des pluies débute en mai-juin et se finit en octobre. Bangkok est une ville très polluée où il est difficile de se promener à pied à cause de la chaleur et les quartiers sont assez distants l'un de l'autre.
- La nourriture : excellente mais elle peut être épicée. Elle est très bon marché. Il y a des supermarchés et des grandes surfaces où de nombreux produits (aux standards européens) sont représentés.
- Travail : les conditions de travail sont parfois éprouvantes à l'usine avec des journées d'en moyenne 10 heures. Cependant, les responsabilités sont plus importantes qu'en France. Mon rôle, en tant qu'expatriée, consiste principalement à manager, former techniquement une équipe et à assurer le transfert de technologie. Les problèmes majeurs sont la communication et la culture qui se heurtent parfois aux logiques économiques du groupe. Les Thaïlandais sont des gens consciencieux qui n'ont pas l'habitude de prendre des responsabilités. La hiérarchie, la séniorité sont encore des valeurs très respectées.
- Loisirs : toutes les activités associées à la mer sont possibles : voile, ski nautique, plongée (très bon sites à Phuket et les "îles de Koh Tao). Les prestations hôtelières sont d'un très bon rapport qualité/prix et de nombreux tours sont organisés dans la plupart des sites touristiques. Les locations voitures, motos sont très bon marché. Les cinémas diffusent les derniers films américains. Il y a une production locale mais rarement avec traduction anglaise. L'Alliance Française est assez dynamique et propose des spectacles tout au long de l'année. Le théâtre est pratiquement inexistant.
- Parmi les pays de l'Asie du Sud-est, la Thaïlande pourrait détenir la palme du meilleur rapport qualité/prix"

VÉRONIQUE SAUVE

► Travailler sur place

Dans l'hôtellerie au Cambodge

Florence a voyagé pendant un an, avant d'arriver au Cambodge. Première étape : rédiger son C.V. en anglais. Deuxième : acheter une tenue vestimentaire correcte. Troisième : démarcher les quelques hôtels de catégorie supérieure de Phnom-Penh afin de se faire embaucher comme responsable relations publiques et marketing. Plusieurs entretiens sont nécessaires comme en France, sachant que l'expérience n'est pas indispensable, mais une compétence claire dans un domaine spécifique (comptabilité, marketing, accueil, restauration, etc.) acquise auparavant par des études et/ou expérience. Un contrat local en anglais est négocié et signé, à vous de bien faire apparaître tous les points importants : salaire, protection médicale, logement, billet A/R pour la France, congés, etc. Le salaire est tout de même de niveau occidental malgré un contrat local; comme les dépenses sur place sont minimes (logée et nourrie par l'employeur !) c'est donc très intéressant. N'ayant aucune protection sociale, Florence a dû souscrire à une assurance sociale volontaire (caisse des Français à l'étranger) pour environ 1 000 € par trimestre (sécurité sociale, retraite, chômage). L'employeur doit souscrire une assurance sanitaire (frais médicaux, rapatriement) pour la durée du contrat. Le fait de trouver du travail dépend des relations que vous faites sur place et de votre motivation. La règle est un peu la même que si vous cherchiez du travail en France. Florence a travaillé un an au Cambodge avant de reprendre la route.

Dans l'hôtellerie, vous pouvez rencontrer des opportunités partout. Il faut simplement que le pays où vous souhaitez travailler soit en manque de main d'œuvre qualifiée. Plus le pays est développé, plus votre démarche sera difficile. Il est nécessaire d'être en règle avec l'administration ; en général, c'est l'employeur qui s'occupe de votre visa, mais faire attention aux lois en vigueur. La plupart des étrangers débarquent avec un visa touristique et arrivent toujours à trouver un moyen pour se faire régulariser (plus difficile en Australie, USA, Japon, etc.).

> "Travailler à l'étranger est une excellente façon de découvrir les gens, les habitudes, les mentalités, l'histoire du pays. C'est un enrichissement personnel, si on sait s'adapter aux contacts avec la population, et oublier ses préjugés et ses habitudes occidentales. Il est peut-être plus facile de trouver un boulot sur place que d'attendre de trouver quelque chose depuis la France : ne pas hésiter à foncer et on finit toujours par trouver."
>
> FLORENCE

DERNIERS CONSEILS AVANT DE PARTIR

En vrac, un résumé de consignes et de conseils de dernière minute, des choses à faire ou à régler avant de partir auxquelles vous n'auriez pas forcément pensé:

- Si pendant le voyage vous devez avoir une activité physique (trek, plongée...), voire technique (bateau, mécanique...), prévoyez un petit entraînement ou quelques "révisions". Idem au niveau des langues, notamment bien sûr pour l'anglais, sans lequel votre voyage risque parfois de se compliquer.

- Faites faire un bilan de santé avant de partir, allez chez le dentiste, prévoyez des lunettes ou lentilles de rechange, faites votre pharmacie en fonction des pays traversés et le cas échéant de vos traitements en cours (renseignez-vous pour savoir ce que vous pourrez trouver en route et à quel prix).

- Choisissez l'assurance-assistance la mieux adaptée à votre voyage longue durée et pensez à vos vaccins ainsi qu'à leur renouvellement.
Éventuellement, apprenez quelques notions de secourisme et surtout les choses à faire ou à ne pas faire pour limiter ou lutter contre les problèmes courants que l'on rencontre en voyage (décalage horaire, turista, etc.). Ayez également une idée des risques sanitaires selon les pays à visiter.

- Recueillez toutes les infos et témoignages nécessaires à la préparation du voyage, y compris et surtout sur le plan pratique, et élaborez la trame de votre itinéraire.

- Vérifiez ou modifiez l'état de votre matériel, du sac à l'appareil photo. Changez-en si nécessaire afin de partir dans les meilleures conditions. Et choisissez un équipement judicieux et léger tout en sachant que vous pourrez acheter et vendre certaines choses en cours de route.

• Établissez assez clairement votre budget et la forme de vos devises, le coût du voyage mais également les dépenses (éventuellement aussi les rentrées) chez vous pendant votre absence. Utile de savoir aussi où et comment se faire envoyer de l'argent à l'étranger et d'avoir quelqu'un de confiance qui puisse effectuer ce type d'opération (lui expliquer comment faire). Prévenez votre banque de votre projet.

• Sur le plan pratique et financier, prévoyez tout ce qui peut se passer pendant votre absence et les conséquences (factures, échéances, etc.). N'attendez pas le dernier moment pour louer votre logement, vendre votre véhicule ou tout autre bien.

• Faites refaire ou vérifiez la validité de vos documents (passeport, permis de conduire international, carte de crédit…). Il sera plus difficile de les renouveler en cours de route. Si cela semble utile, prenez une carte d'étudiant, d'auberge de jeunesse, etc.

• Le problème des visas et de leur validité n'est pas évident à régler, agissez judicieusement. Prenez depuis chez vous ceux qui, à ce niveau, ne posent pas de problèmes. Pour ceux à prendre en cours de route à cause de leur durée de validité, renseignez-vous sur les endroits où les obtenir et les coûts.

• Si vous pensez travailler en route, pensez aux documents dont vous aurez besoin (ne serait-ce qu'un CV en anglais et des cartes de visite). Essayez de vous faire une première idée de quel type de travail vous envisagez, et où. Ainsi vous pourrez peut-être commencer à chercher avant le départ.

• Prenez une adresse e'mail, du type Hotmail ou Yahoo, qui vous permettra de récupérer votre courrier facilement et partout dans le monde. Communiquez-la et éventuellement faites-vous une liste des cybercafés que vous pourrez trouver en route.

• Important, cherchez quelqu'un de confiance qui puisse vous servir de relais en France et gérer certaines choses pendant votre absence. Si la personne est de plus internaute, les contacts via mail faciliteront les choses, et elle pourra servir d'intermédiaire avec votre entourage non connecté.

• Si vous souhaitez faciliter votre retour, prévenez vos proches assez longtemps à l'avance et pensez ensuite à garder le contact avec eux (indiquez-leur aussi comment vous joindre). Rendez une petite visite à certains avant de partir ou mieux organisez une fête avant le départ. Et donnez de vos nouvelles !

Tailleur de sel au Nord-Mali © Régis BELLEVILLE

Stomatlite © Karine MEUZARD

5 - Les transports

Traverser les terres désertiques de Bolivie en famille, grâce au camping-car

Trouver le bon moyen de se déplacer

Pour certains, le transport n'est qu'une formalité, pour d'autres c'est une fin en soi. Avec l'avion qui s'est largement démocratisé ou avec un cheval, une voiture, un bateau, à pied, on peut faire le tour du monde. Le tout est de bien évaluer le temps et le coût, et surtout de choisir ce qui correspond à ce qu'on veut faire ou voir. Fil conducteur du voyage, le transport est un lieu privilégié pour vivre le vrai temps de l'itinérance, rencontrer des gens, voir des paysages, penser et éprouver une délicieuse sensation de liberté.

52 heures de bus : en route les amis !

"C'est quand on s'installe sur le siège pourri d'un bus crasseux, la tête posée contre la vitre où vont défiler mille paysages changeants, quand le chauffeur bourru annonce le départ à grands coups de klaxon et qu'on essaie de coincer ses jambes entre le siège en face et un sac de grains, c'est là que le vrai voyage commence."

KARINE MEUZARD

CHOISIR SON MODE DE TRANSPORT

C'est un point crucial du voyage, à bien réfléchir. Avec peu de temps et beaucoup à voir, l'avion reste le plus pratique bien sûr. Mais pour vivre le voyage autrement et faire des rencontres, les transports locaux, qui existent partout dans le monde, sont encore les plus appropriés, si on ne craint pas l'inconfort et les galères.
Pour sortir des sentiers battus, la marche, le vélo, la moto, le cheval, l'ULM, le scooter, le voilier, à condition d'être sportif bien sûr. Enfin, pour le voyage en famille particulièrement, les véhicules tels que minibus, camping-car, camions ou 4x4 sont bien adaptés. Mais il faut se débrouiller un minimum en mécanique.
À chacun donc de voir selon ses possibilités le meilleur moyen de transport. Par exemple si vous voyagez à deux et que vous craignez de ne pas bien vous entendre avec votre partenaire, ne partez pas en tandem !

Transports : critères de choix

"Si l'on part juste un an, difficile de s'encombrer d'une voiture ou d'une moto. Ou alors mieux vaut se limiter à voyager dans une zone facile d'accès où l'on sort et rentre facilement. Le vélo, pourquoi pas, car il se met facilement dans un avion, et sinon les transports locaux.

Pour ceux qui partent plus d'un an, le confort d'avoir son propre véhicule n'est pas négligeable mais un peu plus coûteux au départ. Acheter une voiture coûte cher, mais vous dormirez probablement tous les soirs dedans et comme à moto, vous n'aurez pas à payer de transport.

Alors comment choisir ? Sachez que LE moyen de transport idéal n'existe pas, chacun a des avantages (indépendance, budget sur place moins lourd, pas besoin de fréquenter les hôtels miteux ni d'attendre les bus qui n'arrivent pas) et ses défauts (coût, risque de vol, efforts physiques pour le vélo, mécanique à maîtriser pour les engins à moteur). À vous de choisir mais réfléchissez bien en fonction de vos capacités, de l'endroit où vous partez, du budget et du temps dont vous disposez."

Claire Rouault

L'AVION

L'avion représentant le premier moyen de locomotion des tourmondistes, et le nombre de ceux-ci s'étant accru avec le temps, il est logique que des offres plus ou moins adaptées aient vu le jour pour répondre à la demande. But : permettre aux voyageurs de visiter plusieurs lieux de différents continents en un seul et même voyage avec des arrêts au niveau de l'aérien (localisation, date, nombre, durée de l'étape) laissés à la base au choix de chacun.
Donc, du plus simple au plus compliqué, du moins cher (moins de 1 500 €) au plus onéreux, de l'année sabbatique au tour du monde express en 30 jours (de validité), toutes les formules sont désormais possibles, y compris d'ailleurs celle de réduire le monde à un seul continent.

Comment ça marche ?

Il faut commencer par déterminer son itinéraire (qui peut également inclure des liaisons terrestres), la date prévue du premier tronçon et la durée du voyage. Puis, selon ce qui est prévu, on est ensuite autorisé à s'arrêter aux différentes étapes le temps de son choix, à partir du moment où celui-ci est compris dans la validité du billet.
Même si l'on est parfois obligé de fixer avant le départ les dates des liaisons entre chaque ville, la formule reste souple. On peut ainsi modifier très facilement les liaisons auprès de la compagnie une fois sur place, généralement sans aucune pénalité, mais en fonction bien sûr des places disponibles. Toutefois, à certaines périodes de l'année ou pour de courts périples, mieux vaut effectuer ses réservations avant le départ pour éviter de se retrouver coincé.
Par contre, on ne peut guère changer son trajet ni emprunter d'autres compagnies que celles prévues. Et pour les voyages supérieurs à un an (validité maximum d'un billet tour du monde), on doit faire postdater les derniers tronçons de son billet ou demander à l'agence émettrice de différer leur émission pour vous les envoyer ensuite sur place par l'intermédiaire d'une agence locale.
Au niveau aérien, un tel billet est en réalité la juxtaposition d'une série d'allers (ou retours) simples incluant souvent des stops, avec une ou plusieurs compagnies long-courrier.
Même si l'on peut bien sûr aller où l'on veut, il est préférable si l'on souhaite faire des économies de respecter quelques principes. Les tarifs varient en effet selon les dates (évitez les périodes de pointe), le sens, le nombre d'arrêts et de compagnies, mais aussi et surtout des lignes aériennes empruntées. Rajouter certaines destinations hors routes ou peu fréquentées (c'est-à-dire avec moins de concurrence) peut augmenter fortement le prix du billet. Donc autant commencer par adapter son itinéraire à ce qui existe déjà, et également limiter le nombre de transporteurs (ou alors choisir des partenaires).

Les grands axes aériens

Les grands axes aériens correspondent aux zones de trafic important. Dans les deux sens, ils se situent entre :

1) **l'Europe et les autres continents**,
2) **l'Amérique du Nord et le reste du monde (sauf l'Afrique**)
3) **l'Asie du Sud-Est et les USA**, **le Pacifique et l'Europe**.

Un tour de monde qui respecte la logique de ces axes peut être obtenu au meilleur prix.

Toutefois, sachez que certains points d'entrée intéressants permettent de rallier, parfois à bon prix, deux zones hors de ces grands axes. C'est le cas notamment de **Johannesburg,** qui est la vraie ville carrefour de l'Afrique vers les autres continents.
Idem pour **Buenos Aires**, **Rio et Sao Paulo** pour ce qui est de l'Europe, le sud de l'Afrique et l'Australie.

En règle générale, les formules les plus simples ou les plus traditionnelles tournent toujours autour de **l'axe Europe / Asie du Sud-Est / Pacifique / Amérique du Nord / Europe**. Ce sont généralement les plus économiques, moins de 1 500 € en moyenne. Quant à ceux qui voyagent sur un seul continent, ils trouveront d'abord des tours **d'Asie et d'Amérique du Nord et/ou du Sud**.

Compagnies aériennes au choix ou alliances

Après le respect des routes, dans la pratique, ce que l'on pourrait qualifier de "billet tour du monde" peut en fait se construire de deux manières au niveau de l'aérien et plus particulièrement des transporteurs. Soit il s'agit d'une succession de vols de compagnies diverses, soit il s'agit d'un forfait proposé par une alliance aérienne (c'est à dire de compagnies partenaires). Le billet tour du monde constitué de la sorte s'achète dans sa totalité avant le départ.

À signaler...

Même si le rapport avec les billets TdM peut paraître éloigné, signalons aussi l'existence des pass aériens de compagnies ou d'alliances permettant également de multiples vols à tarifs réduits sur un pays, une région, voire un continent. Pour certains types de périples, ces formules peuvent tout à fait être intégrées en plus à un billet tour du monde de base ou à quelques vols de transitions.

Compagnies diverses

Rappels du principe

Sous-entendu les transporteurs ne sont pas forcément partenaires. Par exemple, on prendra un premier vol avec une compagnie X, puis un autre avec Y, avant de revoler ensuite avec X, puis de prendre Z, et ainsi de suite. Le tout avec un tarif propre à chaque vol qui s'additionnera aux autres.
On obtient au final une succession de vols "traditionnels" tels qu'on les trouve partout en agences, auprès des compagnies ou en ligne.

C'est en additionnant les combinaisons les plus classiques, ou fréquemment demandées, que certains voyagistes proposent ainsi des billets tour du monde standard. Idem lorsqu'il s'agit pour eux de répondre à une demande spécifique. Dans la pratique, on peut acheter un billet tour du monde constitué de la sorte soit avant le départ (itinéraire et dates fixés), soit par tronçons au fur et à mesure de son voyage.

Avantages et inconvénients

À nuancer selon que l'on prenne tous ses vols dès le départ ou qu'on les achète au fur et à mesure.

Avantages

— Achat au fur et à mesure :

Beaucoup d'avantages et de liberté, dans le sens où chaque liaison est tout à fait indépendante des autres. On choisit ainsi ce que l'on veut, quand on veut et où on veut (y compris depuis l'étranger).

On a ainsi une liberté totale (ou presque) quant à ses escales et leurs durées, ses trajets et directions, le choix d'utiliser si on le souhaite d'autres modes de transports non prévus à l'origine. Et puis surtout, on a la possibilité de changer d'avis en route sur les endroits que l'on a envie ou pas de visiter, puisque ces vols peuvent se prendre au fur et à mesure du périple.

Pour cette même dernière raison, pas de problème non plus pour ceux qui partent longtemps — plus d'une année, qui est la limite de validité des billets d'avion.

Bref, de la liberté et une grande souplesse dans l'improvisation.

— Achat à l'avance :

Outre le fait que l'on sait combien va coûter l'aérien avant de partir, la liberté se situe surtout au niveau de la conception de l'itinéraire, puisque tout est possible. Par contre, c'est une fois acheté qu'apparaissent les contraintes...

Inconvénients

— Achat au fur et à mesure :

Revers de la médaille, ce système d'achat “en kit” auprès de divers transporteurs nécessite un minimum de connaissances de l'aérien (routes principales, qui fait quoi, à quel prix, etc.), ou un choix très judicieux dans son parcours... sous peine de devoir débourser parfois une petite fortune. Car le prix final peut s'avérer le plus gros inconvénient si l'on n'y prend garde, surtout si l'on a tout décidé soi-même.

De plus, toujours pour faire des économies, il faudra parfois disposer d'une certaine souplesse et de temps dans son voyage pour bénéficier du bon vol au bon moment, voire du bon endroit, avec le risque que le prix que l'on avait budgétisé à l'origine puisse être nettement supérieur dans les faits, y compris pour cause de change moins favorable. Ne pas oublier non plus les frais de dossier à chaque achat qui s'additionneront contrairement à lorsqu'on réserve l'ensemble de ses billets en une seule fois.

Également, même si Internet et le ticket électronique sont passés par là, dans certains cas, il faudra encore s'adresser à des agences locales, avec toutes les difficultés que cela peut présenter si l'on n'a pas l'habitude.

Enfin, dernière chose, ne pas avoir de titre de transport de sortie ou de continuation pour certains pays peut poser problème pour de l'obtention d'un visa, ou à l'arrivée sur place. D'où la nécessité de prévoir, même si l'on souhaite acheter ses vols en cours de route.

— Achat à l'avance :

Même si l'on peut opter pour les offres prédéfinies des agences, là aussi mieux vaut avoir "les bases" au niveau de l'aérien, ou alors s'adresser aux (très rares) spécialistes pour éviter de payer trop cher en choisissant des parcours peu cohérents.

Une fois les vols achetés, il vous sera impossible d'en changer les destinations (contrairement aux dates). D'où l'inconvénient, une fois en route, de ne pas pouvoir vraiment trop modifier son itinéraire, ou alors en perdant le bénéfice d'un ou plusieurs tronçons aériens. Idem pour un retour non prévu chez soi si celui-ci n'est pas couvert par une assurance (avec, de plus, l'obligation d'acheter un billet supplémentaire pour l'occasion).

Même s'il y a, à la limite, possibilité d'arrangement dans certains cas, la validité de votre billet tour du monde ainsi composé ne dépassera pas un an.

Enfin, dans le cas d'offres prédéfinies d'agences, le premier vol doit se faire généralement au départ de son pays.

Dans les deux cas :

Toujours au niveau financier, attention qu'au final, votre choix "compagnies diverses" ne coûte pas plus cher que les formules proposées par les alliances. Donc, à voir et à comparer, surtout si les deux offrent des possibilités de trajets similaires (le plus souvent, et assez logiquement, l'alliance sera plus économique).

Alliances

Rappels du principe

Il existe trois grosses alliances mondiales (One World, SkyTeam et Star Alliance) regroupant chacune dix à vingt transporteurs principaux volant vers plusieurs centaines de destinations à travers le monde. Au niveau commercial, chaque alliance propose ses propres forfaits permettant de réaliser un tour du monde, forfaits qu'on retrouve directement chez les transporteurs (y compris en ligne) ou auprès de certaines agences de voyages.

Dans la pratique, un billet tour du monde constitué de la sorte s'achète avant le départ avec l'itinéraire et les dates (modifiables) fixés à l'achat.

Avantages et inconvénients

Par rapport aux offres des 3 alliances ci-dessous :

Avantages

Le premier avantage des pass d'alliances est d'abord la facilité et les possibilités simples de simulations d'itinéraires et de prix en ligne. On peut prendre le temps de comparer et de budgétiser selon ses envies sur la base de réseaux assez vastes. Très intéressant pour la préparation (quitte à voir ensuite avec d'autres solutions), surtout pour les néophytes.

Au niveau des formules, celles-ci offrent pas mal de choix pouvant correspondre à l'attente d'un grand nombre de voyageurs qui souhaitent faire un TdM complet ou limité à certaines zones (forfaits continents), le tout à des prix "honnêtes". Une fois en route, on bénéficie également d'une certaine souplesse au

La proposition de pass aérien de Star Alliance

C'est l'alliance la plus importante avec vingt compagnies membres (sans compter leurs filiales et les compagnies associées) : Lufthansa (Allemagne) et United (USA) comme leaders, plus Air Canada (Canada), Air China et Shanghai Airlines (Chine), Air New Zealand (Nlle Zélande), ANA (Japon), Asiana (Corée), Austrian (Autriche), BMI (Angleterre), LOT (Pologne), SAS (Scandinavie), Singapore Airlines (Singapour), South African (Afrique du Sud), Spanair (Espagne), Swiss (Suisse), TAP-Portugal, Thaï Airways (Thaïlande), Turkish Airlines (Turquie), Us Air (USA).

► **www.staralliance.com**
Rubrique Airpass. Vous pouvez calculer vous-même le nombre de miles pour planifier votre voyage

Vendu par
Les compagnies partenaires et les principales agences de voyage.

Validité : 10/365 jours.

Haute saison : non.

Application
L'itinéraire et la classe sont à fixer obligatoirement à l'avance (ils déterminent le prix) même si l'on peut modifier ses destinations en cours de route. Obligation de commencer et de finir son voyage dans le même pays, obligation d'effectuer un vol transatlantique et un vol transpacifique.

Modifications
Date : possible sauf premier vol.
Itinéraire : possible mais payant (on peut rajouter des tronçons).

Zone géographique
La formule couvre l'ensemble du réseau des compagnies, soit plus de 975 villes desservies dans 162 pays différents.
Aéroports principaux (les bases avec lesquelles vous pourrez facilement transiter et donc constituer l'ossature de votre voyage) : Francfort, Copenhague, Washington, Chicago, Californie, Montréal, Auckland, Bangkok, Singapour, Tokyo, Séoul.

Coupons et prix
De 3 à 16 coupons maximum pour 3 gammes de prix définies selon le “mileage” maximum autorisé pour chacune et la classe.
En classe éco, comptez en gros :
2400 € jusqu'à 29 000 miles,
2750 € jusqu'à 34 000 miles ou
3250 € jusqu'à 39 000 miles.

Autres formules
Il existe environ treize formules possibles qui vont de L'Europe au Japon, en passant par l'Asie.

Notre avis
Avec son choix important de compagnies partenaires et de villes desservies à travers le monde, c'est le pass aérien le plus intéressant pour ceux qui envisagent un tour du monde complet avec vols transatlantique et transpacifique au programme, qui sont du reste obligatoires. D'ailleurs, sans cette dernière contrainte, ce forfait serait même à notre avis le meilleur pour tous les types de trajets envisagés.

La proposition de pass aérien de One World

Elle représente de son côté 15 % du marché mondial.

Compagnies

Dix compagnies membres (sans compter leurs filiales) : British Airways (Angleterre) et American Airlines (USA) comme leaders, plus Cathay (Hong-Kong/Chine), Finnair (Finlande), Iberia (Espagne), Japan Airlines (Japon), Lan Chile (Chili), Malev (Hongrie), Qantas (Australie) et Royal Jordanian (Jordanie).

Nom du pass

One World Explorer.

▶ **www.oneworld.com.**

Vendu par

Les compagnies et les principales agences de voyage.

Validité : 10/365 jours.

Haute saison : oui (été et mi-décembre).

Application

Itinéraire et classe à fixer à l'avance (ils déterminent le prix) même si l'on peut modifier ses destinations en cours de route. Pass remboursable sans frais en cas de non utilisation et partiellement selon les vols effectués une fois le voyage commencé.

Modifications

Date : gratuit.

Itinéraire : possible contre 75 €, dans la limite de la gamme tarifaire.

Zone géographique

675 destinations dans 130 pays. Aéroports principaux : Londres, New York, Chicago, Madrid, Miami, Hong-Kong, Santiago, Sydney.

Coupon et prix

Pas de système de "mileage", Monde divisé en 6 continents déterminant les prix. Obligation de voyager sur 3 zones minimum au choix, Pas de retour en arrière. Pass : 3 continents : 1999 € ; 4 continents : 2399 € ; 5 continents : 2899 € ; 6 continents : 3399 €. Trois stops gratuits autorisés par zone, sauf en Europe, où seul Londres est gratuit. Possibilité cependant d'acheter des stops supplémentaires pour 100 € chaque (en nombre illimité).

Tarif enfants

- 33 % enfants ; - 90 % bébés.

Autres formules

. Global Explorer

Autre formule TdM avec les compagnies de l'alliance plus quelques autres associées. Prix fonction de la distance parcourue (1 miles = 1,6 km) : 26 000 miles (1 950 €), 29 000 miles (2 350 €), 34 000 miles (2 850 €) ou 39 000 miles (3 300 €). Obligation d'avoir un (seul) vol transatlantique et un (seul) transpacifique dans son trajet. 3 stops mini et 5, 10 ou 15 maxi autorisés au total selon les gammes de distances. Même validité, modification, terrestre, etc, que le précédent. Des pass sur l'Amérique du Nord et du Sud, l'Asie, l'Afrique ou le Pacifique (cf. à ces régions). Possibilités en classes affaires et première.

Notre avis

Solution à privilégier si l'on ne doit pas traverser obligatoirement le Pacifique et/ou l'Atlantique.

La proposition de pass aérien de Sky Team

Compagnies
Onze compagnies membres (sans compter leurs filiales et les compagnies associées) : Air France et KLM (Pays Bas) comme leaders, plus Aeroflot (Russie), Aeromexico (Mexique), Alitalia (Italie), China Southern (Chine), Continental, Northwest et Delta (USA), Korean (Corée) et CSA (Rép. Tchèque).

Vendu par
Les compagnies et les principales agences de voyage.Le mieux étant de passer par internet.

▶ www.skyteam.com

Validité
10/365 jours.
151 pays pour 840 destinations.

Application
Il faut l'acheter au moins 7 jours avant le départ. Premier itinéraire à fixer à l'avance ; le reste est libre à la réservation ensuite. Obligation de commencer et finir son voyage dans le même pays. En cas de trajets terrestres entre villes, ceux-ci sont inclus dans le calcul du mileage (très intéressant !). L'itinéraire doit comprendre un vol transatlantique et un vol transpacifique.
On peut revenir en arriere et composer son itineraire au fur et à mesure dans tous les agences de l'alliance.

Modifications
Date : possible.
Itinéraire : possible.

Zone géographique
Réseau des compagnies, soit plus de 840 destinations desservies sur près de 151 pays. Aéroports principaux (les bases avec lesquelles on pourra facilement transiter et donc constituer l'ossature de son voyage) : Atlanta, New York, Paris, Séoul et Mexico.

Coupon et prix
jusqu'à 26 000 miles pour 2599 €, de 3 à 15 stops (dont 5 maxi en Amérique du Nord ou en Australie, et 3 au Japon),
jusqu'à 39 000 miles maxi autorisés pour 4 550 €
Il faudra calculer vous même votre itinérairee ou contacter directement l'une des compagnies membres.

Autres formules
Il existe aussi des possibilités en classes affaires et première.

Tarif enfants
-25 % enfants ; -90 % bébés.

Notre avis
C'est le moins connu des pass d'alliances. Son prix est au dessus de ses concurents, le nombre de stops semblent être intéressants pour le mileage proposé, il n'en demeure pas moins que le peu de compagnies concernées, ou le peu de connexions entre leurs réseaux, limite les possibilités de trajets passant hors de l'Amérique du Nord, une partie de l'Asie et l'Australie.
À noter quand même la présence récente de la compagnie Northwest.
Le plus de cette formule : renseignement auprès d'Air France facile.

niveau modification de dates bien sûr, mais aussi — un peu — de destinations. Enfin, les transporteurs sont de qualité. Bref, dès lors qu'on est pas un "spécialiste de l'aérien", et qu'on ne cherche pas quelque chose de trop compliqué ou de particulier, aussi bien en termes d'itinéraire que de voyage, on trouvera un intérêt certain à ces pass avec ceux notamment de One World, et de Star.

Inconvénients

Au niveau inconvénients, on peut signaler certaines contraintes existant quand même sur l'itinéraire avec, pour les formules complètes, une obligation de liaison transatlantique et transpacifique, des parcours terrestres entre certains aéroports comptabilisés parfois comme vols ou inclus dans le kilométrage, des arrêts en nombre défini selon les formules et/ou régions, une obligation de début et fin de périple dans le même pays, et en plus, pour ceux qui veulent partir très longtemps, une validité d'un an maxi.

Et comme pour tout billet de ce type acheté au préalable, il sera difficile, une fois en route, de pouvoir changer beaucoup de choses à son itinéraire.

Enfin, ceux qui ne veulent pas trop privilégier l'avion trouveront pas mal d'inconvénients à utiliser ces formules.

Conseil ABM !

Étudiez l'itinéraire par vous-même avant de vous lancer dans les propositions "clé en main".

Tour-opérateurs et compagnies

Trois démarches existent pour choisir un billet tour du monde.

- La plus simple consiste à prendre ce que l'on trouve parmi les offres des voyagistes.
- Opter pour la formule pass des groupes de compagnies, Star Alliance et autres (voir encadrés pages précédentes).
- Monter soi-même son circuit avant de le proposer ensuite à une agence.

Internet

Son développement planétaire, et surtout la généralisation du ticket électronique (le billet est disponible en ligne) peuvent le faire apparaître comme la panacée. Malgré tout, attention, car si le Web demeure une excellente source d'infos sur les TdM (recherche d'itinéraires, prix, etc.), mieux vaut encore rester prudent pour les achats, surtout lorsque ceux-ci doivent se faire loin de chez soi.

Inconvénients

En résumé, aucun problème si l'on veut payer en ligne ses billets auprès d'une agence, compagnie ou alliance présente et reconnue en France (ou en Europe).

Par contre, on peut être en droit d'hésiter lorsqu'il s'agit d'un prestataire situé à l'autre bout du monde ou dont on n'a jamais entendu parler. Sans oublier que si, en plus, l'achat se fait depuis un cybercafé ou un ordinateur que "l'on ne connaît pas", laisser la trace de sa carte bancaire sur une machine n'est pas forcément une bonne idée.

À cela, on pourrait d'ailleurs ajouter le fait qu'il n'est pas toujours possible d'acheter en ligne si l'on ne dispose pas d'une carte émise localement (cas fréquent aux USA, par exemple), et qu'au niveau juridique, lors de la faillite d'un transporteur, l'achat sur le Web n'est pas celui qui offre le plus de garanties de dédommagements.

Pour une bonne utilisation

Donc, Internet est un bon outil d'information, mais pas forcément d'achats, surtout en cours de route. Et si, le cas échéant, on trouve une super offre en ligne, mieux vaut prendre contact avec l'agence et/ou la compagnie pour payer de façon plus "traditionnelle".

Les propositions des agences

Pas mal de choses intéressantes sont déjà proposées "clé en main", pour peu qu'on s'adresse à des spécialistes.

Même si les tours du monde sont au programme de nombreuses agences, bien peu sont réellement des spécialistes du genre. En France, après la disparition de Nouveau Monde (qui a été le précurseur dans ce domaine) et l'arrêt de la formule par Ebookers, il ne reste plus désormais que deux voyagistes en matière de tours du monde.

- Les Connaisseurs du Voyage est maintenant le plus reconnu. Bonne documentation disponible sur le Web et des possibilités d'achat de vols simples ou avec prestations pour réaliser votre périple (du plus simple au plus compliqué) autour de la Terre.
- Pour des trajets simples, des voyagistes comme Nouvelles Frontières peuvent s'avérer intéressants, même s'il est vrai que depuis son rachat, Nouvelles Frontières tend à devenir un tour-opérateur de plus en plus quelconque. Quant aux "tours de continent", en plus des tour-opérateurs déjà cités, Asia dispose d'un bon choix de base sur l'Asie.

Donc, pour avoir un bon aperçu de l'offre existante on privilégiera les spécialistes. Idem d'ailleurs si l'on souhaite monter soi-même son itinéraire pour le soumettre ensuite à un voyagiste.

Les propositions des compagnies

En plus des tours du monde des agences de voyages, on peut également s'intéresser aux offres des transporteurs, et notamment aux billets pass des groupes de compagnies.

Sachez toutefois que vu les prix proposés par ces derniers (aux alentours de 1500 € minimum), à quoi s'ajoutent parfois certaines contraintes, c'est un choix que l'on fera d'abord si l'on a décidé de couvrir de très longues distances en quelques escales et/ou de sortir un peu des routes aériennes traditionnelles.

Il s'agit souvent de billets en classe éco, valables un an, avec un nombre de stops variables, sans retour en arrière, sur toutes les lignes des compagnies partenaires (One World, Star Alliance, etc.).

En tout cas ce sont des offres à comparer aux autres formules existantes.

Autre variante possible, mais plus restreinte, avec d'autres pass aériens plus spécifiques à chaque compagnie. On ajoutera à ce type de pass un billet de préacheminement. Bien qu'ils ne permettent pas d'effectuer un véritable tour du monde, ils sont valables pour un périple sur de très vastes zones géographiques, comme par exemple le Pacifique. Dans tous les cas, c'est une solution à examiner auprès des compagnies concernées ou des voyagistes spécialisés dans les tours du monde.

Définir son propre itinéraire

Une solution qu'envisagent de plus en plus de voyageurs ; même si par la suite ils achètent un des itinéraires standards des voyagistes. C'est une étape intéressante pour tous, ne serait-ce déjà que pour définir son itinéraire en fonction de ses envies mais aussi des "réalités aériennes". Ne jamais oublier cependant le respect des routes et le choix judicieux des compagnies pour dénicher les meilleures opportunités.

Concrètement, pour définir votre trajet

• Un tour du monde, quel que soit le mode de transport utilisé, se prépare. Ayez toujours à l'esprit le principe des bonnes dates (dans l'hémisphère Sud, les hautes saisons pour certains pays ou transporteurs sont inversées par rapport au Nord), des routes aériennes et du nombre réduit de compagnies à utiliser (tenez compte aussi de leur rapport qualité/prix et de leurs avantages).

• Pour le trajet, sauf si l'on a "flashé" d'entrée sur un itinéraire d'agence "tout fait" (dans ce cas pas d'hésitation), la première chose à faire est de lister les endroits que l'on souhaite visiter et donc déterminer les stops à inclure en théorie dans son billet. Ensuite distinguer ceux que l'on veut faire obligatoirement et ceux qui sont secondaires.

Préservez une bonne cohérence géographique en évitant les zigzags ou les retours en arrière, et en favorisant les axes aériens principaux où il y a de la concurrence et des prix attractifs.

Voir les trajets que l'on a envie de faire par voie terrestre ou de mer, ce qui pourrait faire diminuer le coût de l'aérien.

• L'itinéraire est établi. S'il est différent des grands classiques du genre, choisissez une agence spécialisée (et donc a priori compétente) tout en ayant au moins une idée du prix à payer.

• Estimez les coûts en faisant établir un devis. Le devis est d'ailleurs une étape quasi incontournable pour nombre de billets tour du monde. Même s'ils sont souvent payants (environ 15 €), leur montant est généralement remboursé dès l'inscription. Demandez le prix pour le même itinéraire en sens inverse, il y a parfois des (bonnes) surprises. Tenez compte enfin des taxes d'aéroport, qu'il faudra aussi débourser par la suite.

• Si le prix dépasse le budget prévu, demandez les circuits moins chers se rapprochant du vôtre et comparez. On peut aussi contacter un autre tour-opérateur. Remarque, le surcoût peut provenir simplement des compagnies utilisées (cherchez alors les plus économiques proposant en gros le même trajet).

Si rien ne convient, faites diminuer le prix en

Imaginer son Tour de Monde

"Nous avons regardé les billets tours du monde à moins de 2000 euros préétablis par l'agence Les Connaisseurs du Voyage. Cela nous a donné une idée de ce qui pouvait se faire à un prix raisonnable. Nous nous sommes ainsi aperçu qu'il fallait supprimer un continent (si l'on peut dire).
De toute façon, même si un an c'est très long pour les Parisiens stressés que nous sommes, c'est court pour un tour du monde, et multiplier les trajets et les distances n'est pas une bonne solution. Nous avons donc éliminé l'Afrique, par goût, parce que c'est très mal desservi par les systèmes de pass aériens et bien que j'aie un oncle qui vive à Johannesburg. De même, les prix grimpent très vite si l'on ajoute des destinations non desservies par les associations de grandes compagnies aériennes (système de pass).
Nous avons ainsi établi assez vite les trajets aériens que nous voulions effectuer. La détermination du sens dans lequel le faire a été dictée par les climats, en sachant qu'on ne peut évidemment pas être au bon moment partout dans le monde. Il nous a semblé que la pluie était moins gênante en Amérique centrale que la mousson en Asie du Sud-Est. De ce fait, nous tournerons d'est en ouest."

Famille Charpentier

► **http://famille.charpentier.club.fr**

écartant les villes situées hors routes aériennes, responsables du tarif trop élevé. Si vous persistez dans votre itinéraire, envisagez les solutions annexes (billets à acheter sur place, pass aérien, détours par des villes intéressantes au niveau tarifaire, autre mode de transport, etc.) et comparez à nouveau.

• Une fois que vous êtes décidé, sachez que, si l'on peut modifier ses billets une fois sur place, les changements de jour de départ, d'itinéraire ou de compagnies ne sont pas autorisés.

• Enfin un tour du monde peut s'effectuer autrement qu'en individuel avec un sac à dos. Il peut concerner également des personnes guère habituées à ce genre de périple. D'ailleurs plusieurs voyagistes y ont pensé, puisque sont maintenant proposés des tours en classe affaires, avec prestations hôtelières, ou en circuits organisés.

Tours du monde avec les compagnies : échelle générale des prix

Quelques formules de Paris à Paris proposées “clé en main” par des agences avec les gammes de prix selon les itinéraires. Si l'on monte soi-même son TdM en suivant des schémas identiques on retombera en gros sur les mêmes tarifs. Attention aux taxes supplémentaires qui ne sont pas toujours compris dans le prix affiché.
À signaler que pour des billets incluant beaucoup de trajets terrestres, les possibilités peuvent être un peu différentes par rapport aux gammes de prix citées.

- **moins de 1 500 €**

Il s'agit en fait très souvent pour les premiers prix de mini tours d'Asie comprenant généralement 3 ou 4 stops (dont souvent Bangkok). Mais aussi pour le haut de cette fourchette de “vrais” TdM avec des vols Bangkok ou Kuala Lumpur, Japon, Hawaï et/ou une ou deux villes aux USA.

- **de 1 500 à 2 000 €**

Tours du monde toujours axés sur l'Asie (principales villes) avec aussi plus de facilités d'incursions aux USA (Ouest et Est) et Hawaii ou même l'Australie/Nouvelle Zélande. Parfois, le nombre de stops, surtout en Asie, est important (jusqu'à 6 ou 7).

- **de 2 000 à 2 500 €**

Encore l'Asie (beaucoup de choix) avec aussi très facilement l'Amérique du Nord (ou occasionnellement Sud) et l'Australie (souvent en terrestre), la Nouvelle-Zélande ou quelques autres îles du pacifique (Hawaii, Tahiti...).
C'est aussi aux alentours de ce tarif que l'on voit apparaître les tours complets de l'Amérique du Sud.

- **de 2 500 à 3 000 €**

Beaucoup de possibilités. On peut obtenir de 7 à 10 stops sans trop de problèmes sur des parcours Asie/ Pacifique/ Amérique du Nord ou/et Sud ou bien encore des trajets Afrique de l'Est/ Asie/ Pacifique/ Amérique du Nord ou Sud.

- **plus de 3 000 €**

À peu près les mêmes possibilités de parcours que précédemment ; certaines destinations ou combinaisons sont plus facilement accessibles. On trouve ainsi nombre de billets Asie/ Pacifique/ Amérique du Sud/ Amérique du Nord.
NB : pour des billets incluant plusieurs trajets terrestres, les possibilités peuvent être un peu différentes par rapport aux gammes de prix citées.

Principales villes "Tour du monde"

Que vous pensiez opter pour une formule prédéfinie d'agence, un forfait d'alliance ou, à plus forte raison, que vous envisagiez de monter vous-mêmes votre propre itinéraire, quelques bases sur le fonctionnement de l'aérien (routes et transporteurs notamment) pourront toujours s'avérer utiles. Ne serait-ce déjà que pour éviter quelques erreurs qui au final risqueraient d'alourdir la facture...
Grands axes aériens

• Routes
Même si l'on peut aller partout de n'importe où en avion, il n'en demeure pas moins que certaines routes aériennes demeurent plus intéressantes que d'autres au niveau financier. Donc, bien sûr, autant les utiliser.
Il faut savoir que les grands axes aériens "économiques" correspondent aux zones de trafics importants. Schématiquement, dans les deux sens, ils se situent entre :
1) l'Europe et les autres continents,
2) l'Amérique du Nord et le reste du monde moins l'Afrique,
3) l'Asie du Sud-est et le reste de l'Asie, les USA, le Pacifique et l'Europe.
Donc, déjà, un tour de monde qui respectera ces axes pourra être obtenu à bon prix. D'ailleurs les formules les plus simples ou les plus traditionnelles tourneront toujours autour de l'axe Europe/ Asie du Sud-est/ Pacifique/ Amérique du Nord/ Europe. Ce sont généralement les plus économiques, 1 500 € en moyenne pour des possibilités intéressantes.

• Points d'entrées/sorties
Au-delà de ces routes principales, il faut savoir aussi qu'il est en plus préférable de bien choisir ses points d'entrées/sorties pour chaque zone. C'est à dire en général de grandes villes, souvent bases de grosses compagnies, qui offrent un large choix de destinations à des tarifs plutôt intéressants.

• Amérique du Nord :
À privilégier New York et surtout Miami pour continuer vers les Caraïbes et l'Amérique Latine. Egalement Los Angeles pour l'Amérique Latine, le Pacifique et son pourtour asiatique.
Accessoirement d'autres bases de transporteurs nord-américains comme Vancouver, Houston ou Atlanta.

• Amérique Centrale et Caraïbes :
Les deux sont considérés en terme de routes aériennes comme la prolongation des axes nord-américains via Los Angeles et/ou Miami.

• Amérique du Sud :
Pas beaucoup de possibilités intéressantes sinon Buenos-Aires/Sao Paulo pour ce qui est la continuation vers l'Afrique du Sud et/ou l'Australie, ou bien encore Santiago du Chili pour le Pacifique/ Australie via l'Ile de Pâques et Tahiti.

• Pacifique :
Hawaii est une étape entre l'Australie/pourtour asiatique du Pacifique et l'Amérique du Nord. Quant à l'Australie, Sydney est un bon point de départ vers l'Asie du Sud-est, les USA ou le Chili/Argentine. Accessoirement Auckland est à voir également.

• Asie :
Bangkok et la Malaisie offrent pas mal de bonnes connexions pour de multiples destinations, y compris vers l'Afrique du Sud (et même l'Argentine) pour cette dernière.
Quant à Delhi et un peu moins Bombay, ce sont des étapes possibles entre l'Europe et l'Asie du Sud-est ou même centrale.
Accessoirement d'autres bases de transporteurs asiatiques comme Singapour, Taipeh, Hong-Kong et Pékin, Tokyo, voire même Bali et Jakarta.

• Moyen-Orient :
Dans la région, Istanbul est un bon carrefour pour une continuation vers l'Asie Centrale et quelques autres destinations asiatiques.

• Afrique :
C'est le continent proportionnellement le moins bien desservi. Sur l'ensemble, c'est Johannesburg qui est la plaque tournante de l'Afrique vers les autres continents (ou les pays voisins).
Mais pour la partie nord autant, la plupart du temps, repasser par l'Europe plutôt que d'espérer des connexions économiques vers le reste du monde.

© Karine MEUZARD

Liaisons internes aux principales compagnies aériennes

Mis à part les alliances qui permettent de composer des routes selon vos souhaits en associant les vols des différents partenaires, quelques compagnies proposent aussi des liaisons fort intéressantes que vous pourrez utiliser pour composer votre périple. C'est la solution pour faire un bon itinéraire, du moins au niveau de l'ossature.

QANTAS (Australie)
LA compagnie tour du monde par excellence puisqu'on peut faire le tour de la Terre avec elle.
Son axe : Europe / Côte Ouest des USA / Pacifique Sud / Asie du Sud-Est ou Afrique du Sud / Europe.

NORTHWEST AIRLINES (USA)
Europe / Détroit / Côte ouest des USA / (Hawaii) / Japon….
Avec ses prolongements depuis le Japon vers la Chine, Bangkok ou Singapour, c'est devenu une compagnie importante pour les tours du monde passant par l'hémisphère Nord.

UNITED (USA)
Europe / Côte est des USA / Côte ouest des USA / (Hawaii) / Japon...
Avec les mêmes prolongements que Northwest au départ du Japon, une compagnie elle aussi incontournable sur l'axe Nord avec en plus de meilleurs stops sur l'est des USA. Encore plus intéressant, son réseau permet aussi de relier Sydney et Auckland à partir de Los Angeles et l'ensemble de l'Amérique latine au départ de Miami. Bref, une bonne référence.

AIR NEW ZEALAND
Europe / Los Angeles / Pacifique Sud (Tahiti, Fidji, Hawaii...) / Auckland... Dans un sens ou dans l'autre une bonne compagnie pour ceux qui veulent rallier l'Europe au Pacifique Sud via l'ouest des USA. Une fois à Auckland (sa base) on peut de plus continuer sans difficultés vers, au choix, l'Australie (plusieurs villes), Brisbane/ Bangkok, Bali/Singapour/Bangkok ou encore Hong-Kong, Séoul ou le Japon. Air New Zealand est par ailleurs partenaire de United chez Star Alliance.

AEROLINEAS ARGENTINAS
Europe / Buenos Aires / Auckland / Sydney. La meilleure solution pour la route Europe / sud de l'Amérique latine / Pacifique Sud. De plus, la compagnie dessert assez bien le reste du continent sud-américain (tous les pays moins les Guyanes) et permet de continuer vers le Mexique ou l'Amérique du Nord, avec notamment Los Angeles, ville qui est ensuite un excellent point de départ vers l'Asie.

EMIRATES
Paris / Dubaï / Colombo / Singapour. À conseiller de/vers l'Europe pour passer du Sri Lanka à l'Asie du Sud-Est. De plus, Emirates est l'une des meilleures compagnies au monde.

>>

>>

MALAYSIAN AIRLINES
Grâce à son vaste réseau, c'est une excellente compagnie pour un tour du monde. Deux longues transversales au programme avec un Pékin (ou tout autre ville d'Asie du Sud-Est) / Kuala Lumpur / Johannesburg / Buenos Aires, et un Europe / Kuala Lumpur / Australie. Via sa base en Malaisie, on pourra donc envisager plein de possibilités, surtout que la Malaysia dessert également le Pakistan, l'Inde, l'Indonésie et même Los Angeles et Vancouver.

AIR INDIA
Europe / Bombay-Delhi /...
Intéressant uniquement pour ceux qui passent par l'Inde en venant d'Europe (dans l'autre sens, de meilleures possibilités existent en combinant d'autres compagnies). De là, ils pourront en effet partir avec Air India vers le Japon et vers l'Asie du Sud-Est / Australie ou rejoindre la partie sud/sud-est de l'Afrique ou l'océan Indien (Maurice).

AIR MAURITIUS
C'est la compagnie charnière de l'océan Indien pour qui veut aller de/vers l'Europe, l'Afrique, l'Asie et ponctuellement l'Australie.
Seul problème, même si elle dispose d'un bon réseau régional, cette compagnie n'est pas forcément très économique, et d'autres transporteurs souvent plus intéressants desservent aussi l'île Maurice (Malaysia, Air India ou SAA).
Donc, gardez Air Mauritius simplement en éventualité.

SOUTH AFRICAN AIRWAYS
Même concurrencée par plusieurs transporteurs sur différents axes (Malaysia sur l'Asie, Qantas sur l'Australie, Aerolineas sur l'Argentine…), cette compagnie dispose d'un réseau intéressant pour les tours du monde, avec quelques liaisons uniques comme l'Egypte et les USA en direct de/vers Johannesburg.
Prix pas toujours des plus bas toutefois pour la SAA.

Autres alternatives ponctuelles

Une autre alternative à étudier pour l'axe Europe / Asie du Sud-Est / USA est la compagnie CHINA AIRLINES (Taïwan).

Pour passer par le Canada, CANADIAN AIRLINES et AIR CANADA ont des stops à Montréal/Toronto et Vancouver (la première continue de plus vers le Pacifique).
Pour aller à l'île de Pâques, une seule solution avec la LAN CHILE, Santiago / Pâques / Tahiti (de là on continue avec QANTAS ou AIR NEW ZEALAND).

Pour visiter le Moyen-Orient, on peut choisir TURKISH AIRLINES, stop à Istanbul, et continuer ensuite vers l'Asie centrale, l'Inde et Bangkok.
Un peu la même chose avec la ROYAL JORDANIAN via Amman.

Enfin si vous cherchez à passer par des villes moins fréquentées au niveau aérien, étudiez les bases des diverses compagnies.

Utilité des billets "tour du monde"

Alors, utiles ou pas, les billets TdM, et surtout, au final, sous quelle forme ?
Voici un début de réponse avec les différentes attentes des voyageurs et ce qui, a priori, peut être le choix le plus intéressant (à chacun ensuite d'en faire la synthèse).

Rappel

Ce que l'on qualifie de "billet tour de monde" se construira donc avec, au choix :
Une succession de billets de diverses compagnies
> achetés avant le départ
... pour un itinéraire déjà défini par un voyagiste
... pour un itinéraire défini soi-même, seul ou via une agence spécialisée
> achetés au fur et à mesure du voyage
Un forfait d'une alliance aérienne.

Diverses compagnies, achetés avant le départ

(itinéraire défini par soi-même, seul ou via une agence spécialisée)
Bien si on veut :
budgétiser l'aérien avant le départ ; avoir une aide/recours en cas de problèmes ; voyager en classe de son choix ; ne pas faire le tour complet de la terre ou juste un ou deux continents ; sortir des routes aériennes traditionnelles ; privilégier les transports terrestres.
Moyen si on veut :
faire au plus simple ; voyager plus d'un an ; avoir une grande liberté ; pouvoir aisément changer ses escales/trajets ; voyager sans aucune connaissance de l'aérien ; privilégier la qualité des transporteurs ; prévoir début et fin de l'aérien dans deux pays différents.
Déconseillé si on veut :
accumuler ou utiliser des miles (programme de fidélisation).

Diverses compagnies, achetés avant le départ

(itinéraire déjà défini par un voyagiste)
Bien si on veut :
faire au plus simple ; budgétiser l'aérien avant le départ ; avoir une aide/recours en cas de problèmes aériens ; limiter les frais de dossier ; voyager sans aucune connaissance de l'aérien.
Moyen si on veut :
privilégier la qualité des transporteurs ; voyager plus d'un an ; voyager en classe de son choix ; avoir une grande liberté ; pouvoir aisément changer ses escales/trajet ; faire le tour complet de la Terre ou juste un ou deux continents ; privilégier les transports terrestres.
Déconseillé si on veut :
prévoir début et fin de l'aérien dans deux pays différents ; sortir des routes aériennes traditionnelles ; accumuler ou utiliser des miles (programme de fidélisation).

Diverses compagnies, achetés en route

Bien si on veut :
voyager plus d'un an ; voyager en classe de son choix ; avoir une grande liberté ; pouvoir aisément changer ses escales/trajet ; ne pas faire le tour complet de la Terre ou faire juste un ou deux continents ; prévoir début et fin de l'aérien

dans deux pays différents ; sortir des routes aériennes traditionnelles ; privilégier les transports terrestres.
Moyen si on veut :
privilégier la qualité des transporteurs.
Déconseillé si on veut :
faire au plus simple ; si on a peu de temps ; budgétiser l'aérien avant le départ ; limiter les frais de dossiers ; avoir une aide/recours en cas de problèmes ; voyager sans aucune connaissance de l'aérien ; accumuler ou utiliser des miles (programme de fidélisation).

Forfait d'une alliance aérienne
Bien si on veut :
voyager en classe de son choix ; faire au plus simple ; budgétiser l'aérien avant le départ ; avoir une aide/recours en cas de problèmes ; limiter les frais de dossier ; voyager sans aucune connaissance de l'aérien ; privilégier la qualité des transporteurs ; accumuler ou utiliser des miles (programme de fidélisation).
Moyen si on veut :
avoir une grande liberté ; pouvoir aisément changer ses escales/trajet ; ne pas faire le tour complet de la terre ; sortir des routes aériennes traditionnelles.
Déconseillé si on veut :
voyager plus d'un an ; faire juste un ou deux continents ; prévoir début et fin de l'aérien dans deux pays différents ; privilégier les transports terrestres.
Autres Pass :

The Great Escapade
Compagnies
3 compagnies : Air New Zealand , Singapour Airlines, Virgin Atlantic
Vendu par
Virgin Atlantic **0870 190 4466**
Air New Zealand **0800 028 4149**
► **www.thegreatescapade.com**
Validité
10/365 jours.
Conditions d'utilisation
Départ de Londres ou Manchester.
Modifications
Date : possible, mais payant.
Itinéraire : possible.
Zone géographique
Nombreuses destinations en Asie du Sud-Est, Asie et Pacifique.
Nombre de d'arrêts illimité.
Tarif enfant.
Coupon et prix
Jusqu'à 29 000 miles à partir de 960 £ (1 130 €), sans les taxes, 130 £ (154 €) les 1500 miles supplémentaires.
Il faudra calculer vous-même votre itinéraire sur leur site.
Notre avis : Le moins cher des pass aériens. Intéressant, surtout si on veut passer un peu de temps dans le Pacifique.
The World Journey
Compagnies
KLM, Jetair, Alaska Airlines, Copa, Continental Airlines, Emirates, Air Pacific, Kenya Airways, Malev, Malaysian Airlines, Air Vanuatu, North West Airlines, Polynesian, Air Calédonie, South African Airlines, Air Tahiti Nui, Air Lanka et Air Europa
Vendu par
Westernair **0845 6801 358**
► **www.westernair.co.uk**
Validité
10/365 jours.
Conditions d'utilisation
Départ de Londres.

Modifications
Date : possible, mais payant.
Itinéraire : possible.
Zone géographique
3 à 10 arrêts, arrêt supplémentaire pour 100 $ US
Nombreuses destinations en Asie du Sud-Est, Asie, Afrique et Pacifique.
Nombre d'arrêts illimité.
Coupon et prix
Jusqu'à 25 000 miles : 1319 £
Jusqu'à 30 000 miles : 1549 £
Jusqu'à 35 000 miles : 1899 £

Notre avis : bien pour l'Amérique centrale et le sous-continent indien.

Prendre l'avion : infos pratiques

• Poids autorisé en avion

En classe éco, le poids autorisé est normalement de 20 ou 23 kg en soute (et 15 kg sur certains charters), plus un bagage en cabine dont les dimensions cumulées ne doivent pas dépasser 115 cm (exemple : 50 x 30 x 25 cm).
En première classe ou affaires sont acceptés jusqu'à 30 ou 40 kg en soute.
À noter qu'un autre système basé sur le nombre de bagages en soute (deux) est en vigueur sur l'Amérique du Nord.
Au-delà de ces franchises, vous aurez à payer un supplément par kilo en sus de 1 à 1,5 % du tarif éco pratiqué sur la destination pour ce qui est des bagages en soute ou, s'il s'agit de bagages cabine, du transfert de ceux-ci en soute.
Heureusement, ces règles demeurent le plus souvent théoriques et quelques kilos de plus ou un ou deux bagages cabine supplémentaires passeront 99 fois sur 100 sans payer de supplément.
Ceux qui voyagent léger, avec un sac peu volumineux, pourront le garder en cabine et s'éviter l'attente de la livraison bagages à l'aéroport, de même qu'ils diminueront les risques de perte ou de bagages endommagés lors du transport.

• Assurances et indemnisations

En cas de problèmes lors du transport aérien, les réglementations sont assez claires, quoique pas toujours bien respectées par les transporteurs.
Si vos bagages sont perdus lors du transport, c'est la compagnie qui est responsable. En cas de perte définitive (environ 10 % des cas), ils vous seront remboursés par le transporteur sur une base la plupart du temps limitée à 20 $ US par kilo pour les bagages en soute (un autre système plus intéressant existe sur les États-Unis) et de 400 $ US par personne pour les bagages cabine. D'où l'intérêt parfois de souscrire des assurances complémentaires.

Dans la pratique, il est impératif de signaler immédiatement la perte de vos affaires auprès du service bagages du transporteur, ou à défaut de l'aéroport, afin de remplir un imprimé spécial qui permettra d'entreprendre les recherches. Il servira à remplir la réclamation auprès de la compagnie.
S'il s'agit d'une perte à l'arrivée à votre destination, les compagnies peuvent dans certains cas, bien qu'il n'y ait pas de réglementation particulière, vous dépanner financièrement ou vous offrir

des affaires de rechange en attendant que les bagages soient retrouvés (c'est un préjudice qui est parfois aussi inclus dans certaines assurances bagages).

Conseil ABM !

N'oubliez pas de laisser couteau, ciseaux, et autre matériel suspect dans la soute !

LES OFFRES ANGLAISES

Aérien d'outre-Manche

A ceux qui cherchent le moins cher possible il peut être utile de voir ce qui est proposé par les voyagistes des pays voisins, notamment anglais.

Départ d'Angleterre

En réalité tout dépend surtout de ce que l'on cherche et où l'on compte aller.

Quelques constatations

Tout d'abord il faut savoir que le marché anglais des voyages est un peu différent du marché français. Les voyageurs individuels y sont plus nombreux, et la part des jeunes plus importante. Si en France les moins de 25 ans représentent a priori 20 % des routards, en Angleterre il semble qu'ils représentent le double. Les jobs à l'étranger, notamment en Australie et en Nouvelle-Zélande, séduisent pas mal de candidats.

Même si la production des agences est en gros identique des deux côtés de la Manche, les voyagistes britanniques offrent toutefois quelques spécificités quasiment inconnues en France.

La principale est le voyage "organisé" de longue durée en bus ou en camion à destination surtout de l'Afrique et de l'Amérique latine. Jusqu'à... 8 mois de voyage programmé. Quant aux destinations les plus appréciées des voyageurs individuels, le Pacifique et l'Afrique semblent tenir une place plus importante que chez nous. À l'opposé, l'Asie du Sud-Est y est peut-être moins présente.

Transport aérien

Pour l'offre aérienne, on peut découvrir quatre types d'offres au niveau des agences anglaises;

- Les mêmes vols réguliers avec les mêmes compagnies que ceux proposés depuis la France. Il faut comparer les prix.
- Des vols réguliers sur des lignes ou des compagnies "inconnues" en France, qui plus est pour certaines vraiment intéressantes comme en premier lieu la Royal Brunei sur l'Asie et le Pacifique (très bon rapport qualité/prix) ou encore Britannia Airways sur l'Australie et la Nouvelle-Zélande.

▶ Les offres anglaises

À signaler également quelques compagnies *low cost* (à bas prix) intéressantes comme EasyJet, GO, etc., à destination de villes de l'Europe du Nord.

• Des charters ou des dessertes très grand public qui peuvent être proposés traditionnellement à bons tarifs. N'oubliez pas qu'au-delà des endroits "universels" comme le Bassin méditerranéen, commercialisés partout, chaque pays dispose aussi de destinations spécifiques. Ainsi, les Antilles françaises offrent les meilleures opportunités depuis la France, mais les anglaises sont plus abordables depuis Londres.

• Enfin, les vols "couriers" (avec un seul r) nettement plus nombreux et intéressants au départ de Londres que de France où, d'ailleurs, ils ne sont pas officiellement commercialisés.

Voyages "organisés" de longue durée

Comme indiqué précédemment, c'est en Angleterre que l'on trouvera la meilleure offre pour partir plusieurs mois à travers (en partie ou en totalité) l'Afrique, l'Amérique centrale ou du Sud, l'Australie et l'Asie. Il s'agit de petits groupes voyageant en bus ou en camions équipés (4x4, autonomie, camping...), mais aussi parfois n'utilisant que les transports locaux, avec la possibilité pour chacun de choisir ses tronçons.

En principe, il est possible de quitter le groupe si on le désire pour visiter individuellement les étapes. En effet, ces transports sont chez certaines agences identiques ou presque à des lignes de bus ou de camions s'arrêtant pour un

Agences anglaises

Sur l'ensemble des voyagistes proposant des vols secs, 3 semblent sortir du lot, tant au niveau de leurs offres que de la documentation et du public visé (les voyageurs indépendants).

TRAVEL BAG
est l'un des tour-opérateurs anglais les plus complets en matière de voyages et d'aventures. Il propose également un large choix de vols secs et de tours du monde, comme le pass The Great Escapade (à partir de 860 £ pour 29 000 miles). Ils sont revendeurs des alliances comme Star Alliance et Oneworld.
Travel Bag.
+44 (0) 203 139 7427
Devis par mail, infos :
► **http://www.travelbag.co.uk/**

STA
Spécialisé dans le voyage des jeunes et des étudiants.
Des tours du monde à partir de 630 £ sans les taxes, nombreuses formules possibles.
STA. 117, Euston Rd, London, NW1.
► **http://www.statravel.com/**

TRAILFINDERS
► **www.trailfinders.com/**
Agence très compétente et qui vous trouvera des billets à des prix imbattables surtout sur l'Asie et le Pacifique. Ils vendent également des pass des grandes alliances.

Voyagistes anglais spécialisés en grands parcours

Aucun des tarifs indiqués ci-dessous ne comprend l'aérien pour se rendre au départ du circuit (idem pour le retour) ; ils ne comprennent en fait que le transport + le forfait quotidien repas/hébergement. Sachez aussi qu'il peut exister une petite différence de prix selon le sens choisi pour un même circuit à une date identique.

ABSOLUTE AFRICA
41, Swanscombe Rd, Chiswick, London W4 2HL.
▶ http://www.absoluteafrica.com
Pour découvrir en camion l'Afrique située au sud de l'équateur, de 2 à 12 semaines (1 300 £GB) de voyage.

DRAGOMAN
98H, Camp Green, Debenham, Stowmarket, Suffolk, IP14 6LA.
Tel : 44 (0)1728 861133
▶ http://www.dragoman.com/
Un programme varié pour des circuits en camion (ou en transports locaux pour certains) vers et/ou à l'intérieur de l'Amérique centrale et du Sud, l'Afrique et l'Asie. Jusqu'à 32 semaines de voyage pour un public anglo-saxon mais aussi scandinave ou allemand. Dans le lot, un Quito-Quito en 25 semaines (env. 5 500 £GB) un Londres-Le Caire (également Cape Town), via l'Afrique centrale et Nairobi, en 23 semaines (4 000 £GB) ; et sûrement pour l'un des plus longs périples un Londres-Nairobi-Le Caire-Cappadoce-Katmandou en 32 semaines (5 400 £GB), ce dernier parcours pouvant d'ailleurs être prolongé jusqu'à Saïgon en 6 à 8 semaines supplémentaires.

EXODUS
Grange Mills, Weir Road, London SW12 0NE England.
▶ http://www.exodus.co.uk
Ce tour-opérateur, l'un des plus connus en la matière, propose des circuits en camion en Afrique, en Amérique du Sud et en Asie.
Pour l'Afrique, 13 semaines maximum entre le Kenya et l'Afrique du Sud (2 600 £GB). Pour l'Amérique du Sud, 22 semaines maxi (4 800 £GB) pour un tour complet de la Colombie à la Terre de Feu.
Quant à l'Asie, possibilité de rallier en 15 semaines, et pour en moyenne 2 500 £GB, Londres à Katmandou ou Pékin. Il existe également un Londres-Bali en 31 semaines de route pour 5 600 £GB.

TRANSAFRICA
Chateau Alexandre Dumas 02600 VILLERS HELON Tél : 03 23 72 93 93
▶ www.transafrica.fr
Le spécialiste français depuis plus de 20 ans pour les raids en Afrique. Devis sur mesure. Périple à travers toute l'Afrique. Également : guide complet de plus de 220 000 km de routes et de pistes à travers l'Afrique.

temps donné à des endroits précis avant de repartir. C'est d'ailleurs pour cette raison que le transport, les repas et l'hébergement sont parfois séparés au niveau tarifs. Intéressant également, la possibilité de pouvoir assurer soi-même son départ d'Europe sans devoir obligatoirement partir de Londres. Bref, à conseiller vivement pour les amateurs de ce type d'aventures, surtout vu les prix proposés.
De façon générale, les groupes sont souvent constitués d'une quinzaine de personnes, de 18 à 35 ans en majorité (l'âge limite est souvent fixé à 45 ou 50 ans, mais des dérogations sont possibles), surtout des Anglais, Australiens, Néo-Zélandais et parfois Nord-Américains ou Sud-Africains. Chacun doit participer aux tâches quotidiennes (cuisine, campement, etc.).
Selon les agences, les durées et les destinations, plusieurs départs sont généralement prévus chaque année ; toutefois pour les dates de pointe, mieux vaut réserver longtemps à l'avance.

LE BUS

Partir en bus reste une façon originale de voyager qui permet de prendre son temps et de découvrir petit à petit les modifications au niveau des paysages, des cultures, voire des climats ; bref de pénétrer petit à petit au cœur de son périple.
C'est dans les années 60/70 que le bus a connu en Europe son heure de gloire grâce, entre autres, au célèbre Magic bus qui pouvait vous emmener en quelques jours de diverses villes d'Europe jusqu'en Inde. Mais, à la fin des années 70, les aléas de l'histoire ont réussi à mettre un terme à ces lignes légendaires.
Malgré tout, le bus est encore bien présent dans de nombreux pays, tant pour faire des trajets domestiques que des voyages internationaux.

Conseils généraux

Où que ce soit, demandez toujours si vous pouvez bénéficier de réductions (y compris en tant que touriste) et s'il existe des forfaits pour plusieurs trajets ou longue durée. Sachez qu'il existe souvent aussi des tarifications spéciales pour les jeunes et les étudiants dans de nombreux pays partout dans le monde (avoir une carte étudiante internationale).

Où se placer dans le bus

Pour plus de confort, il vaut mieux choisir les places entre les roues avant et arrière, vous éviterez ainsi les secousses. Si vous voyagez de nuit, évitez les places du côté gauche, afin de ne pas avoir sans cesse les phares des véhicules d'en face dans les yeux. La conduite de certains chauffeurs peut surprendre, aussi les cœurs sensibles éviteront-ils de regarder la route.

Transports locaux

"Pas d'avion pour se déplacer, car nous aurions ainsi l'impression de rompre la lente évolution d'un voyage qui va suivre la métamorphose des paysages et des cultures. Aujourd'hui nous réalisons comme nous avions raison de nous entêter parfois, dans la galère souvent, alors qu'il est si facile de s'envoler. Nous repensons désormais à tous ces no man's land de coins isolés qui sont toujours pour le voyageur des lieux insolites de transitions culturelles, religieuses parfois, géographiques même. Magie des frontières terrestres…
Le temps de traverser un fleuve, de passer de la noblesse des Maures du Sahara mauritanien à l'arrogance des Wolofs sénégalais, émerger de l'anonymat de la Nubie soudanaise pour plonger dans le tumulte touristique égyptien, transiter de la neige turque à la canicule du désert iranien, quitter le terrible hejab pour côtoyer les pin-up de l'ex-république soviétique turkmène, laisser la folie urbaine chinoise pour l'apathie des villages du Laos, du problème aborigène australien à la solution maorie en Nouvelle-Zélande, des "baguettes-riz" aux "fourchettes-kartochkas", etc. Un bond culturel, le temps d'un trait sur une carte, plaisir intact renouvelé à chaque frontière, une découverte spontanée de l'autre côté du tampon douanier."

Claire Rouault

En Inde, par exemple, vous ferez la maudite expérience du klaxon à tout bout de champ pour un oui ou pour un non, pensez aux boules Quiès. De même, avec les pannes, les pauses déjeuner, les attentes de voyageurs, ne comptez pas sur des horaires précis. Pensez enfin à prendre un foulard afin de faire face aux importants courants d'air.

Les bagages

Essayez de vérifier que vos bagages sont bien mis en soute ou installez-les vous-même sur le toit. Si nécessaire, enveloppez vos sacs à dos d'un sac de protection. Si vous descendez du bus, prenez également soin de ne pas laisser vos papiers dans un sac, même à vos pieds : on risque fort de visiter vos sacs pendant votre sommeil.

Bus couchettes ou de luxe

Parfois vous aurez à choisir entre un bus pour touristes et un bus local. Si le trajet

► Le bus

est long, mieux vaut prendre le transport le plus confortable. Cependant, si vous avez du temps et que vous n'êtes pas regardant sur le confort, le bus local vous vaudra des rencontres et de la vie locale dans les villes desservies.

Surveillez cependant toujours votre bus aux arrêts, car certains repartent sans prendre la peine de contrôler la présence de tous les passagers.

En international

Nombre de pays à travers le monde disposent de réseaux de bus internationaux reliant le pays à ses voisins proches et parfois même plus éloignés. De tous, Eurolines, qui couvre toute l'Europe, est peut-être le plus connu.

Public :

Ces bus attirent un public de voyageurs étrangers aussi bien que, dans les "pays pauvres", des locaux disposant de moyens souvent insuffisants pour leur faire préférer l'avion ou la voiture.

Service :

Généralement, les bus internationaux sont de bonne, voire d'excellente qualité, notamment comparés aux flottes circulant au niveau national. Donc, on trouvera le plus souvent des bus récents, sûrs, bien équipés (toilettes, clim, vidéo...) avec des sièges-couchettes ou permettant de disposer d'un bon espace. Dans tous les cas, chaque passager disposera d'une place prédéfinie et l'on n'y voyagera jamais entassé.Ces bus effectuant souvent de longs trajets, le nombre d'arrêts en sera limité, et les détours ou routes secondaires ne seront pas au programme. Leurs routes, horaires, tarifs (avec système de réservation en ligne pour certains) sont souvent disponibles sur le Web. Le plus souvent, ils partent (ou s'arrêtent à) des gares routières principales, même si certains peuvent aussi disposer de leurs propres terminaux dans certaines villes. Dernière chose, lorsqu'il s'agit de passer les frontières, les bus internationaux peuvent faire gagner du temps et évitent les changements souvent obligatoires lorsqu'on voyage d'un pays à un autre avec des bus locaux.

Chili dans le bus

"Durant un long trajet en bus local, je prends mes précautions. Je ne mange quasiment pas et ne bois que des boissons gazeuses sucrées, type Coca, histoire de ne pas avoir de surprises côté estomac. Et il faut avoir des trucs à faire. Par exemple durant le trajet de cinquante-deux heures de route en bus de Santiago-du-Chili à Punta Arenas, j'ai dessiné tout le long. Le type du bus a bien essayé de nous divertir en mettant un DVD, mais il ne savait pas régler l'appareil et on s'est retrouvés avec Matrix en Japonais !"

KARINE MEUZARD

Tarifs :
À nuancer selon que l'on voyage dans des pays occidentaux ou ailleurs. Schématiquement, si le bus est concurrencé par la voiture, le train ou l'avion (low-cost), la clientèle potentielle sera limitée, et donc les prix pourront s'avérer réellement très attractifs. C'est le cas en Europe, où Eurolines propose d'excellents tarifs sur nombre de ses dessertes.
Par contre, si cette concurrence entre transports est moindre, la demande forte, ou encore, si le service proposé est haut de gamme par rapport à un même trajet effectué avec une succession de bus locaux, les prix seront en conséquence (mais quasiment toujours abordables pour le voyageur).

"Intérêt" :
Pour le voyageur, les bus internationaux peuvent présenter de multiples avantages : rapides en tant que transports terrestres, confortables (y compris pour un voyage de nuit, qui peut souvent remplacer une nuit d'hôtel) et relativement abordables pour un budget occidental. Seul inconvénient, on ne rencontrera le plus souvent que d'autres voyageurs et la "classe moyenne" de la population locale.

Au niveau national

Bus express :
En gros, on peut dire la même chose que pour les internationaux. Donc, ils sont généralement rapides et proposent de bons services (avec des sièges réservés) pour des prix plus chers que les bus classiques (environ 2 fois). Attention,

© Philippe JACQUEROT

les express ne relient en général que les principales villes entre elles.

Autres bus (ou minibus) :
Les plus nombreux, les plus économiques, mais aussi, dans nombre de pays, les plus lents avec des trajets rarement directs, de nombreux arrêts en route, et pas toujours d'horaires, ni même parfois d'arrêts précis (parfois, il suffit de juste faire signe). De même, ce sont les plus bondés, pas forcément toujours les plus sûrs, et, à l'occasion aussi, les plus "folkloriques". Malgré tout, ils offrent l'opportunité de rencontrer les populations. Très intéressant donc à ce niveau et sur le plan financier, mais à déconseiller à ceux qui sont pressés ou souhaitent un certain confort. Même s'ils couvrent généralement bien le pays, ils ne vont pas toujours partout ou tout le temps (dans ce cas, les taxis collectifs, ou parfois même les camions, prennent le relais).

Minibus d'agence

Principe
C'est un service relativement récent qui ne touche pas encore tous les pays, et qui est surtout présent en Amérique latine, Afrique du Sud, Vietnam...
Depuis quelques années, des sociétés privées proposent en effet des systèmes de minibus collectifs haut de gamme

faits uniquement pour les voyageurs. Ce sont des transports réguliers ou "shuttles" reliant les endroits touristiques avec des prix fixes et affichés (ne pas hésiter cependant à négocier et à faire jouer la concurrence). Ils disposent d'horaires et leurs arrêts sont généralement les hôtels ou quartiers qui hébergent les voyageurs (et quasiment jamais les gares routières). On peut réserver auprès de n'importe quelle agence (parfois à son hôtel), souvent sur le Web, ou accessoirement au moment du départ. Le trajet est partagé avec tous les touristes qui vont au même endroit, et donc on ne s'arrête pas en route.

Quant aux prix, ils sont 3 à 4 fois supérieurs à ceux des bus normaux (soit, environ, le double des express).

Avantages et inconvénients

L'intérêt de ces minibus demeure la rapidité et le confort. Sinon, il faut avouer qu'ils coûtent relativement cher par rapport aux autres bus et font voyager les gens dans une espèce de cocon complètement coupé du monde. Leur clientèle est majoritairement jeune et anglo-saxonne.

Minibus et taxis collectifs ou assimilés

Taxis collectifs, "collectivos", "louages", "bâchés", "taxis brousse", "guagua", "combi", etc., la terminologie est vaste de par le monde pour désigner ce mode de transport assez différent du bus traditionnel.

Caractéristiques

Ils ont tous pour point commun d'être des transports collectifs, de fonctionner uniquement hors des pays occidentaux, et — par principe — de partir quand ils sont pleins (donc, pas d'horaires spécifiques).

Concrètement, il peut s'agir de minibus, de pick-up ou de n'importe quel véhicule disposant d'assez d'espace pour charger un maximum de personnes, le tout avec des mécaniques souvent assez âgées et parfois fort loin d'offrir tous les gages de sécurité.

Leurs réseaux concurrencent souvent celui des bus sur de courtes ou moyennes distances, mais aussi, dans de nombreux pays, le complètent, tant au niveau géographique que, parfois, horaires.

Comment ça fonctionne ?

On ne prend pas un collectif comme on prend un bus normal.

Où les prendre ?

Assez souvent, ceux-ci ne sont pas présents dans les gares routières qui accueillent les bus (question de concurrence). Même si parfois leur point de départ est très proche de celles-ci (afin de récupérer la clientèle des bus), dans nombre de villes, les collectifs disposent de leur(s) coin(s) à eux. Si ceux-ci ne sont pas mentionnés dans votre guide, demandez à votre hôtelier ou même à n'importe qui (généralement, tout le monde connaît) tout en précisant bien que c'est un collectif vers telle destination que vous cherchez (ça évite les déconvenues si chaque destination a son propre point de départ).

Cela dit, un collectif peut aussi se prendre n'importe où sur son trajet par un simple geste de la main (idem pour la descente). Seuls inconvénients : pas toujours facile de connaître leurs routes, leurs fréquences de passage, ni même parfois simplement de reconnaître un collectif parmi les autres véhicules. Sans parler que si celui-ci est vraiment plein (à ras bord), il ne s'arrêtera pas ! Bref, à moins d'être avec un local, dans un endroit désert ou loin de tout autant les prendre à leur point de départ.

Au niveau pratique

De la même manière, n'espérez pas trouver de guichets pour les billets ou l'information, ni d'horaires établis pour ce qui est des collectifs. Ce sont les chauffeurs et leurs rabatteurs qui s'en chargent ; d'ailleurs, la plupart du temps, sans que l'on leur demande rien. En clair, dès que vous entrez dans l'espace des collectifs, attendez-vous à être plus que sollicité par les uns et les autres. Logique quand on sait que plus vite le chauffeur aura ses passagers, plus vite il partira (d'où parfois de bonnes engueulades entre eux pour récupérer un client).

Donc, même s'il règne une cohue monstre (ce qui est souvent le cas), vous trouverez toujours facilement votre véhicule. Quant aux tarifs, les collectifs sont très peu chers avec des prix identiques ou inférieurs à ceux des bus locaux. Parfois, pour les bagages volumineux, un supplément peut être demandé. De façon générale, les prix ne se marchandent pas toujours et voyageurs comme locaux payent pareil, du moins si vous vous êtes renseignés avant (comme toujours).

Trouver sa place :

Reste ensuite à trouver sa place. Car une autre des caractéristiques des collectifs est leur taux faramineux de remplissage ! Sept ou huit dans une voiture "normale", une douzaine dans un break et une bonne vingtaine dans un minibus ou un pick-up représentent la norme — sans compter les bagages et choses en tous genres que peuvent transporter les gens (surtout s'ils reviennent du marché). C'est d'ailleurs l'une des raisons qui font que les collectifs sont utilisés par peu de voyageurs et ont une clientèle locale pas très fortunée.

Donc, oubliez votre confort et trouvez votre place, tout en sachant qu'il faudra faire un choix : avoir de l'air (fenêtre, marche-pied, toit, plate-forme), être assis (compressé à l'intérieur), être à l'abri du soleil ou des intempéries (places à l'inverse de "l'air"), pouvoir un peu bouger (près de la porte dans les minibus avec l'obligation de bouger à chaque montée-descente), etc. En tout cas, n'espérez pas tout avoir... à moins d'être sur le siège à côté du chauffeur, qui peut paraître le must pour les collectifs les plus bondés. Mais sachez que celui-ci est généralement soit déjà réservé pour quelqu'un (souvent quelqu'une), soit parfois proposé en douce avec un léger supplément.

L'attente :

Après, reste le temps de remplissage avant le départ. À ce sujet il faut préciser que si votre collectif part sans être plein, ça ne veut pas dire pour autant qu'il prend la route, mais plutôt qu'il va aller tourner dans la ville ou le quartier afin de trouver ses derniers clients. Bref, si l'attente du départ (réel) peut être

▶ Le bus

très courte lorsqu'on a la chance d'être le dernier client, celle-ci peut le plus souvent durer longtemps, voire même très longtemps. C'est pour cela qu'il est conseillé, surtout pour les trajets peu fréquentés, de prendre les collectifs soit tôt le matin, soit en fin de journée, lorsqu'ils sont les plus demandés.

En dernier recours, il arrive que certains voyageurs lassés d'attendre payent en sus pour un ou deux clients manquants afin de pouvoir partir plus vite.

En route :

Plus il y a de passagers dans le véhicule, plus vite se fait le trajet, et plus c'est rentable pour le chauffeur. Résultat : nombre de collectifs bondés roulent à fond pour pouvoir effectuer un maximum d'aller-retour dans la journée. Autant le savoir...

L'intérêt pour le voyageur

Dans nombre de pays, prendre des collectifs est une expérience unique en soi, souvent assez “folklorique”, qui permet de rencontrer un tas de monde.

Cela dit, si, de plus, les prix sont très intéressants, et que le système permet d'aller dans nombre d'endroits (notamment en complément du bus), il est clair qu'il n'est peut-être pas fait pour tous les voyageurs ou tout le temps. Si l'on est pressé, qu'on aime son confort, sa tranquillité, sa “sécurité”, que l'on est déjà fatigué, etc., autant choisir un autre mode de locomotion.

À savoir enfin que, si l'on voyage en petit groupe, on peut aussi réserver entièrement un collectif et demander à ce qu'il “s'adapte” au groupe. Ce sera juste une question de sous et de négociations...

Les bus en Europe

Concurrencé par l'avion, le bus en Europe l'est aussi par le train (et bien sûr la voiture). De fait, hormis le Royaume-Uni et parfois l'Espagne, rares sont les pays, du moins à l'Ouest, qui possèdent réellement un réseau de bus domestique développé. Le bus permet donc plus de voyager facilement d'un pays à l'autre qu'à l'intérieur d'un pays.

Le réseau de bus européen permet de se déplacer entre toutes les grandes villes (y compris celles d'un même pays lorsque celles-ci sont éloignées). De Gibraltar à la Scandinavie, de l'Écosse à Istanbul ou les pays de l'Est, plusieurs compagnies assurent des liaisons régulières et nombreuses avcc, comme pour l'avion, un service de préacheminement vers des “villes plate-formes” (l'équivalent des “hubs” aériens) d'où les passagers sont ensuite reroutés vers leur destination finale.

Pour de tels trajets, le voyageur qui utilise le bus doit toutefois disposer de temps. S'il faut 2 ou 3 heures d'avion pour ralllier le Portugal ou la Grèce au départ de Paris, par voie terrestre cela nécessite une bonne journée pour l'un et presque le double pour l'autre. Fort heureusement des arrêts toutes les 4 heures permettent de se dégourdir les jambes. De plus, les bus sont désormais modernes et très confortables (rien à voir avec ce que vous pourrez prendre dans beaucoup de pays non européens), ils sont équipés de sièges inclinables, avec TV/vidéo, air conditionné, toilettes et même à l'occasion un service de boissons et des journaux.

Tarifs

Comme pour l'avion, il existe des prix basse et haute saisons, des promos et des forfaits transport + hôtel, des tarifs spéciaux enfants, jeunes, étudiants, groupes ou retraités ainsi que des cartes fidélité et des formules pass (chez Eurolines). Très souvent, les billets sont valables 6 mois ou 1 an avec possibilités de stop-over, panachage, de retour open ainsi que de modification et d'annulation (assurances possibles). Généralement le passager a droit à une franchise de deux bagages en soute.

En matière de prix, même si les tarifs, ou plutôt le rapport durée/prix, ne sont pas toujours des plus compétitifs par rapport à l'avion, pour certaines destinations (en général pas trop touristiques), le bus est une solution économique, sinon originale.

Compagnies européennes

EUROLINES
Gare routière de Paris,
28, av. du Général-de-Gaulle,
93541 Bagnolet.
Tél. : 0892 89 90 91
▶ http://www.eurolines.fr/

BAUDART TRANSPORT
▶ www.voyages-baudart.fr/
Racheté par le réseau Selectour

BUSABOUT
258, Vauxhall Bridge Rd,
London, SW1V 1BS,
United Kingdom.
Tél. : +44 (0) 207 950 1661.
Fax : +44 (0) 207 950 1662.
info@busabout.co.uk
▶ www.busabout.com/

Compagnies

La compagnie la plus connue demeure Eurolines, qui regroupe en fait plusieurs dizaines de transporteurs et dessert des villes partout en Europe. Elle dispose d'environ 70 points d'embarquement en France et fait voyager plus de 4 000 000 passagers par an, pour plus de 1 500 destinations dans 30 pays. Elle est bien sûr représentée à Paris et dans plusieurs villes de province. Vu son large réseau, Eurolines propose de multiples formules dont un pass Europe.

Il concerne 40 villes pour des durées de 15 jours (à partir de 199 €) ou de 30 jours (299 €).

Également Baudart Transport, spécialisé sur les Paris-Lille / Pologne, Ukraine ou Serbie et Maroc, On indique aussi Busabout, une société britannique qui dispose d'un réseau et de formules pass un peu similaires à Eurolines.

Réseaux domestiques

À l'Ouest

Assez peu de choses développées au niveau local pour ce qui est de l'Europe de l'Ouest, où nombre de gens privilégient d'abord les autres moyens de locomotion. Toutefois, trois pass peuvent intéresser le voyageur.

• Grande-Bretagne

Vu l'état pitoyable du train, le bus dispose encore de beaux jours devant lui. Un bon millier de villes sont ainsi desservies

▶ Le bus

Transports européens

Bulgarie
"Les trajets en bus sont très développés. Des cars confortables, rapides et peu chers sur les grands axes."
Sylvie Le Lan

Chypre
"Les distances sont courtes, hors saison les bus ne sont pas très fréquents, et inexistants le samedi après-midi et le dimanche. Par contre, en saison, un réseau de bus (et de taxis collectifs) très bien organisé et peu onéreux vous emmènera dans toutes les villes et gros villages."
Françoise Bochereau

Cyclades
"Le bus est très développé. Dans un bus, plus il y a de monde, mieux c'est. Vertigineuse, la descente vers le port, dans un bus archi plein, quand soudain on n'entend plus le moteur et que l'on voit le ravin se rapprocher…"
Évelyne Cloix

par le bus à des tarifs relativement intéressants (environ 75 € un trajet du sud au nord). Des forfaits de 3 jours (environ 75 €) à 30 jours (305 €) sont également disponibles. Vendus par Eurolines.

- Irlande

Forfaits possibles "train + bus" pour 1 ou 2 semaines. En agences spécialisées.

- Islande

Des pass réellement utiles qu'utilisent d'ailleurs de nombreux voyageurs. Le Passeport "circulaire" (tour de l'île uniquement, 210 € et durée illimitée avec obligation de voyager toujours dans le même sens ; 300 € avec extension du réseau) ou le Passeport "tous réseaux" pour 7 jours (245 €), 14 jours (320 €), 21 jours (420 €) ou 28 jours (455 €). En agences spécialisées ou chez NF.

À l'Est

Dans les pays de l'Est ou de la Méditerranée orientale le bus est par contre nettement plus présent, ne serait-ce qu'à cause d'un parc automobile moins développé ou des réseaux ferroviaires parfois limités. Même s'il existe des lignes très confortables et rapides, notamment entre grandes villes, le "niveau moyen" est quand même souvent inférieur à celui d'Europe de l'Ouest et l'on peut entrevoir déjà ce que peut être le bus hors d'Europe. Par contre, les prix sont généralement attractifs.

Le bus au Canada et aux USA

Pas de problèmes pour qui veut découvrir l'Amérique du Nord en bus. Tant au Canada qu'aux États-Unis les réseaux sont bien développés (quand même un peu moins qu'il y a quelques années), rapides et confortables, et les bus vont partout ou presque (malheureusement pas dans certains parcs nationaux).
De toutes les sociétés, la plus grande et la plus connue est Greyhound, qui sillonne le continent dans tous les sens. Tarifs intéressants et surtout possibilité de prendre des forfaits pour plusieurs jours. Tous ces pass sont assez facilement disponibles en France auprès des agences spécialisées sur ces destinations.

- "Greyhound Ameripass" USA + Vancouver, Toronto, Montréal depuis certaines villes US. Kilométrage illimité, 4 jours hors week-end (105 €), 7 jours (140 à 170 € selon la saison), 15 jours (220 à 250 €), 30 jours (290 à 340 €), 60 jours (455 à 510 €). Extension pour 20 €/jour, à prévoir à l'achat. Pas de réductions enfants proposées.

Autre formule pour le nord-est des USA, le "East Coast Explorer" proposant différents choix de routes et de durées.

- "Greyhound Canadapass" : Ouest canadien à partir de Toronto + liaisons sur Montréal, New-York, etc. Kilométrage illimité, 7 jours (150 €), 15 jours (210 €), 30 jours (275 €), 60 jours (350 €). Le All Canada Pass propose des liaisons en sus pour 50 € de plus pour les 15, 30 et 60 jours. Pas de réductions enfants.
- Tour "Pass Voyageur" : Québec et Ontario mais obligatoirement au départ de Montréal. 20 jours pour 185 €. Extension 11 €/jour à prévoir (10 jours maxi). 50 % de réduction accordée aux enfants de moins de 12 ans.

▶ www.greyhound.ca

Amérique centrale et Caraïbes

Bus haut de gamme au Mexique (il existe un réseau plus "folklorique"), dans la plupart des petites îles des Caraïbes (beaucoup aussi de "taxis collectifs") et de bus internationaux. Bien moins chers, beaucoup plus lents, délabrés et bondés sont les bus (ou assimilés) des pays d'Amérique centrale, Cuba ou Haïti.

- Pass bus au Mexique : 7 jours (76 €), 14 (110 €), 21 (160 €) sans limitation kilométrique.

Vendu chez les agences spécialisées ou chez Nouvelles Frontières.

© Xavier CHAMPAGNE

Amérique du Sud

Là aussi, à la fois le meilleur et le pire. Le meilleur en Argentine, Chili, Uruguay, sud du Brésil. "Standards européens" et prix aussi en rapport pour un mode de locomotion souvent idéal pour visiter ces pays.

Quant au pire, c'est dans les pays andins, de la Bolivie à la Colombie, qu'on le découvrira. Bus généralement lents, très économiques, bondés, avec un confort rudimentaire, souvent limite au niveau sécurité mais qui présentent à eux seuls de par l'ambiance tout un spectacle. Bref, une expérience à vivre.

Pacifique et Japon

Une situation assez similaire à l'Amérique du Nord, avec des réseaux rodés et bien développés en Australie et en Nouvelle-Zélande, où le bus demeure un excellent moyen de découverte, notamment grâce à plusieurs forfaits, qui sont vendus essentiellement dans les agences spécialisées.

Japon

Si le Japon dispose d'un réseau aux "normes occidentales", de plus assez économique, voyager en bus dans le pays demande cependant un peu de temps. C'est l'une des raisons d'ailleurs pour laquelle un grand nombre de voyageurs optent pour le train.

Australie

"Aussie Pass" : 7 jours (240 €) 15 jours (420 €), 30 jours (700 €), 60 jours (1030 €), 90 jours (1 400 €). Un autre pass aux km, de 120 € (2 000 km) à 930 € (20 000 km !).

Également un forfait bus + train, "Kangaroo Pass", 14 jours (380 €), 21 jours (520 €) et 28 jours (660 €).

Nouvelle-Zélande

"Kiwi Coach Pass", 7 jours (726 €), 15 (934 €), 33 (1556 €). Un forfait mixte, le "4 in 1", bus + train + ferry + avion : validités pour 350 à 460 €. Extensible.

- www.magicbus.co.nz
- www.kiwiexperience.com
- www.travelpass.co.nz

LE TRAIN

Tarifs

Les pays qui disposent d'un réseau assez développé proposent souvent des formules pass ou des réductions intéressantes, certes parfois réservées aux jeunes et aux étudiants.

En France, l'information pour les principaux réseaux peut généralement s'obtenir auprès des agences de voyages spécialisées sur la destination ainsi qu'à l'occasion dans les offices de tourisme. Les offres les plus courantes, ouvertes à tous, concernent d'abord les États-Unis, le Canada, le Japon, l'Inde, l'Australie, la Nouvelle-Zélande et l'Europe. De façon générale, dans tous les pays du monde, demandez toujours s'il n'y a pas de réductions ou de forfaits pour les jeunes, étudiants, retraités, couples, touristes, etc., pour les trajets en train.

Fréquences et services

Ne vous attendez pas à rencontrer partout des rotations nombreuses et rapides comme en Europe (même chose évidemment au niveau confort).

Sur certaines lignes, espérez au mieux un ou deux trains maximum par semaine (il faut planifier son voyage). Toutefois, dans certains pays, notamment africains, vous pourrez aussi utiliser les trains de marchandises, disons moyennant quelques bakchichs çà et là.

Idem pour la ponctualité et les horaires, qui peuvent s'avérer pour le moins aléatoires (donc ne pas prévoir d'obligations importantes comme, par exemple, un avion à prendre à l'arrivée). Il n'est pas toujours possible non plus d'avoir des informations préalables ailleurs que directement à la gare. Donc allez-y dès votre arrivée si vous comptez par la suite quitter la ville par le train.

! ÉQUIPEZ-VOUS POUR LE TRAIN

Pour la sécurité de vos bagages, prévoyez **une chaîne et un cadenas** qui permettront le cas échéant d'attacher vos bagages la nuit ou en cas d'absence. Même si vous voyagez en couchettes (comme en Inde en deuxième classe) ne vous attendez pas toujours à avoir droit à un oreiller et des couvertures, donc prévoyez en conséquence. Contre le bruit et la lumière qui peut rester allumée en permanence, des **bouchons d'oreilles et un masque** peuvent être utiles ; **une petite lampe** vous rendra parfois service. Utile aussi pour les longs parcours, **de la lecture, de la musique et des provisions**. Prenez aussi **un petit réveil,** qui vous évitera de louper votre arrêt si vous arrivez en pleine nuit.

Si vous recherchez de la tranquillité, de la place, un minimum de confort ou de services, et si vous espérez dormir un peu, privilégiez toujours, hors d'Europe, les premières classes ou les couchettes si elles existent. Dans de très nombreux pays leurs prix demeurent très abordables (possibilités de réservation préalable parfois possibles). Toutefois sachez que l'ambiance y sera assez différente des autres classes et vous y rencontrerez surtout d'autres Occidentaux.

Précautions

Comme dans les bus, faites attention à vos bagages (voyagez léger), y compris dès votre arrivée dans la gare. Si vous devez les abandonner un instant, emportez vos valeurs et à l'extrême attachez-les avec chaîne et cadenas à un support fixe (utile parfois aussi lorsque l'on dort). Bien sûr n'étalez pas vos richesses.
Prévoyez toujours à manger, à boire, de la lecture, et de quoi vous couvrir (pour la nuit, les passages en altitude, etc.). Ou au moins renseignez-vous avant sur le trajet tout en sachant que votre estomac par exemple n'appréciera pas forcément la nourriture proposée à bord ou aux étapes. Et puis renseignez-vous aussi, si vous avez des problèmes de santé, pour savoir si le train grimpera en altitude comme dans les pays andins.

© Xavier CHAMPAGNE

Le train en Europe

L'Europe dispose d'un vaste réseau ferré couvrant la quasi-totalité des pays avec à la clé des services généralement de qualité et sans grandes difficultés d'utilisation pour le voyageur, même s'il est vrai que plus on avance vers l'Est et plus ceux-ci peuvent se réduire.

Les réseaux de l'Ouest

Voyager en train en Europe occidentale est en général sûr et agréable.

Allemagne

Trains très confortables, parmi les meilleurs au monde, notamment pour ce qui est des trains de nuit ou les rapides avec parfois même, comme dans les avions, des systèmes audio et vidéo pour les passagers. Plusieurs lignes "touristiques" à faire le long des vallées du Rhin (Cologne/Francfort) ou de l'Elbe (à partir de Dresde), la Forêt Noire (Francfort/Bâle). Egalement des trajets en Bavière vers la Suisse et l'Autriche pour les lacs et les paysages alpins.

Autriche

Le réseau couvre assez bien le pays avec des lignes sympa pour les paysages de montagnes dans la région du Tyrol, au départ notamment d'Innsbruck.

Bénélux

Un réseau dense et accessoirement des lignes à faire si l'on veut découvrir la campagne comme entre Bruxelles et Luxembourg ou, aux Pays-Bas, les champs de tulipes (de mars à mai).

Danemark

Petit réseau national qui permet de belles vues sur les paysages champêtres et les lacs entre Copenhague et Naerum.

Espagne

Très bon réseau de trains en Espagne avec notamment le Talgo (le TGV local). À signaler que pour nombre de lignes, il est obligatoire d'effectuer une réservation préalable.

Pour ce qui est des trajets intéressants à faire en train, pas mal de possibilités, entre autres au départ de Barcelone vers les Pyrénées, Madrid, ou le long de la côte vers Valence pour les paysages. Également des trajets pour des panoramas de montagnes au départ de Leon, ou Cordoue-Malaga pour la traversée de "canyons". L'Espagne possède aussi deux trains de luxe : "Al Andalus", qui propose des circuits au départ de Madrid et Séville, et le "Transcantabrico" entre San Sebastian et Saint-Jacques-de-Compostelle.

Enfin, un petit mot sur les Baléares, avec une petite ligne panoramique sur Majorque, entre Palma et Puerto Soller.

Finlande

Un bon réseau, confortable, logiquement développé dans le Sud et qui permet des connexions vers la Suède et, en 7 h de trajet, vers Saint-Pétersbourg en Russie. Pour le voyageur en train, plusieurs lignes à découvrir au centre du pays entre lacs et forêts, plus la fin du tronçon qui monte jusqu'à Rovaniemi et au-delà vers la Laponie finlandaise.

France

L'un des réseaux les plus vastes et modernes au monde, apprécié de tous les voyageurs... malgré les grèves à répétition qui demeurent l'une des spécialités de la SNCF.

En attendant, on peut effectuer de très belles balades hexagonales, notamment avec les lignes qui traversent les Alpes, le Massif Central, les Pyrénées. Faites également, pour profiter des paysages méditerranéens, le trajet de Marseille à Nice ou vers l'Italie, ou encore Nice-Digne le long de la vallée du Var.

Grande-Bretagne

Suite à la privatisation du début des années 90, le réseau anglais est devenu ce que l'on fait de pire en Europe de l'Ouest (beaucoup mieux en Écosse) : suppression de lignes, retards fréquents, voies et matériels mal entretenus (d'où nombre d'accidents).

Des lignes toutefois à découvrir pour leurs paysages dans le nord de l'Angleterre et le "Lake district", mais aussi et surtout en Écosse où de nombreux trajets offrent de magnifiques paysages de bord de mer, de lacs, de montagnes ou de campagnes écossaises. Il reste également çà et là quelques petites lignes touristiques à vapeur.

Grèce

Réseau limité au Péloponnèse plus une ligne principale, avec quelques ramifications vers la Bulgarie et la Macédoine, d'Athènes vers Thessalonique et Istanbul. Depuis quelques années, la qualité des trains est en amélioration.

Trajets sympa : la fin de la ligne Athènes-Thessalonique pour une belle vue sur les vallées et montagnes du nord-est, et aussi le réseau du nord du Péloponnèse, qui longe en partie la mer et traverse quelques gorges.

Irlande

Petit réseau de trains dans le pays et quelques lignes comme Cork-Tralee ou Dublin-Galway qui offrent de beaux paysages de la campagne irlandaise.

Italie

Réseau restructuré ces dernières années, avec à la clé des fermetures de lignes. Toutefois, le pays dispose de nombreuses dessertes intéressantes pour apprécier les paysages alpins au départ de Milan, Bologne et Turin, ou encore ceux de bords de mer avec les multiples lignes côtières qui “encerclent” l'Italie du nord au sud.

Norvège

C'est le pays où l'on découvrira les paysages les plus fabuleux d'Europe lors d'un voyage en train. Même si le réseau est assez limité et ciblé, plusieurs trajets superbes à faire au départ d'Oslo. De toutes, la ligne Oslo-Bergen est incontestablement la plus belle avec des vues magnifiques sur les montagnes, lacs et fjords. Oslo-Stavanger et Oslo-Narvik sont également à découvrir.

À éviter par contre le pourtant renommé petit train Flam-Myrdal qui est devenu, exactement comme la balade entre ces deux endroits, une véritable escroquerie touristique, dénuée de tout intérêt !

Portugal

Un réseau qui s'est bien amélioré ces dernières années, et deux ou trois lignes panoramiques à travers le pays comme Porto-Regua, le long des rivières, ou le petit tronçon Lisbonne-Estoril qui longe l'océan Atlantique.

Suède

Comme dans les autres pays scandinaves les trains sont ici très confortables pour un réseau logiquement développé dans le Sud. La ligne qui court de Kiruna vers Narvik (en Norvège), au Nord, est la plus belle du pays avec ses remarquables paysages de montagnes.

Suisse

Réseau très dense et de nombreuses lignes extraordinaires à travers les montagnes et les lacs, notamment au départ de Berne, de Genève ou de Lausanne.

Les réseaux de l'Est

Deux poids, deux mesures avec d'un côté les pays dont les standards ferroviaires sont quasiment comparables à ceux d'Europe de l'Ouest (Hongrie, Slovénie, Slovaquie...) et de l'autre, pour diverses raisons, des réseaux se rapprochant parfois plus de ceux que l'on trouvera au Moyen-Orient, ou des pays dans lesquels voyager en train est moins évident. Toutefois, avec le temps, les choses s'améliorent peu à peu.

À noter qu'en Europe de l'Est il est nettement plus recommandé de s'informer ou de vérifier ses trajets qu'à l'Ouest. De même, pour les pays de l'ex-URSS ou la Roumanie, prévoyez quelques

LA CARTE INTER RAIL

▶ **La carte InterRail. http://francais.interrailnet.com/**

La carte InterRail est une formule qui existe maintenant depuis des décennies (1972) et qui a permis à des millions de jeunes (et moins jeunes) de découvrir l'Europe. Celle-ci permet de circuler dans 30 pays d'Europe, plus ponctuellement de bénéficier parfois de réductions sur les transports urbains ou maritimes de certaines pays.

A signaler cependant que l'InterRail est tombée doucement en désuétude ces dernières années et qu'elle attire de moins en moins de monde. C'est d'ailleurs peut-être pour cela que la formule a changé début 2007... pour un résultat encore pire dans son principe !

Finis les forfaits par régions (qui n'étaient pas non plus l'idéal), il n'y a plus désormais que des pass par pays ou au contraire un forfait pour toute l'Europe. Seul problème, quasiment pas de souplesse dans le fonctionnement, des validités pas vraiment adaptées, des tarifs pas toujours des plus compétitifs notamment par rapport aux low-cost, un site assez mal fichu, plus un désintérêt total de la part de la SNCF (aucune pub ni infos sur la nouvelle formule à sa sortie). Bref, au final, un nouveau truc fait on se demande pourquoi par des gens qui à priori n'ont jamais dû prendre le train de leur vie pour visiter Europe...

. Les forfaits

La formule repose soit sur un forfait global incluant les 30 pays, soit sur des forfaits par pays avec des durées variables d'utilisation.

On voyage donc gratuitement dans les pays concernés et l'on bénéficie également de 50% de réduction pour rallier la zone choisie. Cela dit, un certain nombre de trains peuvent nécessiter des suppléments comme les TGV.

. Prix et durée

En pratique, il est possible de cumuler plusieurs cartes.

- Le Pass global :

Il est valable un mois maxi avec des tarifs jeunes (< 26 ans), adulte (> 26 ans) en 2eme ou 1ere classe. De plus, ce pass est découpé en quatre selon le nombre de jours de voyages souhaités (5, 10, 22 ou 1 mois en continu).

Au niveau tarifs cela s'échelonne, selon les formules, de 160 à 400 € pour les jeunes, et de 250 à 600 € mini pour les autres.

- Les Pass pays :

Là aussi 4 options pour les pays les plus grands avec 3, 4, 6 ou 8 jours de voyage dans le mois et des tarifs selon l'âge et la classe choisie.

Renseignements, tél. : 08 92 35 35 35 (0,34€ la minute).

▶ **www.interrailnet.com**

"cadeaux" qui vous faciliteront le contact avec les autres passagers (et résoudront aussi parfois quelques problèmes).

Bulgarie
Réseau plutôt développé, économique, avec des connections vers les pays voisins pour des trajets qui peuvent un peu s'éterniser, sans guère de confort vers la Roumanie ou la Grèce (hors "Express"). Dans l'ensemble, si quelques lignes sont d'assez bonne qualité (Sofia-Mer Noire, "Express" internationaux), les trains bulgares sont encore loin d'être au top.
Utile à connaître : le nom des gares en cyrillique (l'alphabet local), sous peine de rater le bon arrêt. Et toujours se renseigner auprès des autres passagers pour savoir où l'on est. La ligne qui traverse les monts Rila (Sofia-Vidin) est la plus spectaculaire de Bulgarie.

Hongrie
Réseau dense et de bonne qualité relié à ceux de ses voisins pour ce pays traditionnellement carrefour de l'Europe. La ligne de Budapest vers le sud-ouest, qui longe en partie le lac Balaton, est la plus intéressante pour les panoramas.

Pays baltes
Plusieurs lignes de trains, assez lents (même s'il existe des "rapides") et plus économiques que le bus, existent en Estonie, Lettonie et Lituanie. Au-delà des petits réseaux domestiques, assez semblables à des lignes omnibus, les voies ferrées baltes servent aussi et surtout de passage entre Saint-Pétersbourg (en Russie) et l'Europe de l'Ouest.

République Tchèque et Slovaquie
Les réseaux des deux pays formés par l'ancienne Tchécoslovaquie sont relativement bons (surtout en Slovaquie) et toujours en cours d'amélioration. Ils sont également denses (d'abord en République Tchèque), avec de multiples raccordements aux pays voisins, et pas très chers. Comme souvent à l'Est, il existe des trains de type omnibus qui s'arrêtent au moindre village et des "rapides" (qui le sont plus ou moins dans la réalité en République Tchèque) prévus avant tout pour les longues distances. Les lignes traversant les monts Tatras, en Slovaquie, sont les plus agréables pour qui s'intéresse aux paysages.

Slovénie
Un petit réseau ferré qui ressemble assez à celui des voisins italien ou autrichien et dispose de quelques trajets sympa, au nord, dans la zone alpine. Également, un petit train touristique le long de la partie souterraine de la rivière Pivka, proche de la ville de Postojna.

Tarifs réduits
De multiples réductions tarifaires sont proposées aussi bien au niveau national qu'international. Ainsi, nombre de pays offrent des tarifs réduits plus ou moins ouverts à tous sur son réseau (à voir aussi sur place) et également parfois des systèmes de pass à acheter avant le départ (Grande-Bretagne, Scandinavie...).
Au niveau international les tarifs Eurodomino (27 pays), J30 et J8 (6 pays), prix spéciaux Eurostar (Londres) et Thalys (Belgique et Pays-Bas) sont ouverts

Infos trains sur Internet

▶ http://dir.yahoo.com/Recreation/travel/train_travel/

▶ www.budgettravel.com/eurorail.htm

▶ www.trainweb.com/cgi-bin/top/tw_do.cgi?indexf.html

▶ www.seat61.com/

▶ www.irtsociety.com/

à tous au départ de France mais avec aussi des réductions variables selon les âges. Quant aux moins de 26 ans, ils peuvent bénéficier de billets BIJ (13 pays) et surtout de la carte Inter-Rail.
A signaler pour cette dernière que, malgré la carte, certains trains nécessitent d'acquitter un supplément, notamment dès lors qu'il s'agit "d'Express". Une formule Inter-Rail pour les plus de 26 ans existe aussi offrant un système identique pour en gros 90 à 160 € de plus, selon les pass, que les tarifs ci-dessous réservés aux jeunes..

Guides et ouvrages pratiques sur les trains

Des collections de guides et des livres consacrés aux voyages en train.

• THOMAS COOK
Une des collections de guides les plus connues et en tous cas des plus spécialisées (en anglais). Au niveau de l'Europe elle propose une sous-collection *On the rails around…* de 5 titres dont *Europe* et *Eastern Europe*, plus des cartes ferroviaires.
Également, très intéressant pour préparer un voyage, les indicateurs horaires des trains et ferries en Europe, *European timetable* (15 €, mensuel ; disponible dans les agences Thomas Cook des gares à Paris, Lyon, Nice et Bordeaux) et *European Night Trains* pour ceux qui voyagent de nuit.
▶ www.thomascookpublishing.com

• BRADT
À son programme, plusieurs titres sur l'Europe concernant la Grèce (ferries inclus), la Russie, les pays de l'Est, la Suisse ou l'Espagne et le Portugal.

• *Eurail and Train Travel Guide,* chez MIFFLIN EDITIONS, offre une présentation plus classique sous forme de guide pratique avec plein d'infos sur les trains bien sûr, mais aussi les choses à voir aux villes étapes. Vraiment très complet, et une référence chez les anglophones pour ce guide qui a dépassé sa trentième édition. Dans les librairies vraiment spécialisées voyages.

Adresses des compagnies ferroviaires

Les agences JSF-WASTEELS (une quarantaine en France). Spécialistes du voyage en train en Europe pour les jeunes et les étudiants.

Trains spécifiques
EUROSTAR (Paris-Londres)
▶ **www.eurostar.com/cgi-bin/eurostar/login_fr.jsp**

THALYS (Paris-Bénélux)
▶ **www.thalys.com/v0/**

ORIENT-EXPRESS
Le prestige du train de luxe d'autrefois.
▶ **www.sydneytravel.com.au/railway/orient/orientexpress.htm**

CHEMINS DE FER ALLEMANDS
13, rue d'Alsace, 75010 Paris. Tél. : 01 46 07 13 40.
CHEMINS DE FER BELGES
21, bd des Capucines, 75002 Paris. Tél. : 01 42 09 39 06.
CHEMINS DE FER ESPAGNOLS
1/3, av. Marceau, 75016 Paris. Tél. : 01 47 23 52 01.
CHEMINS DE FER SUISSES
11 bis, rue Scribe, 75009 Paris. Tél. : 01 47 42 45 45.

LA SNCF
Publie différentes brochures gratuites assez bien faites, dont un "Guide international, 10 pays à découvrir en train", indiquant les différentes réductions existantes.

Le train en Amérique du Nord et Pacifique

USA, Canada, Australie, Nouvelle-Zélande, Japon, Corée, Taïwan... d'une certaine façon, voyager en train dans ces pays est en gros identique à ce que l'on connaît au niveau services et "difficultés" en Europe.

Réseaux États-Unis - Canada

États-Unis

Ce sont les USA qui disposent du plus vaste réseau ferroviaire, totalisant plus de 220 000 kilomètres de lignes, dont certaines sont mythiques. C'est le plus grand réseau du monde. Toutefois celui-ci est d'abord concentré le long des côtes et des frontières, avec pour principale conséquence que le centre n'est pas toujours très bien desservi.

De plus, les trains américains sont très lents et chers, ils ne sont pas forcément toujours très nombreux et sont souvent mal adaptés.

En Alaska une ligne principale relie Fairbanks à la côte via Anchorage.

Train spécifique

Grand Canyon (vapeur)

Pour ce qui est du niveau confort pas de problèmes, les trains américains (Amtrak) sont luxueux. Contrepartie, cela se paye et le train reste plus cher que le bus, et même parfois que l'avion pour certains trajets. Donc, on aura intérêt pour réduire les frais à prendre l'un des forfaits Amtrak Rail Pass (5 zones

géographique pour des validités de 15 ou 30 jours). A signaler qu'il existe aussi quelques trains touristiques.
En Alaska une ligne principale relie Fairbanks à la côte via Anchorage.

Tarifs réduits
Il existe des possibilités de réductions tarifaires à voir notamment dans les agences spécialisées sur la destination ou sur Internet. Attention, la plupart de ces pass doivent être achetés hors zone.

USA
Rail Pass Amtrak : réseau USA en totalité avec le National Pass, 15 jours (300/450 US $), 30 jours (400/570 US $). Plusieurs autres formules par zones (Est, Ouest, Farwest, Côtes, etc).

Canada
Voyager en train au Canada (et aux États-Unis) est en gros identique à ce que l'on peut connaître au niveau services et difficultés en Europe. Cependant, le réseau y est bien moins dévreloppé que de ce côté-ci de l'Atlantique.
Réseau
Au Canada, ce sont environ 20 000 kilomètres qui permettent de relier les principales villes entre elles et de continuer en direction des États-Unis. Le réseau est d'abord orienté est-ouest avec toutefois quelques lignes montant ça et là vers le (grand) nord.
Canrailpass : réseau canadien VIA Rail en totalité, 30 jours (à partir de 500 Can $). Autres formules possibles mais plus restrictive.
La carte Corridorpass qui est valable dix jours et permet de voyager de façon illimitée sur les lignes du Québec et de l'Ontario en construisant librement son itinéraire. Cette carte, en seconde classe, coûte 265 Can $ soit en gros 220 €.

USA et Canada
Le North America Rail Pass est une formule combinant un forfait valable pour les deux pays sur les réseaux Amtrak (USA) et Via Rail (Canada). 30 jours consécutifs de voyages pour 700/1 000 US $ selon la saison. Options Première et couchettes.

Conseil ABM !

Trains chers en Amérique du Nord, privilégiez les formules pass ou les autres transports !

Adresses utiles.
Chemin de Fer Canadien : 1 rue Scribe, 75009 Paris. Tél. : 01 47 42 76 50.
En plus de l'indicateur horaire Overseas timetable de Thomas Cook concernant les trains, bus et ferries hors Europe, des titres aux éditions Bradt (anglais) comme *États-Unis/Canada en train.*

Réseaux Australie - Nouvelle-Zélande
Nouvelle-Zélande
Quatre lignes desservent l'île du Nord (dont Auckland/Wellington), alors qu'une ligne relie les deux extrémités de l'île du Sud. Mais le train reste relativement cher en Nouvelle-Zélande.

▶ Le train

À signaler cependant, deux superbes lignes panoramiques qui valent le détour avec le Tranz Alpine et le Taieri Gorge Railway.

Australie
Réseau moderne et confortable, mais limité aux côtes est et sud du pays, avec toutefois aussi une ligne complète d'Adélaïde à Darwin qui traverse donc l'Australie du nord au sud.
En plus d'offrir quelques trajets remarquables et des trains de renoms tel l'Indian Pacific (Sydney — Perth et ses 4 000 kilomètres pour environ 64 heures de trajet à travers des paysages magnifiques et la ligne droite la plus longue au monde avec 478 kilomètres dans le désert de Nullarbor), l'Overland (Melbourne — Adelaïde) ou le Ghan (Adélaïde — Alice Spring — Darwin), les trains australiens demeurent pour beaucoup de voyageurs un moyen de transport "secondaire". De plus, malgré quelques forfaits, c'est un transport relativement cher et qu'il vaut mieux réserver à l'avance en saison.

Tarifs réduits
Il existe des possibilités de réductions tarifaires à voir notamment dans les agences spécialisées sur la destination ou sur Internet. Attention, la plupart de ces pass doivent être achetés hors zone.
Australie
Plusieurs formules dont "l'Austrail Pass" : 15 (410 €), 30 (640 €) avec extension possible de 7 jours ; valable sur tout le réseau australien.

À LIRE ET À CONSULTER

THOMAS COOK
Indicateur horaire *Overseas timetable* : trains, bus et ferries hors d'Europe.
▶ **http://www.thomascookpublishing.com/series.htm?series=Timetables**

BRADT (anglais) : divers titres.

Également, le "Flexipass", plus long dans la validité (6 mois pour 8 à 29 jours de voyage en train inclus), plus 5 autres pass régionaux.
Nouvelle Zélande
"Pass 3 in 1" (bus + train + ferry) : plusieurs validités basées sur un nombre de jours de transport à l'intérieur d'une validité plus large (de 5 jours de voyage sur 10 à 22 jours sur 8 semaines), de 245 € à 485 € env. selon les formules.

Le train en Asie
Des réseaux ferrés ont été à l'origine créés dans la plupart des pays, essentiellement d'ailleurs dans un but commercial (notamment en direction des ports) par les anciennes puissances coloniales. Toutefois, dans certaines régions, le chemin de fer a quasiment disparu au détriment de moyens de transport plus rapides comme l'avion ou la route.
Dans de nombreux pays, l'état des lignes et des équipements demeure pour le moins vétuste. Très souvent, les trains restent très (très) lents, bondés et pour

le moins folkloriques. Un avantage par contre, le prix au kilomètre demeure généralement très peu cher.

Schématiquement, on peut diviser le continent en trois avec :

Le Japon, la Corée et Taïwan qui disposent de réseaux modernes comparables à ceux d'Europe.

L'Inde et l'Asie du Sud-est aux réseaux un peu similaires.

La Chine, les républiques d'Asie centrale et l'est de la Russie, avec notamment le célèbre Transsibérien.

Réseaux Japon, Corée et Taïwan

Japon

Le réseau japonais est très développé, plus qu'en France, avec une efficacité toute nippone (trains nombreux et très ponctuels). Même les villages sont accessibles en train. Toutefois, le système reste parfois complexe et les tarifs sont très élevés, augmentant avec la vitesse et le niveau de confort du train.

Pour les étrangers qui visitent le pays, le forfait "Japan Rail Pass" s'impose : valable 1, 2 ou 3 semaines et train à volonté, ainsi que pour l'utilisation de quelques bus et ferries (disponible uniquement en dehors du Japon). Quand on connaît les prix exorbitants des transports au Japon, il n'y a pas à hésiter !

Corée du Sud et Taïwan

Le chemin de fer y est commode, assez économique et confortable. Mais mieux vaut réserver pour les week-end

▶ www.japanrail.com
▶ www.korail.go.krt

Infos USA et Pacifique spécialisés

Alaska
▶ http://www.akrr.com/
Canada
▶ http://www.cwrr.com/Canpass/canpass.html
Corée
▶ http://info.korail.com/2007/eng/eng_index.jsp
États-Unis
▶ http://www.amtrak.com/
Japon
▶ http://www.japanrail.com/
Taïwan
▶ http://www.railway.gov.tw/index/index.aspx

Trains spécifiques
Grand Canyon (vapeur USA)
▶ http://www.thetrain.com/
Indian Pacific (Australie)
▶ http://www.gsr.com.au/

Shinkansen (TGV Japon)
▶ http://www.teaser.fr/~mzirnheld/japon/trains/

Tarifs réduits

- Japon. "Japan Rail Pass" sur l'ensemble du réseau, 7 jours (290 €), 14 jours (460 €), 21 jours (600 €).

Existe aussi en 1re classe pour en gros 30 % de plus. À acheter avant le départ auprès de Voyageurs au Japon (Tél. : 01 42 61 60 83). À signaler que d'autres pass régionaux existent aussi au Japon.

- Corée. "Korean Railroad Pass", une formule pass pour tout le réseau, valable de 3 à 10 jours (95 €) ; très difficile pour l'instant à obtenir en Europe.

▶ Le train

train au Japon

"Avant de prendre la décision d'acheter un JR Pass (www.japanrailpass.net), selon le trajet que l'on souhaite effectuer, il faut consulter les tarifs et les horaires sur le site www.hyperdia.com/cgi-english/hyperWeb.cgi .
C'est ainsi que nous avons décidé de l'acheter pour 14 jours. Avec ce rail pass, tous les trajets sont compris, même pour aller à Miyajima, Nara et à Tokyo sur la ligne Yamanote (y compris l'aller et le retour de l'aéroport). Il suffit de le faire valider avec son passeport dans une gare JR à partir du jour ou l'on souhaite l'utiliser. Il ne faut pas le perdre, car il ne peut pas être renouvelé. Pour les trains, pas de souci pour les horaires, car il y a beaucoup de trains, surtout sur les grandes lignes vers Tokyo, Kyoto, Osaka, Hiroshima. Il est possible d'arriver à la gare et d'avoir un train dans la demi-heure qui suit pour ces grandes villes. Il faut juste effectuer une réservation (gratuite) de place assise sur le Shinkansen.
Ce pass, réservé aux touristes étrangers, est en vente uniquement à Paris. Nous l'avons acheté le samedi 24 mars à 298 € par personne pour 14 jours chez ANA Sales (www.hallojapon.com/ana.html), 3 rue Scribe, 75009 Paris. Tél. : 01 53 05 99 70. Mais d'autres agences le vendent comme l'office de tourisme japonais qui est situé 4 rue Ventadour au dernier étage de l'immeuble. Il y a aussi pas mal de documentation et de plans. De toute façon, il y a un office de tourisme dans toutes les gares au Japon pour compléter."

Éric et Françoise

Trains chinois
La Chine dispose d'un des plus vastes réseaux au monde.
Les trains y sont plutôt lents, avec une moyenne de 50 à 100 km/h. Il existe plusieurs classes. La moins chère est "assis dur" (hard seat), puis "assis mou", "couché dur" (environ 3 fois le prix de "l'assis dur") et le "couché mou". Les billets en place "molle" correspondent à un tarif élevé (avec parfois 1 à 2 jours d'attente pour avoir le billet) ; on y rencontre surtout des étrangers ou des Chinois d'outre-mer. Ceux en place "dure"

s'obtiennent immédiatement pour beaucoup moins cher. Toutefois, si voyager ainsi permet de côtoyer les Chinois de près et de faire des économies, c'est aussi assez fatigant passés les 5 à 10 heures de trajet.

À signaler que, dans les endroits reculés, vous pouvez acheter votre billet siège dur à la gare, mais, si vous voulez une couchette, elle sera à acheter dans le train s'il y a encore de la place. Enfin, si vous avez une place réservée, il vous faut quand même monter assez rapidement dans le train, car sinon, il vous restera peu de place pour vos bagages.

Réservations

Contrairement aux trains internationaux, il n'est pas obligatoire de passer par le CITS (centre d'infos pour touristes) pour acheter un billet domestique. Comme en Inde, il existe parfois dans les grandes gares un espace réservé aux étrangers. Toutefois, sur les trajets très courus et selon les sièges ou couchettes souhaités, les CITS peuvent bien vous aider. À noter que les Chinois vous aideront aussi volontiers à réserver votre billet et souvent, chose gênante, vous feront passer toute la file d'attente pour que vous soyez servi en premier.

train en Chine

"Le train est un moyen pratique pour se déplacer sur des distances importantes. Quelques règles pour comprendre le système des trains chinois :

Il y a plusieurs catégories de trains : des lents qui s'arrêtent partout, des rapides qui ne s'arrêtent que dans les plus grandes villes, et des express qui rejoignent la ville de destination pratiquement sans halte. Dans les trains, plusieurs classes : assise molle, assise dure, couchée molle, couchée dure. Le prix dépend donc de ces différents critères.

— Réserver son billet :

En général, difficile à la gare, car souvent les guichets ne vendent que des billets pour le jour même, et problème de la langue.

Aux agences CITS, on peut souvent réserver les billets pour une commission limitée (de 5 à 10 Y). Pratique, car en anglais et possibilité d'obtenir ce qu'on souhaite avec précision.

Dans les hôtels, on peut aussi trouver ce service, pour une commission très variable (de 10 à 50 Y).

Pour les couchettes dures, il faut réserver quelques jours à

>>

>> l'avance (2 à 3 jours au minimum) dans les villes importantes. Dans les petites villes étapes sur la ligne, prévoir plus de temps.
Pour les assis, on doit aussi s'y prendre assez tôt.
Dans le pire des cas, on peut prendre un billet pour monter dans le train, et faire le voyage debout, dans les couloirs. Pas cher, mais uniquement pour les très courtes distances. Il y a toujours une solution, on vous la trouvera, mais il faut être patient et s'adapter à ce qu'on vous proposera.
— Lecture du billet :
Le billet est totalement en chinois sauf les chiffres. Donc, il faut se le faire expliquer.
Le trajet est inscrit en caractères chinois en haut du billet. Les chiffres indiquent le numéro du train dans le coin supérieur droit, puis sous le trajet, on reconnaît la date, l'heure. Ensuite viennent le numéro du wagon, le numéro du compartiment et enfin la place (caractères chinois haut, milieu ou bas). En dessous, on trouve le tarif et des tas de choses incompréhensibles. Les trains n'ayant pas de lettre dans le numéro sont les plus lents, très lents (exemple : 1314). Les trains rapides sont avec une lettre K ou T (exemples : KSS ou TI38).
— Fonctionnement des gares :
Contrôle des sacs par rayon X à l'entrée de la gare. Dans la gare, les panneaux d'affichage indiquent les numéros des trains et le hall d'attente à rejoindre. Dans le hall d'attente, plusieurs portes avec le numéro du train indiqué sur le panneau au-dessus. Des annonces en anglais sont faites régulièrement dans les gares.
— Trains de nuit :
Couchette avec couverture ou couette, oreiller ; confortable. Les couchettes basses servent de banquettes jusqu'à l'extinction des feux vers 22 h. C'est la couchette avec le plus de place, elle est donc un peu plus chère. La couchette du milieu est aussi correcte. Celle du haut présente moins de place, elle est donc moins chère. De plus, lorsque la clim fonctionne, cette couchette est glaciale. Par contre lorsque la clim est coupée, la couchette du haut devient une étuve. >>

>> Avantage de la couchette du haut, on est à l'abri de l'agitation du train.
On peut facilement manger dans les trains : vente de plats chauds, de plats lyophilisés. Ambiance très sympa et rencontres. Le responsable du wagon vous échange le billet au départ du train contre une carte plastifiée. Ceci afin de pouvoir vous réveiller une heure avant votre gare d'arrivée. Faire attention aux sacs après l'extinction des feux. Garder ses valeurs avec soi.
— Trains assis :
Si un numéro de place est indiqué sur le billet, aucun problème, on vous cède la place.
Si pas de numéro, alors voyage debout avec les allées et venues incessantes dans le couloir, avec le responsable qui nettoie tous les quarts d'heure, avec les chariots de nourriture. Bref, cela devient exténuant à la longue. Cependant, ambiance très sympa et rencontres."

E. Joyeux et Ch. Homer

Russie

Le train est un mode de transport largement utilisé par nombre de voyageurs aussi bien pour l'Ouest que pour la traversée du pays avec le Transsibérien. Et c'est logique quand on voit l'étendue du réseau ferré en Russie. Les trains vont partout ou presque, sont assez confortables, ponctuels, et représentent un excellent moyen de rencontrer la population (surtout si on parle un peu le russe). Ils sont aussi peu chers. Inconvénients : ils sont généralement lents et les horaires sont indiqués partout selon l'heure de Moscou. Au niveau des lignes il existe des trains "longues distances" et des "courtes distances" (une journée de trajet maxi). Les premiers ont théoriquement moins d'arrêts et sont plus confortables (couchettes, wagon restaurant). On peut bien voyager sans problème en 2ème classe.Il est possible d'acheter ses billets directement dans les gares soit aux guichets "publics" (mais mieux vaut avoir quelques notions de russe), soit moyennant une commission dans les guichets plus habitués aux étrangers des grandes gares ou en agence.

Asie Centrale

Pas mal de trains de l'ex-URSS que l'on retrouve désormais sur les territoires des Républiques d'Asie Centrale.

Ouzbékistan

Le réseau ferroviaire ouzbèque est peu développé mais relie quand même la capitale aux villes incontournables que sont pour le visiteur Samarkande (en 4 heures) ou Boukhara (8 heures). S'ils sont assez lents, les trains demeurent par contre très économiques (moins cher que le bus) sans pour autant être le meilleur mode de transport dans le pays en terme de rapport "qualité - rapidité - prix".A savoir aussi qu'il est parfois difficile d'obtenir un billet (files d'attente, certificats de change, autorisations, etc.); d'où l'intérêt dans ce cas de passer via une agence locale.

Dans le reste du monde

Des réseaux ferrés ont été à l'origine créés par les anciennes puissances coloniales dans la plupart des pays du monde, essentiellement d'ailleurs dans un but commercial (notamment en direction des ports). Toutefois, dans certaines régions le chemin de fer a quasiment disparu au détriment de moyens de transports plus rapides, comme l'avion ou la route. Dans de nombreux pays, notamment d'Afrique ou d'Asie, l'état des lignes et des équipements demeure pour le moins vétuste. Très souvent, les trains restent très (très) lents, bondés et pour le moins folkloriques. Un avantage par contre, le prix au kilomètre du voyage en train est généralement très peu cher.

Les réseaux en Amérique centrale et du Sud

Amérique centrale

En dehors d'une toute petite ligne au Salvador (le train longeant le canal de Panama est désormais suspendu), le Mexique est le dernier pays d'Amérique centrale à disposer d'un réseau ferré ouvert au public. Une ligne touristique à ne pas manquer avec le "Chihuahua al Pacifico" qui sur 650 kilomètres traverse la Sierra Madre dans des paysages somptueux de canyons, de désert et d'altitude. Pour le reste le réseau tombe le plus souvent en décrépitude et se limite d'ailleurs désormais à une seule autre ligne de passagers au départ de Guadalajara.

Caraïbes

Le train permet de relier les deux extrémités de Cuba. Ailleurs, seule une ligne touristique existe à la Jamaïque.

Cuba

Le réseau ferroviaire cubain permet de relier les deux extrémités de l'île, de La Havane à Santiago, via les principales villes du centre (également une portion La Havane - Pinar del Rio). De façon générale, les trains sont plutôt lents, moyennement confortables (même si certains comme le "Tren Frances" sont plus "haut de gamme"), généralement bondés et soumis à de multiples retards. En attendant, ils demeurent aussi - et d'abord - une bonne expérience à vivre et offrent l'opportunité de nombreuses rencontres.
Quant au prix, comme toujours, ceux-ci sont différents pour les étrangers tout en restant cependant encore abordables et inférieurs à ceux du bus. Comptez une bonne vingtaine d'Euros mini pour le trajet d'un bout à l'autre de l'île.

Amérique du Sud

Deux types de réseaux. Celui de l'Atlantique Sud, qui concerne le Brésil (trains surtout autour de Sao Paolo) et les pays

voisins, dont l'Argentine, pour des réseaux axés autour des capitales.
Et les célèbres trains des Andes du Pérou et de Bolivie, bien plus folkloriques, qui offrent des paysages à couper le souffle. C'est ici que l'on rencontre les trains les plus hauts du monde. Toutefois, là aussi, le chemin de fer tombe doucement en désuétude. Il reste également quelques trains encore en Équateur

Trains spécifiques
http://narizdeldiablo.free.fr/index-fr.html
http://www.latrochita.org.ar/
Trains au Pérou :
www.perurail.com/web/tper/tper_a2a_home.jsp
Trains en Equateur :
www.fahrplancenter.com/AIFFLAEcuador03.html
Trains en Argentine :
www.sateliteferroviario.com.ar/horarios/
Trains au Chili :
http://www.efe.cl/

Les réseaux en Afrique

L'Afrique du nord

Par rapport à l'ensemble du continent, c'est en Afrique du Nord et plus particulièrement au Maroc, en Algérie et en Tunisie que l'on trouvera le meilleur réseau

.

Égypte

L'Egypte dispose d'un assez bon réseau avec des trains circulant essentiellement le long de la vallée du Nil, d'Alexandrie à Assouan (une quinzaine d'heures). Quatre classes sont généralement proposées à des tarifs économiques (hors couchettes); pour Le Caire - Assouan comptez une dizaine d'Euros le trajet en 2nde classe. Bref, le train demeure un bon moyen de locomotion sur les longues distances.

Maroc

Les trains de l'ONCF sont confortables, faciles à prendre, fiables et économiques pour un réseau situé uniquement sur la côte.

Afrique de l'Ouest et du Centre

En Afrique de l'Ouest et du Centre on trouvera quelques lignes plus ou moins opérationnelles telles que Dakar - Bamako, Abidjan - Ouagadougou, ainsi que quelques liaisons au Ghana, Guinée, Togo, Benin, Nigéria, Cameroun, Gabon, Congo.

Sud et Est de l'Afrique

Sur le continent africain, c'est en Afrique du Sud que le réseau ferré est le plus développé avec plus de 20 000 km de voies. Des liaisons entre les principales villes, plus des incursions vers les pays voisins. Quelques trains de luxe ou touristiques comme le Blue Train, qui va de Prétoria au Cap. De façon générale, on trouvera pour le sud de l'Afrique des lignes plus ou moins en état en Namibie, Angola, Botswana, Zimbabwe, Malawi, Mozambique et Zambie.
http://www.bluetrain.co.za/

Madagascar

Dans l'Océan Indien, seul Madagascar dispose de lignes de trains. Cependant, le train ne doit pas être considéré à Mada comme un mode de déplacement rapide mais plutôt comme un moyen de découvrir des paysages superbes, des villages isolés et des coins perdus. Conseillé : le trajet Fianarantsoa - Manakara avec la FCE. Autres lignes : Tana - Antsirabe et Tana - Ambatondrazaka via Moramanga. Les informations concernant les trains sont toujours à vérifier sur place tellement l'état des voies et des motrices, le

À Madagascar

"Le trajet en train Fianarantsoa à Manakara est fabuleux. S'il y a du monde, prévoyez une réservation en première classe (7 000 Ar en sus) pour choisir le côté vue dégagée."

DENIS

Sites internet des trains du monde : Amérique du Sud, Asie, Afrique, Orient

Bolivie/Chili
▶ http://www.fcab.cl/
Chili
▶ http://www.gochile.cl/Info/Xporte/Train.asp
Pérou
▶ http://www.perurail.com/
Kenya
▶ http://www.africaonline.co.ke/
Mali/Sénégal
▶ http://www.au-senegal.com/Le-chemin-de-fer.html
Maroc
▶ http://www.oncf.ma/
Zimbabwe
▶ http://www.planet.nu/sunshinecity/nrz/railinfo.html
Arménie/ Azerbaïjan / Géorgie / Iran / Iraq / Israël / Jordanie / Liban / Syrie / Turquie
▶ http://members.tripod.com/~tuonela/mideast/mideastrail.html
Iran
▶ http://www.msedv.at/rai/index_e.html
Israël
▶ http://www.israrail.org.il/english/
Kazakhstan
▶ http://www.railways.kz/
Inde
Indian Railways
▶ http://www.indianrail.gov.in/
Cartes et horaires
▶ http://www.trainweb.org/indiarail/ttable.htm
Conseils
▶ http://www.seat61.com/India.htm

Birmanie
▶ http://www.burma-travels.com/trains.htm

Malaisie
▶ http://www.ktmb.com.my/

Thaïlande
Conseils
▶ http://www.thailande.free.fr/trains.php

Viêt-Nam
▶ http://www.vietnamtravelkey.com/fr/voyage_au_vietnam_trains.htm

climat peuvent perturber le trafic, sans parler aussi du problème des ouvertures/fermetures de lignes à répétition.

© Xavier CHAMPAGNE

Au Proche-Orient
Plusieurs réseaux qui, de l'Égypte à la Turquie, courent essentiellement le long de la côte via Israël, mais aussi la Jordanie et la Syrie. Il existe également des lignes de train en Iran.

Le train en Inde

"Durant la lente entrée du train dans la gare, les gens se ruent à l'assaut des wagons, pénétrant à l'intérieur par les fenêtres, les portes et les trous du toit. Dans les couloirs, ils se montent dessus pour pouvoir passer, piétinant bagages et corps. Quand on arrive, naïf, pour prendre "sa" place, numérotée, il y a déjà quatre personnes dessus !"

KARINE MEUZARD

Les transcontinentaux

Le Transsibérien
La plus longue voie ferroviaire du monde. Sa longueur est de 7411 km. Le Transsibérien, reliant Moscou à Vladivostock comporte 96 stations, avec un circuit électrifié sur 5 000 km du lac Baïkal au Pacifique. Il représente 1/6e du trafic soviétique, 9 % du trafic mondial. Avec une fréquence d'un train toutes les 5 minutes vers l'Est et un train toutes les 15 minutes vers l'Ouest (20 trains de voyageurs par jour vers Irkoutsk). Chacun de ces trains pèse 4500 tonnes environ par voyage.
Le Transsibérien se divise en trois embranchements principaux.

- Le Transsibérien. Moscou-Vladivostock, circule uniquement sur le territoire russe, en longeant la frontière chinoise.
- Le Transmandchourien. Quitte Moscou à destination de Beijing (en passant par Harbin), circule sur le territoire russe et chinois en contournant la Mongolie. Enfin traverse la Manchourie (nord-est de la Chine).
- Le Transmongolien. Quitte Moscou à destination de Beijing (en passant par Ulan Bator), circule sur le territoire russe, mongol et chinois.

Il existe deux classes dans ces trains, la 1re classe avec 2 passagers par

▶ Le train

compartiment (qui contient 2 couchettes), et la 2e classe avec 4 passagers par compartiment (donc 4 couchettes). Dans chaque wagon vous avez un "accompagnateur-chef de wagon" qui veille à votre confort durant tout le voyage. À votre disposition, un samovar avec de l'eau bouillante vous permet de préparer thé, café, etc. Pensez à prendre une tasse, des sachets de thé, du café, des plats instantanés, des soupes chinoises... Les trains comportent un wagon restaurant ; le prix du billet ne comprend pas les repas durant le voyage. Un repas complet au wagon restaurant coûte environ 8 €. Il est possible de morceler votre trajet et de faire différents arrêts dans les villes traversées si les conncctions le permettent.

@ Transsibérien billets, visas

Vous pouvez passer par un intermédiaire pour faciliter vos démarches, dans un système dont il faut connaître les règles.

ESPACE EST-OUEST EUROPE
Agence basée en Suisse
http://www.espace-transsiberien.com/

http://www.transsib.com/transsiberien
Agence implanté aussi en Russie.

http://www.monkeyshrine.com/

Tarifs et réservations

Plusieurs critères sont à prendre en considération : budget, période de voyage, temps disponible, envies et contacts recherchés, capacité à se débrouiller. Par rapport à cela, deux solutions :

- Réserver via une agence française ou locale. Le plus facile mais aussi le plus cher (grosses com des agences). Utile en juillet-août lorsque la demande touristique est forte en kupe
- Réserver soi-même sur place

De très loin le plus économique et l'idéal pour qui sait se débrouiller. Mais attention quand même aux disponibilités en été (pas vraiment de problèmes de places le reste du temps).

Pour Moscou - Irkutsk comptez en gros 70 € en platzcart (un peu moins de 200 € en kupe) et environ 55 € de plus pour aller jusqu'à Vladivostok. Également Irkoutsk - Oulan Bator pour 40 € et la même chose en plus pour aller jusqu'à Pékin; toujours en platzcart.

Trajet Paris - Moscou

Pour Paris - Berlin - Moscou comptez un peu plus de 200 € mini. en A/S (75 + 135) et une quarantaine d'heures de trajet.

Pékin-Moscou non stop

Environ 202 €.

De Pékin, il y a un seul départ par semaine, le samedi matin pour le Transmongolien et le samedi soir pour le Transmandchourien.

Le Transsibérien sur Internet

- **http://www.monkeyshrine.com/**
- **http://www.seat61.com/Trans-Siberian.htm**

À LIRE SUR LE TRANSSIBÉRIEN

Transsibérien, disponible aux éditions LONELY PLANET (en français). BRADT, COMPASS et TRAILBLAZER (à voir dans les librairies spécialisées).

Changer de l'argent

Attention, pas de change possible sur le train : bureau de change roubles/dollars, euros et yuans à la frontière Chine/Russie, du côté russe à Zabaïbalsk au premier étage de la gare, taux très correct. Prévoyez des petites coupures pour faire vos achats sur le quai.

Transsibérien

"Transsibérien Moscou - Irkoutsk :
Nombreuses rencontres très sympathiques en "plastkard", 3ème classe, wagon-dortoir de 54 couchettes avec 4 couchettes en compartiment ouvert et 2 superposées dans le sens longitudinal. La vie est agréable avec les autres passagers; aucune monotonie bien au contraire (discussions, lecture, repas, jeux...). Super ambiance bien loin d'être ennuyeuse.Trois jours et demi de paysages peu varié de forêts de bouleaux (surtout) et sapins, des belles datchas entourées de potagers, mais aussi des villages peu colorés, des usines délabrées le long de la ligne... Des grandes gares comme celle de Novossibirsk (très belle) et de nombreux trains de marchandise (bois...). L'heure des trains grandes lignes est celle de Moscou, ce qui est un peu déstabilisant aux arrêts et notamment à l'arrivée. Entretien et ménage faits par les deux provodnitsa qui passent souvent dans le couloir pour le confort des passagers, veillent à l'ordre, proposent lecture, vendent des boissons... Eau chaude à volonté dans un samovar à une extrémité du wagon 24h/24h. Toilettes très propres. Location "obligatoire" de draps (à moins d'avoir ses propres draps) par les "provodnitsa" pour 60 Roubles (1,73 €).Wagon-restaurant, et aussi vente roulante. Aux arrêts prolongés, possibilité de descendre (sous la surveillance des provodnitsa) pour acheter quelques aliments aux "babouchkas" sur les quais (plats maison, beignets, pain, poissons fumés à partir de Barabinsk...).

>>

>>

Train Irkoutsk - Oulan Bator :
À Irkoutsk train numéro 364 en Kupe (compartiment de 4 couchettes, pas de plastkard). Départ un vendredi à 20h25 heure d'Irkoutsk, soit 15h25 heure de Moscou (mentionnée sur le billet). Lors de la réservation, erreur dûe à cette heure Moscou, car la ligne longeant une partie du lac Baïkal, on a raté les beaux paysages. Il aurait fallu prendre un train de jour... Dommage ! Si votre visa expire, prenez le train du jour précédent. Au passage de la frontière russe à Kyachta, la provodnitsa ferme les compartiments pour permettre aux passagers de se dégourdir les jambes lors de cet arrêt prolongé, et avant les formalités de douane très longues après dans le train ("l'œil de Moscou veille"... et contrôle scrupuleusement les passeports). Petit marché à coté de la gare, et rien d'autrc d'intéressant en ville. Arrivée à 12h30, départ à 18h00 après 5h30 d'attente ! Change du reste d'argent avec Russes sur le quai de la gare : 1 Rouble = 40 Tögrög.18h10, poste militaire frontière Mongol. Puis 40 mn après, arrivée à Sukhbaatar où la bureaucratie en Mongolie se révèle aussi compliquée et longue qu'en Russie : 3 formulaires (en mongol et pas en anglais !) à remplir. Là encore, beaucoup d'attente : 2h30, et départ à 21h20. Arrivée à 6h20 le dimanche à Oulan-Bator (39h10 depuis Irkoutsk).
Oulan Bator - Pékin : à UB, achat du billet des lignes internationales à la billetterie internationale, à 300 mètres de la gare. Pas très facile d'avoir des renseignements pour la Chine. Aller dans les 3 bureaux suivants : le 109 (rez-de-chaussée) pour le choix du train, le 212 (1er étage) pour l'émission et paiement du billet, et enfin si pas de train direct pour Pékin, le 106 pour acheter le billet de train chinois. Le responsable est sympathique et très efficace, et donne un voucher à échanger à la gare chinoise contre le billet de train chinois. Il vend aussi les billets de bus jusqu'à Pékin. Il est quasiment impossible d'acheter un direct Oulan Bator - Pékin en été. »

Roland Tourbot et Vincent Pignon

VOYAGER SUR L'EAU

Voyager en bateau, ou au fil de l'eau... À l'occasion ou en permanence, en Europe ou à l'autre bout du monde, sur des cargos, des ferries, des voiliers ou de simples embarcations de fortune, chaque voyageur aura tôt ou tard l'obligation dans ses périples de délaisser le plancher des vaches pour se déplacer sur l'eau.

Le voyage en cargo

Pour beaucoup encore, le voyage en cargo reste lié à l'image du passager voyageant dans une modeste cabine et devant payer sa traversée par son travail à bord. Mais tout cela est définitivement terminé. De nos jours les navires embarquant des passagers disposent de cabines luxueuses et de services de qualité pour une vie à bord agréable. Normal quand on sait que certains cargos mixtes peuvent accueillir plus de 200 passagers. Toutefois, sur les autres types de cargos, le nombre de passagers ne dépasse pas le plus souvent 12 personnes (nombre au-delà duquel un médecin est obligatoire à bord).

Bien entendu, on ne peut pas comparer les prix à ceux de l'avion car il ne faut pas oublier qu'en cargo, en plus du transport, on dispose du gîte et du couvert, plus, ce qui peut ne pas être négligeable, d'une franchise bagages de 150 kg. À cela s'ajoute aussi le fait que, pour rallier un port à un autre, les compagnies pourront suivre des routes différentes ce qui impliquera alors des durées de transport très variables. À cause de cela, le prix d'une traversée devra toujours être calculé d'après le nombre de jours à bord et non par rapport à la distance directe entre chaque port. C'est d'ailleurs sur cette base et le coût quotidien à bord que l'on peut comparer les différentes offres.

Au-delà des questions financières, le voyage en cargo est avant tout une expérience originale, sinon inoubliable.

Cargo pratique

Dans la pratique, si l'on peut espérer voyager sur certaines lignes avec un budget de 25 à 30 € par jour, la moyenne se situe plutôt généralement autour de 100 €. Pour une idée des tarifs des billets, il suffit de connaître le prix/jour que l'on multipliera par la durée de la traversée ; durée que l'on peut elle-même calculer d'après une vitesse moyenne de 15 à 20 nœuds pour la plupart des cargos (1 nœud = 1 mille marin parcouru en 1 heure = 1 852 m).

Le cargo sur Internet

INTERNET GUIDE TO FREIGHTER TRAVEL
Très complet pour tout ce qui est en rapport avec les cargos, y compris le transport de véhicules.
► **www.geocities.com/freighterman.geo/**

À savoir aussi que, comme pour l'avion, il peut exister des tarifs basse et haute saison, des prix spéciaux pour embarquements de dernière minute ou même en "période de tempêtes". La souscription d'une assurance couvrant le risque de déroutement pour débarquement du passager en cas de maladie ou autres

Cargos dans le Pacifique

"Beaucoup de gens cherchent des cargos au départ d'Australie ou de Nouvelle-Zélande. Nous en avons pris un au départ d'Auckland. En fait, il y a peu de cargos qui partent pour l'est du Pacifique à partir de l'Australie. Par contre, si vous voulez un bateau pour la Micronésie, les îles Salomon ou la Papouasie Nouvelle-Guinée, c'est au départ d'Australie qu'il faut chercher et non de Nouvelle-Zélande. C'est ainsi que les eaux sont partagées. Sachez néanmoins que quelle que soit votre destination dans le Pacifique, il y a très peu de cargos qui effectuent des trajets pour la simple raison que les îles ne sont que de tous petits États avec très peu de population. Donc, peu de besoins et surtout très peu d'exportations. Rien qui justifierait des allers-retours incessants de cargos. Par exemple, celui sur lequel nous avons voyagé est passé après 3 jours de route aux îles Tonga, mais c'est un service très irrégulier et presque exceptionnel, et après 5 jours supplémentaires à Tahiti. Il y passe tous les 21 jours. Autant dire que ce n'est pas la grosse fréquence. Si vous voulez quand même essayer, le mieux c'est encore de s'adresser à la capitainerie du port d'Auckland ou d'aller traîner dans les clubs de marins comme il y en a dans tous les ports et de discuter. Sinon des compagnies offrent des places en cabine pour un montant en général compris entre 35 et 65 €/jour/personne. Faites-vous les pages jaunes d'Auckland. Un avis qui n'engage que nous : après 35 jours en mer dans les eaux du Pacifique, nous n'avons croisé qu'UN cargo et qu'UN seul yacht. On a eu des vents jusqu'à force 8 et des creux de 12 m. Si je peux donner mon avis, je ne prendrai jamais la mer sur un voilier de particulier que je ne connais pas. Trop dangereux et trop isolé en cas de pépin. On est loin de tout et il n'y a personne."

Claire Rouault

Guides Cargo

Le guide des voyages en cargo et small ships par Hugo Verlomme, Un ouvrage très complet, notamment sur le plan pratique.

problèmes graves peut être aussi exigée par certaines compagnies. Et comme un aéroport, un port dispose de taxes que le voyageur aura à acquitter ; d'un montant très variable (jusqu'à 100 €). Celles-ci sont à prévoir au budget.
Quant aux destinations possibles, elles sont, tout comme les formules de voyages et les compagnies, multiples et variées. De façon générale, tous les pays ayant un débouché sur la mer disposent d'au moins un port que l'on pourra toujours plus ou moins atteindre en cargo (cf. les fiches pays pour chaque possibilité, ou quelques exemples de trajets et durées). En attendant, n'espérez pas trop faire du "cargo stop" (demander aux capitaines des bateaux à quai). C'était possible autrefois, de nos jours il est obligatoire de choisir des cargos qui acceptent les passagers et de passer ensuite par une agence ou la compagnie. Dernier conseil, le voyage en cargo est manifestement fait pour les gens peu pressés, pour des raisons pratiques : il arrive par exemple que l'on reste un ou deux jours de plus que prévus à l'escale, une occasion pour visiter l'arrière-pays…

Une agence spécialisée
AGENCE MER ET VOYAGES
9, rue Notre-Dame-des-Victoires, 75002 Paris. Tél. : 01 49 26 93 33.
C'est la seule agence de voyages française réellement spécialisée dans ce mode de transport. Créée en 1994, elle commercialise la plupart des opportunités de voyage en cargo existant dans le monde, proposant même un tarif spécial "embarquement immédiat".

Informations Cargos

Vous trouverez des infos tres utiles , compagnies, destinations sur :
http://navigateur.info/cargo/

Une compagnies très appréciée par les voyageurs :
CATALINA
34 rue Mouffetard Paris
Tél : 01 45 35 49 88
www.cargo-voyages.com/

Ferries pour l'Angleterre, l'Irlande et les îles anglo-normandes

L'axe transmanche est l'un des plus fréquentés au monde.
Les ferries continuent à accueillir du monde. Sur Calais-Douvres : 17 millions de passagers et 75 rotations A/R quotidiennes, soit 57 % du trafic.

• De/vers l'Angleterre

- Avec BRITTANY FERRIES de/vers Caen et Saint-Malo pour Portsmouth, Roscoff-Plymouth et Cherbourg-Pool ; de 5 à 9 heures de traversée (3/jour maximum) pour 40 € minimum A/R. Aussi des Portsmouth ou Poole-Santander en Espagne : 1 journée de traversée à partir de 90 € A/S.
- Avec CORSICA FERRIES pour Dieppe-Newhaven (2 h).
- Avec SEA FRANCE pour 15 traversées/jour maxi de Calais à Douvres (90 min, 15/45 € A/R).
- Avec P&O (et partenaires) pour Calais-Douvres (1 heure, 15/45 € A/R et jusqu'à 35 rotations quotidiennes !), Cherbourg ou Le Havre-Portsmouth (5 à 9 h, 23/60 € A/R, 3 ou 4 traversées par jour), Dieppe-Newhaven (2 h 30 et 23/60 € A/R). De Belgique (Bruges) ou Hollande (Rotterdam) vers Hull (sud de l'Écosse), 12 à 14 h de trajet pour 70/105 € A/R. D'Espagne (Bilbao) vers Portsmouth, 1 jour et demi à partir de 90 € A/R en couchette. P&O dessert aussi l'île de Wight depuis Portsmouth, et les îles de la côte ouest de l'Écosse.

• De/vers l'Irlande

- Avec BRITTANY FERRIES de/vers la Bretagne (Roscoff) pour Cork, 14 h de trajet à partir de 75 € A/R. En hebdomadaire d'avril à octobre uniquement.
- Avec IRISH FERRIES de/vers Cherbourg et Roscoff pour Rosslare, 15 à 18 h pour 100 € minimum A/R et une à trois rotations hebdomadaires.
- Avec les compagnies SEA FRANCE et IRISH FERRIES de/vers la Grande-Bretagne pour Cairnryan (Écosse)-Larne (Ulster), Holyhead-Dublin et Pembroke-Rosslare (de 1 à 4 h de trajet pour environ 45 € A/R), plus Swansea-Cork (10 h avec Sea France).

• De/vers les îles anglo-normandes

Avec CONDOR FERRIES de/vers Cherbourg ou St-Malo pour l'ensemble des îles via Jersey (1 h de trajet en catamarans rapides et géants) ; continuation possible vers le sud de l'Angleterre (Poole).
CONDOR FERRIES assure aussi des liaisons inter-îles (Jersey, Guernesey, Aurigny et Sercq).
-Avec EMERAUDES LINES de/vers Saint-Malo et la Manche pour Jersey et Guernesey. À partir de 45 € A/R (25 € A/R dans la journée) pour 1 à 2 h de traversée selon les trajets. Assure aussi des liaisons inter-îles.

• De/vers diverses îles

En plus des dessertes déjà citées, plusieurs liaisons en direction des multiples îles du Royaume-Uni : Hébrides, île d'Aran, île de Man, Orcades, Scilly, Shetland, Wight.

Le voyage en ferry

Ce n'est pas à proprement parler une façon de voyager comme le cargo, mais plutôt un mode de transport que l'on aura ponctuellement l'occasion de prendre, notamment en Europe. Et c'est vrai qu'hormis le trafic en direction de l'Afrique du Nord, qui a chuté à cause des problèmes algériens, le ferry se porte bien sur notre continent. Y compris sur l'axe transmanche, où la concurrence du tunnel et de l'aérien n'a pas vraiment fait diminuer la fréquentation mais plutôt permis une amélioration du service.

Comme pour l'avion il existe bien sûr des réductions catégorielles (jeunes, groupes, retraités), des forfaits pour ceux qui voyagent avec leur véhicule, et des périodes haute et basse saison. Pour les traversées les plus longues, il peut être proposé des cabines dans des bateaux ressemblant fortement à des bateaux de croisière au niveau équipements, services et animations (restaurants, boutiques, piscines, saunas...).

Quant aux billets, si l'on peut les réserver avant le départ (utile pour les périodes de pointe ou si l'on voyage en voiture), on peut aussi attendre d'être sur place pour effectuer son achat. Ce que fait d'ailleurs une majorité de clients.

© Sylvie FRACHET

La croisière en paquebot

Si la croisière évoque pour tous l'image de gros paquebots sillonnant les océans, il ne faut pas oublier que celle-ci correspond également dans la réalité à des bateaux plus modestes naviguant sur des fleuves, des voiliers circulant entre des îles, et même par extension à certaines lignes de ferries (Patagonie, Scandinavie...).

Schématiquement, on peut dire qu'une croisière correspond à un embarquement en cabine sur un circuit précis de plusieurs jours, en formule "tout compris", incluant généralement des escales touristiques en cours de route.

Une histoire ancienne

Les paquebots de croisière sont nés à l'époque des colonies. C'était alors le seul moyen pour rallier la métropole à ces terres lointaines. Puis vint l'époque faste des grands transatlantiques, fin XIXe-début XXe siècles, qui dura jusqu'au jour où l'avion, il y a une quarantaine d'années, prit réellement le pas sur le bateau en matière de transports.

Dès lors, commença une période de déclin. Dans les années qui suivirent, seule son utilisation par les Américains à des fins récréatives évita aux croisières de disparaître totalement. Longtemps associée à cette image marginale de retraités américains visitant les Caraïbes, la croisière commença toutefois à revenir sur le devant de la scène il y a quelques années. Et maintenant, le développement du tourisme, l'envie croissante de voyages des Occidentaux, plus, sans aucun doute, l'idée des professionnels

LIAISONS PAR FERRIES VERS L'EUROPE DU NORD

Large choix entre les pays, une offre et des infos facilement disponibles, y compris en France.

• De/vers le Danemark

- DSB de/vers l'Allemagne (Rostock, Puttgarden) et la Suède (Malmo, Helsingbord) pour le Seeland (est du Danemark). De 30 minutes à 2 heures de trajet pour de nombreuses traversées quotidiennes. DSB assure aussi les dessertes internes au Danemark. Vendu en agences ou chez SCANDITOUR.
- Compagnie HOVER SPEED pour Frederikshaven-Göteborg (en Suède).

• De/vers l'Écosse (Newcastle)

- Avec SCANDINAVIAN SEAWAYS de/vers la Hollande (Amsterdam) 50/85 € A/S en siège couchette pour 15 heures de trajet. Également des départs d'Allemagne (Hambourg), le sud de la Norvège, et Göteborg en Suède. Vendu en agences ou chez NAVIFRANCE.
- Avec la compagnie COLOR LINE (et Fjord Line) de/vers Bergen et Stavanger en Norvège. Vendu en agences ou chez SCANDITOUR.

• De/vers l'Estonie (Tallin)

- Avec SILJA LINE de/vers la Finlande (Helsinki) et l'Allemagne (Rostock). 18/30 € A/S pour 3 heures de trajet depuis la Finlande, et 50/85 € pour une journée depuis l'Allemagne en classe pont. Vendu en agences ou chez SCANDITOUR.

• De/vers les Feroé, les Shetland et l'Islande (côte est)

- Avec SMYRIL LINE de/vers le Danemark (Hanstholm) et la Norvège (Bergen). 170 € minimum A/S jusqu'en Islande pour deux jours de traversée environ en couchette avec des stops possibles aux Féroé et Shetland, uniquement de début mai à fin septembre. Vendu en agences ou chez SCANDITOUR.
- Avec SL LINE de/vers l'Écosse (Aberdeen) pour les Féroé, via les Shetland, pour une journée de traversée ; uniquement de juin à août. Correspondance possible pour l'Islande avec SMYRIL LINE. SL LINE assure aussi les liaisons inter-îles aux Féroé. Vendu en agences ou chez GALLIA TOURISME
- Avec P&O de et vers l'Écosse (Aberdeen) pour les Shetland avec possibilité de poursuite en été vers l'Islande ou la Norvège (Bergen), 13 heures de trajet, 120 € minimum A/R en classe pont. Également des liaisons vers Écosse-Orcades-Shetland.

• De/vers la Finlande (Turku, Helsinki)

- Avec SILJA LINE de/vers l'Allemagne (Rostock) et la Suède (Stockholm). 20/32 € A/S pour 12 à 15 heures de trajet depuis la Suède, et 50/85 € A/S pour une journée depuis l'Allemagne en classe pont. Vendu en agences ou chez SCANDITOUR.
- Même traversée de/vers Stockholm avec VIKING LINE (vendu chez Bennett).

D'autres liaisons relient les côtes suédoises et, en interne, finlandaises en divers endroits.

>>

>>

- **De/vers la Lettonie (Riga)**
Des possibilité de/vers l'Allemagne (Kiel en 35 heures) et plusieurs ports suédois (Stockholm…)
- **De/vers la Lituanie (Klaipeda)**
Avec la compagnie lituanienne LISCO BALTIC, quelques liaisons de/vers la Suède (Stockholm) et l'Allemagne (Kiel, Mukran).
- **De/vers la Pologne**
Avec STENA LINE de/vers le sud de la Suède (Karlskrona) pour Gdansk. Vendu chez Bennett Des possibilité également de/vers la Norvège et la Finlande avec la compagnie polonaise Pol-Line au départ de Gdansk. Également des liaisons de Copenhague et Ystad (sud de la Suède) vers Swinoujscie (frontière Allemagne/ Pologne).
- **De/vers la Suède**
- Avec STENA LINE de/vers le Danemark (Frederikshaven) et l'Allemagne (Kiel) pour Göteborg. À partir de 50 € A/S pour 3 heures de traversée depuis le Danemark, et 60 € minimum pour 14 heures depuis l'Allemagne (en agences ou chez Bennett).
- Avec TT-TR LINE de/vers l'Allemagne (Rostock, Travemünde) vers Trelleborg au sud de la Suède. 30/60 € A/S en classe pont pour 9 à 12 heures selon les trajets. Vendu en agences ou chez SCANDITOUR.
- **De/vers la Norvège (côte sud)**
- SCANDINAVIAN SEAWAYS. Horaires et dessertes nationales et internationales des ferries en Norvège. De/vers le Danemark (Copenhague) et la Hollande (Amsterdam). En couchette A/S : à partir de 70 € pour 15 heures de trajet depuis Copenhague et 100 € pour 20 heures depuis Amsterdam. Également de/vers la Suède avec des Oslo-Helsingborg et Kristiansad-Göteborg. Vendu en agences ou chez NAVIFRANCE
- Avec la compagnie COLOR LINE de/vers le Danemark (pointe nord) et l'Allemagne (Kiel). 20/45 € A/S pour 5 à 8 heures de trajet selon les traversées depuis le Danemark, et 60/90 € A/S pour 20 heures depuis l'Allemagne en classe pont. Vendu en agences ou chez SCANDITOUR.
- D'autres compagnies de ferries assurent des traversées au départ du Danemark comme LARVIK LINE, STENA LINE et FJORD LINE (chez Bennett). Quelques traversées de/vers la Suède avec LARVIK LINE
- À signaler qu'au niveau domestique, il existe de nombreux services de ferries en Norvège (infos auprès de l'office de tourisme norvégien : 01 53 23 00 50). Également L'EXPRESS CÔTIER et des liaisons vers les Spitzberg (cf. encadré croisières).
- **De/vers la Russie (Saint-Pétersbourg)**
Avec normalement BALTIC LINE de/vers la Finlande (Helsinki) pour 10 à 15 heures de trajet. Infos : OT de Finlande (01 42 66 40 13). Des possibilités également de/vers l'Allemagne (Kiel en 40 heures), la Suède (Stockholm).

Coordonnées utiles
Gallia Tourisme. Tél. : 01 53 43 36 36.
Navifrance. http://www.navifrance.net/

TRANSPORTS

de proposer une gamme de plus en plus large de produits touristiques fait que la croisière est à nouveau à la mode, pour tous les publics (et pas que le troisième âge, loin de là !) et toutes les formules, sur toutes les mers du monde.
Petit détail intéressant, certains ferries, ou la combinaison de plusieurs d'entre eux en Méditerranée et Baltique permettent des circuits identiques à tous niveaux, à ceux proposés par les croisiéristes ; le tout pour un moindre coût…

La vie à bord
Concrètement, une croisière c'est quoi ? Réponse : un genre de Club Med flottant régi par certaines règles et traditions de vie à bord. Tout y est prévu et en gros inclus dans le prix (hors dépenses purement personnelles bien sûr) ; des repas à l'organisation des excursions en passant par les multiples animations et services à bord. Un style qu'il est bon de connaître avant de choisir la formule.

Comment choisir ?
Avant de voir les tarifs et destinations, un coup d'œil sur les flottes, les équipements et services, qui représentent des éléments primordiaux dans le choix d'une croisière vu bien sûr le temps que l'on passera sur le bateau.
De plus, il ne faut pas oublier que l'intérêt d'une croisière en paquebot consiste justement plus dans la vie à bord que dans le nombre ou dans la diversité des escales. Bref, on le rappelle, un paquebot ce n'est pas un moyen de transport, c'est plutôt une expérience…

Le bateau
Le choix est vaste avec des bateaux pouvant accueillir d'une centaine… à plus de 3000 passagers comme le *Voyager of the Sea*, l'un des plus gros au monde ! Les grands paquebots sont longs parfois de presque 300 m et comportent jusqu'à une quinzaine de ponts.
L'équivalent de véritables villes flottantes avec rues et ascenseurs géants, galeries marchandes et boutiques hors taxes, poste et banque, bars et salles de restaurants, vidéothèque, bibliothèque, cybercafé, cinéma et salles de spectacles, discothèques, casinos, piscines, salles de sports, et même parfois une petite marina à l'arrière.
En fait en matière de choix, et c'est là la première question à se poser, tout dépend de ce qu'on recherche et du type d'ambiance voulue : le gigantisme assez froid de ces "monstres" des mers ou quelque chose de plus "intime" avec peut-être aussi plus de contacts possibles avec les autres. Sans oublier par exemple le cachet bien particulier d'un bateau de croisière à voiles.
Sur les bâtiments les plus gros est souvent privilégiée la vie à bord, avec nombreuses animations (pas toujours de grande qualité il est vrai, et au détriment parfois des escales). Alors que sur les structures plus petites, la vie à bord est moins intense et en contrepartie l'atmosphère est plus raffinée ou propice au repos, ou encore à la découverte de la mer sur des navires parfois de caractère.
C'est aussi avec les petits bateaux que vous pourrez le plus souvent bénéficier d'escales originales, grâce à leur faible

tonnage ils peuvent en effet se permettre d'aller dans presque tous les ports du monde. Inconvénient, une croisière de quelques centaines de passagers coûtera généralement plus cher qu'une à mille et plus.

Malgré tout, surtout si c'est votre première expérience, privilégiez les premières pour apprécier la vie sur un paquebot et évitez les "bateaux usines".

En résumé, dans tous les cas, regardez bien sur les catalogues (et le Web) à quoi va ressembler votre hébergement flottant. Pour info, sachez qu'un bateau de plus de 30 000 tonneaux est un très gros paquebot, entre 15 et 30 000 un gros, entre 5 et 15 000 un moyen, entre 2 et 5000 un petit paquebot ou un gros yacht. En dessous, il peut s'agir de voiliers, de yachts ou aussi de petits navires aménagés pour la croisière.

Et pour avoir une première idée du niveau de confort de votre bateau, comparez sa capacité d'accueil à celle des autres bâtiments de sa classe (vous pouvez également faire le rapport "tonneaux/passager").

À signaler enfin un détail qui a son importance : la nationalité de l'armateur et des passagers majoritairement embarqués. En effet, quoi de plus ennuyeux que de se retrouver dans une croisière pendant laquelle on ne comprendra pas ou peu les autres passagers ou le personnel d'encadrement. D'ailleurs on n'appréciera pas non plus les animations, faites d'abord pour ceux qui comprennent la langue. D'où le fait qu'il existe aussi des croisières par nationalités. Bref, renseignez-vous avant auprès de l'agence.

La cabine

Rien à voir avec une couchette de voilier ou même certaines cabines sommaires de cargos. En fait une cabine de paquebot ressemble à une chambre (ou une suite) d'hôtel avec au minimum un ou deux lits (parfois couchettes), une table et des chaises, un lieu de rangement et un coin toilette. Au niveau choix, tout dépend de vos envies ou du temps que vous pensez passer à l'intérieur, ainsi évidemment que de votre budget.

Sur les plus gros paquebots il peut exister jusqu'à une dizaine de catégories différentes de cabines. Au-delà de la classe, on trouve des cabines extérieures (vue sur la mer) ou intérieures (donc sans ouverture, ce qui peut gêner les claustrophobes), avec ou sans hublots (qui ne s'ouvrent jamais), minibalcon, en ponts supérieurs (mieux et moins bruyants, donc plus chers) ou inférieurs.

Malgré tout, quel que soit le type choisi, le confort en croisière est généralement au rendez-vous avec quasi toujours une salle de bain complète ou WC + douche privative et, selon, téléphone, télé (programmes intérieurs), magnétoscope, radio, minibar, climatisation.

Un détail utile à connaître avant d'embarquer : le voltage à bord. Souvent, sur les compagnies anglo-saxonnes et scandinaves, celui-ci sera de 110 V avec prise américaine et il faudra donc prévoir son transfo et son adaptateur.

Un autre inconvénient, plus important : la cabine "standard" de la plupart des bateaux n'est pas toujours très grande, en gros de 10 à 15 m^2, contrairement à celle de la catégorie grand luxe.

Un truc à savoir : essayez toujours de visualiser avant l'achat, par l'intermédiaire d'un plan du bateau (à voir avec l'agence), la position de votre catégorie de cabine. Dans tous les cas, le choix de la cabine (avec la saison du voyage) est ce qui fait varier les prix du simple au double, voire plus, pour une même croisière. Comme pour le choix d'une compagnie aérienne, regardez toujours le rapport qualité/prix plutôt que le prix seul.

Le service et les animations

Un paquebot c'est un hôtel en pension complète, regardez la qualité du service cabine et le type de cuisine proposé à bord (en particulier sur les croisières US !). Rappel important, renseignez-vous sur les modalités de repas, d'ailleurs toujours inclus dans votre prestation. Voyez le nombre de services, si les horaires sont libres ou pas, si on peut choisir sa table et ses voisins ou au contraire si l'ensemble est programmé d'avance, ou encore s'il existe des services repas en cabine, et si oui pour quelles tranches horaires. En effet, seuls les croisières de luxe ou les paquebots de petite taille permettent une totale liberté en la matière.

Se renseigner aussi sur les équipements et animations disponibles pendant la croisière (et la langue dans laquelle elles sont prévues). Sans oublier, si l'on voyage avec des enfants, les possibilités de garderie et ce qui est prévu pour eux.

Au niveau des activités à bord, sachez que tout est vraiment possible et que les animateurs font preuve de beaucoup d'imagination en la matière.

Quant aux escales, il peut être utile d'en connaître le nombre et la durée (comptez souvent aussi une heure pour les formalités), l'organisation (visite guidée ou pas, gratuite ou payante) ainsi que leur agencement dans la croisière (x jours en mer puis escale, ou succession de navigation nocturne et visite diurne).

Croisières du monde

Le choix est maintenant devenu très vaste en matière de croisières. On peut retrouver facilement toutes les croisières dont nous parlons ci-dessous, avec leurs dates et leurs prix, sur les sites des agences spécialisées référencées plus loin.

Où et quand ?

On peut aller sur toutes les mers du monde en paquebot. Mais pas n'importe quand. En effet les choix sont d'abord fonction des conditions climatiques, ce qui fait qu'un bateau pourra être à tel endroit en été et dans tel autre en hiver. Précision importante, votre croisière ne vous embarquera jamais ou presque au port le plus proche de chez vous. En effet, les navires se contentent de faire simplement des circuits dans leur zone spécifique de croisière, et c'est donc aux croisiéristes de se rendre sur place (une prestation évidemment prévue par les agences, quoique pas toujours mentionnée dans leurs prix de base).

Pour des possibilités à l'année on trouvera les croisières dans les Caraïbes (malgré un climat moins favorable l'été), l'océan Indien (peu de choix toutefois entre mars et octobre), le Pacifique et le pourtour de l'Asie. Quitte à ce que, selon les périodes, les circuits se déplacent un peu à l'intérieur d'une même zone. Pour les mers les plus au nord (Baltique, Atlantique Nord…), les possibilités courent en gros de mai à septembre et même un peu moins pour l'Alaska. Elles commencent dès avril jusqu'en octobre-novembre pour les croisières en Méditerranée et accessoirement les transatlantiques. Enfin, tout ce qui concerne l'Amérique du Sud et l'Antarctique est programmé lors de l'été austral, d'octobre à mars.

Durée

Une croisière sous-entend un minimum de quelques jours. Schématiquement, quatre types de durées sont programmés par les agences.

• Trois ou quatre jours, ou week-end prolongé. Évidemment on ne va pas très loin et l'on se contente généralement d'un bout de Méditerranée, d'océan Indien ou de Caraïbes.

Avec un ou deux jours de plus, c'est le temps nécessaire pour une traversée transatlantique. De l'avis général, c'est la durée conseillée pour un baptême, histoire de voir si la formule correspond réellement à vos envies. C'est aussi une prestation qu'on peut inclure facilement dans un voyage terrestre plus long.

• Une semaine, ou sept à dix jours.

C'est ce qui est le plus souvent proposé et qui correspond a priori à la demande d'une large majorité de personnes. C'est aussi une bonne durée pour apprécier pleinement l'expérience d'une croisière.

• Deux semaines.

Correspond généralement à un circuit complet à l'intérieur d'une zone géographique : tour de la Méditerranée, des Caraïbes, etc. Le nombre et la durée des escales y sont aussi plus importants.

• Au-delà.

De longues croisières, tours du monde ou larges découvertes de régions, qui s'adressent d'abord à des passionnés (qui ont aussi il est vrai les moyens). Toutefois il est possible la plupart du temps de ne prendre qu'un seul tronçon.

Les prix

Concurrence oblige, ceux-ci ont bien baissé depuis quelques années. Et vu l'engouement récent des croisières, il peut être utile de réserver à l'avance pour les départs en haute saison.

En matière de prix tout est d'abord fonction du choix de la cabine (luxe ou moins luxe), du type de bateau (gros ou moins gros, de caractère ou plus classique), de la saison (comme toujours évitez la haute) et de la durée (tarif/jour moins cher si le voyage est plus long).

Renseignez-vous sur les tarifs préférentiels (enfants, jeunes, couple, groupe, voyage de noces, etc.), les promotions en tous genres, ou les réductions aux clients fidèles, et bien sûr les tarifs haute, demi et basse saison. Une cabine pour trois ou quatre sera toujours moins chère qu'une double, voire permettra des gratuités si les enfants dorment avec les parents.

À l'évidence aussi, lorsque vous cherchez la meilleure croisière, comparez ce qui est comparable en tenant compte, outre du type de bateau et des prestations prévues, de ce qui est compris dans le prix (sans oublier les taxes portuaires

Croisières : escales courantes et ports d'embarquement

Méditerranée

C'est la zone privilégiée des Européens, et notamment des Français, pour des croisières couvrant aussi bien l'ensemble qu'une seule portion de la Méditerranée. Parmi les (nombreux) arrêts classiques on retrouvera : Barcelone, les Baléares, Venise, la Sicile, Tunis, Athènes, les îles grecques, Istanbul, Israël, Alexandrie…

Parfois les formules débordent un peu dans l'Atlantique avec des escales aux Canaries, au Maroc ou à Madère. Ponctuellement aussi des prolongements sur la mer Noire au-delà d'Istanbul. Quant aux ports de départ, du moins ceux les plus couramment proposés aux Français, on retrouve d'abord Gênes, Nice, Marseille, Athènes et parfois Venise. En combinant divers ferries, on peut obtenir aussi des circuits intéressants assez similaires sur bien des points à ceux des croisières.

Baltique et Atlantique Nord

Autres zones très fréquentées par les Français et nombre d'Européens. Principales escales : Saint-Pétersbourg, les ports baltes et les capitales scandinaves pour la Baltique. Ou encore l'Écosse, les Shetland, les Féroé, l'Islande, les Spitzberg et ponctuellement la côte groenlandaise pour les croisières nordiques.

En parallèle, à signaler les croisières le long des fjords norvégiens jusqu'au cap Nord. Hormis pour ces dernières qui partent souvent de Norvège, les autres peuvent être proposées depuis les ports de la Manche (dont Le Havre), Amsterdam, la côte sud-est de l'Angleterre, voire plus rarement Copenhague.

Caraïbes

Première zone de croisière au monde et grand classique pour les Américains, même si le marché français y a fait depuis longtemps son apparition. Un peu toutes les îles possibles (moins souvent Cuba, boycott américain oblige !) et la Floride, mais aussi assez facilement Carthagène en Colombie et principalement la côte bétonnée de Cancun au Mexique pour ce qui est de l'Amérique centrale.

Des prolongements possibles, notamment avec des croisières US, en direction de la côte Pacifique du Mexique et de la Californie, via le canal de Panama. Hormis pour les croisières franco-françaises au départ de Martinique et Guadeloupe, la plupart partent de Floride, dont Miami. Vers les côtes est des USA et du Canada, quelques possibilités qui remontent des Caraïbes ou de Floride vers le nord jusqu'à Montréal et les Grands Lacs via New York et le St-Laurent. Clientèle anglo-saxonne.

Alaska

Là aussi beaucoup d'anglophones pour des croisières estivales souvent au départ de Vancouver (Canada) et parfois la Californie.

>>

>>

Pacifique
D'abord la Polynésie au départ de Tahiti pour les francophones (et de plus en plus les Américains), mais aussi un peu toutes les autres îles ou archipels, et en partie l'Australie et la Nouvelle-Zélande, pour les autres.

Asie
Clientèle d'abord anglophone. Pas mal de possibilités au départ de Singapour vers, selon les cas, les côtes malaises, Phucket, les îles indonésiennes avec prolongement occasionnel dans le Pacifique. Quelques croisières également autour de l'Inde du Sud.

Océan Indien
Des circuits qui passent le plus souvent par les plages du Kenya, Zanzibar, les Seychelles, Maurice, souvent la Réunion et la côte sud-africaine, principalement Diego Suarez et Nosy Bé à Madagascar.

Amérique du Sud
Clientèle plutôt anglo-saxonne pour de nombreuses croisières qui incluent principalement Bahia, Rio, et surtout le trajet Buenos Aires à Santiago via le cap Horn. Généralement c'est au départ d'Argentine que l'on trouvera les croisières vers l'Antarctique.

Transatlantique
Clientèle assez cosmopolite pour des traversées entre les USA (New York, Miami) et souvent l'Italie (Gênes) avec des escales possibles aux Bahamas et aux Caraïbes plus en Espagne. Le célèbre paquebot *Queen Elisabeth II* fait la traversée en 5 jours entre Southampton (ou Cherbourg) et New York dans un décor des plus luxueux (pour 1520 à 1980 €). La majorité des formules comporte un aller en bateau et un retour en avion.

Thématiques. Il existe aussi des croisières thématiques (musicales, culturelles, gastronomiques… et même Disney !). Pour elles la région et la période sont tout à fait variables.

Des livres, des guides de voyage et un magazine sur les croisières

En français : Quelques ouvrages et guides qui, le plus souvent, proposent une approche pratique et historique de la croisière avant de faire du remplissage sur les escales possibles, avec des infos sommaires. Bref, si la première partie présente un intérêt, la seconde n'en offre généralement aucune.
À signaler toutefois, chez Balland, *Partir sur les grands voiliers* (23 €).

Les agences de croisières

Privilégiez les spécialistes, même si de plus en plus d'agences généralistes incluent la croisière à leur programme.

CROISIERE.NET
Près de 3000 départs de croisières par an, en partenariat avec la plupart des compagnies de croisières européennes et américaines. Descriptifs des bateaux et infos diverses :
▶ **www.croisierenet.com/**
Tél. n° vert : 0 800 94 10 94

LA BOUTIQUE DES CROISIÈRES
Un grand spécialiste et à la clé plus de 200 croisières en tous genres programmées. Sur leur site, visite virtuelle d'un bateau et moteur de recherche de croisières très complet.
▶ **http://www.boutique-croisieres.com/**
Tél. n° vert : 0 800 800 512

AB CROISIÈRES
Des possibilités sur toutes les mers du monde. Des infos intéressantes sur le monde des croisières (forum, magazine, descriptifs de bateaux, etc).
▶ **www.abcroisiere.com/**
Tél. n° vert 0 800 666 445.

© Martine GALBOIS

de débarquement aux escales) ainsi que des conditions et coûts d'acheminement jusqu'au port d'embarquement.

Une fois que l'on a justement retranché ce dernier poste, l'avantage est que l'on peut plus facilement comparer les offres des uns et des autres ; les tarifs correspondant alors aux seules prestations à bord. À ce sujet, comptez en gros de 100 à 185 € par jour en cabine standard (sans le préacheminement donc) pour des croisières "grand public" d'une semaine (durée moyenne) selon les époques et les quelques particularités des uns et des autres.

Croisières de luxe

Quant aux croisières de luxe, ou sur des bateaux de caractère, pas vraiment de limites, même si déjà à partir de 300 € par jour on commence à avoir quelque chose de bien. Dernier point, si le budget global d'une croisière semble élevé, il ne faut pas oublier qu'il correspond à du "tout compris".

Donc, quitte à le comparer avec d'autres prestations touristiques, faites-le avec les séjours en club.

Promotions et comparatifs

Pour avoir un aperçu des promos de croisières disponibles sur le Web, nous vous renvoyons à notre page consacrée aux offres spéciales des voyagistes, dans laquelle vous trouverez pas mal de bonnes pistes.

Vous pouvez également consulter la page Dégriftour concernant les croisières. Pour ce qui est de comparer les diverses offres, consultez le site Kelkoo.

LE MAL DE MER

Quelques précisions sur ce qui accompagne souvent pour certains un voyage au fil de l'eau : le mal de mer...
S'il est bien une chose devant laquelle nous ne sommes pas égaux, c'est bien le mal de mer. En effet, certains n'en subiront jamais les effets, d'autres en souffriront à l'occasion, et les plus malchanceux devront faire avec la plupart du temps ; y compris s'ils sont marins chevronnés.
Au-delà de cette inégalité naturelle, le type d'embarcation sur lequel on se trouve, l'état de la surface de l'eau et le temps passé hors terre ferme sont bien sûr des causes certaines au niveau du mal de mer.
Sur rivières, lacs, mer calme pour de courtes traversées très peu de risques d'être malade. Par contre, pour peu que le trajet dépasse quelques dizaines de minutes en mer, les risques augmentent.
Concrètement, le bateau sur lequel on se trouve joue un rôle important, et si les paquebots de croisières, cargos, ferries sont équipés de dispositifs contre le roulis et le tangage permettant de moins ressentir les effets de la mer, les voiliers et autres petites embarcations sont de fait moins bien protégés en ce domaine. Ce qui ne veut pas dire que sur un gros bateau il n'y aura pas de problèmes, notamment par gros temps.
Schématiquement, le mal de mer provient du fait que le corps et les sens (dont bien sûr la vision) doivent s'adapter à un nouveau rythme (celui de la mer) qui traditionnellement n'est pas le leur ; du moins pour une très grosse majorité de gens. Donc, les symptômes apparaissent généralement dès le premier jour et ce n'est qu'au fil du temps que l'organisme va s'habituer au rythme du navire. À remarquer qu'à l'inverse, au retour sur terre, celui-ci peut avoir également à se réadapter, d'où ce que l'on appelle couramment "le mal de terre".
Un peu comme pour la peur en avion, l'anxiété et la consommation d'excitants (alcools, tabac...) sont des phénomènes aggravants. Dans les deux cas d'ailleurs, autant arriver tranquillement à l'embarquement, en ayant privilégié une nourriture légère ("utile" aussi en cas de vomissements) et dans une tenue dans laquelle on se sente à l'aise et qui le cas échéant protège bien du froid. Même chose d'ailleurs pendant toute la traversée.
Dès les premiers signes, il est conseillé de monter au grand air, au centre du bateau là où ça bouge le moins, de s'activer et d'une certaine façon de retrouver - fixer - l'horizon ou la côte. À l'opposé, il faut éviter de rester confiné dans sa cabine ou à l'intérieur, de lire, d'être inactif ou de fixer le mouvement des structures du bateau ou le sillage de celui-ci. Dormir peut néanmoins être aussi une solution.
Quant aux remèdes existants, même si le gingembre est réputé pour stabiliser l'estomac, il n'y a pas encore de traitement miracle. Toutefois cela devrait arriver un de ces jours. Dans tous les cas, assurez-vous des effets secondaires que peuvent entraîner certains d'entre eux.

La croisière fluviale

Autre option en matière de croisières, les fleuves et rivières. Et une expérience globalement moins onéreuse, sur des bateaux plus petits, avec moins de passagers, des séjours souvent plus courts, et souvent aussi une finalité différente. Là, le but premier n'est plus de profiter d'abord des animations et de la vie à bord (quoique...), mais plutôt de découvrir au fil des fleuves et des rivières (voire le long des côtes) un autre aspect des régions traversées. Bref, en quelque sorte, il s'agit de voyager !

Comment et avec quoi ?

Dans le cadre de croisières en cabines d'au moins quelques jours.

• Bateau, cabines, "animations à bord". Même si à l'occasion on trouve des bâtiments d'un certain tonnage pouvant embarquer plus de mille personnes (Amazonie, fjords norvégiens...), les limites de taille imposées par les fleuves font que les bateaux accueillent rarement plus de 200 personnes, voire beaucoup moins lorsqu'il s'agit de croisières de luxe ou de petites rivières.

Donc des bateaux encore à taille humaine ne dépassant pas les 100/120 m, pour 5 ou 6 ponts maximum, et 30 km/h en vitesse de pointe.

• Avantages : souvent des bateaux de caractère (même si l'on trouve aussi un peu n'importe quoi comme navires) et l'impression d'être plus proche de l'eau dans tous les sens du terme. Également la possibilité, du moins en théorie, d'avoir plus d'escales au programme.

• Inconvénient pour les amateurs du genre, bien moins d'équipements de loisirs et de services à bord, avec des cabines standard sur certains bateaux plus proches de celles des voiliers.

Tarifs

Les tarifs des croisières fluviales sont dans l'ensemble moins élevés que ceux des balades en pleine mer. Avec cependant quelques nuances.

On tombera souvent sur des offres entre 45 à 120 € par jour hors préacheminement. Dans cette gamme de prix, on retrouvera d'abord des croisières sur les fleuves français et européens, ou sur des bateaux "quelconques" un peu partout dans le monde. Également, des croisières comme le Nil, où existe une rude concurrence.

Aux alentours de 150 € par jour ce seront les mêmes que précédemment mais avec des conditions plus luxueuses, des navires moins chargés, ou encore des offres restreintes à connotation souvent "exotiques" comme les fleuves de Chine, ou l'Amazonie, voire les Grands Lacs en Amérique du Nord.

Au-delà, ce sera le grand luxe avec à l'occasion de gros paquebots remontant les embouchures de l'Amazone ou de l'Orénoque.

Bien entendu, en haute saison, toutes ces gammes de prix peuvent subir quelques hausses. Comme en mer, il existe aussi des croisières fluviales thématiques.

En Europe

Pas loin, pas cher, des croisières pour un week-end ou pour une semaine entre avril et octobre, la plupart des canaux et fleuves français ou européens offrent des possibilités de voyager en bateau.

France
Le Rhône, la Seine et le canal du Midi disposent ainsi de pas mal de balades sympa, en petits bateaux ou péniches aménagées, à des coûts très abordables (à partir de 45 € par jour).

Allemagne
C'est le pays des croisières fluviales. Sur l'Elbe, mais surtout le Rhin et sa vallée sont devenus un incontournable, à faire en 4 ou 8 jours en général, sur des bateaux confortables embarquant 100 à 200 personnes. Question prix, comptez de 75 à 120 € par jour en moyenne.
Depuis le Rhin on peut rejoindre le Danube via le canal Main-Danube, et faire ainsi un intéressant périple fluvial de 3 semaines environ joignant Rotterdam à la mer Noire.

Europe de l'Est
Deux circuits se partagent le marché français des croisières fluviales dans les pays de l'Est : le Danube et le combiné Neva-Volga. À faire entre avril et septembre pour en gros 90 à 120 € par jour pour les formules les plus confortables.
Avec ses 2 860 km, le Danube est le plus long fleuve d'Europe. Né en Allemagne, il se jette dans la mer Noire après avoir traversé ou longé cinq pays. Plusieurs types de croisières y sont proposés, de l'espace d'un week-end (Vienne-Budapest) à 8 ou 10 jours pour des périples plus longs mais qui ne vont toutefois qu'assez rarement jusqu'à la mer Noire, avec des bateaux classiques ou au contraire de luxe. Depuis le Danube, possibilité de rejoindre le Rhin.
Autre croisière intéressante, celle permettant de relier, en 8 ou 12 jours, Saint-Pétersbourg à Moscou via les fleuves, lacs et canaux de Russie.

Ailleurs
Des possibilités dans tous les autres pays d'Europe sur les canaux et rivières, entre autres l'Italie du Pô, ou la Suède du Göta Canal. Malgré tout, ces offres n'apparaissent qu'assez rarement dans les programmes des agences françaises, il faudra plutôt voir sur place.

Scandinavie : les fjords et l'Express Côtier

Au-delà des nombreuses croisières maritimes qui vous mèneront le long des côtes norvégiennes, vous avez aussi la possibilité de vous balader et de pénétrer facilement à l'intérieur des fjords de Norvège, en été, à bord de bateaux de dimensions réduites.
C'est ce qui est programmé par de nombreuses agences qui d'ailleurs couplent souvent ces croisières avec des circuits terrestres traditionnels. Il faut dire que ces croisières ne dépassent que très rarement les deux ou trois jours.
À signaler qu'on peut organiser facilement soi-même des croisières similaires ou presque en utilisant les ferries qui circulent dans la région des fjords.
Quant à l'Express Côtier, même s'il navigue en mer, son cabotage peut d'une certaine façon le rapprocher de la

croisière fluviale. Depuis plus d'un siècle, il relie à l'année Bergen (sud) à Kirkenes (extrême nord) en 11 jours A/R et 35 escales sur des bateaux pouvant accueillir de 200 à 500 personnes. Programmé par les agences dans sa totalité ou en tronçons, à des tarifs selon les périodes de 100 à 150 €/jour (incluant l'aérien) pour les formules organisées. Aucun problème pour organiser soi-même son périple.

Le Nil

"LE" grand classique de la croisière fluviale, au programme de la plupart des agences de voyages. Avec 250 embarcations à vocation touristique y circulant, on a donc un large choix à tous niveaux, de la taille et du confort des bateaux au nombre de passagers embarqués en passant par la durée (en général 5 à 7 jours) et bien sûr les prix.

Pour les tarifs, certains voyagistes n'hésitent pas à brader (nombreuses promos), et l'on trouve même parfois des offres à 38 € par jour.

Pour le Nil, on peut aussi attendre d'être arrivé sur place pour choisir une croisière.

L'Amérique du Nord

Principale croisière fluviale d'Amérique du Nord en été : la remontée du Saint-Laurent jusqu'aux Grands Lacs (Chicago) avec souvent de gros paquebots qui partent généralement des Caraïbes ou de Floride.

Donc, évidemment, des prix en rapport pour des durées d'1 voire 2 semaines selon les formules. Toutefois, localement, il est possible de trouver des navires plus petits proposés à moindres coûts.

Bien différentes sont les croisières sur le Mississippi parfois au programme des agences de voyages, avec des départs notamment de Louisiane. Car là, les paquebots sont en général remplacés par des bateaux à aube plus ou moins d'époque pouvant accueillir de 200 à 450 passagers en moyenne le temps d'un week-end aussi bien que d'une quinzaine.

Enfin, la croisière de cabotage le long des côtes permet des virées en Alaska et occasionnellement dans la baie d'Hudson au Canada ou sur les côtes du Groenland pour le plus souvent une à deux semaines (pour info, ce même genre de cabotage existe aussi en Patagonie chilienne), et des tarifs qui tournent en gros aux alentours de 150 € par jour.

L'Amazone et l'Orénoque

L'Amazone, et dans une bien moindre mesure les abords de l'Orénoque, accueillent des bateaux de croisière... C'est ainsi qu'on retrouve, la plupart du temps au départ des Caraïbes, des paquebots effectuant à quelques dates la remontée de ces fleuves. Pas jusqu'à leur source bien sûr, mais au moins jusqu'à Manaus pour ce qui est de l'Amazone. Question prix, on tombe évidemment dans la fourchette des croisières en paquebots (150 € par jour minimum) à cause des caractéristiques des navires et, de plus, du côté "exotique-aventure" de la balade.

Avec des bateaux plus petits, quelques voyagistes proposent en complément des remontées plus en amont pour l'Amazone avec principalement des trajets Manaus-Iquitos (Pérou). Là aussi comptez au moins 150 à 230 € par jour du fait de l'offre relativement limitée et il est vrai de la qualité des embarcations. À signaler que dans un cadre totalement différent, et aussi beaucoup moins de confort, le coût d'une seule journée de ces croisières entre Belem et Manaus ou Manaus et Iquitos revient globalement au même prix que pour la totalité de ces mêmes trajets en cabine dans l'un des petits bateaux locaux qui sillonnent le fleuve… soit un rapport d'environ de un à dix. De quoi réfléchir !

Ailleurs

Presque n'importe quel fleuve permet une croisière. Dans nombre de pays, des agences locales organisent, avec des moyens divers, ce type de prestation. Rarement vendues au dehors, ces croisières sont à découvrir sur place. Cependant, il existe une agence française : Fleuves du monde
http://www.fleuves-du-monde.com
Elle propose de naviguer en Inde sur le Gange, au Laos sur le Mékong, en Birmanie sur l'Irrawady, en Afrique sur l'Oubangui et le Niger, sur les rios amazoniens ou encore en Papouasie Nouvelle-Guinée. Mais rien à voir avec la croisière classique. Ici, il s'agit de petites embarcations locales faites pour une dizaine de personnes. Et outre le plaisir de naviguer, l'idée est de découvrir l'environnement naturel et humain qui borde les fleuves, d'où des séjours prolongés à terre et l'emploi parfois d'autres modes de transport. Comptez en gros de 60 à 120 €/jour selon les destinations.

Sur l'Amazone

"Notre bateau est à l'image de presque toutes les embarcations qui naviguent sur les fleuves amazoniens, entièrement en bois. Nous avons vite fait le tour des trois ponts de quinze mètres sur cinq qui le constituent. Au niveau de l'eau se trouvent le fret, matériaux de construction, denrées alimentaires ou animaux vivants, et les personnes trop pauvres pour payer un billet en classe supérieure. Supérieure veut simplement dire sur le pont au-dessus, où l'on accède à l'aide d'une échelle de bois. La quasi-totalité de la centaine de passagers s'entasse ici et le regard ne porte pas loin entre les hamacs. Le seul espace dégagé est une table de quatre mètres sur un et les trois douches-toilettes. Et enfin le pont supérieur, sur le toit du bateau à ciel ouvert, où trônent un petit bar et deux cabines pour quatre passagers."

Karine Mauzard
Amérique du Sud, solitude des terres extrêmes (éd. ABM-Ultimaterra).

► Voyager sur l'eau

Autour du monde en bateau

"Au cours de notre voyage nous avons parcouru une partie des petites Antilles, de Tobago à la Martinique, durant 3 mois à bord de notre voilier. Le voyage en bateau provoque un immense sentiment de liberté car les océans sont encore un espace peu contrôlé ; on jette l'ancre et on décide de s'installer pour la nuit ou pour quelques jours dans des baies ou des criques plus ou moins sauvages. Ce voyage permet de se déplacer au gré du vent avec sa maison flottante. Les escales qui rythment la vie du marin sont souvent idylliques, et permettent à toute la famille de profiter de la mer, et des richesses de la nature environnante. Nos filles ont beaucoup apprécié ces terrains de jeu et d'émerveillement : rencontres sous-marines avec des tortues, navigation au milieu des dauphins, pêche de jolies dorades coryphènes.

Ce tableau de rêve ne doit pas occulter certaines réalités dont il faut prendre conscience avant de partir comme l'exiguïté du lieu de vie, les problèmes techniques (moteur, voile, frigo, ...), et les conditions météorologiques parfois difficiles. Une solide expérience de la voile en croisière, et l'adhésion de l'ensemble de la famille aux conditions de vie à bord, permettent de préparer au mieux une telle aventure. En effet, il faut souvent faire appel à son expérience et à sa débrouillardise pour résoudre par soi-même les problèmes techniques qui peuvent se poser. Dans ces moments plus ou moins difficiles, lorsque le frigo et le four tombent en panne simultanément par exemple et que l'ancre refuse obstinément d'accrocher, les tensions augmentent inévitablement. Si des solutions ne sont pas trouvées rapidement, la promiscuité et le manque d'habitude du mode de vie sur un bateau peuvent faire éclater la famille et compromettre l'ensemble du projet. La vie à bord consiste aussi à gérer la sécurité des enfants. Nous avions installé par exemple des filets le long des filières afin d'éviter " l'enfant à la mer ". Nous avions aussi instauré des règles comme l'interdiction de

>>

>>
sortir du cockpit en navigation, même par temps calme, et le port obligatoire du gilet de sauvetage et du harnais lors de navigations par mer agitée.
Pour résumer, la bonne gestion des problèmes techniques, des conditions météorologiques, et de la sécurité de la famille, permet d'apprécier pleinement les moments de liberté et de découverte partagés."

MARINA ET WILLIAM MAUREL
marina.william@free.fr

Partir en voilier

La plupart des candidats au départ n'ont pas forcément une grande pratique de la navigation, aussi dans ce nouveau défi la préparation et l'apprentissage devront prendre une place prépondérante.
En fait, la voile n'est pas un transport pour les amateurs : elle implique un investissement important à tous niveaux et même si nombre d'aventuriers à la voile n'étaient pas des marins au début, la formation imposée par le seul fait de préparer un bateau pour la haute mer fait qu'ils deviennent très vite pointus sur la question.
Les permis requis hors des eaux françaises sont à étudier. La plupart du temps un bateau peut naviguer s'il appartient à la bonne catégorie. Se renseigner sur les formalités.
Le plus gros handicap pour un tel périple est de devoir réunir un budget conséquent pour l'achat du voilier (60 000 à 90 000 € permettent d'acheter et d'équiper convenablement un voilier). Ensuite, il vous faudra faire des réserves pour vivre quelques mois en autonomie financière (compter 700 à 800 €/mois).
Une fois le budget bouclé, et le voilier acquis, il faut envisager la préparation du navire et les formalités.
Par ailleurs, sans aller jusqu'à acheter un bateau, on peut trouver par hasard

@ DEVENIR ÉQUIPIER

En cours de route, vous pouvez trouver dans les ports ou marina des voiliers qui charchent des équipiers pendant leur traversée, n'hésitez pas à vous faire connaître, c'est une tres bonne expérience.
Pour trouver des équipiers ou des bateaux autour du monde, pour ceux et celles qui veulent embarquer en voilier , cette association regroupe plus de 4000 marins à travers le monde.
► **http://www.stw.fr/bourses/List_offre_bateau.cfm**

TRANSPORTS

► Voyager sur l'eau

ou en cherchant bien le moyen d'embarquer avec des gens intéressés à l'idée de partager un bout de route avec vous. Dans ce cas, participation aux manœuvres et à la caisse de bord obligatoire. Parfois, on vous demandera une somme journalière (environ 35 $ par jour).

Tout préparer avant de partir

- Pensez à composer les repas avant le départ, en fonction de la navigation prévue et de sa durée.
- Préparer la navigation à tête reposée, route et longueur du trajet projeté, horaire des marées, phares rencontrés, dangers probables, cap à suivre et cartes marines.
- Prendre la météo, à la capitainerie, par téléphone, minitel, Internet, sur le baromètre du bord...
- Remplir le livre de bord. On y note le loch, la pression du baromètre, la météo annoncée.
- Connecter et vérifier les batteries, démarrer le moteur et vérifier si le circuit de refroidissement évacue bien.
- Brancher les instruments, vérifier leurs fonctionnements.
- Fermer les vannes inutiles, toilettes, douche, etc.
- Vérifier le matériel de sécurité, date de péremption des extincteurs, coffret de fusée, bouée et feu à retournement.
- Vérifier tous les niveaux : eau douce, fioul, huile du moteur, essence du moteur annexe.
- Vérifier l'état des fonds : cela permet de voir l'entretien du bateau et surtout si le bateau ne "fait" pas d'eau.
- Ne jamais oublier qu'une fois en mer, un bateau bien rangé est un gage de sécurité et de confort.

Assurance

"L'excès d'assurance entrave aussi la liberté. S'il est un lieu où il reste encore un vrai espace de liberté, c'est l'océan. Mais pour combien de temps encore ? Durant les quatre années de notre navigation, notre voilier *Nivolet* n'était couvert par aucune compagnie d'assurance. Certaines nous proposaient, mais pour des sommes vraiment astronomiques, une couverture sur une zone géographique et un trajet précis limité dans le temps. Par fax, nous devions signaler tout changement de route ou de programme. La signature d'un contrat d'assurance aurait été le début des restrictions de notre liberté. Si *Nivolet* avait coulé avec ses passagers, cela aurait été triste ! C'est tout ! "

Michèle Trousseau
Cap vers Bonne-Espérance.

Voir le monde… sur la mer

“Oui, il est un moment où il faut cesser de rêver au départ. Aujourd’hui c’est le nôtre et c’est étrange combien alors tout se confond, le ciel et la mer, la volonté et l’angoisse, le rêve et la réalité. Mais le voyage n’a-t-il pas commencé le jour où nous avons acheté, sans rien y connaître, ce petit bateau de huit mètres dans le port de Cherbourg ? Nous voulions “voir le monde !” et nous avons bataillé 2 ans entre les petits boulots et la préparation d’un voilier au long cours, que les difficultés techniques semblent éloigner toujours du grand départ.

14 juillet, 9 heures
Les portes de l’écluse de la Rance se ferment. D’autres s’ouvrent, celles de la mer. Nous bordons les voiles, le bateau oscille. Quelques cormorans frappent l’eau de leurs ailes, les voiles colorées d’une régate s’agitent dans la baie de Dinard. Le monde des hommes s’éloigne. Il n’y a plus que nous, dans cette étonnante intimité de la mer et du ciel. Nous avons hâte de quitter la Manche avec ses vagues courtes, ses marées incessantes, ses ports à échouage difficiles d’accès. Lors de cette première nuit en mer, nous imaginons la terre au loin, où des gens inconnus dorment sous la bienveillance des lampadaires. L’aube met un temps fou à arriver, dans un soleil timide, avec le frémissement des vagues qui se réveillent. Un marsouin roule son dos dans un souffle de montgolfière. Premier sourire au premier rayon de soleil. Nous sommes vivants. Certains riront peut-être mais jamais je ne me suis senti simultanément aussi proche de la vie et de la mort qu’en mer. Ma tête tourbillonne d’images et de sons, comme si les vagues et le vent secouaient mes idées. Des bribes de conversations me reviennent, des visages oubliés de copains d’école, la réplique d’un livre, celle d’un passant, d’une publicité insipide et que sais-je encore. La mémoire surgit désordonnée, dans cette éclipse prolongée entre mer et ciel. Que vivons-nous ici, quelle trace imprimons-nous à jamais dans notre vie ?”

Sève et Sylvain

► Voyager sur l’eau

Des contraintes techniques pour être libre

"Préparer, c'est prévoir : les dégâts peuvent être limités par une bonne préparation, l'intuition du danger ou encore la bonne décision. Celle qui se traduit sur le terrain en deux mots : poursuivre ou renoncer ?
Le soin et la rigueur apportés dans la préparation d'une expédition sont des gages de réussite.
La préparation du bateau et le choix de son équipement sont soigneusement étudiés. Les voiles sont vieilles et doivent tenir quatre ans : on les remplace par des voiles neuves. Il faut renforcer la tenue du mât pour tenir en cas de tempête : on change les haubans et on renforce leur attache au pont. Les traversées sont longues, il faut être autonome en énergie : on installe une éolienne. Quelles sont les pièces essentielles du moteur : elles sont en stock dans les cales, prêtes à l'emploi en cas de panne. Une fuite d'eau importante : on vérifie que les pompes sont en état de marche avant le départ. Et puisqu'elles fonctionnent à l'électricité, on achète une pompe manuelle pour la sécurité, etc."

MICHÈLE TROUSSEAU
Cap vers Bonne-Espérance.

VOYAGER À VÉLO

Pourquoi voyager à vélo ? Simplement parce que ce mode de transport permet de voyager en prenant son temps. Le temps de rencontrer, de contempler, de s'arrêter, de respirer... En se déplaçant à vélo, on ressent véritablement un pays ou une région. C'est l'occasion d'aller vers les autres, de s'arrêter sur la route et d'admirer la vie qui se déroule sous ses yeux. On devient alors un spectateur privilégié.
Bien sûr, pour faire avancer la machine, il faut pédaler. Si l'on manque de préparation, et surtout de motivation, il est vrai que l'expérience parfois se transforme en galère. Toutefois il n'est pas forcément nécessaire d'être un sportif aguerri pour partir à vélo. En effet, rouler à son rythme et ne pas être trop chargé sont parmi les clés de la réussite... Et de toute façon un vélo se rangera toujours facilement dans un compartiment de train, sur le toit d'un autobus ou dans les soutes d'un avion partout dans le monde. Et puis, on peut aussi simplement louer un vélo pour une partie de son périple.

Choisir son vélo

Quel type ?

On a le choix. VTT ou randonneur, cher ou bon marché, à chacun de voir selon son budget. Pour un voyage de longue durée, mieux vaut acheter du matériel robuste. Par contre, pour un périple d'un à deux mois, cela n'est pas nécessaire surtout si l'on met son vélo dans des bus ou des trains où il risque d'être abîmé.

La selle

Un élément fondamental. Certains préfèrent le cuir, qui s'adapte mieux à la morphologie (mais se déforme sous la pluie), d'autres la mousse.

Le guidon

Les cornes de taureau ont l'avantage de vous redresser un peu sur le VTT. Le système de suspension des potences Flexstems (élastomère, 60 € environ) est très efficace. Sur la piste, il devient presque indispensable lorsqu'on y a goûté.

Un rétroviseur

Il peut s'avérer utile sur la route.

Des gants

Un accessoire également très précieux.

Les pneus

Des pneus pour VTT accrochent bien sur la piste. Si l'on roule sur le sable, ne pas hésiter à dégonfler. Emportez un pneu de rechange souple, pliez-le dans vos sacoches. Certains mettent une bande en kevlar dans le pneu afin d'éviter les crevaisons. Pensez à prendre des rustines et surtout de la colle, une pompe efficace (essayez-la) et du fil pour recoudre les pneus éclatés dans la brousse.

La chaîne

Comme c'est un élément très important, prévoyez une chaîne de secours. Il faut avoir trois plateaux à l'avant, le grand protégeant les autres en cas de chute ; à l'arrière prévoyez petit (28 ou 30). Attention au dérailleur arrière, assez vulnérable.

La béquille

Un tube d'aluminium appuyé au sol et coincé sous la selle permet au vélo chargé de rester debout. Pour le transport, elle est ficelée le long du cadre (velcro).

L'éclairage

On roule rarement la nuit, mais autant prendre toutes ses précautions. On peut également adapter des lumières avec des lampes à piles (pas cher et pratique).

Les garde-boue

Utiles. Choisir ceux qui se posent et se retirent facilement, car la boue qui s'entasse risque de perturber le roulement.

Les porte-bidons

On peut en fixer au moins trois sur le cadre et prévoir une poche de 5 l qui se roule quand elle est vide. Arrêtez-vous en cours de route pour faire le plein.

Porte-sacoches et sacoches

L'élément le plus important. À prendre solides et en acier pour pouvoir le cas échéant les souder en cours de route. On peut les préférer surbaissés ou pas.

Les sacoches doivent être en toile et également solides. En général, c'est la fixation qui lâche. Bref, investissez dans de la qualité. De bonnes sacoches permettront de transporter jusqu'à 50 kg.

La colle frein-filet

Elle évite que tout se dévisse suite aux vibrations. Avant le départ, un mince filet sur tout ce qui est susceptible de se dévisser peut éviter bien des ennuis.

En selle !

Se préparer

Tout d'abord, pour partir, ce qui compte c'est… la volonté. Mais il est toujours plus prudent de s'entraîner vélo chargé deux ou trois mois avant, si possible dans les conditions réelles que l'on rencontrera (altitude, dénivelés, température).

Transport en avion

Emballez votre vélo dans son carton d'origine ou dans des cartons SNCF (3 €) et n'oubliez pas de dégonfler les pneus (impératif !). Même si 20 à 23 kg sont le plus souvent autorisés en soute (15 kg seulement sur beaucoup de charters), certaines compagnies appliquent un tarif spécial vélo, y compris même lorsque la franchise autorisée n'est pas atteinte. Dans ce cas, faire en sorte que votre vélo devienne le plus discret possible et ne ressemble justement pas… à un vélo. N'hésitez pas non plus à le démonter et à le répartir en plusieurs bagages (y compris pourquoi pas en cabine). Vérifiez enfin que votre vélo part bien sur des chariots extérieurs et non sur le tapis roulant des bagages (il risquerait d'y être endommagé) et qu'il porte le lieu de destination ainsi que vos coordonnées.

Et puis prenez la précaution d'arriver 2 ou 3 heures avant l'enregistrement, ainsi vous aurez le temps de préparer l'ensemble des détails du départ.

L'itinéraire

Ne pas prévoir trop de distance par jour, surtout au début. Une moyenne de 50 à 70 km sera amplement suffisante. Bien sûr tout dépend aussi de la qualité de la route (bitume, piste, sable…) et de la forme du cycliste, de même que de la durée du voyage. Prévoir des cartes détaillées même si c'est loin d'être possible partout et, dans les zones difficiles, toujours se renseigner sur l'état des routes.

Pour un mois de voyage, comptez entre 1400 et 1800 km, plus si la route et vous-même êtes en bonne condition. Même avec un bon VTT, les sentiers et autres pistes deviennent rapidement fatigants sur de longues distances. Donc, sauf s'il y a un intérêt particulier, préférez-leur le goudron et le bitume même si dans certains pays leur état n'est pas forcément mieux (nids-de-poule et autres).

Sur la route, faites attention aux camions, voitures, piétons, animaux et à tout ce qui peut débouler à tout moment. Respectez le code de la route (ou adaptez-le aux manières locales !) et n'hésitez pas à mettre votre vélo sur un bus ou dans un camion pour les étapes trop longues ou monotones, et pour les jours difficiles. Enfin, dans les zones de forte chaleur, roulez plutôt à la fraîche et profitez des heures les plus dures de la journée pour vous reposer.

L'alimentation

Fondamentale pour un cycliste. Il n'est pas inutile d'emporter avec soi quelques produits déshydratés, et des barres aux céréales, fruits secs, bonbons, etc. Rappelez-vous que c'est vous qui faites avancer la machine, et qu'il faut y mettre de temps à autre du carburant pour pouvoir continuer ! Soyez autonome et prévoyez un réchaud multicombustibles.

© Famille CHARPENTIER

© Didier JÉHANNO

Le camping

Dans de nombreux pays, il n'existe pas de terrain aménagé. Éloignez-vous de la route et soyez discrets ou, mieux, demandez dans les villages à camper (ou être hébergé) chez l'habitant. Sauf si vous pensez trouver souvent un toit pour dormir, prévoyez du bon matériel pour passer de bonnes nuits, car entamer une journée fatigué n'est pas l'idéal à vélo.

Le vélo, passeport pour la découverte

"Malgré quelques moments durs, pas une minute nous ne regrettons d'avoir tout plaqué pour aller voir comme le monde est beau. Après des années à ne pas voir grandir nos enfants, à ne leur parler qu'entre deux "dépêche toi tu vas être en retard", nous pouvons dire que nous connaissons nos enfants.
Nous pouvons les voir épanouir leur personnalité au contact des autres et de la nature, s'enrichir d'autres cultures, d'autres coutumes et grandir plus confiants dans leurs potentialités. Certes ils auront plus appris les mots d'autonomie, liberté et indépendance que ordre, discipline et obéissance… ce qui n'est pas toujours de tout repos pour les parents. Le vélo s'avère pour cela, plus qu'un sport, un véritable passeport de découvertes au rythme lent des tours de pédale, fragile face aux éléments, au vent, à la pluie et au relief mais disponible aux rencontres et à l'émerveillement… une belle école de la vie."

Brigitte et Nicolat Mercat

► **http://bnmercat.free.fr**

► Voyager à vélo

À vélo sur le Web

CYCLO-CAMPING INTERNATIONAL
CCI. 25, rue Ramus, 75020 Paris. Métro Gambetta. Tél. : 01 47 97 62 18.
▶ **http://www.cci.asso.fr/** L'association française des voyageurs à vélo. Ils éditent un intéressant *Manuel du voyage à vélo*, et proposent un festival annuel, plus un réseau d'hébergement aux "vélo-voyageurs".

INTERNATIONAL BICYCLE FUND
Sûrement l'un des sites les plus complets pour ceux qui veulent voyager à vélo (en anglais) dans chaque pays du monde.
▶ **http://www.ibike.org/**

GUIDE DE LA VÉLO-HOSPITALITÉ
Bases de données grâce auxquelles les cyclistes pourront trouver un hébergement économique lors de leurs voyages.
▶ **http://www.rogergravel.com/wsl/**

Tour du Monde à vélo

"Partir à vélo relève du pas facile, il faut que l'envie soit forte et la motivation à son extrême. Je suis venu à me dire, " il ne faut pas avoir peur de se faire mal ".
Avant de partir, il faut d'abord se décider puis se préparer, ce qui prend une grosse année.

La préparation, c'est d'abord l'étude et la recherche du matériel, en excluant tous superflus. Le premier que l'on recherche, c'est bien sûr le vélo. Tout comme le reste, il doit être le plus léger possible, car l'ennemi principal du voyageur à vélo, c'est bien entendu le POIDS. Il y a 2 types de cadre, alu ou acier, le choix revient à chacun. Pour le reste, l'équiper avec du Shimano XT, en dessous étant insuffisant. Choisir des roues de dimension 26 pouces, gamme énorme dans le choix des pneus recommandant le Schwalbe, mais aussi pneu plus gros jouant sur un meilleur confort sur les mauvaises routes. Autre partie importante, les freins, classiques ou à disques, préférant les seconds après avoir essayé les 2. Egalement important, les portes bagages, préférant de loin l'acier pour une réparation possible par soudure, quant aux sacoches, aller vers une confection type bâche camion. >>

>>
Pour rajouter au vélo, important est la trousse à outils, mais aussi être prêt à entretenir et dépanner son vélo soit même.
Pour le reste de l'équipement, couchage, popote, habillement et autres, cela revient à chacun selon ses goûts et ses envies. Mais rester dans le simple et le léger, voire plutôt le côté pratique que côté marque. Ce peut être de l'argent de perdue pour une utilité médiocre. Le paquetage, c'est aussi selon les aptitudes à chacun à s'acclimater à une telle aventure, mais aussi à la vie des pays traversés.
Dans la préparation, il y a aussi toute la partie administration à régler, ne pas oublier les impôts. Quant à l'assurance voyage, je me suis rendu compte qu'elle avait peu son utilité, se soigner en Asie se limite bien souvent qu'à quelques euros. Durant la préparation, il est aussi intéressant de participer à des forums ou festivals pour la rencontre avec d'autres voyageurs. Pour les visas, inutile de s'en occuper à l'avance, cela se fera dans les pays voisins de ceux que l'on veut visiter, rarement aux frontières, mais cela peut arriver. C'est par l'information le moment venu que l'on connaît les démarches, pour cela contact dans les ambassades, auprès d'autres voyageurs ou par internet.
Durant la préparation, on se documentera de cartes et guides de voyage qui seront de solides supports pour élaborer un itinéraire. Autre question posée, c'est l'entraînement au vélo, pas d'inquiétude à avoir, le temps sera suffisamment long pour que les jambes s'y fassent et appréhender ce que c'est que de rouler. Pour l'itinéraire, là encore c'est à chacun d'en décider. Il dépend de ce que l'on souhaite faire, du temps que l'on dispose, des envies de visiter telle ou telle région. Mais on cherchera à rouler sur de petites routes, ce qui amène à traverser les villages qui laisseront énormément de souvenirs, évitant aussi la circulation qui parfois est un réel danger pour le cycliste, également la pollution des véhicules. Il y a peu de pays où un cycliste sur route est considéré, au contraire on va le klaxonner pour qu'il se range, allant à l'obliger à mettre pieds à terre en quittant la chaussée s'il ne veut pas être percuté.
On sera aussi en regard des saisons si on veut éviter les conditions les plus mauvaises ou les plus froides."

HERVÉ LEDUC
http://hleduc.tdmvelo.free.fr

VOYAGER À MOTO

Avec les conseils et l'expérience de PHILIPPE ABADIE.
Tour du monde à moto pendant 18 mois.

La préparation

La préparation d'un voyage à moto consiste à adapter les machines aux conditions dans lesquelles elles vont rouler, par l'adoption notamment de protections autour des éléments les plus fragiles.

Le choix de la moto doit être fait prioritairement en fonction de votre budget, de vos objectifs, de vos connaissances éventuelles en mécanique et bien sûr de la fiabilité présumée de la moto. Un critère plus ou moins subjectif si l'on considère que le soin apporté à la révision de la machine conditionne grandement son niveau de fiabilité. En clair : un modèle dont on connaît les faiblesses et auquel on apporte toutes les améliorations vaudra toujours mieux qu'une moto réputée fiable mal préparée.

En résumé, partez avec des motos fiables et révisées et un modèle à la robustesse éprouvée et mécaniquement simple (donc facile à réparer).

Comment j'ai préparé ma moto

"Avant de partir j'ai vérifié et changé quelques points mécaniques.

- D'abord j'ai choisi une machine avec un gros réservoir pour avoir beaucoup d'autonomie.
- Vérification de l'usure des pièces mécaniques.
- Changement du piston.
- Réalésage du cylindre.
- Changement de la chaîne de distribution.
- Joints neufs.
- Démontage remontage du moteur dans le cadre.
- Vidange de la fourche, changement des joints spy et des soufflets.

Après ces quelques vérifications et préparations, la moto doit marcher impeccablement bien et fera son rodage matin et soir sur le chemin du travail, ainsi que le week-end sur quelques chemins creux bourguignons aux gués piégeux !"

PHILIPPE ABADIE

L'équipement

J'ai acheté la moto d'occasion pour 1 500 €, l'ai démontée entièrement pour changer les pièces d'usure du moteur, à savoir la chaîne de distribution.
Le reste semblait bon (segmentation ou réalésage). Pose d'un disque d'embrayage, de joints de boîte et tiges de boîte neufs. Montage d'un guidon plus large pour une position plus droite. Deux valises Krauser d'occasion dont les serrures ne fermaient pas, une sacoche réservoir ainsi qu'un gros sac de voyage formaient mes bagages.
La préparation de la moto m'est revenue à 1 500 € environ. Hormis les pare-cylindres standard, je n'ai pas mis de protections particulières sur la moto.
Pour l'attacher, j'avais une chaîne et un cadenas. J'ai emporté très peu de pièces de rechange, un jeu de câbles, d'accélérateur, d'embrayage en plus, un disque d'embrayage, quelques boulons, deux câbles antiparasites, un jeu de bougies, une chambre à air avant et arrière, une pompe à pied, une bombe anticrevaison, des outils, le manuel mécanique de la moto. Ayant monté un allumage électronique, j'ai emporté l'ancien allumage mécanique, l'électronique n'étant pas réparable en cas de panne.
J'ai monté un pneu fabriqué en Russie et acheté à Quetta (Pakistan) à l'arrière, puis un pneu indien acquis à Bombay à l'avant ! Doutant de leurs qualités, j'ai redoublé de prudence : l'avant a duré toute la fin du voyage, l'arrière m'a lâché en Indonésie où je l'ai remplacé par une fabrication locale.
Je me suis fait envoyer des plaquettes

© Philippe JACQUEROT

de frein à Delhi. La moto n'a connu qu'une seule panne : le rotor d'alternateur, que j'ai pu changer à Ankara chez un mécanicien BMW non officiel.
Quelques crevaisons m'ont appris à démonter une roue. Les rustines sont peu efficaces en moto, elles se décollent rapidement ! Frottements et chaleur de la route ? Je suis parti avec une bonne combinaison moto en Goretex qui a fini par perdre de son étanchéité, un sac de couchage, une tente deux places Igloo et du matériel de camping que j'ai accumulé au fil du voyage.
À préconiser à ce sujet : un réchaud à essence acceptant toutes sortes de combustibles (et non limité au sans plomb !). Le modèle XGK2 de la marque MSR fabriqué aux États-Unis et disponible en France est idéal ; le seul combustible qui ne fonctionne pas est l'alcool à 90 degrés !

Budget

Le voyage sur 22 mois, tout compris, m'est revenu à environ 20 € par jour, billets d'avion et transport de la moto par bateau et avion compris.

Parking

Une fois en ville, la moto se reposait de

moi et réciproquement. Dans les pays de l'Est et en Russie, il est nécessaire de la mettre dans des parkings gardés ou dans des abris. En Asie, je faisais attention également de la mettre le plus souvent à l'abri, même si les risques semblaient moins importants. À Istanbul ou Bangkok, elle dormait dans la rue. Je lui ai fait confectionner une bâche en Turquie pour lui éviter l'assaut de touristes locaux voulant se faire prendre en photo dessus, ou juste la chevaucher pour voir, ou tout simplement tripoter les commandes.

Problèmes administratifs, vols, etc.

Visa dur-dur pour le Pakistan

A Istanbul, il me fallait une lettre de recommandation du consulat français. Ce dernier me la refusant du fait des problèmes kurdes (je faisais le voyage par voie terrestre), j'ai dû essayer de l'obtenir à Ankara sans succès ce qui m'a valu un aller-retour sur Athènes simplement pour ce visa pakistanais.

Je ne me suis jamais senti menacé, même lors de nombreux contrôles de l'armée sur les routes de l'est de la Turquie, de l'Iran ou du Pakistan. Seules fouilles approfondies aux passages de frontières : Russie et Iran. La dernière particulièrement détaillée, le contenu des bagages tout étalé par terre et chaque livre feuilleté. L'entrée en Indonésie nécessite un permis qui a pu être évité pour un ami motard. Ce permis s'obtient à Jakarta auprès de la police centrale. Voire des ambassades.

Quelques chiffres et détails

664 jours autour du globe pour la plus grande partie sur une moto BMW flat twin modèle 1982 (cadre R100S), moteur 900 cc (90/6) de 1974. Elle est rentrée sur un cargo d'Auckland, Nouvelle-Zélande, en France et je roule tous les jours avec, encore aujourd'hui !
J'ai fait près de 70 000 km à moto, brûlant quelque 3 500 litres d'essence ; près de 23 000 km sur des autobus, taxis, bateaux, camping-car, voiture... Par-dessus mers ou océans, en avion à défaut de pouvoir prendre le bateau.

Conditions météo

Ensoleillé et chaud à l'exception du nord du Pakistan, du nord de l'Inde et du sud de la Nouvelle-Zélande, allant dans des montagnes hautes pendant la saison hivernale ou lors d'un été. Près de 3 semaines de pluie en tout.

Souvenirs, souvenirs...

De magnifiques paysages, des situations intéressantes, architectures, arts, atmosphères, cultures, et partout des rencontres sympathiques et enrichissantes. Une grande leçon sur la vie, la géographie, la culture, l'art, l'amour, les craintes, la connaissance de soi et de l'autre. Une expérience à tenter, sans

La moto sur le Web

Le site de référence, en anglais.
► www.horizonsunlimited.com/

TRANSPORTS

VOYAGER EN 4x4

Avec les conseils et l'expérience de Fabrice et Marie-Line Dupuis.
Deux tours du monde de 3 ans chacun. ▶ **http://fabrice.dupuis.free.fr/**

Comme son nom l'indique, le 4x4 permet de s'éloigner des sentiers battus et de pénétrer des régions isolées où touristes et bus locaux ne viennent pas. Un bivouac difficile d'accès, un village reculé dans la montagne ou la jungle sont accessibles. Toutefois l'autonomie recommandée pour sortir des sentiers battus est au minimum 1000 km en carburant, eau ou nourriture. Et pour les régions les plus isolées, l'idéal est de s'équiper en GPS (navigation par satellite, comme sur les avions ou les bateaux).

Le voyage

Nous avons voyagé trois ans de 1995 à 1998 avec un Land Rover Defendeur 110. Fiable, robuste, carrosserie en aluminium (non corrosif et plus léger), habitable malgré sa petite taille et facile à bricoler. Résultats : 145 000 km dans 37 pays sur cinq continents ; de -180 m (mer Morte, Jordanie) à + 5100 m (Altiplano en Bolivie).

Budget

D'un pays à l'autre, notre budget (nourriture, diesel, visas, excursions, entretien du véhicule, achats divers, courriers et télécommunications) a varié. Par mois et pour deux personnes (transferts maritimes et avions en plus) :

- 300 € en Asie et Amérique centrale.
- 915 € en Australie et Amérique du Nord.
- 600 € en Amérique du Sud et Afrique.

Nous n'avons jamais été à l'hôtel et rarement dans des campings. L'autonomie en eau, 80 litres, et en carburant, 200 litres, nous permettait de tenir quinze jours et 2000 km. Nous avons traversé des régions isolées ou sommes restés dans des petits villages reculés sans être obligés de partir pour le ravitaillement.

Mécanique

Si vous décidez de partir dans des zones isolées, mieux vaut ne compter que sur vous-même pour les pièces comme pour les interventions mécaniques. Si vous savez réparer les pneus vous-même, une seule roue de secours suffit (+ une pompe à pied + démonte pneu + rustines et colle). Il est utile de connaître un peu (et d'avoir bricolé) son véhicule avant le départ. Si vos pneus marquent des signes de faiblesse, n'attendez pas le dernier moment pour en acheter des neufs. Des références sont parfois indisponibles dans certains pays. Préférez les bonnes marques, même si le prix est plus élevé. Sur trois ans de pistes autour du monde, nos pneus BF Goodrich ont tenu une moyenne de 70 000 km.
Si vous voulez rester autonomes, emportez un câble et un tire-fort. Mieux que le winch électrique, moins cher, il permet de tirer le véhicule aussi par l'arrière ou de le redresser si celui-ci est couché. N'oubliez pas plaques de désensablement, filtres, huile et quelques joints, manuel technique du véhicule et une bonne caisse à outils avec des instruments sur lesquels on peut compter. Un voyage au long cours

▶ Voyager en 4x4

avec un véhicule, ce sont avant tout plein de petits problèmes mécaniques à régler et rarement la grosse panne.

Conduite 4x4

Le plus souvent il faut mettre son véhicule en configuration "Afrique" (garde au sol à son maximum), éventuellement changer ses jantes et pneus, et en profiter pour mettre des pneus adaptés aux pistes difficiles (Michelin AT). Optez pour des amortisseurs à gaz, évitez les galeries (si possible) pour la stabilité du véhicule sur pistes difficiles. En navigation, une boussole de voiture très bien compensée (Suunto Mle C45K ou Silva Mle 70NBC/S) n'est pas inutile et avoir un GPS peut être d'un grand secours. Ne pas oublier qu'une carte (la plus récente et la plus précise possible) est indispensable. À voir également avec votre concessionnaire les adresses des garages dépositaires de votre marque. Un stage 4x4 chez un spécialiste (franchissement de rivières, conduite dans le sable et passage de dunes) n'est pas inutile pour les débutants en raids. Bien souvent, les utilisateurs de 4x4 n'ont aucune idée de la puissance et des possibilités du véhicule qu'ils ont entre les mains.

Papiers et documents

Parfois un vrai casse-tête (notez sur un papier facilement accessible le numéro du châssis et celui du moteur, le poids du véhicule) et en tout cas des dépenses supplémentaires. En premier lieu, ce sont l'assurance et surtout le carnet de passage en douane qui demanderont le plus d'attention et parfois de patience.

Assurance RC

"Pour ma part, pour les voyages en pays africains, je souscris toujours une assurance responsabilité civile. Si vous blessez quelqu'un ou à plus forte raison, s'il y a mort d'homme, elle vous sera bien utile. Cette assurance garantit aussi le vol et l'incendie du véhicule et de son contenu. Il faut bien se renseigner et prendre une compagnie sérieuse, soit directement de France, soit à la frontière ou à la première ville juste après. Au niveau de l'Afrique, la Compagnie Caisse nationale d'assurance du Mali (BP568 Bamako, Mali) assure 14 pays d'Afrique occidentale et centrale.
Ils proposent un système équivalent à notre carte verte, c'est la "carte brune". Je prends toujours la responsabilité civile, qui couvre tous les dommages à autrui, le vol et l'incendie plus la garantie véhicule et défense et recours."

Claude Desaintjan
Auteur de guides pratiques et traversées d'Afrique.

Assurance

S'il est possible de souscrire un contrat d'assistance international pour les personnes, aucune compagnie d'assurance occidentale ne couvre les risques automobiles et à plus forte raison le rapatriement d'un véhicule. Toutefois, la carte verte de votre assurance habituelle couvre certains pays d'Europe, d'Afrique du Nord et du Moyen-Orient (voir au dos de celle-ci). Ailleurs, dans certains pays, l'assurance reste obligatoire dès la frontière : Singapour, Malaisie, Mexique, Amérique centrale et la plupart des pays africains (sauf Afrique du Sud). Dans ce cas, il y a souvent possibilité de souscrire une assurance à la frontière.

Carnet de passage en douane

Le carnet de passage en douane n'est pas nécessaire pour l'Europe. Par contre, il l'est en Asie (à partir de l'Iran), en Australie et en Afrique. En Amérique du Nord et du Sud, il ne l'est plus pour franchir les frontières sauf aux ports d'entrée si le véhicule arrive par voie maritime (Halifax, Buenos Aires, Caracas...). Dans tous les cas ne pas oublier le tampon de sortie ! Ce carnet s'obtient auprès du service douanier de l'Automobile Club de l'Ile de France (**ACIF : 14, av. de la Grande Armée, 75017 Paris. Tél. : 01 40 55 43 00**).

► **www.automobileclub.org**

Il est délivré pour une année renouvelable moyennant une caution s'élevant à 100 % de la valeur vénale du véhicule constituée le plus souvent par une caution bancaire, avec un minimum de

Carnet passage Douane

"Il s'agit d'un cahier de formulaires douaniers obtenus en échange d'une caution de 100%, 150 ou 250% de la valeur du véhicule, selon les pays de destination! Rajouter les frais de dossier et d'envoi car il faut le renouveler tous les ans et avoir pour cela une adresse postale sûre pour le recevoir, dans la ville où l'on pense se trouver au moment de son renouvellement.
Le dépot du chèque de caution -encaissé par l'Automobile Club qui émet le carnet, oui vous avez bien lu !- peut cependant être contourné par avec l'aide de votre banque qui bloque le montant sur un de vos comptes ("nantissement"). Mais ce n'est pas gratuit... "

Robert et Martine Zanelli

► **www.kookynet.net**

► Voyager en 4x4

2 300 € si le véhicule n'est plus coté.
Au niveau des frais de caution bancaire, les choses sont variables selon le montant de la caution, donc de la valeur vénale (cote Argus) du véhicule. En général, les banques pratiquent 1 % de la valeur par trimestre + frais d'ouverture de dossier (de 30 à 75 €).
Généralement, les frais de délivrance du carnet s'élèvent à 141 € pour les adhérents des automobiles club et 208 € pour les non adhérents. La caution sera levée au retour de votre voyage à condition que tous les tampons de sortie des pays traversés y figurent. Tout cela pour éviter que vous ne vendiez votre véhicule à l'étranger. Budget annuel du Carnet : 1000 Euros/an
Attention aux papiers, permis de conduire international, passeport. Soyez en règle et ayez un véhicule en bon état. Partez aussi avec l'adresse des consulats et des ambassades de France à l'étranger, cela peut toujours être utile.
En cas de problèmes (véhicule brûlé, volé, gravement accidenté…), déclarez-

L'Afrique en 4x4

"Pour partir en 4x4, le carnet de passage en douane, le permis de conduire international (gratuit), les visas, l'assurance, les problèmes d'essence, les équipements et les itinéraires sont les mêmes que pour le camping-car. S'ajoutent pour l'Afrique des enquiquinements administratifs par la police ou la douane.
Prévoir, pour vous éviter des pertes de temps :
- au moins 20 fiches avec photo authentifiées par votre mairie portant toutes les informations figurant sur votre passeport et sur votre carte grise,
- des photocopies de passeport authentifiées par votre mairie,
- au moins 20 photos d'identité,
- l'attestation d'assurance ou "carte brune",
- une grande dose de tolérance et un large sourire, qui vous aideront enfin à passer les contrôles.

Attention aux panneaux "douane" posés sur les routes ou pistes dans certains pays africains. Ces panneaux posés aux limites de communes indiquent qu'il y a un droit de passage à payer au fonctionnaire qui est sous l'arbre, sur le bas-côté de la route. Vous devez descendre du véhicule pour aller vous acquitter de ce droit. Attention, dépasser le panneau indique que vous avez renversé le fonctionnaire, donc amende !"

FABRICE ET MARIE-LINE DUPUIS

► Voyager en 4x4

le à la police du coin et, avec la déclaration, allez à l'ambassade de France, sinon vous risquez d'avoir des difficultés avec l'ACIF. La caution bancaire serait alors bloquée cinq ans par l'Automobile Club, le temps qu'une enquête soit menée. Dans le même genre, ne perdez pas votre carnet de passage en douane, ne vous le faites pas voler non plus. Votre caution serait là aussi bloquée cinq ans pour les mêmes raisons.

Conseils pour partir en 4x4

"… Plus spécifiquement en 4x4 : on a d'abord pratiqué dans un club 4x4 et lu la littérature technique sur la préparation d'expéditions (elle ne trouverait pas sa place dans un guide tour du monde, car elle est très dense et très spécifique). On a fait des tests sur plusieurs jours dans différentes conditions (neige, chaleur, etc.).

Si l'on doit s'éloigner des pistes fréquentées, nous prévoyons :
- assez d'eau (4 litres par jour par personne x nombre de jours de trajet prévu, plus 3 jours de sécurité) ;
- de quoi résister au froid, jour et nuit ;
- de quoi se "déplanter" ;
- un système d'alerte au cas où on ne rejoindrait pas notre destination après une certaine date ;
- une pharmacie sérieuse ;
- une petite tente d'urgence (si le véhicule est inutilisable) ;
- une bonne paire de chaussures si on n'est pas dans un pays avec un système de secours développé… (sinon, actionner une balise de détresse et rester près du véhicule ; c'est par exemple la recommandation en Australie).

Si l'on quitte les pistes, y aller à 2 véhicules bien équipés.
Et si on évolue dans le sable, 3 véhicules minimum : il nous est arrivé, dans les sables des Émirats Arabes, que le deuxième véhicule se plante en essayant d'aider le premier qui s'était lui-même planté… Inutile de dire que le troisième manoeuvre alors "sur des oeufs !"

Robert et Martine Zanelli
▶ www.kookynet.net

▶ Voyager en 4x4

VOYAGER EN CAMPING-CAR

Avec les conseils et l'expérience de Jean et Denise Clerfeuille.
Tour du monde en camping-car pendant 2 ans.

Acheter un camping-car

Nombreux sont ceux qui partent en camping-car. Adapté aux longs périples, ce type de véhicule grâce à son aménagement permet de dormir n'importe où. Si le prix d'un camping-car peut aller jusqu'à 70 000 € ou plus, on peut toutefois trouver pour nettement moins cher des véhicules plus ou moins bien équipés. Quitte ensuite à devoir se débrouiller par soi-même pour l'aménagement souhaité ou le niveau de sophistication recherché.

N'oubliez pas lors de l'achat du véhicule de tenir compte de sa consommation car votre budget en sera largement dépendant.

Budget

Nous sommes partis en Asie, pour environ 860 € par mois à deux tout compris ; pour l'Amérique latine, il faut compter le double. Tous les pays développés sont chers. Les pannes et les réparations sont à prévoir. Dans ce budget sont compris les vols intérieurs et les extras en cours de voyage (excursions, photos).

Par contre pas de restos (nous préparions notre nourriture), pas d'hôtels, pas de transports, ce qui représente une économie non négligeable.

Essence ou diesel ?

On trouve essence comme diesel partout dans le monde, bien souvent moins chers qu'en France. Dans certains pays (Syrie, Islande...), une taxe est exigée pour les véhicules diesel ; parfois on vous demande aussi la contenance du réservoir. Toujours prévoir des jerricans et les remplir pour éviter la panne sèche

En Amérique du Nord, en dehors des camions et des bus, quasiment tous les véhicules fonctionnent au unleaded (sans plomb, ou sin plomo en espagnol). Il existe plusieurs indices comme en France. Le moins cher est le regular aux États-Unis et dans la majorité des

Camping car aménagé

"Une bonne solution est d'acheter un camping car (aménagé ou à aménager), Notre camping car acheté aux USA , nous a coûté 16000$, auxquels il faut ajouter 2200$ de "mise en condition" pour le voyage (dont l'achat du panneau solaire) et 1300$ de taxes de vente au profit du DMV (Department of Motor Vehicles). Tout cela pour un class c de 27 pieds, de 1991, tout équipé (clim, micro-ondes et générateur). Il avait 74000 miles et était en bon état (il l'est toujours d'ailleurs !)"

▶ www.lesderoutes.com/

Roues jumelées

"Avoir des roues jumelées à l'arrière, c'est un plus. Le véhicule est ainsi plus costaud, supporte mieux les surcharges et les terrains accidentés et s'embourbe moins. En revanche, elles augmentent le risque de crevaison dès que l'on est sur des chemins caillouteux car les pierres se coincent entre les deux roues pour finir par crever le pneu. Si vous pouvez, prévoyez des chambres à air. Dans certaines régions comme en plein centre de l'Asie, le tubeless est très peu développé et les mécanos auront du mal à vous aider dans les réparations."

Sophie du Peloux

pays (magna au Mexique). Attention, la qualité de ce dernier est plus que limite dans certains pays (Costa Rica, Pérou, Brésil). Des stations distribuent même des brochures démontrant les dégâts causés par le regular (au Costa Rica notamment). Nous sommes passés au super (ou premium selon les pays) après avoir réalisé que notre pot catalytique avait été bouché par le plomb du regular. Vu le prix du dépannage, le jeu n'en vaut pas la chandelle... Il y a bien sûr du gasoil dans la plupart des stations.

Équipement

Pour l'aménagement de votre véhicule, vous pouvez trouver nombre de bons tuyaux dans les revues spécialisées comme *Auto Verte*. *Camping-car* représente aussi une bonne source d'infor-

Eau pure

"Nous vous conseillons, si votre camping-car est équipé d'un circuit d'eau avec une pompe électrique, de mettre un filtre fin à la sortie du robinet pour purifier l'eau (Katadyn, Penta pure). Nous mettions également de l'eau de Javel (prévoir des pastilles d'avance car cela se conserve) dans le réservoir d'eau potable à chaque plein (5 pipettes pour les 160 litres d'eau, vérifier le dosage auprès de l'Institut Pasteur). Javel plus filtre : normalement plus rien ne résiste, cela simplifie les ravitaillements en eau. Prévoir également un flacon d'alcool iodé (vous en trouvez en pharmacie) pour purifier fortement l'eau qui sert à laver les fruits et légumes (env. 6 gouttes/l). Léger goût de fer, mais très supportable."

Sophie du Peloux

mation avec des témoignages vécus. Il existe de nombreux magasins d'équipement partout en France.

Équipement gaz

Les embouts de remplissage pour les bouteilles de gaz sont différents d'un continent à l'autre.

Ou vous faites l'acquisition d'un adaptateur ou vous changez vos bouteilles et le détendeur à l'étranger. Sur de longues périodes, nous déconseillons les petits réchauds, trop instables.

Douchette extérieure

À l'aide d'un petit flexible. Prévoir une bonne autonomie en eau, plus un tuyau suffisamment long pour faire les pleins (dans les stations-service par exemple). Un tuyau en caoutchouc de 2 m et de diamètre intérieur de 16 mm plus un collier serflex vous permettront dans tous les pays musulmans de vous doucher dans les toilettes (où il y a toujours un robinet à la place du papier) des nombreuses mosquées près desquelles vous ferez étape sans risque.

Stage de mécanique !

"Quelques mois avant notre départ, Didier rentre à la maison en bleu de travail, couvert de cambouis des mains à la tête.

"Le concessionnaire Ford a accepté de me prendre en stage pour huit jours. C'est épatant, il m'a fait un programme pour que je travaille sur différents postes et apprenne tout ce que ce moteur a dans le ventre !"

Après une semaine, le voilà revenu avec un énorme classeur : le manuel des réparations sur minibus Ford.

"Là-dessus, tu trouves le remède à n'importe quelle panne !"

J'ai vu ensuite Didier établir avec méthode une liste des outils nécessaires et emplir tout un coffre de pièces de rechange. Notre brave minibus a ainsi changé quatorze fois de lames de ressort sur les pistes africaines. Je ne parle pas de la souris qui avait mangé les fils électriques, ni des noyaux de dattes qui ont servi à réparer temporairement un roulement à billes, ni de la barre de direction pliée dans une ornière que Didier emmène à pied dans son sac à dos pour la redresser à vingt kilomètres dans la mission la plus proche…

Épouse du roi du système D, je pars sans crainte vers des voyages lointains car s'il y a défaillance de matériel, la panne se résoud toujours par magie…"

Michèle Trousseau

Pièces de rechange

Prévoir deux roues de secours, des pneus de rechange, des accessoires utiles (filtre à air, huile, divers câbles, plaquettes, courroies). On trouve un peu partout des mécanos, mais les pièces sont plus rares. Se munir d'un câble pour se faire remorquer en cas de panne. Pensez également aux doubles des clefs. Une grille de désensablement pour le désert peut s'avérer utile, de la colle super glu, des lampes de rechange.

Un réchaud électrique pour remplacer le gaz en cas de panne. Prévoir deux bouteilles de gaz pour les faire recharger en cours de route dans des usines.

Si vous avez des problèmes, dans beaucoup de cas les gens sur place se débrouilleront pour vous dépanner ; ils font un maximum avec rien. Dans certains pays, on est considéré comme routiers. Dès lors, les autres camionneurs vous aideront toujours. Mais il faut bien être conscient qu'un problème mécanique surviendra toujours tôt ou tard.

Où se garer

Dans la plupart des pays, évitez la conduite de nuit (vélos ou véhicules non éclairés, bétail, piétons, nids-de-poule, risques de vols). Choisissez pour vous arrêter un endroit où vous ne gênerez pas et évitez autant que possible les artères où il y a beaucoup de trafic.

Attention aux parkings gardés, ils vous coûteront cher ! Certains hôtels vous font payer l'équivalent d'une chambre double, uniquement pour vous garer sur leurs parkings.

Les places des églises ou des mosquées sont des endroits sympa. Éventuellement renseignez-vous sur les possibilités offertes auprès de la Maison de France,

Contacts camping-car

ASSOCIATION DES CAMPING-CARS SUR LES ROUTES DU MONDE
▶ www.camping-car-monde.fr/

▶ Voyager en camping-car

© Philippe JACQUEROT

l'Alliance Française ou les représentations diplomatiques sur place.

Bons endroits en ville

Les quartiers résidentiels, devant un magasin qui pourra jeter un œil sur votre véhicule, dans un parking surveillé.

Chez un particulier, idéal pour les contacts et si vous voulez rester plusieurs jours.

À la campagne

Nous avons évité de rester longtemps dans les grosses agglomérations. La vie est plus facile dans la nature. Dans ce dernier cas, nous trouvions un emplacement isolé (95 % de nos bivouacs). Si une région est dangereuse ou très peuplée, les stations-service ou un particulier peuvent offrir un lieu plus sûr.

Ravitaillement

Si vous êtes prêts à changer régulièrement vos habitudes alimentaires, vous trouverez tout ce qu'il faut aux quatre coins du monde. Si vous emportez des conserves, attention dans les pays musulmans, pas d'alcool ni de de porc. Pour pallier les manques de certains pays, vous pouvez emporter lait en poudre, café soluble, médicaments (garder les ordonnances).

Préférez les hydroclonazones aux micropurs pour désinfecter l'eau (si vous n'utilisez pas le filtre + Javel) ; cela vous coûte dix fois moins cher au litre.

Rencontres durant le voyage

"Contrairement à ce que l'on peut penser, le camping-car n'est pas un obstacle pour le contact avec les gens. Nous sommes au contraire très sollicités par des curieux qui viennent à notre rencontre en voyant l'aspect du véhicule. Dans les régions très isolées, la population conserve sa spontanéité et sa gentillesse avec les Occidentaux."

FABRICE ET MARIE-LINE DUPUIS ▶ www.nomadis.fr

© Philippe JACQUEROT

VOYAGER EN CAMION

Pour ceux qui achètent leur camion, bien le connaître est la meilleure des préventions. Démonter, remonter. Des cours de mécanique peuvent aussi être envisagés. Judicieux, emportez un manuel de réparation, il y en aura forcément, et un catalogue des références de pièces. Une bonne préparation des pièces est très importante. Notez où vous rangez chaque chose pour ne pas perdre de temps à tout chambouler quand vous cherchez une carte ou un chéquier...
Si vous souhaitez voyager en groupe, il existe des agences qui organisent des voyages en camion. Enfin, dans beaucoup de pays, les camions sont les seuls véhicules qui font de longs parcours. Entre faire du stop et partager un bout de trajet avec un routier ou monter à l'arrière d'un véhicule avec le chargement et/ou les autres passagers, le voyage en camion se décline à toutes les sauces.

Niger et désert du Ténéré en camion

"De nombreux camions partent d'Agadez vers Dirkou, et inversement, puis vont vers la Libye. En temps normal, le voyage est "facile", sauf quand la frontière est fermée aux étrangers. C'est très sportif (minimum 15 jours) : pour le trajet entre Dirkou et Agadez, nous avons payé 10 000 CFA par personne sur le toit. À Dirkou, on n'a pas besoin de "feuille de route", seulement au départ d'Agadez. Prévoir de la nourriture, et prévoir large. Il est rare qu'ils arrivent dans les temps. Prévoir aussi un duvet pour la nuit, car on dort sur le camion, à la fraîche. C'est au moins deux nuits pour traverser le Ténéré."

RENO MARCA ET CLAIRE ROUAULT

Le camion, une autre dimension

"Le camion, c'est une autre dimension, une autre échelle. En haut de votre perchoir, vous découvrez bien plus de choses autour de vous. L'horizon est bien plus large. L'autonomie qu'il procure vous donne un sentiment d'invincibilité. Une réserve de 1300 litres de gazole à bord peut vous permettre de franchir 4000 à 5000 kilomètres, sans avoir à vous préoccuper de trouver une hypothétique station-service. C'est aussi une façon de faire des économies substantielles en opérant son plein là où le carburant est le moins cher.
Pour peu que vous ayez aménagé son plateau bâché en camping-car, vous n'êtes plus tributaire du climat.
Un vent de sable… qu'à cela ne tienne, on s'arrête, nez face au vent et l'on peut vivre à l'intérieur, debout, en s'activant pour ne pas perdre son temps.
Le 4x4 léger, Toyota, Nissan ou autre, vous oblige à vivre autour de lui. Chaque soir pour y dormir c'est la corvée des bagages qu'il faut déplacer ou sortir pour retrouver son couchage. Dans le camion, rien de tout ça, la bannette est toujours prête. 200 à 300 litres d'eau vous permettent un plus grand confort. Toilette, cuisine, tout est possible, debout à l'intérieur, même une douche.
Par contre, il faut être au moins deux, pour changer une roue (elle pèse 90 kg), manipuler des grilles de désensablement (35 kg), etc. Inutile de vouloir pousser un camion : dans les mauvais passages, il doit pouvoir s'en sortir lui-même, grâce à ses grandes démultiplications : 10 à 15 vitesses possibles. Entendre ronfler son "6 cylindres" et voir cette grande masse semblable à un pachyderme se sortir en force d'un mauvais passage procure à son conducteur un sentiment de :
Force Tranquille…"

Jean Naud
Plusieurs expéditions avec des camions en Afrique,
traversée du Sahara à vélo trois roues.
Trois roues pour Tombouctou, éd. Albin Michel.

Les agences spécialisées dans le voyage en camion

TRANSAFRICA
Château Alexandre Dumas, 02600 Villers Helon.
Tél. : 03 23 72 93 93 ► www.transafrica.fr

EXODUS
9, Weir Rd, London SW12 OLT.
Tél. : +44(0)20 8675 5550.
E'mail : info@exodus.co.uk ► www.exodustravels.co.uk

THE IMAGINATIVE TRAVELLER
14, Barley Mow Passage, Chiswick, London W4 4PH.
Tél. : 0800 316 2717. ► www.imaginative-traveller.com

autre sites (voir page 265)

Convoyages au Cameroun

"Je viens de passer deux séjours consécutifs de trois mois chacun au Cameroun pour des activités diverses, alliant l'utile à l'agréable : depuis le voyage-découverte jusqu'au dédouanement et convoyage de camions et autres matériels depuis Douala jusqu'à Garoua et Maroua, dans le Nord et l'extrême Nord. J'ai vécu de très grands moments durant les convoyages ; moins pendant le dédouanement… quoique cette dernière activité soit édifiante à plus d'un titre ! Traverser le pays du sud au nord demande une préparation méticuleuse. Le voyage au volant d'un Berliet, des camions réformés de l'armée française, dure entre dix et quinze jours en moyenne. Si tout va bien. Une superbe aventure. Les régions traversées offrent des paysages somptueux par leur beauté et leur diversité. Une expérience plusieurs fois renouvelée, par des itinéraires différents, mais l'expédition valait à chaque reprise son pesant de cacahuètes."

GÉRARD BOUR

Tranches de vie en camion

"**Laos :** attention à la place que l'on prend dans le camion : ne pas trop compter sur les places dans la cabine à côté du chauffeur, réservées aux notables locaux ; choisir si possible une place à l'arrière mais au milieu. Il y a deux bancs en bois qui se font face, dos à la route. Si on se place au fond, près de la cabine, on prend la pluie malgré la bâche, et si on s'installe complètement à l'arrière pour voir le paysage, on prend toute la poussière et l'on décolle du banc au moindre nid-de-poule… Prévoir de l'eau.
De Oudomwai à Phongsali : la plus belle route que nous ayons vue au Laos, mais dans un état épouvantable pendant la saison des pluies. Un éboulement grave nous a obligés à abandonner notre camion et à escalader avec les sacs à dos de gros blocs de rochers recouverts de glaise sur plus de 10 mètres de haut. Heureusement, un autre camion attendait de l'autre côté. Le lendemain seulement l'éboulement a été dynamité. Nous avons accompli les 230 km en 13 heures, certains jours c'est 15 heures…"

Jacqueline et Jean-Pierre Grouard

© Stéphane CLÉMENT

TRANSPORTER SON VÉHICULE AU BOUT DU MONDE

Le transport par bateau

Pour transporter votre véhicule d'un continent à l'autre, la manière la plus fiable est de le mettre en conteneur. Ne réservez pas vos bateaux depuis la France si vous partez d'un pays étranger car l'organisation sur place est plus sûre, plus facile et moins chère.

Il faut compter environ une semaine pour organiser le départ (on peut mettre 2 jours à Singapour mais jusqu'à 20 jours en Inde !) ; prévoyez quelques jours à l'arrivée. Pratiquement toutes les liaisons sont possibles, mais si vous voulez faire une liaison Bélem (Brésil)-Freetown (Sierra Léone), vous attendrez longtemps et vous paierez très cher. Sur les lignes les plus courantes, vous aurez un bateau en partance tous les dix jours.

Le temps des traversées est variable suivant les distances : comptez environ 600 km pour 24 heures.

Vous devrez la plupart du temps passer par un "agent maritime" ou transitaire (coordonnées dans les pages jaunes) qui organisera le dédouanement, la mise à disposition d'un conteneur, le grutage. Au port d'arrivée, il faudra trouver un autre agent maritime qui fera la même opération pour "importer" votre véhicule. Demandez un contact auprès de votre agent du port de départ : les papiers (surtout la *bill of loading*, document indispensable pour récupérer votre véhicule, délivré par la compagnie maritime après le départ du bateau) arriveront directement auprès de ce contact.

Allez le voir dès votre arrivée dans la ville du port de destination afin de connaître les démarches à suivre.

Voyager sur le cargo porte-conteneur avec votre véhicule est rarement possible. Le capitaine accepte difficilement (problème d'assurance et de place à bord). S'il est d'accord, vous paierez de toute façon bien plus cher que l'avion.

En France les deux principaux ports de transit sont Le Havre et Marseille.

Type de bateau

Vous avez le choix pour embarquer votre véhicule entre le gros bateau style "Roll-on/roll-off" ou le porte-conteneur.

• Dans le porte-conteneur, le véhicule est protégé et ne peut bouger pendant le transport ; personne ne connaît son contenu. Une fois sur le bateau, votre conteneur devient inaccessible aux voleurs. Votre véhicule est solidement attaché à l'aide de cordes et de cales en bois clouées dans le conteneur. Vous pouvez laisser vos affaires à l'intérieur et le partager à plusieurs colocataires. Fermez les portes du véhicule, conservez les clefs. Le conteneur sera fermé avec un sceau dont vous garderez le numéro. Soyez présents sur les lieux pour l'ouverture et la fermeture.

• Le Roll-on/Roll-off (ou Roro), moins cher, offre moins de garanties. Le véhicule est conduit sur le pont comme sur

Agences de Transfert

AUTOTRANS
167-189, Av. des Grésillons
92230 Gennevilliers
Tel.: +33 (0)1 41 32 27 20
▶ www.autotrans.fr/

CATALINA CARGO
3, rue Mouffetard, 75005 Paris.
Tél. : 01 45 35 49 88.
▶ www.cargo-voyages.com/

un ferry, sauf que la durée de navigation n'est pas la même, et en plus vous ne pouvez pas laisser vos bagages à côté. Mieux vaut payer un peu plus cher et avoir le véhicule en soute et non au grand air et à l'eau de mer. Pour l'embarquement, il faut fournir l'attestation des mines.

Coût

Les transferts maritimes sont chers ! Le prix n'est pas toujours proportionnel à la longueur du trajet mais plutôt au trafic, au taux de remplissage du bateau.
Le coût se répartit en trois étapes : avant (mise en conteneur, grutage, frais de port, frais d'agent maritime, 230 à 380 €), pendant (le fret lui-même, de 600 à 1830 € selon les liaisons) et après (comme au départ, de 229 à 381 €). Comptez une moyenne de 1500 € par traversée (en conteneur standard, en moyenne 60 % fret, 40 % frais annexes). Grosses différences d'un agent maritime à l'autre. Faites établir des devis et vérifiez que tous les frais sont inclus, y compris les frais d'agence.

Tarifs des conteneurs

"Les compagnies proposent trois formules. Exemple de la traversée Chittagong (Bangladesh) - Singapour :
Conteneur standard 20 pieds ou 40 pieds : véhicule inférieur à 5,85 m en longueur, largeur 2,33 m et 2,19 m en hauteur.
(Pour un 40 pieds, longueur inférieure à 11,99 m.)
Prix de la traversée : 800 € (standard 20 pieds.)
Open top 20 et 40 pieds (ouvert par le haut) : longueur moins de 5,08 m et largeur 2,23 m.
(Pour un 40 pieds, longueur 11,62 m et largeur 2,22 m).
Le véhicule est mis dans le OT à l'aide d'une grue.
Prix de la traversée : 2 300 € (pour un OT 40 pieds).
Flat rack 20 et 40 pieds (plate-forme) : si votre véhicule dépasse les dimensions précédentes sans excéder 2,50 m de large, prix pour un flat rack 20 pieds : 3100 €.
Pour une liaison Bombay-Australie, dans un flat rack 40 pieds, c'est 3800 €."

Stéphane Marais
▶ www.periple.fr.st

Choisir le bon transitaire

"Le choix du transitaire est très important. Il est parfois préférable de payer un peu plus cher et d'avoir une garantie de sérieux. Par exemple, une taxe de 350 € était payable à l'arrivée du véhicule en Afrique du Sud et remboursable si le véhicule quittait le pays dans les 90 jours. Lors du rembarquement, je l'ai signalé à mon transitaire sans trop y croire, et 3 mois après mon retour j'étais remboursé !
De plus, le transitaire se chargera de tous les papiers et éventuellement de trouver une compagnie d'assurance sérieuse pour assurer le véhicule dans le pays. Ses frais sont souvent plus importants que le coût de transport. Exemple : aller, transport Abidjan-Cape Town en conteneur : 503 €. Frais de transitaire expédition à Abidjan : 1 006 €. Frais de transitaire à la réception à Cape Town (tout compris) : 302 € (sans la taxe qui m'a été remboursée). Retour : transport Cape Town-Le Havre en conteneur : 671 €. Frais de transitaire de départ à Cape Town (tout compris) : 743 €. Frais de transitaire au Havre (tout compris) : 685 €. Par "tout compris" il faut entendre les différentes taxes payées aux douanes, les formalités administratives, la location du conteneur, le chargement ou le déchargement, le stockage, les assurances. Pour le carburant, il faut savoir qu'un réservoir doit être plein ou vide (le danger d'explosion est dû au gaz dégagé par le carburant et non au carburant). Les douaniers doivent l'ignorer. À Abidjan, le bateau acceptait les réservoirs pleins alors qu'à Cape Town (Afrique du Sud), ils ont vidangé en ne laissant que quelques litres. Or, c'était la même compagnie à l'aller et au retour."

Claude Desaintjan

Voici quelques exemples de traversées effectuées en Land Rover avec un conteneur de 20 pieds, coût total incluant toutes les taxes et frais annexes ainsi que le fret : Madras (Inde)-Singapour : 1 220 €, 15 jours de traversée. Singapour-Perth (Australie) : 1 296 €, 15 jours. Sydney-Los Angeles : 2 744 €, 1 mois. Costa-Rica-Venezuela : 1 037 €, 10 jours. Buenos Aires (Argentine)-Le Cap (Afrique du Sud) : 2 089 €, 15 jours. Le Cap-Le Havre : 1 189 € (traversée plus chère dans l'autre sens, environ le double).

Une pénible expérience

"Beaucoup de frais, de maux de tête, de perte de patience et même de larmes… Au point où nous ne recommanderions pas à notre pire ennemi de tenter une expérience qui, pour nous, s'est terminée avec un véhicule parti à la casse. Savez-vous que 10 à 15 % des conteneurs sont endommagés au cours d'un voyage ? Et le risque ne s'arrête pas une fois le conteneur enfin arrivé au port de destination : le nôtre serait tombé de plusieurs mètres de haut sur le quai…
Si toutefois vous vouliez tenter l'expérience, il faut bien comprendre que toute la chaîne n'est qu'une suite de sous-traitants les uns des autres… Il est de plus en plus difficile de se passer d'agents transitaires dont les devis sont difficiles à comprendre. Insistez pour en avoir le détail afin de mieux comparer plusieurs devis.
Nous recommandons chaudement de tout faire pour assister à la mise en boîte de votre véhicule, pour pouvoir superviser la façon dont il sera attaché et bloqué dans son conteneur. Mieux vaut être à deux au port, afin que l'un accompagne le véhicule au contrôle douanier, etc. pendant que l'autre s'occupe des papiers.

ROBERT ET MARTINE ZANELLI
► www.kookynet.net

Papiers nécessaires

En dehors du carnet de passage en douane, il vous faut les papiers habituels du véhicule. Parfois, on vous demandera de remplir le document d'immigration à chaque entrée et de le rendre à la sortie. Il devra porter le numéro du passeport, la date de naissance, le lieu d'émission. À la frontière, votre véhicule peut subir un contrôle sanitaire : inspection du frigo et désinfection parfois de l'extérieur.
Notez sur un papier facilement accessible le numéro du châssis, le numéro du moteur, le poids du véhicule.

Assurance

L'assurance auto est limitée aux pays de la carte verte inscrits au dos de celle-ci. Il existe dans quelques pays des assurances auto (obligatoires ou facultatives) que vous payez directement à la frontière. Sinon, elles sont à prendre dans une ville du pays traversé, mais cela occasionne beaucoup de tracas administratifs. Et puis, dans beaucoup de pays, l'arrangement à l'amiable prévaut en cas d'accident. Nous avions choisi de ne jamais être assurés sauf obligation à la frontière (Malaisie, Costa-Rica et Zambie).

Une traversée en cargo avec camping-car

"Nous avons fait le choix du voyage en cargo en accompagnant notre véhicule pour avoir la certitude de le retrouver intact à l'arrivée et pouvoir acheminer tout ce qui est nécessaire à un voyage de longue durée : linge, vêtements, équipement et outillage. Le voyage entre Le Havre et Buenos Aires dure environ 1 mois. Le cargo de la Cie Grimaldi, basée à Naples, est un roulier qui fait le transport des marchandises les plus diverses entre les ports d'Afrique et d'Amérique du Sud. Il transporte beaucoup de voitures (3500) et de conteneurs, mais aussi des engins de travaux publics et des machines agricoles. Il est impressionnant, notre navire, le Grande Brasile : 214 m de longueur et 12 étages. Cependant il ne comporte que 6 cabines passagers. Le tarif de la traversée est de 1200 € pour le passager et de 1100 € pour le véhicule. Ce tarif peut paraître élevé, mais il comprend la nourriture et l'hébergement intégral en cabine avec douche et linge de toilette. Il y a également la possibilité de faire sa lessive dans une machine mise à notre disposition. Le trajet est une école de la patience, car on doit se plier aux contraintes des déchargements et chargements dans les différents ports, parfois très mal organisés en Afrique. En contrepartie, il est possible à chaque escale de visiter la ville avec l'autorisation du capitaine et en signalant son départ et retour à la sortie du navire. Les escales varient avec les marchandises à transporter.
L'équipage du Grande Brasile était composé de Norvégiens, Suédois, Finlandais et Phillipins. Il y avait 26 hommes. Nous avons pris nos repas dans la salle à manger des officiers, où régnait une ambiance très familiale. Plusieurs agences vendent les billets de passage."

ROGER COL

TRANSPORTS

En cas d'accident, dans certains pays, mieux vaut partir sans attendre directement à la police ou à l'ambassade de France. Ne risquez pas le lynchage. Blancs, touristes... donc riches et en tort, vous serez toujours le responsable de l'accident. À vous de négocier habilement en fonction des coûts hospitaliers et frais de réparation. Nous avons eu un accrochage avec un motard en

Surprise à l'arrivée !

"La surprise est de taille en appelant la compagnie maritime à notre arrivée à Singapour. Il faut payer une société pour récupérer le camping-car et le faire sortir du port. On nous annonce la note : 1677 €, plus que le prix de la traversée ! Nous nous rendons à notre compagnie maritime, Maerks. On explique le problème et très rapidement, le directeur nous propose de nous aider à récupérer le camping-car par nous-mêmes, sans frais. Par contre, il se décharge des formalités de douane, mais cela, on sait faire. Le surlendemain, après deux heures de travail avec deux personnes de la compagnie, nous sortons avec le camping-car. Pourquoi Maerks nous aide-t-elle de la sorte ? Sûrement, le fait d'être une famille avec nos trois enfants y est pour beaucoup. Passage à la douane : 5 minutes, mais carnet de passage en douane obligatoire."

ANNIE HAIZE-ROUX ET STÉPHANE MARAIS

► www.periple.fr.st

Thaïlande : 305 € étaient demandés au départ, après vérification des frais réels et négociation, nous nous en sommes sortis pour 30,50 €, le dixième !

Le transport par ferry

La manière la plus simple pour transporter sa voiture, sa moto ou son vélo. Très répandu en Europe. Vous trouverez des ferries un peu partout pour des distances assez courtes. Les prix sont fixes et la sécurité garantie. La durée d'une traversée est variable selon qu'elle a lieu le jour ou la nuit. On peut profiter de certaines promotions des compagnies. La plupart des compagnies sont revendues par des agences de voyages.

Transport par les airs

Vous pouvez prendre l'avion en fret et amener votre moto (la voiture c'est plus difficile) par avion. Pour les courtes distances, l'avion est meilleur marché que le bateau. Pour transporter une moto, prévoir de dégonfler les pneus, pas d'essence dans le réservoir, pas de liquide de frein ni d'acide dans les batteries.
Enfin, vous pouvez transporter votre vélo, pneus dégonflés, sur toutes les compagnies, en bagage accompagné avec pour certaines un petit supplément. Protégez les parties sensibles. L'intérêt, c'est qu'en transportant votre vélo vous n'avez pas de surtaxe à payer en dessous des 20 kg autorisés.

Expédier son véhicule vers l'Australie

"En dépit de bien des efforts de notre part, il s'est avéré quasiment impossible de se passer de la collaboration d'un agent. Les douaniers semblent largement préférer traiter avec les agents plutôt que directement avec le client. En outre, le conteneur doit être déplacé du port jusqu'à un entrepôt d'inspection — qui sont tous privés et détenus par les agents ou leurs partenaires…

Pour faire entrer un véhicule en Australie, il faut passer une inspection douanière et sanitaire.

Inspection douanière

1/ Concernant les médicaments, le plus simple est de les garder avec soi dans l'avion. Les déclarer sur la fiche de débarquement ne semble pas poser de difficultés si l'on précise verbalement au douanier qu'il s'agit de traitements de courte durée. En revanche, les faire voyager dans le conteneur déclenche une inspection détaillée de chaque médicament et une saisie systématique de tous les antibiotiques, anti-inflammatoires, etc. même pour de petites quantités et munis d'ordonnances et de lettres en anglais de médecins, selon les recommandations exprimées sur le site des douanes australiennes.

En cas de saisie, le douanier émet alors un document qui pourra être présenté à un médecin local afin que celui-ci émette une nouvelle ordonnance permettant le rachat de ces médicaments… à prix d'or. Pour l'anecdote, une consultation "minute" chez un médecin coûte ici au minimum 55 dollars et il n'est pas rare d'attendre une semaine pour un rendez-vous.

2/ Idem pour les bouteilles d'alcool. Bien entendu, ce qui a été acheté en "duty free" ne pose pas de difficulté dans les limites autorisées. En revanche, toute bouteille transportée en conteneur sera très lourdement taxée, plus de 50 dollars par bouteille. Et, en cas de décision d'abandon sur place de ces bouteilles, les douanes factureront 25 dollars de frais de procédure. >>

>>

Attention : nous avions prudemment déclaré que nos bouteilles étaient entamées. Il aurait fallu clairement préciser qu'elles étaient plus qu'à moitié vides. Elles nous ont été néanmoins taxées comme pleines… puis finalement restituées quelques jours plus tard !

3/ Contrairement à ce que l'on avait compris sur le site des douanes australiennes, du matériel personnel – appareils photo, jumelles, iPod, etc. – acheté moins de 12 mois auparavant ne pose aucune difficulté et n'est pas même vérifié.

4/ Comme prévu, l'inspection a coûté environ 55 dollars et a nécessité, préalablement à la prise de rendez-vous pour cette inspection, la soumission de listes complètes concernant le contenu de chaque boîte.

Attention : s'assurer, en cas de transport d'un véhicule qui contiendrait du matériel – comme ce fut notre cas — que les documents établis au port de départ mentionnent bien le nombre de boîtes ou paquets concernés. Nous avons eu plusieurs jours de retard et difficultés administratives parce que notre agent à Dubaï n'avait pas jugé utile cette précision, en dépit de notre insistance…

5/ L'inspection des douanes se fait généralement en même temps que celle de la Quarantaine, le service sanitaire australien, pour lesquels un rendez-vous doit être pris une fois que le conteneur est parvenu jusqu'à l'entrepôt… Ce qui, dans notre cas, a pris 5 jours pour faire 15 kilomètres, de Fremantle à Perth. Au total, la procédure complète a pris 2 semaines, ce que tout le monde s'accorde à trouver extrêmement rapide pour l'Australie et en particulier pour Perth. À titre d'indication, l'état de Western Australia a la réputation d'être beaucoup plus strict – en particulier concernant la quarantaine – et aussi beaucoup plus lent dans les procédures. Le NSW (Sydney) jouit de la même réputation. En revanche, on nous a rapporté moins de difficultés par NT (Darwin) ou le Queensland.

>>

>>
Inspection sanitaire

Les informations disponibles sur le site de l'AQIS sont très claires et conformes à notre expérience sur le terrain. Se munir de brosses, éponges et beaucoup de courage, car il faudra faire la chasse à la moindre trace de terre, sable, boue, à la plus petite brindille végétale, etc.

Nous recommandons d'établir des listes extrêmement précises des contenus transportés, car une bonne première impression "sur le papier" semble faciliter l'inspection… qui se paie par tranche d'une demi-heure à raison de 55 dollars en 2006. Pour accélérer le processus, nous avions isolé ensemble tous les objets qui nous semblaient poser une éventuelle difficulté, ce qui s'est avéré une bonne idée, appréciée de l'inspecteur.

Formalités pour pouvoir circuler avec un véhicule importé temporairement

D'abord, il lui faut l'équivalent de son passeport, c'est le fameux Carnet de Passage en Douanes (voir le paragraphe budget) qui se renouvelle chaque année. Attention à ne pas arriver en Australie avec un carnet à quelques semaines d'être périmé. Trois mois semblent être le minimum acceptable.

Il faut avoir déjà assuré son véhicule (franchement impossible ou hors de prix, sauf à devenir un camping-car pour l'occasion : s'inscrire par internet à un club de camping caristes, par exemple CMCA, qui jouit d'un contrat spécial tres avantageux auprès d'un courtier, Kent Tames pour CMCA.
Pour cela, il faudra fournir une liste et une photo montrant quelques aménagements intérieurs du véhicule).

La visite technique est obligatoire pour obtenir la "registration", une sorte de carte grise valable un an… mais seulement pour les locaux !
En effet, pour les touristes qui voyagent avec un véhicule importé ("temporary import" toujours le préciser) la date >>

>>

de renouvellement de la "registration" c'est la première date d'échéance entre :

— le renouvellement du carnet de passage,

— la date d'expiration de votre visa (Conseil : prévoir une copie papier de l'email de notification de votre visa lors de votre demande de "registration" au cas où, comme cela nous est arrivé, la fonctionnaire du Queensland ignorait que les visas étaient délivrés électroniquement… et s'étonnait de ne rien voir sur nos passeports.),

— la date de votre prochain contrôle technique indiqué sur votre carte grise française.

Exemple : vous arrivez en août (visa d'un an), votre voiture en octobre (vous ferez à ce moment-là votre 1re "registration"), votre carnet de passage a été établi en janvier de l'année précédente, il sera donc renouvelé en janvier. Donc, la registration devra se refaire en janvier, puis à nouveau, le cas échéant, en août !

Attention, des variantes peuvent exister selon les états. Le NSW semble le plus pointilleux, surtout avec un volant à gauche… La registration de certains états comprend une assurance corporelle au tiers (obligatoire dans tout le pays), mais pas dans le NSW où elle est à souscrire individuellement auprès de son assureur automobile.

Prévoir d'avoir une adresse dans l'état où se fera la "registration". À noter que le montant à payer varie en fonction de l'adresse : c'est moins cher avec une adresse à la campagne qu'en ville…

Avant de pouvoir enfin circuler, il faudra avoir acheté (par exemple à l'automobile club local) un autocollant précisant LEFT HAND DRIVE, à coller à l'arrière du véhicule. OUF !"

Robert et Martine Zanelli
► www.kookynet.net

ACHETER OU VENDRE UN VÉHICULE À L'ÉTRANGER

Avec les conseils et l'expérience de Manuel Morin.
Tours du monde à deux et avec des enfants. ▶ **http://leaventure.free.fr/**

Solution économique, mais qui nécessite du temps à l'achat comme à la revente. C'est plus facile avec un contact local. Sinon, il faut se débrouiller avec une langue étrangère et ses termes mécaniques et administratifs. Voyager avec un véhicule du cru est un bon passeport pour se fondre dans la masse, mais si on franchit des frontières, méfiance ! Un gendarme bolivien a bien failli nous tirer dessus en voyant la plaque chilienne de notre voiture : l'ambassade du Chili à La Paz avait été plastiquée la veille !

Acheter son véhicule

Les petites annonces dans les auberges de jeunesse, hôtels, cafés, journaux sont autant de sources d'informations pour trouver la perle rare. Vous pouvez également passer une petite annonce pour rechercher un véhicule dans les Alliances françaises, ambassades et consulats. Un très bon moyen de découvrir les gens, les quartiers, un pays... La solution la plus simple est de passer par un garage qui s'occupe des formalités de vente et éventuellement de l'assurance. Certains garages proposent également de reprendre votre véhicule à la fin de votre voyage.

La version officielle donnée par l'automobile club local (il en existe un peu partout dans chaque pays), pour l'obtention de la carte grise, l'assurance, la vignette, le contrôle technique et d'autres papiers est souvent très éloignée de la réalité, et les garagistes ou marchands sont plus efficaces à contourner les règlements et obtenir les papiers.
Leur honnêteté est d'ailleurs à surveiller quand ils vendent un véhicule.

Vous pouvez aussi partager un véhicule avec d'autres voyageurs : pas d'investissement de départ. Et vous voyagez à moindre coût si l'entente au sein de l'équipe est bonne !

Quelques pistes pour une moto

Inde

Par exemple, difficile d'acheter une moto à Bombay, plus facile à Delhi en s'adressant directement au concessionnaire. La différence de prix est faible entre le neuf et l'occasion, préférez donc une neuve, une Enfield rutilante pour 915 €. Ne cherchez pas à faire les démarches administratives vous-même, à moins d'avoir sept vies !
L'adresse de votre guest-house suffit pour la carte grise (comme dans bien des pays) à condition... de ne pas signaler que c'est une guest-house.

Chili

Petit pays, peu de choix, vous pouvez trouver une moto pour 915 €, prix correct et administrations fiables.

Argentine

Plus de choix, mais plus de corruption.

▶ Acheter ou vendre son véhicule à l'étranger

Brésil
Bon endroit pour ce type d'achat/revente.
Australie
Sydney et Darwin sont deux villes faciles pour le commerce dans le quartier des backpackers (l'assurance est comprise dans la carte grise).
Afrique du Sud
Même facilité que l'Australie au Cap ou à Johannesbourg, prix intéressant (attention, la plaque sud-africaine n'est pas très bien vue en dehors du pays).

Choix du véhicule
Préférez le modèle commun au pays, afin que la revente soit plus facile. Les modèles japonais en Asie, américains aux États-Unis, Ford pour l'Australie. Attention, le 4x4 n'est pas obligatoire, il coûte plus cher et n'est nécessaire que pour les pistes. Renseignez-vous sur votre parcours avant d'en faire le choix. Parfois, la difficulté est de trouver un véhicule en bon état, n'hésitez pas à faire vérifier les points essentiels. Réfléchissez au nombre de kilomètres à parcourir.

Formalités et assurance

Pour la vente, renseignez-vous bien sur les conditions de délivrance du véhicule, si vous souhaitez sortir du pays, parfois on demandera une attestation de l'ancien propriétaire du véhicule vous autorisant à sortir du pays. Chaque pays a sa propre législation. Souvent le vendeur s'occupe des papiers d'immatriculation, et éventuellement il peut vous pistonner pour l'assurance. Veillez à prendre une assurance pour votre véhicule.

Break partagé

"En 3 mois mon budget est resté raisonnable : je me suis jointe à deux Israéliens qui avaient acheté leur véhicule et nous partagions les frais d'essence.
Une Ford Falcon est un gros break qui est le moyen de transport typique des backpackers. Les prix sur le marché aux voitures de Kings Cross à Sydney commencent au-dessus de 590 €. Ce qui est intéressant, c'est qu'on les achète en général toutes équipées, la nôtre avait une tente, deux réchauds, table, chaises, casseroles… pour seulement 1180 €.
Une Ford Falcon a un réservoir d'environ 70 litres et consomme un plein en 400 ou 500 km."

Catherine Perron

Le vendeur pourra également vous demander une copie de votre assurance voiture en France (mais établie en anglais si possible).

Vous pouvez également souscrire une assurance responsabilité civile à l'arrivée aux douanes du pays.

Achat sur place

"Après renseignement, nous avons calculé qu'un trajet en ferry aller-retour entre la France et l'Amérique du nord reviendrait environ à 3000€ rien que pour le camping-car. En 2007, il apparaît que cette somme aurait été bien plus élevée encore. Le dollar n'étant pas très fort et les États-Unis offrant un large choix de modèles, il était très intéressant, dans notre cas, d'opter pour la 2e solution : débarquer avec nos sacs et faire le tour des concessionnaires américains.
Le challenge était un camping-car en moins de 10 jours. Nous l'avons trouvé en 1 semaine ! ouf !

Le revers de la médaille :
- les dimensions (pas facile de trouver quelque-chose à taille humaine !),
- la revente (nous avons prévu de repasser par les États-Unis au retour si nous n'arrivons pas à le revendre au Brésil),
- les équipements (110 volts), ce qui n'est pas un problème en Amérique Centrale, Colombie, Equateur, Pérou et Brésil,
- les problèmes administratifs (paiements, papiers, plaques) : voir ci-dessous.

Les prix : le nôtre nous a coûté 16000$, auxquels il faut ajouter 2200$ de "mise en condition" pour le voyage (dont l'achat du panneau solaire) et 1300$ de taxes de vente au profit du DMV (Department of Motor Vehicles). Tout cela pour un class c de 27 pieds, de 1991, tout équipé (clim, micro-ondes et générateur). Il avait 74000 miles et était en bon état (il l'est toujours d'ailleurs !)
choix d'un camping-car aux États-Unis et petites tracasseries administratives

>>

>>

On le voulait confortable mais maniable, récent mais discret, bien équipé mais pas cher, et tout un tas de critères comme ça. Après quelques compromis, il est grand mais encombrant, discret d'aspect mais un peu vieillot, bien équipé mais un peu lourd. Bref, chacun ses goûts ! Voilà ce qu'on a pu constater :

- Pas mal de choix en Californie. Sur la côte, il y a surtout des grandes chaînes (Cruise America entre autres) qui proposent soit du neuf, soit du "refait à neuf" (ils rachetent des camping-cars de 2 ou 3 ans et refont tout, ils les garantissent 5 ans en général). En gros, des produits très fiables et rutilants, mais assez chers. Pas trop notre trip, quoi ! (Par exemple, pour un class c de 24 pieds avec une centaine de milliers de miles au compteur, compter environ 25000$). Dans l'arrière-pays par contre, nous avons trouvé beaucoup de petits concessionnaires (des entreprises familiales) qui proposent toute sorte de produits d'occasion. Ça va du vieux class A tout rouillé au superbe fifth wheel de moins de 6 mois. Bref, il y a là un peu de tout et de n'importe quoi, mais c'est comme ça que nous avons trouvé.
- le gros hic avec les véhicules américains, c'est leur consommation. Le nôtre avale ses 30 litres au 100 et il est dans la moyenne (gloups !).
- les petits concessionnaires ne sont pas toujours très fiables pour ce qui est des démarches administratives. Ils sont toutefois référencés et donc théoriquement vulnérables en cas de problème. Le nôtre ne savait pas qu'il fallait payer une taxe de 7 ou 8% du montant de l'achat (au profit du DMV - Department of Motor Vehicles) et ne nous a pas prévenu que nous devions faire des démarches pour renouveller notre plaque d'immatriculation. En effet, en Californie, comme dans beaucoup d'autres états, la plaque est valable 2 ans (renouvelable moyennant la paiement d'une taxe) et elle est nominative. Le délai légal est de 3 mois. Tant que l'on passe moins de 3 mois aux États-Unis, il n'y a donc pas de problème, mais attention si vous devez y revenir ! Au début, elles n'étaient plus valables, nous avons donc ôté les vignettes de validité sur notre plaque et il aurait vraiment fallu tomber sur un initié pour que cela nous pose un souci (rien ne permet de savoir qu'une plaque californienne est limitée dans la durée). >>

>>
Maintenant, tout est aux normes, mais ça nous a pris du temps... Nous avons découvert une bonne partie de tout cela à la frontière mexicaine, car les douaniers de Tijuana en ont bien sûr connaissance (proximité oblige).
- un titre de propriété temporaire est délivrée par le concessionnaire (!) et la carte définitive est envoyée dans un délai de 3 mois.
- il faut contracter une assurance avant de retirer le véhicule (pas d'interim assuré en général). Voir la page sur les assurances.
- les véhicules de marque américaine sont très présents dans toute l'Amérique Latine, les pièces de rechange sont donc disponibles à peu près partout et la mécanique bien connue (Ford, Chevrolet, etc.). Moins vrai au Nicaragua et dans le sud de l'Amérique du sud toutefois. Attention, en Argentine et au Brésil, les pièces sont assez différentes car les véhicules construits sous licence sont bien souvent allégés."

Bénédicte et Charles Bazaille

Revendre votre véhicule

On peut revendre un véhicule dans n'importe quel pays. Si vous l'avez acheté dans un pays étranger, il faudra vous acquitter des taxes d'importation et vous renseigner directement au bureau des douanes du pays.

Il est possible de revendre également le véhicule que vous avez amené de France, et si on veut récupérer la caution laissée à l'Automobile Club, il faut faire établir auprès des douanes du pays un certificat de mise à la consommation du véhicule. Vous devrez ainsi payer les droits de douane relatifs à l'importation définitive de votre véhicule et il faudra de plus fournir à l'Automobile Club à votre retour en France un acte officialisé par les douanes du pays, un notaire ou une autorité compétente. Ces papiers devront être traduits par un traducteur officiel.

Les taxes à payer peuvent être très importantes. Certains pays comme la Mauritanie taxent davantage les vieux véhicules afin de limiter l'importation de véhicules trop anciens.

Automobile Club

AUTOMOBILE CLUB IDF
14, avenue de la Grande-Armée, 75017 Paris.
Tél. : 01 40 55 43 00.
▶ www.automobileclub.org

Revente : exemple de l'Australie

• Chez un revendeur (garage spécialisé dans la vente et le rachat de véhicules d'occasion). Lors de l'achat du véhicule, le revendeur vous demande si vous souhaitez qu'il vous le rachète à votre retour. Si oui, il vous donne un papier signé comportant le prix du rachat. Ce prix tient compte de la durée pendant laquelle vous garderez le véhicule. Il y a déduction d'environ 295 € par mois. On peut s'entendre aussi sur le rachat de la vignette si on a eu à la changer. Il peut aussi proposer une garantie qui prendra en charge les éventuels problèmes mécaniques pendant les trois premiers mois. Il n'est pas nécessaire de passer le contrôle technique obligatoire avant de vendre le véhicule et de faire les réparations comme c'est le cas si on le vend à un particulier. Gros avantage : vous êtes sûr de revendre le véhicule et de repartir avec l'argent. Et aussi le véhicule est révisé avant que vous l'achetiez.

• À un routard. Par le biais des petites annonces : le véhicule est vendu sans

Vente d'un véhicule français au Kenya : difficultés administratives

"Pour ma part, j'ai convenu avec l'acheteur que les taxes d'importation seraient à ma charge. Elles devraient être d'environ 1525 €. Le véhicule doit être expertisé sur place par un cabinet afin que les douanes puissent définir le montant des taxes d'importation définitives à payer. Un bakchich peut être intéressant si l'on veut baisser la valeur du véhicule mais attention à ne pas faire de gaffe ! J'ai reçu l'argent de la vente en dollars par transfert d'une banque suisse à ma banque française en dix jours. Je suis rentré en France fin 99 avec un certificat de vente certifié, mais les papiers relatifs à l'importation définitive de la Land-Rover ne sont pas terminés (juin 2000). En effet, la société qui a expertisé mon 4x4 est partie du Kenya et mon ami garagiste qui s'occupe des papiers sur place m'a indiqué qu'un nouveau cabinet venait d'être créé et qu'il fallait une nouvelle fois expertiser le 4x4. Mon carnet de passage en douane se terminant par une entrée et le véhicule étant resté au Kenya, je ne peux pas pour l'instant récupérer ma caution de 2287 €. L'acheteur quant à lui ne peut pas encore immatriculer à nouveau le véhicule et donc le conduire."

FRANCK PORTEFAIX ET JENNIFER BONDON
Traversée de l'Afrique en Land Rover pendant 13 mois.

garantie, sans révision. Il devra avoir passé le contrôle technique et avoir été réparé si besoin. On peut espérer le revendre plus cher que chez un revendeur, mais il faut s'armer de patience et le prix est parfois bradé à quelques jours du départ. Il y a même des véhicules abandonnés par leurs propriétaires obligés de repartir sans avoir réussi à les vendre. Les véhicules se vendent en espèces.

Adieu mon van !

"C'est à Sydney que le turn-over des véhicules est le plus important du pays. Une fois sur place, ça s'annonce beaucoup plus dur qu'on ne le pensait.
Avant tout parce qu'il y a dans ce parking où nous avions acheté le van, dix ou douze fois plus de voitures en vente qu'au mois de novembre. Tout irait bien si la proportion de touristes suivait la même courbe. Malheureusement, c'est l'inverse : pas un chat, un chien, un rat ! Dé-sert ! Alors on ratisse large. On balance des annonces dans les feuilles de chou locales, dans les hôtels du coin, on s'équipe d'un portable pour être joignable plus facilement… Atterrissage fin mai dans ce 3e sous-sol tellement glauque, sordide et tendance béton la déprime ! Ça risque de prendre un peu de temps. De 9 h du matin à 5 h du soir, on se plante devant la voiture à attendre. Il y a des jours où l'on y croit et d'autres pas du tout. Dur, dur de se changer les idées. On n'a qu'une hâte, c'est de se débarrasser de ce qui a été notre gros poupon pendant 6 mois et qui se transforme soudain en boulet. Fin de cette interminable attente au bout de 8 jours quand se pointent nos trois fées. Elles sont venues pour acheter un Toyota qui s'est envolé la veille. Elles vont repartir avec un joyau Volkswagen. N'empêche qu'on était content parce qu'elles l'aimaient déjà d'amour ce van, comme tous les gens qui en possèdent un jour. On tombe forcément amoureux d'un combi. Étrange comme ce qui paraît ne jamais vouloir prendre fin s'achève brutalement en quelques instants, comme une libération. Nous sommes libérés de la vente de la voiture, mais une fois nos gros sacs chargés sur les épaules à chercher un hôtel, on réalise combien ce boulet orange était utile, confortable, serviable et "very reliable on any kind of road."

Claire Rouault

TRANSPORTS

Renouvellement du carnet de passage en douane

"Bien signaler à l'Automobile Club d'inscrire sur le carnet une valeur de 2300 € et non de 0 € (sinon certains pays très administratifs comme l'Inde posent des problèmes). Si vous partez pour plus d'un an, prévoyez le renouvellement du carnet (coût + caution) auprès d'un Automobile Club local (ou affilié) Ça peut devenir laborieux selon les échanges de courriers entre les deux clubs (pour nous cela a duré un mois en Inde). Choisissez un pays "efficace" où vous restez assez longtemps."

Sophie du Peloux

Vente d'un véhicule en Australie : à savoir

"Quelques remarques : les prix sont moins élevés qu'en France, ainsi que les carburants. Il est plus difficile de revendre un véhicule dans un état différent de celui où il a été immatriculé. Il est fortement conseillé de prendre une adhésion au NRMA (l'équivalent de l'Automobile Club) http://www.nrma.com.au, pour une somme dérisoire (environ 24 €), on vous paiera l'hébergement et la location d'un véhicule le temps de l'immobilisation du vôtre (en cas de panne ou d'accident). Ils ont aussi d'autres services, une distribution gratuite de cartes routières et un guide des campings de l'ensemble du pays."

Michel Boge et Agnès Morancho
Voyage d'un an en Australie.

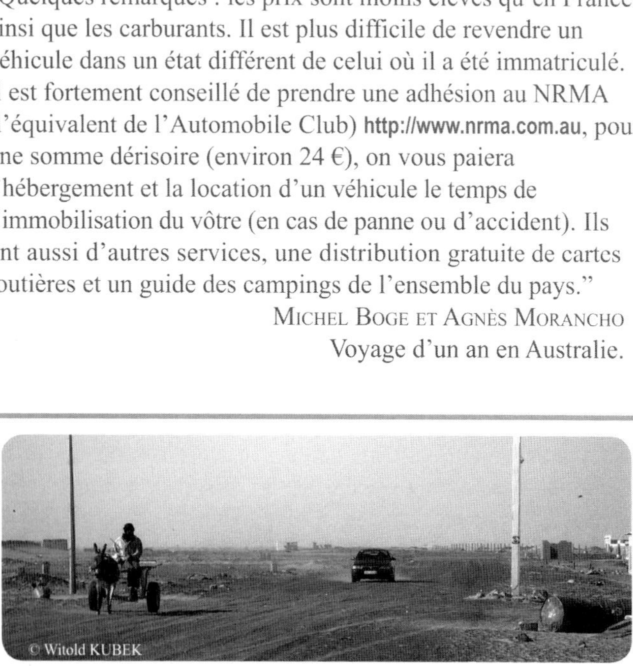
© Witold KUBEK

► Acheter ou vendre son véhicule à l'étranger

6 - L'hébergement

Au Tibet, hébergement pour trekkeurs.

Où dormir ce soir ?

La question quotidienne du voyageur au long cours qui débarque dans une ville ou un village dont il ne connaît rien : trouver un logement adapté à ses moyens, éviter les arnaques, faire des rencontres, pouvoir rester et visiter l'endroit en toute tranquillité.
Bien souvent on est agréablement surpris par l'hospitalité des gens sur place. Mais comme pour tout, il faut s'adapter à l'endroit. L'important, c'est de s'informer autant que possible au préalable, de garder une certaine ouverture d'esprit et de faire preuve de respect.

Camping avec les fantômes

"L'extrême Ouest népalais n'a aucune infrastructure prévue pour les étrangers. La première nuit que nous avons planté la tente dans la zone, les habitants d'un village voisin sont venus nous déloger car nous risquions de voir des fantômes ! Finalement nous avons dormi chez eux, et partagé des moments fous avec des gens heureux de nous montrer leur vie." KARINE MEUZARD

HÔTELS, LODGES, PENSIONS

Logiquement, l'hébergement demeure l'un des premiers postes de dépenses en voyage, souvent un tiers environ du budget sur place, surtout si l'on a choisi de dormir en hôtel. D'où l'intérêt peut-être de faire les bons choix…

Les catégories

Sans vouloir trop généraliser, pour le voyageur visitant notamment les pays non occidentaux, on peut diviser les hôtels en quatre catégories ayant chacune leurs propres spécificités.

Les hôtels de luxe

Au-delà des 4 ou 5 étoiles, souvent inabordables pour le voyageur, on peut aussi ranger dans cette catégorie les établissements proposés dans les formules "tout inclus". Bien entendu, la localisation, les services et les équipements, tant au niveau du lieu que des chambres, sont censés être (du moins en principe) au rendez-vous.

• Les plus et les moins :

Si bien sûr la qualité est un plus indéniable, celle-ci se paye… à moins d'avoir choisi la formule "tout inclus" dont le prix de base est tout à fait abordable (mais attention aux dépenses annexes). D'autre part, nombre d'hôtels de luxe de par le monde ont tendance à se standardiser et l'on y côtoie souvent le même type de personnes. Bref, hors "tout inclus", l'hôtel de luxe peut bien sûr s'envisager si l'on a les moyens ou envie de se faire un petit plaisir occasionnel. Mais à y être, autant privilégier les établissements de charme ou "uniques" et savoir aussi que le luxe coûte souvent un peu moins cher dans les pays non occidentaux ou certaines villes dont en premier lieu Las Vegas ou Dubaï.

Les milieux de gamme

Plus précisément, les hôtels/motels appartenant à des chaînes internationales, ou faits pour les touristes ou certains voyageurs d'affaires, ou encore se situant dans la gamme 2 ou 3 étoiles. Sans forcément être le très grand luxe, la qualité et les services (chambre avec salle de bain, télé, clim, personnel parlant au minimum un peu anglais, service bar, consigne, etc.) sont en principe là. C'est cette catégorie que l'on retrouve le plus dans beaucoup de guides, car ils présentent un assez bon rapport qualité-prix ou correspondent à l'attente de la majorité en terme de services, d'équipements, mais aussi d'hygiène et de sécurité.

• Les plus et les moins :

Très intéressant pour ceux qui sont un peu exigeants sur l'hébergement, veulent se "rassurer", voyagent en famille (ou même pour affaires), ou encore ont un budget honnête. Par contre, c'est vrai que le côté "local" ou "couleur locale" ne sera pas toujours au rendez-vous, au point que l'on risque de retrouver la même standardisation d'un pays à l'autre, notamment pour ce qui est des chaînes d'hôtels, tant dans les lieux que parmi les clients.

Les établissements locaux

Sous ce label, on sous-entend qu'à l'origine l'hôtel vise, ou visait, une clientèle locale en dehors des guides et réseaux touristiques traditionnels. Mais attention, "local" ne veut pas forcément toujours dire "bas de gamme" tant dans les services ou équipements qu'à l'occasion même dans les tarifs. Les choses y sont juste parfois un peu moins standardisées, organisées ou "occidentalisées" que dans la catégorie précédente. Bref, certains de ces établissements (y compris familiaux) n'ont rien à envier à d'autres plus reconnus. D'ailleurs, les voyageurs l'ont bien compris, au point que nombre de ces hôtels sont passés avec le temps d'une clientèle locale à une plus internationale.

C'est dans cette catégorie que l'on rencontre ce que beaucoup (y compris les guides) appellent les "hôtels pour routards", soit un cadre local mélangé à un service et des équipements à mi-chemin entre le local et l'international. Et, assez souvent aussi, un (très) bon rapport qualité-prix à la clé.

• Les plus et les moins :

Généralement, un bon rapport qualité/prix dans un "cadre local", et l'idéal pour nombre de voyageurs sac à dos ou à petit budget. Par contre, c'est vrai que cette catégorie demande parfois de savoir s'adapter et ne pas être trop exigeant sur les services et autres équipements.

Les "basiques"

Du sommaire au sordide, et ce, à tous les niveaux. Même si généralement les prix sont plus que modiques, dans bien des cas, le rapport qualité/prix n'est quand même pas terrible. À moins de vouloir systématiquement le "moins cher" possible, pour à peine plus, on trouvera souvent des choses bien plus sympas qui feront apprécier le voyage.

• Les plus et les moins :

Hormis le prix et, à la limite, le fait d'avoir opté pour un hébergement local réellement "hors sentiers battus", pas vraiment d'avantages, et même quelques risques toujours possibles dans les endroits les plus glauques...

La localisation

Au-delà des catégories, la localisation peut être le deuxième critère de sélection. Selon que l'établissement sera situé en centre-ville, en périphérie, en campagne, au bord d'une autoroute, en bord de mer, etc., on ne retrouvera pas forcément les mêmes choses et les mêmes prix (ou frais annexes), y compris pour une même gamme d'établissements.

En ville

C'est logiquement ce que l'on souhaite privilégier dès lors qu'on visite une ville, surtout si on ne dispose pas d'un véhicule. Évidemment, pour une même catégorie, les hôtels en ville demeurent généralement plus chers que les autres. Assez souvent, du fait de la demande très forte, les services et équipements peuvent être plus limités, la surface des chambres plus petites (il faut "rentabiliser" l'espace), et l'accueil pas toujours au top. À cela s'ajoute aussi que si le quartier est touristique et/ou bruyant il

© Karine MEUZARD

n'est pas sûr que l'on passera toujours une bonne nuit.

• Les plus et les moins :

L'avantage principal d'un hébergement en (centre-)ville est bien sûr la proximité de l'animation et des choses à voir. Inconvénient, le prix ou le rapport qualité-prix n'est pas toujours au rendez-vous, surtout si en plus on dispose d'un véhicule dans un établissement sans parking. Également, la forte demande pour certains hôtels ou à certaines époques de l'année implique que l'on fasse des réservations préalables.

Périphérie des villes

On y trouvera aussi bien des établissements "indépendants" que désormais de plus en plus d'hôtels/motels de chaînes du type Formule 1.

Si ces derniers sont assez connus et recherchés pour leurs prix par les voyageurs (surtout les motorisés), ce n'est par contre pas le cas des hôtels "traditionnels". Les recherches d'hébergement portent en effet souvent sur une ville (ou une chaîne d'hôtels), mais rarement sur sa banlieue. Et pourtant, il y existe évidemment nombre d'hôtels de toutes qualités qui, puisque moins courus, offrent souvent des tarifs et un rapport qualité/prix intéressants comparés à ceux de la ville, avec en prime parfois une meilleure tranquillité et un meilleur accueil.

• Les plus et les moins :

L'avantage principal est souvent de meilleurs prix que les adresses des centres-villes, même s'il est vrai que les établissements des chaînes n'offrent pas toujours un environnement des plus sympas, ou que certaines périphéries ne sont guère réjouissantes. Par contre, c'est vrai qu'étant moins centraux, ils demandent parfois de disposer d'un véhicule, ou en tout cas de tenir compte des transports en commun existants et de leurs coûts. Bref, de bonnes opportunités, mais qui, pour le voyageur non motorisé, demandent de petites recherches préalables pour éviter notamment que l'économie sur le prix de la nuit ne soit engloutie par les transports pour s'y rendre (prix, durée).

Zones touristiques, stations balnéaires

Un peu le même principe que pour les villes, plus il y a de monde et qu'on s'approche, par exemple, du site à voir ou de la mer, plus le rapport qualité-prix diminue. Indéniablement, c'est là aussi que l'on risque le plus d'abus et d'arnaques, notamment en haute saison. Bref, à moins de ne pas être regardant sur son budget ou d'avoir un coup de coeur, autant peut-être s'éloigner un peu du périmètre touristique. Là aussi, mieux vaut penser à réserver en saison, surtout pour les meilleures adresses.

• Les plus et les moins :

Certes, il y a la facilité et le plaisir d'être au cœur du lieu, mais aussi le prix qui va avec ou la déception entre ce que l'on a imaginé et la réalité de ce qu'on aura. De plus, dans les zones les plus fréquentées, tout étant fait dans le sens du visiteur, on obtient assez souvent un cadre et une ambiance assez artificiels, bien loin de ce qu'on retrouvera ailleurs dans le pays. Ce dernier point étant d'ailleurs tout autant valable lorsqu'il s'agit de "touristes" que de "routards".

Périmètre touristique

C'est, selon les cas, la ville, le quartier, la rue qui attire les touristes et concentre nombre de services et d'infrastructures faites avant tout pour les visiteurs avec bien sûr les prix qui vont avec. Hôtels, bars, restos, boutiques, cybercafés, taxis, etc., les tarifs proposés peuvent à la longue facilement faire exploser le budget. Sans pour autant vouloir fuir à tout prix ce genre d'endroits qui peuvent aussi être sympas, ceux qui veulent faire des économies trouveront souvent les mêmes choses à proximité (parfois même à quelques mètres dans des rues parallèles) à des tarifs moindres.

Hors agglomérations

Concerne avant tout ceux qui voyagent avec leur véhicule, soit qu'ils aient choisi de s'éloigner un peu des zones à visiter pour dormir, soit qu'ils effectuent une longue étape de transition entre deux sites à voir (comme aux États-Unis, par exemple).

Dans tous les cas, on trouvera nombre d'opportunités pour passer une nuit, de l'hôtel local au motel d'autoroute. En attendant, ces adresses ne figurant généralement pas sur les guides, ça sera à chacun de chercher par soi-même. Au final, on pourra souvent dénicher des choses honnêtes, voire même très intéressantes, en terme de rapport qualité/prix, pour peu qu'il y ait une petite concurrence. La seule chose à savoir au niveau tarifs étant que les hôtels/motels d'autoroutes sont généralement plus chers que leurs concurrents parfois à peine plus éloignés situés hors celle-ci.

• Les plus et les moins :

Dormir hors agglomération/zone touristique peut être intéressant à bien des niveaux dès lors que l'on est autonome en matière de transport. Évidemment, si la demande limitée offre l'espoir de tarifs intéressants, certains pourront cependant se sentir un peu frustrés d'être loin du lieu qu'ils veulent découvrir.

Question prix et rapport qualité/prix

Quelques constatations

Comme pour les tarifs aériens, les prix des hôtels varient bien évidemment selon les époques ; la haute saison étant de très loin la plus chère.

De même, la loi de l'offre et la demande fait grimper les prix. Donc outre la période de l'année, la localisation des établissements joue bien sûr un rôle important en la matière.

À qualités égales, le fait qu'un établissement travaille avec un public plutôt local ou international aura une incidence sur les prix ; dans le second cas, ceux-ci risquent d'être plus chers.

Au-delà du prix seul, regarder aussi le rapport qualité/prix. Parfois, pour à peine plus, on obtiendra une qualité (services et équipements) nettement supérieure qui vaudra le coup.

Il faut savoir que chaque pays dispose plus ou moins de ses propres critères d'attribution d'étoiles. Donc, un 4 étoiles à l'étranger pourra être parfois simplement l'équivalent d'un 2 ou 3 en France. Et de toute façon, le plus souvent les étoiles correspondent juste à des équipements/normes censés être présents et non leur qualité ou mise en valeur.

Dans tous les cas, attention aux frais annexes (transports pour accéder à l'hôtel, frais de parking, repas obligatoire, etc.). Enfin, coupons à tarifs réduits, offres spéciales, réservations préalables • notamment en ligne, négociations et marchandage sont, au final, autant d'éléments qui peuvent jouer sur le prix à payer.

Pour faire des économies

Au niveau tarifs, on peut désormais avoir une première idée via Internet en cherchant les sites des hôtels ou en jetant un oeil sur les comparateurs.

Dans certains pays d'Europe (dont la France), et surtout aux Etats-Unis, nombre de chaînes proposent des tarifs réduits le week-end ou, au contraire, en semaine. Autant en profiter, de même qu'il peut être intéressant également de récupérer les coupons de réductions que l'on trouve dans les "gratuits" (ou même sur Internet), comme aux États-Unis. Également, sur Internet, on peut trouver des tarifs préférentiels, parfois uniquement disponibles en ligne.

Périodes touristiques

Vacances estivales ou de Noël et week-ends à rallonge sont autant de périodes à éviter si l'on souhaite faire des économies, et cela aussi bien dans le domaine des transports qu'une fois sur place pour tout ce qui est hébergement. Sans parler non plus de l'affluence que peuvent connaître certains endroits.

À signaler cependant que, si l'on doit prendre en considération nos périodes traditionnelles de congés ou de fortes demandes, il ne faut pas oublier non plus celles qu'il peut y avoir au niveau local dans les pays que l'on souhaite visiter par exemple l'été austral dans l'hémisphère Sud.

Bref, autant partir hors périodes de pointe, ou même parfois décaler de quelques jours pour éviter le monde, et surtout les augmentations de prix qui vont généralement avec.

Quant à voyager en basse saison, c'est une solution qui permet de faire des économies certaines, mais qui a aussi pour inconvénients de voir parfois nombre de choses fermées et un climat pas toujours très favorable. Donc, pour beaucoup de destinations, la moyenne saison demeure l'idéal à tous les niveaux (tarifs, affluence, climat...).

Conseils

Si l'on reste assez longtemps, essayer de négocier un prix. Et pour certains pays, marchander même pour une seule nuit.

Si l'on n'a rien contre, demander (dans les petits établissements) s'il n'existe pas des dortoirs qui sont plus économiques.

Ayez une idée du prix avant et/ou regardez les prix affichés avant de vous engager. Et si le tarif qu'on vous propose est plus cher, demandez pourquoi.

Si l'on est seul, on peut essayer de partager sa chambre avec quelqu'un d'autre (à attendre devant l'hôtel).

Certains établissements indiqués dans les guides (dont le Routard ou le Lonely) ont parfois tendance à augmenter leurs tarifs par rapport à leurs concurrents non mentionnés. De fait, on n'est pas toujours obligé de se rabattre sur ce qui marqué dans les guides.

Attention enfin aux intermédiaires (taxis, guides ou autres) qui veulent vous accompagner jusqu'à un hôtel. Outre le fait qu'ils peuvent vous envoyer où ils veulent, il y a généralement pour eux une com à la clef qui sera répercutée sur votre prix.

Choisir sa chambre

Vous avez découvert le bon hôtel ? À vous maintenant de trouver la bonne chambre, ou en tout cas celle qui correspondra le mieux à la nuit que vous avez envie de passer.

De manière générale, une chambre sympa le jour ne l'est pas forcément la nuit, surtout quand on espère le calme et la tranquillité. Donc, si possible, visitez avant de payer, testez aussi les sanitaires et le matelas. Pour ne pas être dérangé par les bruits de l'hôtel, évitez les chambres près de l'ascenseur, du bar, du resto ou des cuisines (odeurs en plus), celles proches de la réception (arrivées tardives et départs matinaux des clients), et pour les couche-tôt celles à proximité de la salle TV, du bar, de la terrasse, de la cour ou du jardin, qui accueillent régulièrement les clients insomniaques. Si vous avez le sommeil léger, ne choisissez pas de dormir côté rue si celle-ci semble passante ou animée et vérifiez l'existence de rideaux ou de volets si vous ne voulez pas être réveillé par le jour.

N'hésitez pas non plus lorsque vous prenez possession des lieux (et non pas à minuit au retour du resto) à demander si nécessaire à changer la literie si elle est douteuse, monter le chauffage, baisser la climatisation, ou à demander un ventilo pour la nuit. Sans oublier évidemment, sous peine de devoir cogner longtemps à la porte, de poser la question de l'heure du couvre-feu et et de comment faire pour rentrer passé celui-ci.

© Karine MEUZARD

Partager une chambre à plusieurs

Enfin, si vous êtes voyageur solitaire et souhaitez partager votre chambre pour faire des économies (ou des rencontres), le plus simple après avoir choisi celle-ci est d'attendre à la réception l'arrivée d'un(e) autre solitaire pour lui proposer le partage.

Équipements à prévoir

Sauf si vous ne séjournez que dans des établissements haut de gamme ou si vous restez en Europe et en Amérique du Nord (et encore), il est souvent utile sinon nécessaire de prévoir un minimum d'équipement pour passer de bonnes nuits.

Matériel de nuit

- Cadenas
- Duvet léger et peu encombrant
- Réveil de voyage
- Bougies et/ou lampe frontale
- Bouchons auditifs
- Masque de nuit
- Papier toilette
- Bouteille d'eau
- Chaussures en plastique (genre tong).

Élément indispensable, le cadenas, qui permet de fermer la porte de sa chambre lorsque celle-ci ne dispose pas de clés (assez courant dans les petits hôtels en Asie ou en Amérique latine). Même si l'hôtelier en a prévu un, vous pouvez utiliser le vôtre pour plus de tranquillité. Choisissez un modèle à combinaison, qui vous évitera bien des déboires si vous perdez la clé, et surtout vous facilitera les choses si vous partagez votre chambre avec d'autres personnes.

Vivement conseillé aussi, une couverture ou un duvet léger et peu encombrant (moins de 15 € en grandes surfaces). En plus de tenir chaud à l'occasion, le duvet vous évite le contact avec les literies douteuses, à supposer que l'on trouve draps et couvertures dans tous les établissements (il n'y en a pas toujours non plus dans les couchettes des trains). Dans certains endroits, une petite moustiquaire imprégnée et un produit antimoustiques pourront compléter votre équipement. N'oubliez pas le réveil de voyage ainsi que des bougies et/ou une lampe frontale, utiles lorsqu'il n'y a pas, ou plus, d'électricité.

Contre les mauvaises odeurs, utilisez quelques bâtonnets d'encens, contre le bruit des bouchons auditifs, et si vous êtes sensibles à la lumière un masque de nuit comme on en donne parfois dans les avions. Quant aux fumeurs délicats, ils prendont leur petit cendrier. Moins aléatoire, le papier toilette et la bouteille d'eau pour les soifs nocturnes.

Enfin, pour accéder à la salle de bains ou aux toilettes, des chaussures légères en plastique pourront rendre service.

CAMPING

À quelle occasion camper?

Même sans être un accro de ce mode d'hébergement, tout voyageur envisagera un jour ou l'autre de dormir sous la tente (voire à la belle étoile) au cours d'un voyage. Et cela que ce soit par goût, pour faire des économies ou simplement parce qu'il n'y aura pas d'autres solutions.

En toute occasion ou par choix pour les inconditionnels, avec à la clé vous diront certains "liberté et indépendance". Et il est vrai que le camping est un moyen pour le voyageur de s'imprégner d'un paysage, d'une atmosphère, d'être en pleine communion avec la nature.

Celui qui a planté sa tente sur une plage en Indonésie, dans une forêt à Madagascar, dans la steppe mongole ou en plein devant une chaîne de montagnes au Zanskar, en Amérique du Sud ou ailleurs se souviendra très longtemps de ces instants magiques.

Bref, ceux-là rechercheront les terrains de camping en toute occasion ou même, le plus souvent, un endroit quelconque pour poser leur tente. Même si dans ce dernier cas le camping sauvage est loin d'être possible partout, et cela aussi bien pour des raisons de configuration des lieux que de sécurité.

Pour faire des économies

C'est finalement pour beaucoup de voyageurs la raison principale de camper, lorsqu'ils se baladent dans des contrées où l'hébergement sous un toit demeure cher. C'est bien sûr le cas dans les pays d'Europe de l'Ouest (et quelques-uns de l'Est), les USA, le Canada, certaines îles des Caraïbes ou du Pacifique, l'Argentine, le Chili, l'Uruguay, le Brésil, l'Afrique du Sud, l'Australie, la Nouvelle-Zélande ou encore le Japon.

Entre la tente (en terrain de camping) et un toit, le rapport de prix s'y établit en effet le plus souvent entre deux et trois au minimum. Pour une nuit en camping à moins de 15 € à deux, l'hôtel coûtera 30 ou 45 €, voire plus. Même un lit dans une auberge de jeunesse sera nettement plus cher que le camping.

Chaînes de campings

Canada :
▶ **www.campsites411.com**
Australie
http://toptourist.contact.com.au/
Thallande.
▶ **http://www.thailand.com/travel/eco/eco_camp.htm**
Nouvelle-Zélande :
▶ **www.holidaypark.co.nz**
USA :
50 000 références de campings.
▶ **http://www.recreation.gov/**
Brésil :
▶ **www.campingclube.com.br/**
Afrique du Sud :
▶ **/www.linx.co.za/camps/**
Zimbabwe :
▶ **www.linx.co.za/camps/provinces/zimbcamp.html**

En règle générale, tous ces pays disposent de terrains, souvent assez nombreux et aménagés, dans les lieux touristiques (dont souvent les parcs naturels), le long des côtes ou dans les stations balnéaires, mais aussi plus ou moins en bordure des villes. Bref, l'infrastructure existe, les prix sont attrayants et le camping demeure un moyen intéressant d'hébergement même s'il faut tenir compte de divers critères et frais annexes.
À l'opposé, la plupart des pays d'Asie, d'Afrique, d'Amérique latine ou d'Europe de l'Est n'offrent aucune infrastructure pour le camping, ou alors pour un rapport vraiment faible face aux hôtels “routards” que l'on peut y trouver. Dès lors, l'économie de quelques euros ne représentera plus guère d'intérêt.
Par contre le camping sauvage est possible dans ces pays car il est peu ou même pas du tout réglementé.

Le camping comme seule solution

C'est le cas de figure qui se présente lors de treks et de randos en pleine nature ou en montagne, quand il n'y a pas de possibilité de gîte ou d'hébergement chez l'habitant à l'étape. On est bien obligé de camper aussi dans les déserts ou dans les endroits très faiblement peuplés, comme la Mongolie.

© Odile PAUGAM

En attendant, la majorité des gens qui effectuent ce type d'aventures le font avec des agences ou des guides locaux qui, souvent, disposent déjà de matériel et gèrent de plus toutes les étapes du campement. Finalement, dans ce cas, il n'y a guère de questions à se poser quant à ses motivations pour le camping.

Conseil ABM !

Quand vous choisissez un camping, pensez aux facteurs éloignement et moyens de transport.

L'emplacement

Quasiment partout on pourra camper en terrain de camping pour moins de 15 €, et même pour beaucoup moins. Un prix intéressant, même s'il arrive parfois que les tarifs proposés représentent un forfait (souvent deux personnes + voiture + tente), sans prix spécifique pour ceux qui voyagent seuls ou sans véhicule.
Du côté des restrictions, on signale au passage que dans des pays comme la Grande-Bretagne ou les USA, tous les campings n'acceptent pas les tentes car ils n'accueillent que des caravanes ou des mobile-homes.
En terrain, le rapport qualité/prix sera bien sûr aussi fonction des équipements disponibles. Certains campings, notam-

ment en Europe, sont très bien aménagés, avec cuisines équipées à disposition, lavomatic, boutiques, piscines, etc., alors que d'autres n'offriront qu'un terrain nu ou presque. Ne pas oublier que certains services (à commencer par l'eau chaude) peuvent s'avérer payants.

Frais annexes, éloignement

Outre le prix et les équipements proposés, un autre élément important à considérer est l'éloignement du camping par rapport à la ville ou le site que l'on souhaite visiter. Pour qui est motorisé, cela ne pose généralement pas de problème. Mais ceux qui voyagent à pied devront tenir compte de ce critère avant de choisir le camping. Bref, pensez à vérifier la distance par rapport aux lieux à visiter et s'il existe des transports, avec leurs prix et fréquences. En général, l'info est disponible dans la documentation des offices de tourisme concernant les campings, dans les guides, ou mieux sur les sites Web de ces derniers.

Donc, obligatoire de s'informer avant, car si les dépenses et contraintes annexes sont trop importantes, autant choisir un autre mode d'hébergement moins éloigné, et qui, tout bien calculé, sera peut-être aussi plus rentable.

Et le camping sauvage ?

C'est l'autre solution envisageable qui, si elle présente beaucoup d'avantages et une liberté totale, implique aussi son lot d'inconvénients. Ne serait-ce déjà que parce que le camping sauvage est interdit dans certains pays (USA...) ou zones touristiques (dont souvent les parcs et réserves). D'autre part l'environnement n'y est pas toujours propice, enfin c'est une pratique qui est parfois risquée.

Question sécurité

Il est clair que le camping sauvage engendre facilement des angoisses chez certains, surtout lorsqu'ils voyagent en solitaire. En plus, certaines zones ont la réputation d'être à risques. La peur de l'agression, des bruits nocturnes ou d'autres choses même produites par l'imagination font qu'on ne passera pas forcément de bonnes nuits.

Si l'appréhension est trop grande, autant éviter le camping sauvage, ou essayer de l'adapter au mieux à ses craintes. On pourra opter pour la formule "semi-sauvage", c'est-à-dire dormir près de chez quelqu'un (jardin ou autre) à qui l'on aura demandé l'autorisation. Le fait d'avoir visualisé le propriétaire des lieux et d'avoir son feu vert laissera l'impression que le monde extérieur ne vous verra plus comme un intrus mais comme un invité.

Autre solution, se rapprocher d'autres campeurs, utiliser les possibilités qu'offrent parfois certains refuges, auberges de jeunesse ou même hôtels qui autorisent les campeurs sur leur terrain (et vous laissent souvent profiter des installations). Et pour le reste, se faire discret.

Pour ceux qui voyagent sans véhicule

Si l'on dispose d'un véhicule, transporter ce matériel ne présentera généralement pas de problèmes. Par contre, évidemment, si l'on voyage sac au dos, tente et autre tapis de sol ou matériel de cuisine risquent fort de s'avérer vite encombrants.

Dans ce cas, la première chose est d'abord de voir l'utilité qu'on en aura. À savoir : va-t-on passer plusieurs nuits sous la tente ? Si non, le surcoût de l'hôtel sera vite amorti face au gain de poids, de volume et de liberté. De plus, si la tente n'est prévue que pour une rando ou un trek, on pourra en général facilement trouver du matériel de location sur place, tant est-il d'ailleurs qu'il ne soit pas déjà fourni par le prestataire (guide, agence...).

Enfin, il faut savoir que nombre de campings louent de plus en plus des bungalows ou des caravanes pour des prix se situant en gros entre ceux de l'hébergement sous tente et en hôtel, pour peu que l'on soit 3 ou 4.

Où camper ?

En ville

Demandez l'autorisation de planter votre tente dans un jardin privé. Évitez par contre les jardins et parcs publics. Moyennant finances, les toits et terrasses de certains hôtels peuvent aussi vous accueillir en Afrique ou au Moyen-Orient. Idem assez souvent pour les auberges de jeunesse partout dans le monde.

À la campagne

Dans tous les cas, mieux vaut déjà se faire discret et s'éloigner un peu des routes. On peut aussi choisir de planter sa tente dans un jardin ou un champ après avoir demandé l'autorisation du propriétaire. Attention, bien sûr, de ne pas se poser sur un champ cultivé ou accueillant des troupeaux.

En forêt

Évitez les endroits humides, et bien sûr de camper directement sous un arbre à cause des chutes de branches toujours possibles en cas de grands vents. Autre conseil utile à rappeler, et pourtant évident, attention si vous faites du feu à ne pas déclencher un incendie.

En bord de mer

Dans beaucoup d'endroits, il est interdit de dormir sur les plages dites publiques, sous-entendu celles qui accueillent les baigneurs, notamment dans les stations balnéaires. Idem à proximité des cam-

Camping sauvage

Quelques trucs à savoir

- Pour planter votre tente, évitez les terrains en pente ou trop caillouteux, les zones de courants d'air ou les hauteurs balayées par les vents. Attention aussi à la proximité de l'eau (mer ou rivière) qui pourrait envahir votre tente.
- Plantez toujours la tente dos au vent.
- Isolez-vous du froid qui vient du sol par un matelas ou une couverture. Même chose au niveau de vos affaires, protégez-les de l'humidité par des sacs poubelles étanches.
- Enfin, si vous voyez qu'il pleut beaucoup, creusez une petite rigole d'écoulement tout autour de votre tente.

Bien sûr tous ces conseils pratiques sont également valables si vous plantez votre tente en terrain aménagé.

Camping au Kirghizstan

"Au Kirghizstan nous tentons en vain de trouver un endroit où planter la tente. Cela semble compromis. Notre chauffeur a pourtant bien compris ce qu'on cherchait : "No benzine, no music, no tourist...". Les consignes sont formelles !
Au bout d'une petite route à la sortie de la ville, l'endroit semble paradisiaque. Mais une babouchka sortie tout droit de son verger manque de faire un infarctus à l'idée de nous savoir dormir là : "problem, militsia". Ah bon ? Zut alors. Et la petite dame de nous offrir le logis. Comme le hasard fait parfois bien les choses ! La famille de Kazakhs qui nous accueille (sans nous demander de visa de transit…), est on ne peut plus charmante. Plantée au fond d'un jardin d'Eden, la maison de poupée est faite pour nous. Un immense verger et potager travaillés et soignés avec amour, où pousse, dans une anarchie qui n'est qu'apparente, tout ce que la terre fait de meilleur : abricots, pêches, poires, cerises, framboises, fraises, pommes, concombres, pommes de terre, courgettes, choux, tomates, poireaux, des fleurs multicolores et des poules et des lapins géants qui semblent aussi sortir de terre… Un jardin extraordinaire ! C'est un bonheur de voir ces gens-là penchés avec tant d'amour sur toutes ces petites et grandes pousses. Pendant 3 jours, nos amis vont nous bichonner en demi-pension pour trois fois rien. On nous mitonne d'incroyables petits plats de grand-mère, car ici TOUT est fait maison ! Les yaourts, le pain, les crêpes au petit-déjeuner, les fruits confits, et même l'alcool de fraise et le vin distillés devant la porte de notre chambre. On mange en famille sous une cabane de bois dans le jardin et même si nos deux mots de russe nous limitent, la bonne humeur et l'incroyable gentillesse de ces gens suffisent à communiquer. Un endroit de rêve où il ferait bon rester indéfiniment, des jours entiers à abuser de toutes ces bonnes choses. Mais l'appel des montagnes (et aussi du visa qui court, malheureusement) se fait entendre et il nous faut reprendre la route. On se sépare à contrecœur de cet exquis paradis."

CLAIRE ROUAULT

pings. Restent bien sûr les plages plus tranquilles. Dans tous les cas, choisissez un endroit à l'abri du vent (entre des dunes par exemple), et surtout évitez de vous placer trop près de l'eau, ne serait-ce qu'à cause des marées (entre la basse et la haute, il peut y avoir plusieurs centaines de mètres de plage recouverts par l'eau).

En montagne

Comme à la campagne, évitez de vous poser dans un terrain cultivé. Pensez au vent, aux chutes de branches et de pierres. Attention aux cours d'eau, qu'un violent orage pourra faire déborder. Dans certains coins de montagne, il existe des zones de bivouac, et il est généralement possible de camper près des refuges.

Respecter l'environnement

Quelques règles simples afin de laisser le site dans l'état dans lequel on l'a trouvé et de ménager l'environnement. Le premier principe consiste à ne pas camper sur des zones cultivées ou dans des endroits où il est mentionné "défense d'entrer".

• Toilettes : mieux vaut se mettre à distance d'une rivière ou d'un point d'eau. Faire un trou et le recouvrir; brûler ou emporter le papier toilette, qui a tendance à se dégrader lentement. Pour se laver, ne pas utiliser le savon directement dans les points d'eau ou dans les rivières ; celui-ci en effet risque de laisser des traces dans l'eau.

• Vaisselle : même principe que pour la toilette. Évitez de faire la vaisselle directement dans un torrent ou un cours d'eau en employant des détergents et autres produits vaisselle. Prenez plutôt un récipient pour laver et jetez l'eau usagée à quelques mètres du rivage.

• Déchets : la source la plus visible et scandaleuse de pollution quand on fait du camping sauvage. Pensez à éliminer ou à emporter vos détritus. Rapportez notamment avec vous les conserves, plastiques et autres emballages. Ne les déposez pas dans un trou en espérant que la nature fera le reste. À la limite, même pour les déchets biodégradables, rien n'empêche de procéder de même. Enfin, replacez les pierres ayant servi à faire le feu ou à maintenir votre tente.

© Karine MEUZARD

Pérou

"Aux premiers rayons du soleil, entrouvrir légèrement sa tente et s'émerveiller devant cinq des plus beaux sommets de la cordillère Huayjuash se reflétant dans les eaux turquoises du lac Carhuacocha… un des moments magiques du trek."

Sandrine Payan, *Les Andes, treks, randonnées,* éd. Glénat.

CHEZ L'HABITANT

Profitez du voyage pour partager le quotidien d'habitants des pays que vous visitez : bed and breakfast, logement chez l'habitant, ça change !

Bed and breakfast

D'origine anglo-saxonne, le B & B est devenu la forme la plus élaborée d'accueil par un particulier. Celui-ci met à votre disposition une chambre, prestation à laquelle s'ajoute le petit déjeuner, assez souvent dans un cadre "sympathique et de caractère".

Cela dit, contrairement aux autres formes d'hébergement entre particuliers, les B and B ont de plus en plus tendance dans nombre de pays à devenir des modes d'accueil "structurés" à la façon des hôtels. C'est-à-dire ouverts à l'année, prévus pour un bon nombre de visiteurs et gérés à temps plein par des propriétaires que l'on n'aura d'ailleurs pas toujours l'occasion de rencontrer.

Bref, une formule qui ressemble de plus en plus à de l'hôtel, dans un cadre et un contexte toutefois théoriquement un peu spécifiques. D'ailleurs, aux USA, un bed and breakfast désigne souvent simplement un établissement géré par un particulier et non une société ou une chaîne. Au niveau prix, le B and B est la formule entre particuliers qui revient le plus cher, avec des tarifs proches, sinon supérieurs, à ceux des hôtels.

Agences spécialisées sur le logement chez l'habitant à l'étranger :

- **www.bedycasa.com/fr/**
- **www.rootstravel.com**

Chez les gens

Cette fois il s'agit d'être accueilli et de vivre réellement pendant un temps avec d'autres personnes.

Contrairement à de nombreux B and B, les personnes qui hébergent ne le font pas, ou rarement, en permanence et l'accueil de voyageurs à domicile n'est pas forcément lié au désir premier de gagner quelque argent. Bref, c'est l'envie de partage et de rencontre qui demeure souvent la motivation initiale des uns et des autres.

Concrètement, ce type de formule se retrouve dans la plupart des pays, proposé par un peu toutes les catégories de populations de façon organisée via des structures existantes (agences, associations…) ou au contraire de manière plus confidentielle. Et, à la clé, des hébergements et des conditions de séjour également dans toutes sortes de logements, des plus luxueux aux plus modestes. Très souvent les durées d'accueil demeurent assez courtes.

Bien sûr, n'importe qui peut proposer d'héberger d'autres personnes, gratuitement ou moyennant finances. Via certains réseaux, il peut être cependant demandé d'adhérer à des principes spécifiques, d'accepter d'être aussi hébergeur, ou encore d'appartenir à une catégorie socio-culturelle particulière. Il en va ainsi de structures réservées par exemple à ceux qui voyagent à vélo, en

B&BREAKFAST ET LOGEMENTS

Bed and breakfast et logement chez l'habitant.

B AND B TRAVEL GUIDE
Un site (anglophone) évidemment consacré aux B and B mais aussi aux auberges. Son but : référencer l'existant dans tous les pays du monde avec adresses, tarifs, descriptifs et liens vers les pages Web des hébergements. En tout des offres dans une bonne quarantaine de pays.

▶ **http://www.ibbp.com/**

Le couch surfing,
Le couch surfing signifie littéralement 'surfing du canapé'. Cela consiste à recevoir une ou plusieurs personnes de manière plus ou moins sommaire, en offrant le canapé pour une nuit, un endroit pour planter la tente, une chambre avec commodités, ou pourquoi pas un simple café au cours duquel vous indiquerez à votre invité les bonnes adresses de votre région... Il n'y a pas de règles vraiment définies, et c'est ce qui fait le charme de ce système.

▶ **http://www.couchsurfing.com/**

Autres sites à conseiller :

▶ **http://francais.hospitalityclub.org**
▶ **www.servas-france.org**

stop, qui sont adeptes de l'espéranto, etc. Très souvent l'inscription à un réseau est gratuite pour l'hébergeur, mais il arrive par contre qu'une cotisation soit demandée à ceux qui cherchent un hébergement (parfois simplement pour pouvoir accéder aux offres).
Quant aux coûts, ceux-ci peuvent aller de la gratuité à des tarifs qui de toute façon demeurent en principe en dessous de ceux des hôtels (du moins dans les pays occidentaux), même si des cadeaux ou une aide aux dépenses ménagères peuvent être aussi envisagés en complément. À l'occasion, sur le plan pratique, une participation active à la vie de tous les jours est la bienvenue de la part des voyageurs hébergés.

Trouver un logement chez l'habitant

Deux solutions : passer par des organismes existants et disposant d'adresses ou se débrouiller par soi-même.
Dans le premier cas, pas de problème, les sources sont dans l'ensemble bien connues et facilement accessibles.
Par contre dans l'autre cas... Pour trouver par soi-même à loger chez l'habitant dans les grandes villes, mieux vaut d'abord avoir un contact, et c'est plus facile à la campagne. Renseignez-vous auprès des offices de tourisme locaux : s'ils sont bien organisés ou situés dans des régions où la pratique est courante, ils disposent de listes et pourront vous aider dans vos démarches.
Mais en attendant, il faudra aussi le plus souvent sortir de sa coquille et ne pas hésiter à aller vers les gens pour dénicher la bonne adresse. Les commer-

Cuba

"Cuba est le pays par excellence où loger chez l'habitant. Pratique courante qui vous revient entre 10 et 20 US $/jour. Marchandage de rigueur. Les prix varient en fonction du type d'habitation, du quartier et de la ville. À La Havane, les tarifs peuvent aller du simple au double. Il m'a été possible de louer un deux pièces sur l'île de la Jeunesse (en face de La Havane) pour 10 US $ par jour, alors qu'à ce prix-là il n'est pas évident de pouvoir louer quelque chose dans la capitale. Si vous n'avez aucune adresse avant votre départ, ne vous inquiétez pas : une fois là-bas, vous serez probablement sollicité. Normalement la personne qui vous héberge doit vous déclarer sur un registre spécial et payer un impôt mensuel (de100 à 200 US $ par chambre, le salaire moyen mensuel est de 15 US $). Peu de gens respectent ces conditions, mais vous ne risquez rien et vos bagages non plus."

PASCAL SARFATI

çants peuvent être de bon conseil. Vous serez surpris de voir qu'il y a souvent de la place pour un étranger de passage ; la loi de l'hospitalité marche encore très bien dans nombre de pays. Parler la langue facilite bien sûr le contact.

En faisant du stop ou en se déplaçant en transports locaux, on fait des connaissances et on se fait inviter. Cette hospitalité est forte dans les pays musulmans, où l'étranger est bien accueilli.

Il est courant (sauf dans les pays occidentaux) de se faire aborder à la descente d'un train ou d'un bus, ou même dans la rue avec son sac sur le dos, et de se voir proposer un hébergement chez un particulier. C'est le cas dans les endroits à faibles capacités hôtelières ou à forte affluence touristique ; les familles prennent le relais en accueillant les voyageurs moyennant finances. Essayez d'avoir une idée du prix de l'hébergement dans la région pour éviter des malentendus. En principe l'hébergement chez l'habitant reste plus économique que l'hôtel, à qualité égale.

Payez vos nuits de préférence aux personnes qui occupent la maison plutôt qu'à un rabatteur ou à un intermédiaire (qui d'ailleurs s'il n'est pas de la famille touchera sa commission au passage, comme pour les hôtels).

Mais attention, selon les cas, vous pourrez tomber aussi bien dans des maisons agréables où la famille est adorable que dans des endroits sordides, avec poux ou autres compagnons indésirables... En cas de doute, laissez parler votre intuition, quitte à ne pas tenter l'aventure si "vous ne le sentez pas".

Comment se conduire chez les gens ?
Considérez-vous d'abord comme un invité et non comme un client. Refuser le plat offert ou un verre de bienvenue est mal venu. Prenez le temps de parler avec vos hôtes, présentez-leur l'endroit où vous vivez à l'aide de cartes postales de votre ville, de photos de votre maison, de votre famille, etc. Tout le monde n'a pas la chance de voyager... Les personnes qui vous accueillent ne sont pas à votre disposition, respectez leur maison et leurs coutumes !

Iran : hospitalité et partage

"Une rue ombragée de la petite ville de Bam. Nous nous reposons sur un banc lorsqu'une voiture plus toute jeune s'arrête quelques mètres derrière nous. Une famille iranienne en descend pour le traditionnel pique-nique dominical. La couverture est étalée à l'ombre, les plats et la théière disposés dessus. Pezhman nous apporte des pamplemousses, du fromage et du thé, pendant que ses parents nous observent en souriant. La famille vient de Kernan pour visiter, comme nous, la citadelle de Bam. Et c'est avec leur numéro de téléphone en poche et la promesse faite de venir les voir que nous nous quittons. Quelques jours plus tard, nous nous présentons chez Pezhman après lui avoir téléphoné. Chaleur et spontanéité de l'accueil : sucreries et verres de thé défilent devant nous sur le grand tapis du salon, tandis que Pezhman va chercher un ami pour l'aider à nous faire découvrir sa ville. Pendant ce temps, sa mère nous installe dans une chambre et commence à préparer le repas avec sa fille. À notre retour, la table est installée à même le sol dans le salon et déborde de plats simples et succulents que nous partageons avec les sœurs et les beaux-frères réunis pour l'occasion. La soirée se poursuit en discussions, jeux de cartes et télévision. La curiosité de découvrir des modes de vie différents et l'échange de petits cadeaux combleront l'obstacle linguistique, les images et le lexique de nos livres formant un excellent support de conversation et de curiosité. Cet épisode banal illustre bien le sens de l'hospitalité des Iraniens, qui tout au long de notre voyage ne se sera jamais démenti."

MICHÈLE MAUVIEUX
Voyage en Iran pendant 6 semaines.

Tenez compte aussi dans les rapports humains du prix des nuitées. Donnez à la famille qui vous aura hébergé, et peut-être aussi nourri, plus ou moins l'équivalent de ce que vous auriez dépensé à l'hôtel. Cela en argent, mais aussi parfois en nourriture ou en offrant un objet qui manque. À vous de sentir ce qui sera le plus facilement accepté : il ne s'agit pas de vexer votre hôte mais de le remercier. Autre idée, offrir des cadeaux aux enfants et envoyer une photo d'eux dès votre retour chez vous.

Échange d'appartements

Assez différent est l'échange d'appartement (voire aussi de camping-car). Dans ce cas, vous logez au domicile de votre correspondant et celui-ci dans le vôtre. En parallèle, vous utilisez généralement aussi le véhicule de votre hôte.

Assez répandue chez les Anglo-Saxons, cette formule est loin de toucher l'ensemble des pays. D'abord parce que le système fonctionne avant tout sur une confiance totale et réciproque, que les logements doivent souvent avoir un certain standing et que les dates et envies de chacun doivent coïncider. Des critères qui limitent les opportunités.

L'info et les prix passent via des réseaux (payants) spécialisés qui centralisent les offres et garantissent leur sérieux et leur qualité. À chacun ensuite de finaliser.

Le site francophone à ne pas rater :

▶ www.echangedemaison.com

Les offres classiques pour des appartements, villas, mobil-homes, pour un week-end ou une semaine minimum :

▶ www.intervaconline.com

Échanges et locations

De bonnes pistes pour échanger des appartements et trouver des locations de vacances originales.

ÉCHANGE DE MAISONS

Propose un système d'échange d'appartements (ainsi que de camping-cars) avec des offres un peu partout à travers le monde (une trentaine de pays). Si un bref descriptif permet d'avoir un premier aperçu des logements, pour les détails et la réservation il est toutefois nécessaire d'être membre.
En parallèle, vous trouverez des rubriques expliquant notamment le fonctionnement des échanges d'appartements ou consacrées aux "FAQ" (réponses aux questions les plus fréquentes sur le sujet).

▶ **http://pages.infinit.net/cerje/**

LFC

À consulter pour des petites annonces de particuliers louant des appartements ou villas pour les vacances. Beaucoup de choses sur la France et les Dom-Tom, mais aussi dans une trentaine d'autres pays.

▶ **http://www.locations-france.com**

▶ **info@locations-france.com**

DÉGRIFTOUR

Offres promotionnelles et de dernière minute pour des locations de maisons partout dans le monde

▶ **www.fr.lastminute.com/**

Echanges d'hébergements par catégories de voyageurs

Voyageurs de tous types

ÉCHANGE DE MAISONS

Propose un système d'échange d'appartements (ainsi que de camping-cars) avec des offres un peu partout à travers le monde (une trentaine de pays). Si un bref descriptif permet d'avoir un premier aperçu des logements, pour les détails
et la réservation il est toutefois nécessaire d'être membre.
En parallèle, vous trouverez des rubriques expliquant notamment le fonctionnement des échanges d'appartements ou consacrées aux "FAQ" (réponses aux questions les plus fréquentes sur le sujet).

▶ **http://www.echangedemaison.com/**

HOSPEX

C'est un site anglophone de voyageurs offrant un hébergement gratuit ou à peu de frais à d'autres voyageurs petit budget. Des membres sur une quarantaine de pays.

▶ **www.hospitalityclub.org/**

TROC MAISON

Pour échanger son appartement ou sa maison pendant les vacances, formule courante dans les pays anglo-saxons, en partenariat avec **trading-homes.com.**

▶ **http://www.trocmaison.com**

Associations particulières

ESPÉRANTO

Si vous souhaitez parler l'espéranto, langue internationale, possibilité d'être hébergé chez l'habitant dans le monde entier par d'autres espérantophones. ▶ **http://www.esperanto.org/**

SERVAS

Association internationale créée il y a 50 ans aux USA (135 pays et environ 20 000 membres) de voyageurs œuvrant pour la paix dans le monde. Le système est basé sur un hébergement "actif", c'est-à-dire la participation à la vie de l'hôte. L'adhérent Servas peut obtenir une liste de personnes pouvant l'héberger à travers le monde (deux nuits maximum). Pour devenir adhérent, il faut un parrainage et un entretien obligatoire. ▶ **http://www.servas-france.org/**

7 - Le retour

Certains moments, comme ici dans l'immensité, restent inoubliables !

Un voyage n'est jamais anodin

Quand on rentre d'un long voyage, l'impression d'avoir vécu plein de choses se heurte avec celle que pendant ce temps-là, chez soi et dans son entourage, "rien n'a vraiment changé". Aussi faut-il se réadapter en douceur. On peut reprendre son travail ou chercher du boulot, mais avant de se remettre vraiment dans le bain, il faudra bien compter un ou deux mois. D'ailleurs quelques semaines de vacances chez soi avant de reprendre le collier peuvent faire une bonne transition. Et s'il y a un peu d'argent au retour, la "réintégration" sera plus facile.

Enthousiasme

"De toute façon on revient enthousiaste d'une telle expérience. En voyage, pas de routine, tous les jours de la nouveauté… On se déplace, les gens que l'on croise sont différents, on se sent vivre très fort. On a un état d'esprit, on est plus ouvert et c'est plus stimulant. Donc une réadaptation difficile mais des souvenirs indescriptibles et magiques." JUDITH MEAUDRE

UNE NÉCESSAIRE RÉADAPTATION

Quelques témoignages sur des retours vécus différemment. Ne pas se complaire dans le souvenir est important. Apprécier la vie d'une autre manière, agir différemment. Le retour réserve aussi son lot de bonnes surprises.

Enrichissement

"Les questions reviennent sans cesse, toujours les mêmes : vos enfants se sont-ils bien réadaptés ? Et, pour vous-mêmes, est-ce difficile de revenir en France ? Allez-vous repartir ? Nos interlocuteurs ont besoin de savoir dans quelle case ils peuvent nous situer. Du statut de nomade, nous avons évolué vers le statut de sédentaire. De marginaux, nous sommes revenus dans la norme et ce n'est peut-être pas tout à fait normal : les enfants vont à l'école, nous habitons une maison, surfons sur Internet et travaillons…
Comme tout le monde ! Alors, pourquoi tant de milles et de kilomètres ? Le voyage nous a simplement appris qu'il ne faut pas hésiter à partir et qu'il est également important de savoir revenir. Tout ce qui a été vécu reste gravé à jamais dans notre mémoire et nous permet d'apprécier l'instant présent. Nous revenons merveilleusement enrichis…"

Michèle Trousseau
Cap vers Bonne-Espérance.

Asocial ?

"On a besoin d'un trimestre de calme, le temps de refaire surface. On a tellement l'impression d'être asocial et de rester à l'écart. On a beaucoup changé, les références ne sont plus les mêmes. Il faut laisser mûrir son expérience. On ne trouve pas toujours à qui parler, des gens qui vous comprennent et ne vous prennent pas pour un fou ou un marginal. On peut être aussi jalousé, donc un moral d'acier est nécessaire."

Florence Taupignon

Plaisir des yeux, du cœur et de la raison

"Rêve éveillé pendant ces longs mois (37 exactement) tels que nous les avions imaginés pour un apprentissage du voyage toujours plein de rebondissements, les rencontres comme les événements imprévus décidant toujours de l'orientation de notre boussole.
Le bilan n'en est que plus positif aujourd'hui. Côté pratique, le budget a été tenu (en moyenne 12 €/pers/jour tout compris) un peu plus en Afrique et en Océanie, beaucoup moins en Asie centrale et en Asie du Sud-Est, notre cassette même renflouée en Australie (travail à la ferme) et en Nouvelle-Zélande (dessins de plans d'architectes, vente d'aquarelles…). Le matériel a plutôt bien résisté en tout cas pour les pièces dignes de ce nom (partis avec 14 kg, nous sommes revenus avec 20 !), les galères et les coups durs distribués en quantité raisonnable, les problèmes de santé sans conséquences graves.

Mais l'essence même de ce voyage se situe ailleurs. Avant tout, dans l'émerveillement quotidien qui nous a été donné au fil d'une route variée qui sans cesse nous a abreuvés de richesses humaines incommensurables, de rencontres surprenantes, de générosité inégalable, les musulmans étant dans ce domaine les maîtres incontestables de l'hospitalité dans sa plus pure tradition. De jour en jour notre curiosité a sans cesse été nourrie bien au-delà de nos espérances. Une découverte des autres avant tout, qui, loin de nous épuiser n'a fait qu'alimenter notre passion pour les hommes et les grands espaces, notre curiosité pour l'inconnu, notre envie d'ailleurs plus forte que tout, notre goût pour un quotidien mouvementé et imprévu, un attrait vers de nouvelles rencontres et un lointain qui continue de nous intriguer… Plus que jamais l'appel de la route nous hante.
Il nous faut repartir… Hormis pendant notre année passée entre l'Australie et la Nouvelle-Zélande où nous étions pourvus de vans hippies trentenaires, nous avons usé un certain nombre de fonds de culottes sur les sièges défoncés d'une quantité industrielle de transports locaux divers et variés, >>

Retour

▶ Une nécessaire réadaptation

>>
dont l'inconfort et le manque d'horaires en tueraient plus d'un. De transport local pour faire local il n'est plus question pour nous. Notre départ prochain se fera à moto, pour une destination qui nous fait encore hésiter entre l'inconnu des grands espaces d'Amérique du Sud ou un retour vers l'un de nos coins favoris : le Sahara ou l'Asie centrale… Un moyen de transport qui devrait nous permettre de planter davantage notre tente, qui n'a pas assez servi pendant ces 3 ans, et de continuer à sortir des sentiers battus mais sans avoir à batailler systématiquement dans le tumulte anarchique des bus et pick-up médiévaux qui abondent en fratries sur cette planète !

À l'inévitable question : “Et ce retour, pas trop dur ?”, la réponse est “Non !” sans hésitation. La France offre un confort de vie inégalable, dont ses habitants ne sont malheureusement pas toujours conscients et qui nous apporte un repos non négligeable après 3 ans. Le retour n'est pas difficile, à notre avis, à une condition : celle de savoir ce qu'on va faire une fois les plaisirs du retour consommés. Avoir une idée, une orientation à donner à la suite. Car rentrer avec une perspective floue ou inexistante doit certainement plonger le voyageur dans une amertume ou une morosité inconfortable. Notre projet à nous étant de repartir, nous apprécions davantage les retrouvailles et les joies d'un séjour qui ne sera que temporaire. Mais à chacun sa voie, la vôtre sera peut-être de retravailler, de vous installer dans une nouvelle région, de refaire votre vie en France sous de nouveaux projets… L'essentiel est de posséder un fil conducteur auquel se raccrocher.

En attendant, nous faisons une cure de produits du terroir qui n'ont alimenté que nos rêves depuis 3 ans, et tentons aussi de mettre de l'ordre dans notre bibliothèque de souvenirs : à peu près 5 500 diapos, plus de 400 dessins par Reno et des pages de textes que nous espérons un jour faire naître sous la forme d'un volume dit “livre” ou plus vulgairement “récit de voyage”. Le plaisir des yeux, du cœur et de la raison Or, depuis notre départ, le paysage du carnet de voyage a subi une surprenante >>

>>
transformation dans un microcosme qui ne cesse de s'agrandir. Mais loin des sponsors, des routes qui mènent sur les traces d'illustres prédécesseurs ou des voyages médiatiques à thèmes variés qui abondent, nous revendiquons notre appartenance à un groupe d'anonymes qui ne voyagent que par pur plaisir. Celui curieux d'aller simplement à la rencontre des peuples avec qui nous partageons la même planète. Le "plaisir des yeux" comme on dit au Maroc. Mais surtout celui du cœur et de la raison."

CLAIRE ROUAULT ET RENO MARCA

Difficulté, liberté, force d'un but

"... Je me demande parfois si, dans nos mondes, ce n'est pas ce qui manque le plus : l'expérience de la difficulté, de la liberté, de la force d'un but. À trop vouloir aider, on a créé la dépendance. À trop vouloir protéger, on a créé la peur autant que des carcans. J'ai parfois l'impression que nos espaces de liberté ont pour limite des lois qui ne s'appliquent qu'à certains, une télévision appauvrissante et le regard des autres dans un système où toute modification des habitudes est perçue comme une attaque.
Je suis loin d'en être amer. Le voyage sert autant à découvrir les coutumes des autres qu'à aiguiser son regard critique sur les différents systèmes. Et j'apprécie notre vie où l'eau coule des robinets, où la nourriture ne fait pas défaut et où sortir le soir ne paraît pas encore une utopie. Je suis juste un peu triste de voir que, trop souvent, l'imaginaire a baissé les bras. J'entends si régulièrement autour de moi "Je m'ennuie" malgré nos jeux vidéo, ordinateurs et autres loisirs, là où d'autres ne perdent pas une seconde en jouant avec des bouts de bois..."

CHRISTIAN CLOT

Extrait de *Amérique du Sud, solitude des terres extrêmes* (éd. ABM-Ultimaterra).

▶ Une nécessaire réadaptation

Nouvelle vision des choses

"Sans le savoir, nous étions déracinés dans tous ces pays et ressentions, sans toutefois en souffrir, un manque profond d'harmonie, d'union inconsciente avec la nature et les cités découvertes en voyage. Mettez un chamois et une marmotte sous les tropiques et vous comprendrez cet indéfinissable besoin que tout être vivant a de respirer dans son milieu naturel. Bien sûr, le bleu des lagons, le sourire des Tahitiens, le goût de la papaye, les couleurs vives des poissons des récifs de corail restent des souvenirs impérissables.
Mais au retour, un bien-être magique vous inonde lorsque vous observez les premières feuilles vert tendre du printemps, les cerises de juin, les érables rouges à l'automne et les premiers sommets enneigés de novembre. Et tous vos sens sont en éveil lorsque vous reconnaissez les odeurs oubliées : celle des foins coupés à la Saint-Jean, celle de la forêt humide au petit matin…"

MICHÈLE TROUSSEAU
Cap vers Bonne-Espérance.

TRAVAILLER DANS LE DOMAINE DU VOYAGE

Vivre sa passion à courir la Terre, qui plus est tous frais payés ? Nombreux sont les domaines qui permettent les déplacements à l'étranger : commerce, transports, communication, humanitaire et bien sûr tourisme. Mais attention, le voyage fréquent, "intéressant", varié, qui se rapproche le plus de ce dont on rêve généralement, est limité et passe souvent par des chemins détournés, rarement par la voie officielle.

La voie "officielle" : les formations tourisme

Avec notamment le BTS du même nom, c'est la voie officielle pour qui veut travailler dans les voyages. Son but est de former à Bac + 2 les futurs employés des agences de voyage aussi bien que ceux des sociétés de transports ou de nombreuses autres structures plus ou moins en rapport avec le tourisme. Mais

avant d'entamer une formation, il semble utile de savoir quels débouchés on est en droit d'attendre.
En premier lieu beaucoup deviennent agents de comptoir d'une agence. C'est un emploi qui demeure avant tout très sédentaire, et même si l'on peut devenir chef de comptoir et éventuellement d'agence, les possibilités de voyages, en dehors de certains avantages parfois proposés, resteront assez limitées.
De la même manière d'autres postes, tels agent de réservation chez un tour-opérateur, forfaitiste, ainsi que divers emplois commerciaux, sont tout aussi sédentaires. Par contre, les fonctions de responsable de fabrication, prospecteur, réceptif, sont plus propices aux déplacements, même si bien souvent cela ne ressemble guère à des voyages.
Bref, pour vivre réellement des voyages au sens où on l'entend, il est plus sûr de choisir d'autres moyens beaucoup moins institutionnels.

La voie "détournée"

Solution peut-être la plus intéressante pour ceux qui souhaitent vivre du voyage : concrétiser et exploiter soi-même ses projets. Dans ce cas, il est vrai que pour certains une école de journalisme, une formation en photo ou vidéo sera toujours un plus intéressant dans la voie choisie. Mais nombre de ceux qui sont tentés par l'aventure préfèrent passer par des voies détournées, mettant à profit des expériences et des contacts glanés hors des circuits officiels. Tout réaliser par soi-même est une autre manière de concrétiser ses envies.

Avant d'agir

Dès lors, que faire et comment toucher au but ? Pour répondre à cette vaste question, il est essentiel de commencer par bien réfléchir pour ne pas risquer d'agir sur un coup de tête, puis d'établir rapidement un bilan et de définir clairement son projet.
À l'évidence, il est préférable qu'il y ait une véritable adéquation entre son bilan, ce que l'on sait faire, ce que l'on aime, et son projet. Basé à la fois sur la motivation et surtout le vécu personnel, professionnel (mieux vaut avoir aussi une certaine vocation à la polyvalence) et "voyageur" de chacun, ce bilan exhaustif doit permettre de faire ressortir les points forts et surtout les faiblesses qui faciliteront ou au contraire compliqueront la réussite. Car très souvent il n'y a pas de bon ou mauvais choix ; il y a juste des personnes capables de les réaliser.
Mais dans tous les cas le chemin risque fort d'être long et difficile, surtout sur le plan financier. Est-on prêt alors à tenter l'aventure, quitte à perdre un certain confort et une certaine sécurité ?

Le contexte

Parallèlement au bilan, l'idée doit être étudiée et approfondie jusqu'à la mise au point d'une "maquette". Il est également préférable d'envisager ce que seront les choses dans un an, trois ans, voire cinq ans. Des questions essentielles pour prendre les bonnes décisions.
Dans la pratique, une solution intéressante consiste à concrétiser progressivement son envie en se réservant une porte de sortie en cas d'échec. C'est-à-

dire un emploi à temps partiel (pour un couple, un travail pour l'un des deux) ou un congé sabbatique (qui peut durer parfois plusieurs années dans certaines administrations) qui permettra toujours d'assurer le côté financier.

On pourra ainsi se tester dans les conditions réelles et choisir sa voie par la suite en toute connaissance de cause, sans pour autant prendre un maximum de risques.

Les choses étant définies, le projet doit prendre forme. Comme pour un dossier de bourse ou de recherche de sponsors, il faut alors envisager sa faisabilité, plus évidemment sa rentabilité, son évolution, les moyens à mettre en œuvre, ainsi que tous les obstacles et contretemps que l'on sera amené à rencontrer. Sans oublier de choisir le statut juridique le plus approprié. En clair, mieux vaut connaître son marché (fonctionnement, concurrence) car la réussite et la continuité passeront obligatoirement par les débouchés et les retombées financières que l'on pourra obtenir.

Malgré tout, au-delà du domaine spécifique choisi, il faudra, du moins au début, accepter une certaine polyvalence. En effet, le pari étant déjà dur à la base, il sera souvent nécessaire pour réussir de savoir s'adapter, de saisir les opportunités au vol, sinon même de devancer ou susciter la demande.

Bref, même s'il est bon de garder une certaine ligne directrice, inutile dans un premier temps de se focaliser sur une seule et même chose.

OPPORTUNITÉS ET TENDANCES

À chacun de connaître ses envies. Mais n'oubliez pas que dans le voyage comme ailleurs il existe des modes et des domaines d'activités très variés. Simplement les opportunités d'y faire sa place demeurent assez mal connues ou définies. Pour la plupart, elles se trouvent surtout hors des circuits ou institutions officiels.

Voyageur conférencier

Le choix le plus répandu et le plus "logique". On monte son voyage, on essaye de le médiatiser et de se le faire financer, puis on exploite les retombées, essentiellement par le biais de conférences ou de festivals et de bouquins, pour recommencer un peu plus tard. C'est l'idéal et le fil conducteur pour beaucoup, qui présente de plus l'avantage de laisser une grande liberté. Ceux qui auront commencé par devenir lauréats d'une bourse de voyage bénéficieront souvent d'un petit avantage utile au démarrage.

Presse et radio

Salariés, free-lance, pigistes, correspondants, on trouve un peu de tout dans ce milieu. Et si faire une école de journalisme et/ou de photo pour se spécialiser peut être conseillé, dans ce domaine comme ailleurs on juge toujours plus le travail réalisé que le cursus de son auteur. Donc attention aux désillusions car, même si les supports sont nombreux et variés, le marché reste pour le moins encombré. De manière générale, ce sera à vous de proposer vos sujets, y compris des sujets axés pratique. Et on ne s'intéressera le plus souvent à votre travail qu'une fois réalisé. Donc guère de possibilités de partir tous frais payés pour effectuer un reportage. C'est d'ailleurs pour cette raison que, du moins dans un premier temps, les débouchés possibles sont à envisager comme des annexes à un projet plus global.

Photo et vidéo

De multiples débouchés au-delà des médias, notamment à travers la participation à divers festivals et circuits de conférences, les concours photo, la réalisation d'expos à faire tourner, et en complément des posters, cartes postales, cassettes, CD-Rom à commercialiser. Prenez des contacts avant ; par exemple les tour-opérateurs cherchent parfois des photos pour leurs catalogues, et certains voyageurs une personne compétente pour leurs prises de vue (si l'aspect vidéo/photo d'une aventure n'a pas été perçue, à vous d'être convaincant). Et lorsqu'on en a les compétences, pourquoi ne pas organiser des stages ? Tout cela demande quand même des investissements !

Enfin, plus que pour tout autre domaine, Internet peut offrir des débouchés dans la photo (et parfois la vidéo). Créez votre site perso et présentez-y vos clichés sous forme d'expo ou de récit (n'oubliez pas d'indiquer votre adresse). Avec un peu de chance, ils pourront être remarqués par quelqu'un d'intéressé.

© Anne-Sophie MAUFFRÉ

Projections au Festival des Globe-Trotters.

L'ÉDITION D'UN LIVRE

Suite logique au voyage, un livre le prolonge et parfois l'enrichit. Récit, carnet de voyage, bouquin de photos, guides en tous genres, autant d'ouvrages que chacun essaiera d'exploiter au retour. Utile quand même de connaître le marché, ses modes et ses orientations. Le récit classique de voyage fait de nos jours difficilement recette, les guides sur les pays sont pléthoriques et les bouquins de photos demandent une grande qualité et de gros investissements. Bref, ce sont là des secteurs de plus en plus difficiles. Mais l'innovation, l'originalité, la thématique sur un titre ou une collection (y compris et surtout sur la France) ont encore largement leur place. Et si vous en doutez, relisez l'histoire du Guide du Routard ou de Lonely Planet...

Pour bien démarrer

Comme toujours, avant de se lancer dans un reportage ou la réalisation d'un bouquin, mieux vaut connaître les quelques règles de base en matière d'écrits de voyage. Et tout d'abord, quel est le but premier d'un récit ?
Un récit sert à interpeller le lecteur, le faire réagir, le transporter en d'autres lieux, vers d'autres cultures et d'autres gens. Il doit lui apporter les éléments indispensables pour qu'il puisse vivre et ressentir les mêmes choses et les mêmes émotions que celles qui sont perçues par l'auteur. Auteur qui, pour y arriver, devra se conforter dans son rôle d'intermédiaire entre la réalité d'un moment vécu et l'imaginaire à vivre du lecteur. Dès lors, le moindre sujet, événement, personnage, la moindre ambiance, seront fouillés afin d'en extirper le meilleur, un contenu et une intensité. Sans oublier toutefois de prendre le recul nécessaire en se mettant de temps à autre à la place de ses lecteurs.

Pour réussir, il faudra faire preuve d'observation et surtout d'implication. La prise de notes sur le moment est indispensable, ne serait-ce que pour conserver l'état d'esprit de l'instant et préserver l'authenticité du récit.
Écrire simplement au retour n'autorise plus la même intensité, la même passion ou la même implication. Le temps a passé, des distances sont prises, les sensations se sont émoussées et les souvenirs s'enfouissent dans la mémoire. Seules les notes recueillies à chaud permettent de replonger dans l'ambiance et l'atmosphère. Raison de plus pour ne pas trop tarder à commencer la rédaction plus élaborée.

Au niveau de la rédaction justement certains ingrédients sont essentiels. De manière générale, qu'il s'agisse d'un bouquin ou d'un article, prenez soin de votre style. Ainsi, si l'aventure est humaine et personnelle utilisez le "je", impliquez-vous dans le récit et interpellez vos lecteurs en prenant position, n'hésitez pas à faire des apartés, des retours en arrière, sans forcément suivre l'ordre chronologique du voyage. Inutile de tout traiter, de tout développer, ne choisissez que les moments forts, quitte à les resituer. N'abordez que les personnages les plus intéressants, faites-les parler ou dialoguer. Évitez les longues descriptions plates et fastidieuses, ne mélangez pas récit et informations pratiques.

Faites un récit vivant, avec des phrases courtes. Variez les rythmes, écrivez au présent dans un style direct, alternez impressions, descriptions, actions. Prenez un vocabulaire pas trop technique, des mots chocs et imagés. Ne vous focalisez pas sur la construction des phrases, suivez votre objectif et utilisez au mieux les infinies possibilités de la langue française. Relisez souvent, ôtez tout ce qui n'apporte rien, ralentit le rythme, alourdit le style ou heurte l'oreille. Écoutez et acceptez les critiques des autres.
Faites un titre évocateur, une bonne accroche pour plonger d'entrée dans l'ambiance et donner envie de continuer la lecture. Soignez votre chute, évitez le

Conseils pour l'édition

Quelques recommandations utiles avant de vous lancer.

• Si vous pensez que votre manuscrit peut être piraté (c'est très rare), envoyez un double à LA SOCIÉTÉ DES GENS DE LETTRES
► **38, rue du faubourg Saint-Jacques, 75014 Paris.**
Tél : 01 53 10 12 00
http://www.sgdl.org/
Il vous en coûtera aux alentours de 40 € et votre texte sera protégé contre les indélicats.

• Un récit de voyage n'est pas un roman, donc les critères de sélection reposent aussi sur l'aventure vécue. Il est donc utile d'envoyer avec son texte un dossier de presse.

• Une fois édité, vos droits se limiteront à ce qui est inscrit dans le contrat, généralement ce que souhaite votre éditeur : exclusivité des ventes, arrêt de la diffusion à sa convenance, invendus envoyés chez les soldeurs, etc. On n'est jamais trop vigilant en discutant les termes de son contrat.

petit côté nostalgique habituel, pénible et scolaire, "c'est déjà fini" ou "je repartirai". Posez plutôt une question, interpellez vos lecteurs, faites ressortir la force de l'aventure afin que le récit se prolonge dans les esprits. Bref, faites en sorte de laisser une ouverture vers l'avenir…

Si on veut commercialiser un bouquin à une grande échelle, il existe des modes au niveau des sujets ou des pays racontés. Dans certains cas, si on arrive trop tard, cela peut fermer certaines portes, par exemple celle des éditeurs ayant récemment publié un récit identique au vôtre. Sans parler du désintérêt du public pour des sujets déjà lus et relus.

Enfin, sachez que vivre de sa plume est loin d'être une chose évidente. Si chaque jour sortent environ une quinzaine d'ouvrages, on ne compte en France pas plus de 2 000 écrivains déclarés cotisant à la sécu-écrivains (et très peu d'écrivains voyageurs). Sur ce chiffre, seule la moitié touche plus que le Smic, avec quand même une petite centaine qui gagnent plus de…70 000 € par an.

Choisir le mode d'édition

La rédaction, première partie du travail, achevée, reste à choisir le mode d'édition. Qu'il s'agisse d'un simple fascicule, d'un récit ou d'un livre de photos, trois possibilités se présentent à vous.

L'édition classique

Elle est effectuée par les bons soins d'une maison d'édition, qui finance l'opération et assure la diffusion et la communication. C'est la solution à laquelle rêvent beaucoup ; mais attention, avant que le rêve ne devienne réalité…
Bref, si être édité par une grande maison est toujours envisageable, les chances sont infimes (et les droits d'auteurs limités, de 3 à 15 % du prix de vente). Cela dit, si votre aventure a bénéficié de

Conseils pour l'édition

"Tout le monde vous dira qu'éditer son récit de voyage est difficile tant il en existe déjà beaucoup ! C'est vrai et pas vrai à la fois. Tant que "l'aventure" et la façon dont on la raconte sont personnalisées, il n'y a pas deux récits identiques.
Pour ma part, j'ai noirci des carnets de route tout au long du voyage, toujours par envie, jamais par obligation. C'est-à-dire qu'il y a des semaines où l'on écrit tous les jours. Parfois, il se passe du temps avant que l'on retrouve son petit carnet. Si je peux donner un conseil, c'est peut-être de noter un maximum de détails de l'endroit où on se trouve, des rencontres que l'on vient de faire, quitte à ce qu'on ne s'en serve pas ensuite dans le récit, mais au moins vous n'êtes pas de retour à la maison face au clavier avec un gros trou de mémoire : "Mais comment s'appelle cet endroit où j'ai fait la connaissance d'untel ?"
Au retour, n'hésitez pas à faire lire votre manuscrit à des proches et surtout à des gens qui ne vous connaissent pas et qui n'ont pas suivi votre voyage ; mieux, à des personnes qui n'ont pas l'habitude de ce genre de récit ; tout l'intérêt étant de captiver aussi ce public-là. Le fait d'avoir travaillé sur un thème d'actualité — l'eau douce dans le monde — a largement contribué à intéresser un éditeur. Un conseil, si vous avez une passion pour la belle image, multipliez les clichés, privilégiez bien sûr les meilleures lumières (il faut parfois savoir se lever tôt !), car les éditeurs de beaux livres sont très pointilleux et c'est une bonne nouvelle ! Un éditeur était intéressé pour faire un beau livre sur notre thématique, mais nos images n'étaient pas d'assez bonne qualité."

GWENAELLE BRON
www.orbleu.net

S'exprimer par l'écriture

“Même si nous évoquions souvent le retour à la fin de notre voyage de 20 mois, il s’est avéré assez difficile. Non seulement il a fallu se réhabituer à la sédentarité, à notre société de consommation, y retrouver une place et peut-être le plus dur, vivre avec tous ses souvenirs, ses centaines de visages, de paysages qui vous reviennent constamment en mémoire !
La meilleure chose à faire est de s’y préparer, anticiper ce retour à une vie “normale”, savoir pourquoi on rentre (par choix ou par nécessité) ainsi que se préparer au décalage avec notre entourage qu’on trouvera en rentrant, car il y en a forcément un après une telle expérience.
Chacun a sa façon de rentrer d’un long voyage. Pour ma part, je ne suis pas du genre à raconter des anecdotes dans les détails durant toute une soirée, à moins d’être aidée par d’autres routards. C’est la réalisation d’un film documentaire et la publication de mon récit de voyage qui m’ont aidé à le faire. Cela a pris quelques années avant d’aboutir, probablement le temps nécessaire pour “digérer” !”

GWENAELLE BRON

► L’édition d’un livre

quelque audience dans les médias, les possibilités de publication s'en trouveront bien sûr largement accrues.
Mais rien n'empêche d'envoyer un manuscrit aux éditeurs, en ayant au préalable pris soin de bien sélectionner ceux intéressés par le voyage. Dans le cas d'un récit, sachez toutefois que les comités de lecture ne lisent bien évidemment pas l'intégralité des ouvrages ; du moins dans la première phase de leur travail. Et de fait, vous serez jugé neuf fois sur dix sur la ou les premières pages.
Autant dire que vous avez intérêt à soigner votre style et votre amorce pour susciter l'envie d'aller plus loin.

L'édition à compte d'auteur

Cette forme d'édition présente peut-être plus de possibilités, mais aussi de très gros inconvénients pour l'auteur.
Dans ce cas, celui-ci paie une maison d'édition pour qu'elle l'édite (la diffusion n'est pas toujours comprise). De fait, l'éditeur est toujours gagnant, par contre l'auteur, lui, n'est jamais certain de récupérer la mise versée, ni même dans certains cas d'obtenir un pourcentage intéressant sur les ventes.
En attendant, l'édition à compte d'auteur est une pratique courante dans tous les domaines de l'écriture, qui permet d'ailleurs à certains éditeurs de boucler leurs fins de mois (attention, il existe aussi des arnaqueurs).
Dans le domaine juridique, comme pour l'édition normale, il s'agit d'un acte commercial devant être concrétisé par un contrat entre l'auteur et l'éditeur.

L'auto-édition

C'est la pratique la plus courante, qui s'explique déjà par le nombre de refus des maisons d'édition. Dans ce cas, l'auteur est son propre éditeur et dispose donc d'une totale liberté. De fait, c'est par ce système que l'on récolte aussi le plus d'argent sur le prix de vente. Au passage, signalons que le prix public est un critère important de la vente ; et très souvent un prix faible (ou du moins raisonnable) fera augmenter les ventes et le tirage, et donc bien sûr réduira le coût unitaire de fabrication.
Comme l'on est amené à s'autofinancer, il est conseillé de bien réfléchir et de limiter les coûts de réalisation. Donc, autant faire un maximum de choses soi-même et prévoir à l'économie. Par exemple, si l'ouvrage doit être envoyé par la poste, définissez le nombre de pages et la mise en page afin de rester dans une certaine gamme tarifaire par rapport au poids.
Les photos coûtent cher à l'impression, représentent-elles un plus pour l'ouvrage, et si oui avec un tirage couleur ou en noir et blanc ? Et dans certains cas, la photocopie, si elle est de qualité, demeure une solution intéressante.
Une fois toutes ces questions réglées, il faut déterminer le tirage le plus rentable. Chez un imprimeur, 2 000 exemplaires semblent être le nombre minimum. En gros, pour environ 7 500 €, on peut obtenir cette quantité pour un bouquin de 250 pages comprenant une couverture et des photos couleur à l'intérieur.
Mais dans tous les cas, demandez des devis auprès de plusieurs imprimeurs, y compris à l'étranger (notamment en

Belgique, Italie ou Espagne), en s'adressant si possible à ceux disposant de tout le matériel nécessaire à l'impression car la sous-traitance coûte cher. En comparant, on peut généralement espérer obtenir d'assez bons prix.

▶ www.auto-édition.com

un site pour ceux qui veulent se lancer dans la vente de leurs propres ouvrages.

Référencé sur le réseau

En tant qu'éditeur, vous avez le droit de figurer gratuitement sur les réseaux qui servent de référence au monde de l'édition et aux libraires :

Electre. www.electre.com Et même adresse que l'AFNIL (voir encadré).

Enfin, sachez qu'il existe des annuaires d'éditeurs, diffuseurs et distributeurs, avec les spécificités de chacun.

Chaque année, Livre Hebdo (Tél. : 01 44 41 28 00 - www.livreshebdo.fr) publie le *Guide édition et diffusion francophones*, 40 € pour plusieurs milliers de coordonnées. On peut aussi trouver ce guide dans les bibliothèques, les organismes d'information ou les centres culturels.

Obligations légales

• Quel que soit le mode d'édition choisi, l'ouvrage doit posséder un **numéro ISBN** qui sert à l'identifier (c'est gratuit). De plus en plus un livre doit aussi comporter un code barres (fourni par l'imprimeur) pour la commercialisation en librairie.

• D'autre part, la loi vous oblige à un **dépôt légal** auprès de la Régie du dépôt légal de la Bibliothèque Nationale et du ministère de l'Intérieur. Renseignez-vous auprès de l'AFNIL, qui vous enverra une documentation complète et gratuite sur le dépôt légal.

▶ **AFNIL**
30, rue Dauphine, 75006 Paris.
Tél. : 01 44 41 29 19.
http://www.afnil.org/

Infos auto-édition

Sur le plan juridique, l'auto-édition est assimilée à une profession libérale.

▶ **L'Association des auteurs auto-édités (AAA), 96 rue de la Folie Méricourt - 75011 PARIS - Tél. 01 43 27 20 35 www.auteurs-independants.com.** le mercredi de 15 h à 17 h uniquement. Elle peut fournir entre autres choses toute la documentation nécessaire.

La commercialisation

C'est la partie la plus difficile, surtout bien sûr dans le cas de l'auto-édition. Il est bon d'avoir réfléchi à l'avance sur les débouchés et les modes de distribution possibles de son ouvrage. Quel est l'objectif choisi : se faire plaisir ou au contraire assurer un nombre important de ventes ? Dans un premier temps, il faut savoir qu'au niveau commercialisation, les livres se vendent d'abord par correspondance (notamment de plus en plus sur le Web), puis en supermarchés et enfin en librairies. Donc, même si on a parfois intérêt à laisser son ouvrage en dépôt-vente dans les librairies spécialisées, il vaut peut-être mieux consacrer son énergie à autre chose.

Il y a d'abord les possibilités offertes par les salons et festivals de voyages, les circuits de conférences ou, si l'on dispose en plus d'une expo photos, les expositions qui s'adressent à un public ciblé et intéressé. Pensez aussi aux rédactionnels dans la presse écrite, nationale et locale (pas toujours évident), sans oublier les revues d'associations de voyageurs. Et puis tous les autres moyens permettant de toucher un certain public sont bons, mais leurs retombées pourront s'avérer fort différentes selon ce que l'on souhaite vendre. En vrac : les comités d'entreprises, le porte à porte, la vente dans la rue, l'affichage public, les foires et marchés, le publipostage.

La difficulté de se commercialiser tout seul renforce l'intérêt de passer par un réseau de distribution (plus intéressant à chercher qu'un éditeur). Il assurera une distribution nationale de l'ouvrage, de même que parfois une certaine publicité notamment via ses représentants et son catalogue des titres disponibles. D'autre part, c'est le distributeur qui prendra à sa charge le stockage, la mise en place, le transport et le réassortiment de l'ouvrage auprès des librairies. Des économies de temps et d'argent pour l'auteur qui, même s'il peut lui aussi essayer de gérer son propre réseau de points de vente, s'apercevra vite que la distribution en librairies est fréquemment une source de problèmes et de dépenses.

Pour arriver à convaincre un distributeur, la forme de l'ouvrage est (malheureusement) aussi importante sinon plus que le fond. En effet, il ne prendra qu'un bouquin répondant à un certain nombre de critères purement commerciaux, et donc pouvant s'avérer à court terme un produit intéressant et rentable pour lui.
De la même manière qu'avec un éditeur, il est fortement conseillé de bien connaître ses droits avant de s'engager.

Bien entendu, chaque mode de commercialisation implique des retours financiers différents. Si la vente directe présente bien sûr les gains les plus importants, un dépôt personnel en librairies avec faculté de retour laisse à celles-ci de 33 à 40 % du prix public. Quant aux distributeurs, ils prennent généralement de 50 à 60 % selon les cas (mais paient les libraires). Pour mémoire, avec un éditeur, l'auteur peut espérer un gain moyen de 10 % du prix public.
Toutefois, il ne faut pas oublier que si certains intermédiaires coûtent cher, ils permettent également de faire des économies, ne serait-ce que par un travail et des moyens qu'à titre personnel on aurait souvent du mal à développer (démarchage et suivi des libraires, etc.).

N'oubliez pas non plus que le produit des ventes n'est jamais versé directement, et que très souvent le paiement s'effectue à 60 ou 90 jours fin de mois, soit jusqu'à 4 mois après la commande. Pour atténuer cet inconvénient de trésorerie, il peut être utile de fonctionner avec un système de traites. La somme

due est alors acceptée sur votre compte à signature de la traite et le montant est débité au libraire, au distributeur ou à l'éditeur à une date choisie par lui sur une période maximum de 90 jours.
A la longue, tous ces moyens peuvent s'avérer payants. Mais ils demandent de gros efforts, ainsi qu'un temps considérable. Dans tous les cas, il ne faut pas perdre de vue que, plus que la rédaction de l'ouvrage, c'est sa commercialisation qui reste l'étape la plus difficile.

PUBLIER DANS LA PRESSE

Quels sujets ?

Réussir à être publié dans un journal ou un magazine implique aussi de bien choisir ses sujets, et en premier lieu de traiter ce que l'on connaît ou l'on ressent le mieux, pas forcément à l'autre bout du monde ou dans un contexte difficile.
Il peut être d'ailleurs utile de se spécialiser selon ses envies et de commencer au plus près de chez-soi, à moindres frais, histoire de se faire la main, de tester ses capacités et voir les réactions, sans oublier bien sûr de demander conseil et de regarder, d'un œil critique, ce que font les autres. Pas la peine non plus de faire trop long ; trois ou quatre feuillets (1 500 signes par page) semblent suffisants dans un premier temps pour démarcher un média.

Si vous partez dans l'idée de faire un reportage, préparez bien votre sujet tant au niveau de sa réalisation que des débouchés médiatiques. Informez-vous, préparez un programme et rentabilisez votre voyage en prévoyant plusieurs angles d'approche. Par exemple, la traversée d'un pays à vélo peut induire des articles et photos mettant en avant le moyen de locomotion, les peuples et cultures rencontrés, une population particulière et ses coutumes, la faune et la flore, les paysages, l'architecture.
N'oubliez pas les informations pratiques à recueillir sur place, elles vous feront gagner un temps précieux et éviter de longues recherches lorsqu'on vous demandera en plus une fiche pratique sur le pays. Grâce à cela, vos possibilités de débouchés auprès des médias seront plus importantes au retour, surtout si vous avez parlé préalablement de vos projets à quelques-uns. Attention, comme partout, il existe des modes (et des piratages), et arriver trop tard avec un article vu et revu ferme beaucoup de portes.

Pour quelle presse ?

Les médias, et en premier lieu bien sûr la presse voyage, sont très sollicités. Donc, seuls la qualité ou le scoop ont généralement des chances d'être retenus et de rapporter quelque argent. Mais il faut savoir aussi que chaque support dispose déjà d'un lot de journalistes ou de pigistes et travaille souvent avec des agences en matière de photos.
Évitez aussi dans vos recherches de faire une fixation sur la presse nationale à gros tirage. Même si à l'occasion celle-ci

recherche des articles “d’amateurs”, il existe aussi de multiples publications locales, associatives, thématiques, d’organismes privés et publics ou à tirages réduits qui, sans pour autant être spécialisées dans le voyage, pourront être intéressées par votre travail. En plus, c’est un bon moyen pour se faire la main avant de s’attaquer à autre chose.

À ce sujet les médias régionaux peuvent présenter un bon tremplin pour la publication de récits ou de photos. Même si la demande n’est que rarement formulée (à vous aussi de la susciter), elle existe car, de temps à autre, cette presse aime bien faire rêver ses lecteurs en leur présentant des articles de voyage sur des destinations exotiques ou peu fréquentées. Faites plutôt simple, mais pas simpliste, dans le descriptif (pas forcément vécu) en évitant de trop choquer tant au niveau du texte que des photos.

Les titres ayant leur tirage essentiellement en milieu urbain sont généralement plus difficiles à décrocher que ceux qui diffusent dans le monde rural, et habiter la région est parfois un avantage. Sachez aussi qu’un journal dispose souvent de plusieurs éditions locales.

Pour être complet, rappellons qu’il existe aussi des journaux virtuels, que l’on aurait tort de ne pas solliciter.

La question du style

Pour beaucoup de reportages nécessitant des photos, c’est l’image qui reste le plus important, le texte étant souvent retouché selon le style du magazine.

Cela dit, connaître justement ce style est un plus que de toute manière on aurait tort de négliger. À signaler au passage une petite astuce qui s’avère très souvent payante : lorsque vous proposez un reportage à un journal, essayez de présenter celui-ci dans une mise en page et une forme identiques à ce qu’il serait s’il était publié. Outre le fait d’avoir déjà un travail à peu près calibré, vous donnerez plus de force et d’impact à votre reportage, et cela atténuera aussi ses faiblesses. De plus vous surprendrez souvent votre interlocuteur, qui aura parfois un regard moins critique et sévère.

Rémunération

Mais gare aux illusions ! Ainsi, à moins d’être déjà connu, n’espérez pas être payé sur commande, au contraire. Car, évidemment, la rémunération est loin d’être toujours au rendez-vous. Vous n’aurez parfois que la satisfaction d’avoir été publié, ce qui peut être déjà un premier pas, en attendant mieux.

De toute façon, on aurait tort de croire que plus un journal est connu, plus la rémunération est importante. C’est même parfois le contraire (mais, en général, ils ne s’en vantent pas !). Tous ne pratiquent pas en effet le tarif moyen de 45 € le feuillet (1 500 signes) et il assez courant que l’on vous offre pour votre travail un échange de marchandise (exemple : un billet d’avion) ou une publicité gratuite si vous disposez d’un bouquin à vendre.

Ne pensez pas trop arriver vite à décrocher régulièrement et facilement de nombreux contrats, qui plus est très bien rémunérés ; la réalité est souvent toute autre. Il faut savoir en effet être patient, et même très patient car, entre deux réussites, il peut se passer pas mal de temps. D'où la nécessité, si vous voulez vous en sortir, de prévoir vos ressources ou tout au moins de trouver un banquier compréhensif. Autant de raisons pour débuter “petit pied”, prudemment, et pas forcément dans le domaine du sensationnel et du reportage lointain.

Continuer...

Malgré tout, rien ne vous empêche d'établir un plan d'action et de contacter des supports nombreux et variés. Faites marcher votre imagination pour trouver des débouchés. Utilisez le téléphone, le fax, Internet, faites des publipostages personnalisés en indiquant les grandes lignes de votre sujet, en présentant un extrait, et en joignant à l'occasion une diapo représentative.

Si les personnes contactées ne vous connaissent pas, n'oubliez pas de vous présenter brièvement et montrez le cas échéant votre press book des travaux déjà publiés. Et puis bien sûr faites des relances, convaincre demande parfois beaucoup de temps et d'énergie.

Par la suite, lorsque vous avez réussi à caser quelques-uns de vos travaux, entretenez vos relations et proposez régulièrement d'autres choses. S'il vous a fait confiance une première fois, un même média vous reprendra d'autant plus facilement, du moins si le premier résultat a été satisfaisant. Et si par hasard, vous ne pouvez répondre à une demande, renvoyez systématiquement vers d'autres personnes de votre entourage. Vous aurez tout à y gagner.

Quant à votre statut, sauf si vous arrivez à devenir salarié d'une publication (ce qui est de plus en plus rare), vous serez considéré le plus souvent comme travailleur indépendant, avec toute la liberté, mais aussi toutes les contraintes, notamment financières, que ce statut implique. Par la suite, mais seulement quand vos piges vous feront gagner aux alentours du Smic, vous pourrez prétendre à un véritable statut de journaliste.

Autres possibilités

Au lieu de se focaliser sur les débouchés “évidents”, certains se lancent vers des domaines plus marginaux. Pas toujours faciles, souvent ponctuels, mais parfois rentables. Quelques exemples tirés d'expériences vécues : la création d'une association de voyageurs ou thématique sur un pays (ou encore d'un site Web), l'organisation d'un salon ou d'un festival, proposer ses propres circuits à un voyagiste, assurer la formation du personnel d'encadrement d'un CE, d'une agence ou de toute autre structure proposant des séjours organisés (idem pour les entreprises envoyant leurs cadres dans certains pays), ou encore travailler pour des guides. Et à force de traîner dans le monde des médias, on finit par avoir ses entrées. Pourquoi alors ne pas essayer de les monnayer par la suite ? Enfin, autre solution, enchaîner les jobs et autres opportunités temporaires (comme celles d'accompagnateur d'agence) qui peuvent se présenter çà et là.

Dans le domaine des voyages, l'imagination est essentielle. À chacun de trouver ou créer ses propres opportunités.

VOYAGER SANS POLLUER , EST-CE POSSIBLE ?

Que “ceux qui savent” m’éclairent…

“J’aimerais donner mon avis au sujet des nombreux articles, à la mode actuellement, qui parlent d’écotourisme ou de pollution par le tourisme, voire même, dans un numéro de *Croissance,* de boycotter ou de refuser de cautionner par sa présence des pays reniant les droits de l’homme (Birmanie, Cuba, Iran, Irak, etc.). J’avoue à “ceux qui savent” que moi je ne sais pas comment faire, chaque pays étant un cas particulier.
Il y a quelques années, un article de *Globe-Trotters* avait titré “Merci Bouana” en parlant d’un couple qui avait offert un jean troué à son guide local. Peut-être aurait-il dû lui donner une chemise Cardin neuve afin de creuser l’écart entre ceux qui côtoient les touristes et les autres ?
Il y a dix ans, au Viêt-Nam, notre petit groupe avait donné 70 dollars à notre guide pour la remercier de son efficacité, alors qu’un professeur d’université gagnait 20 dollars par mois. J’ai eu honte, j’aurais dû lui donner 0,50 € pour m’avoir fait économiser 30 € sur une note de téléphone…
En 1983-1984, au Togo, un problème insoluble aux “beaufs” que nous étions : après avoir vidé un cubi de vin acheté à Ouagadougou, que faire de ce déchet encombrant et polluant ? Nous l’avons donné à un enfant. Ce qui nous a surpris, c’est qu’il a perdu son sourire et qu’il est parti en courant, serrant le bidon dans ses bras. Cinq minutes plus tard, un adulte est venu vers nous en tenant d’une main l’enfant, qui n’avait pas lâché son “cadeau”, et de l’autre une écuelle avec des œufs de pintade qu’il nous a offerts après avoir eu confirmation que son fils ne nous avait pas volé ce “précieux déchet encombrant” dont nous ne savions que faire. Bien que la disproportion des valeurs de l’échange fût évidente pour nous, il nous a été impossible de refuser sous peine d’insulter cet homme qui, bien qu’ayant très peu de nourriture, considérait qu’un bidon fermé était un bien précieux dans une province où l’eau est à 4 ou 5 km. >>

>>
Alors, que devions-nous faire ? Garder le bidon ou le détruire et priver ainsi une famille des avantages des déchets de notre civilisation ? Que "ceux qui savent" m'éclairent, car je n'ai toujours pas trouvé la réponse.
Au cours de ce voyage où nous dormions dans les villages, sous la tente en préparant nos repas (achetés sur les marchés locaux), nous en profitions pour nourrir quelques enfants présents autour de nous. Expérience enrichissante qui ne nous a pas mis à l'abri quelques années plus tard de côtoyer l'extrême dénuement à La Paz, en Bolivie. Nous étions quatre dans un restaurant avec des steaks qui dépassaient de nos assiettes quand une jeune Indienne d'une douzaine d'années, belle comme une reine mais triste, vint nous mendier les restes de repas, jusqu'aux morceaux de gras que nous, capitalistes repus, avions laissé de côté.
On aime donner son assiette à un chien, mais pas à un humain. Ces gens sont fiers, ils ne mendient pas, sauf s'ils n'ont plus que cette solution. Que "ceux qui savent" m'éclairent, peut-être aurions-nous dû ne rien lui donner afin de ne pas la rendre dépendante du tourisme ? On ne sort pas indemne d'une telle expérience et, depuis 1985, chaque fois que je repense à cette soirée, j'ai les larmes aux yeux.
En conclusion, j'ignore toujours comment ne pas polluer une population par ma présence, mais cela m'a rendu plus humble."

Pierre et Patricia Maret

© Witold KUBEK

Retour

▶ Voyager sans polluer

Voyager sans polluer est-ce possible ?

"Voyager sans polluer, est-ce possible ?
- Un tour du monde de l'eau ? C'est écolo, comme projet ?
- Euh, d'une certaine façon, oui !
- Et tu as voyagé comment ? En prenant l'avion ?!
Nous y voilà : l'avion est le transport le plus polluant, certes ! Donc, ça partait mal ! L'idéal si on ne veut pas polluer, c'est bien sûr la marche ! Mais, quitte à choquer cet inconditionnel de la défense de l'environnement, je n'ai pas de scrupules à avoir pris l'avion lorsque cela était nécessaire. Je crois surtout qu'il est possible de voyager le plus simplement possible, en évitant au maximum les objets de consommation jetables. Je pense par exemple à la toilette. Je n'ai jamais utilisé de lingettes ; lorsqu'on ne trouve pas d'eau pendant quelques jours (ce qui reste malgré tout assez rare ; sans eau, on ne vit pas très longtemps), on patiente jusqu'au prochain point d'eau. Pour se laver lorsqu'on est amateurs de nature et de coins reculés, rien de tel qu'une "douche" dans la rivière. Avec un savon naturel, pas de scrupules !
Enfin, dans les endroits où l'on savait qu'il n'y avait pas de ramassage de poubelles, nous brûlions nos déchets."

GWENAELLE BRON
www.orbleu.net

© Régis BELLEVILLE - www.regisbelleville.com

À LIRE, À CLIQUER

DES TOURS DU MONDE À LIRE

LA TERRE N'EST QU'UN SEUL PAYS
(un tour du monde en stop), par André Brugiroux, éd. R. Laffont.

LE TOUR DU MONDE EN COURANT, par Djamel Balhi.

LE TOUR DU MONDE À VÉLO
par Claude et Françoise Hervé, éd. du Cherche-Midi.

LE TOUR DU MONDE EN TRAIN
par Philippe Melul, éd. du Cherche-Midi.

LA TERRE EN ROND (tour du monde en 2 CV),
par Jacques Séguéla et Jean-Claude Baudot, éd. Ouest-France.

PÉRIPLES VERTS, (un tour du monde avec 3 enfants en camping-car).
Les 25 numéros : 30 € + 5 € de frais d'envoi.
Trois enfants autour du monde : ► **www.periple.fr.st**

LE CHANT DES ROUES
(7 ans à vélo), par Claude Marthaler, éd. Olizane.

RENCONTRES, CARNET DE ROUTE D'UN TOUR DU MONDE
par Anne-Sophie Mauffré, auto-édition. ► **annesofree@hotmail.com**

TERRE D'ÉVEIL UNE AVENTURE FAMILIALE
SUR LES CHEMINS DU MONDE
par Valérie et Fabien Maurice, 20 €, éd. editions du Nomade
ODYSSÉES AFRICAINES
par Arthur R. David, éditions Artisans voyageurs, 23 €.

LE TOUR DU MONDE DES VOLCANS
par Patrick Barois, éd. du Cherche-Midi.

DES RÊVES PLEIN LE MONDE par François Xavier Tanguy et Arnaud Dubois Presses de la Renaissance.

PARTIR EN RÊVANT, REVENIR ÉVEILLÉE par Karine Prempain, éditions Velours.
PISTES DU BOUT DU MONDE
par Marilyne et Fabrice Dupuis, auto-édition. ► **www.nomadis.fr.st**

AFRICA TREK par Sonia et Alexandre Poussin, éd. Robert Laffont.

LE TOUR DU MONDE DES ÉNERGIES par Blandine Antoine et Elodie Renaud , éditions JC Lattes.

LE TOUR DU MONDE EN CAMPING-CAR
par Corinne Tsagalos , éditions Aubanel.

L ODYSÉE AMERINDIENNE
par Julie Baudin , éditions Glénat.

Les sites internet de ceux qui ont fait le tour du monde

Voyage en famille
► http://5-bicyclettons.over-blog.com/
► http://tourdumonde.charlet.free.fr/
► http://tourdumondeenfamille.over-blog.com/
► http://enfants-autour-du-monde.fr/
► http://lautreetlailleurs.petitfute.com/
► http://villagetour.org/
► http://grandirmonde.new.fr/
► http://parfumdesoie.free.fr/

Voyage à thème
traversée de l'Himalaya
► http://duodescimes.fr/
à la rencontre des enfants
► http://solecem.org/
► http://aporteedemains.com/
à la rencontre des femmes
► http://81femmes.org/
à la rencontre des artistes
► http://theatrotour.com/
à la rencontre des marchés
► http://marchesdumonde.com/
sur la route des vins
► newworldwish.com
initiatives positives
► http://tdelespoir.free.fr/
jouets du monde
► http://terredejeux.org/
avec des spectacles de clowns
http://spectacleautremonde.free.fr/
► sur la trace des grands télescopes contre la pollution lumineuse
► http://lesquatrevieux.com/
Expéditions dans les terres extrêmes du monde.
► www.karinemeuzard.com
► www.regisbelleville.com

En véhicule
► http://www.kookynet.net/

À vélo
► http://hleduc.tdmvelo.free.fr/
► http://www.roulechariotte.fr/
► http://vinceprevost-aventures.com/
► http://www.roueslibres.net/
► http://pommequiroule.homeip.net/

En tandem
► http://nicolas.chaloin.free.fr

Seul à sac à dos
► http://partir-ailleurs83.com/
► http://mofaitsontdm.top-depart.com/
► lhttp://lokikirja.over-blog.com/
► http://albanetdm.over-blog.com/
► http://lejardindeshommes.blogs-de-voyage.fr/
► http://gaelle-globe-trotteuse.com/

En couple
► http://lagrandecavale.fr/
► http://lerevedelarbre.fr/
► http://partisfaireuntour.fr/
► http://map-monde.fr/spip/
► http://bettyalexyes.canalblog.com/
► http://audeetmikael.canalblog.com/
► http://www.mielamundi.com/
► http://pacifictour.wordpress.com/

En bateau
► http://tiamanga-tour.com/
► http://www.alabarre.fr/
► http://nomadis.fr.st/

En carrix
► www.loloautourdumonde.fr/1.html

**Des images de ce guide vous ont plu ?
Vous pouvez retrouver les réalisations de nos voyageurs sur Internet, en librairie ou en les contactant directement.**

DAVID DUCOIN ET JULIE BAUDOIN
Grands voyageurs issus d'une tribu de grand voyageurs ! Ont réalisé de nombreux livres et films tirés de leurs voyages. Les derniers en date étant extraits de l'*Odyssée amérindienne*.
▶ **www.tribuducoin.asso56.fr**

ODILE PAUGAM
ET DIDIER JÉHANNO
Voyageurs en famille, impliqués dans ABM. Livre : *Voyager avec des enfants,* éd. ASA.
▶ **adhabm@free.fr**

CLAIRE ROUAULT ET RENO MARCA
Grands voyageurs, carnettistes. Trois ans de voyage autour du monde. Livres aux éditions Hermé et Aubanel (aquarelles, photos et textes, 300 p.).
▶ **www.reno-marca.com**

XAVIER CHAMPAGNE
Voyageur au long cours. A réalisé un tour du monde.
▶ **http://lejardindeshommes.blogs-de-voyage.fr**
▶ **xavier.tourdumonde@yahoo.fr**

STÉPHANE CLÉMENT
Globe-Trotter, Stéphane adore faire découvrir des endroits méconnus.
▶ **www.frogontheroad.com**

RAPHAËL ESCOFFIER
Ingénieur grand voyageur et amateur d'expéditions à travers le monde.

CÉCILE ET FRÉDÉRIC
CHARPENTIER
Grands voyageurs autour du monde avec 3 enfants.
▶ **http://famille.charpentier.club.fr/5tdm.htm**

ROBERT ET MARTINE ZANELLI
Grands voyageurs autour du Monde sur le thème des cuisines du monde.
▶ **www.kookynet.net**

KARINE MEUZARD
Dessinatrice et infographiste, Voyageuse-exploratrice, spécialisée dans les terres extrêmes.
Livre : *Amérique du Sud, solitude des terres extrêmes,* coédition ABM.
Livre collectif : *100 ans d'explorations,* éd. Glénat.
▶ **www.karinemeuzard.com**

RÉGIS BELLEVILLE
Explorateur saharien-méhariste spécialisé dans la survie en miieu désertique. Auteur de livres et de films sur le Sahara. Livres : *Au-delà des sables,* éd. Arthaud. *L'or du diable,* éd. Presses de la renaissance.
▶ **www.regisbelleville.com**

WITOLD KUBEK
Ingénieur-son pour la production documentaire et cinématographique. Grand voyageur passionné de photo.
▶ **witold@noos.fr**

CHRISTOPHE VISEUX
Photographe indépendant, il ramène de très belles images à chaque voyage.
▶ **www.christophephoto.com/**

PHILIPPE JACK
Après un tour du monde à vélo, Philippe a traversé l'Europe du Mont Sinaï jusqu'à St Jacques de Compostelle.
▶ **www.chacunsaroute.com**

HERVÉ HÉRODET
Voyage en famille et réalise des carnets.

PHILIPPE JACQUEROT
Grand voyageur en famille. Tour du monde en camping-car de plusieurs années.
▶ **http://lautreetlailleurs.petitfute.com**

▶ À lire, à cliquer

Homme de lettres
© Witold KUBEK

Sur la dune
© Karine MEUZARD

La route
© Christophe VISEUX

Amérindien
© David DUCOIN

Pacifique

Bon voyage !

Informer, partager, communiquer NOTRE PASSION DU VOYAGE

L'ASSOCIATION

Aventure du Bout du Monde tisse des liens entre les voyageurs et encourage le voyage d'un style simple et naturel dans le respect des pays visités.
Plus de 4500 voyageurs nous ont déjà rejoints dont 45 % résident en province. Un réseau à dimension nationale.

► Préparez votre périple en rencontrant d'autres voyageurs et en profitant de leurs expériences et de leurs conseils.
► Participez à des activités (projections, rencontres, week-ends, festivals).
► Appartenez à la planète ABM en ligne, un service unique d'information et d'aide aux internautes voyageurs.
► Découvrez des lieux d'exception grâce à *Globe-Trotters*, lien entre tous les membres de l'association.
► Bénéficiez de réductions sur les assurances, billets d'avion, guides, cartes, livres…
► Accédez à notre centre de documentation à Paris (100 m^2).

© ABM

DES RENCONTRES

La Case Globe-Trotters

Un lieu très convivial, à la fois un **espace d'échanges** et un **centre de documentation** unique en France. Plus de 2000 ouvrages en consultation, des fiches pratiques sur plus de 160 pays, des réunions de préparation autour d'une destination, des projections-buffets, des soirées thématiques (ateliers d'écriture, recherches de coéquipiers, expos photos, à la découverte des cuisines du monde…), et de nombreuses autres activités !

Neuf antennes et sept correspondants assurent par leurs activités (projections, festivals, week-ends) un lien en province avec l'association.

UN MAGAZINE

Globe-Trotters

Une revue bimestrielle toute en couleurs, 76 pages d'informations pratiques, de récits, avec des témoignages et des conseils, des dossiers thématiques et des petites annonces, et toute l'actualité du voyage.

UN SITE INTERNET

www.abm.fr

Surfez sur le site Internet d'Aventure du Bout du Monde, une référence pour tous les internautes à la recherche **d'informations pratiques :** plus de 100 fiches pays, des carnets de voyage, des rubriques thématiques, un annuaire de voyageurs, le guide du voyage en avion, des services en ligne. Un service privilégié pour les adhérents d'ABM.

Anne-Sophie Mauffré

DEUX ÉVÉNEMENTS

Le Festival des *Globe-Trotters*

Le plus grand rassemblement de voyageurs se déroule fin septembre. Aventuriers, conférenciers, photographes, écrivains et artistes voyageurs s'y rencontrent autour de leur passion commune : **le voyage et l'aventure humaine.**

Le Festival *Partir autrement*

Rassemblement autour du voyage solidaire et responsable, se déroulant en avril. Aventuriers, conférenciers, voyageurs nous font vivre **une nouvelle forme de voyage.** 1ère édition en 2008.

BULLETIN D'ADHÉSION / ABONNEMENT

Nom* .... Prénom*..

(* Adhésion couple, merci de noter les deux noms et prénoms)

Adresse ....Date de naissance ....

CP .... Ville .... Profession ....

Tél. : .... Email : ....

Comment nous avez-vous connus ? ....

Quels sont les pays que vous avez visités ? (merci de préciser les régions)

Cette année ....

L'an dernier ....

Pouvons-nous communiquer vos coordonnées à des ABéMistes recherchant des infos sur ces destinations ? ☐ Oui ☐ Non

Seriez-vous intéressé pour animer :

Une projection ? ☐ Oui ☐ Non / Une réunion ? ☐ Oui ☐ Non

Sur quels pays ? ....

Adhésion + Abonnement à *Globe-Trotters* (6 numéros)

☐ **Individuel 35 €** ☐ **Couple 45€** ☐ **Soutien 50 €**

(vous recevez Globe-Trotters et bénéficiez des services d'ABM : code d'accès Internet, insertion de petites annonces dans Globe-Trotters, accès à la Case Globe-Trotters pour consulter la documentation ou assister aux réunions réductions sur activités et publications d'ABM, assurances, équipement, travaux et matériel photos, billets d'avion, possibilité d'obtenir les coordonnées d'autres adhérents revenant du pays où vous souhaitez vous rendre contre enveloppe timbrée, bobinoscope).

Abonnement seul ☐ 28 €

(vous ne bénéficiez pas des services de l'association)

Je désire recevoir également :

Partir au Maroc autrement ☐ 17 €*

Mexique-Guatemala, guide d'écotourisme solidaire NOUVEAU !

☐ 17 €*

Dharamsala

☐ **par courrier 25 € ***

Carnets de voyage , beau livre, 115 pages, aquarelles, couleur,

Amérique du Sud, solitude des terres extrêmes

☐ **par courrier 25 € ***

Beau témoignage de C. Clot et K. Meuzard, défi sportif et aventure, un superbe carnet de voyage.

Cartes de correspondance ☐ 10 € *

La collection, chaude en couleur, est composée de 8 cartes doubles (10x15 cm), et est fournie avec enveloppes.

Total .... € * ces prix s'entendent frais de port inclus

À retourner accompagné du règlement par chèque à l'ordre d'ABM 11, rue de Coulmiers, 75014 PARIS.

Code IBAN pour virement bancaire : FR76 1027 8060 5400 0320 3584 515 BIC CMCIFR2A.

Ce guide est imprimé avec des encres végétales et sur du papier certifié PEFC, issu de forêt gérée de façon durable , respectueuse de l'environnement.

Achevé d'imprimer en avril 2009
sur les presses de Louis Jean Imprimeur à Gap
Dépot légal : 161 Avril 2009